Diogenes Taschenbuch 21878

Mark Twain

Leben auf dem Mississippi

Aus dem
Amerikanischen von
Otto Wilck

Diogenes

Dieser Text wurde dem 2. Band der Ausgabe
Mark Twain, ›Gesammelte Werke in fünf Bänden‹,
herausgegeben und mit Anmerkungen von
Klaus-Jürgen Popp, entnommen
Lizenzausgabe mit freundlicher Genehmigung
des Carl Hanser Verlags, München
Copyright © by Aufbau-Verlag,
Berlin und Weimar

Veröffentlicht als Diogenes Taschenbuch, 1990
Alle Rechte an dieser Ausgabe vorbehalten
Diogenes Verlag AG Zürich
40/98/36/2
ISBN 3 257 21878 8

ERSTES KAPITEL

Der Fluß und seine Geschichte

Über den Mississippi zu lesen lohnt sich durchaus. Schließlich ist er kein Wald- und Wiesenfluß, sondern in jeder Hinsicht etwas Besonderes. Sieht man den Missouri als seinen Hauptarm an, so ist er der längste Strom der Welt – viertausenddreihundert Meilen lang. Man kann wohl behaupten, daß er auch der krummste Fluß der Welt ist, da er in einem Teil seines Laufes eintausenddreihundert Meilen für ein Stück braucht, das in der Luftlinie nur sechshundertfünfundsiebzig Meilen ausmacht. Er gibt dreimal soviel Wasser ab wie der St. Lawrence, fünfundzwanzigmal soviel wie der Rhein und dreihundertachtunddreißigmal soviel wie die Themse. Kein anderer Fluß entwässert ein so gewaltiges Becken; holt er sich sein Wasser doch aus achtundzwanzig Bundesstaaten und Territorien: aus dem ganzen Land zwischen Delaware an der Atlantikküste und Idaho an den Bergen des Pazifik – einem Gebiet von fünfundvierzig Längengraden. Der Mississippi nimmt von vierundfünfzig mit Dampfschiffen und einigen Hundert mit Flach- und Kielbooten befahrbaren Nebenflüssen Wasser auf und trägt es zum Golf. Die Fläche seines Entwässerungsbeckens ist so groß wie England, Wales, Schottland, Irland, Frankreich, Spanien, Portugal, Deutschland, Österreich, Italien und die Türkei zusammengenommen, und fast dieses gesamte weite Gebiet ist fruchtbar, das eigentliche Mississippital sogar in besonderem Maße.

Ein außergewöhnlicher Fluß ist er schon insofern, als er anstatt sich zur Mündung hin zu verbreitern schmaler wird, schmaler und tiefer. Von der Vereinigung mit dem Ohio bis auf halbem Wege zum Meer ist er bei hohem Wasserstand durchschnittlich eine Meile breit, wird von da ab immer schlanker, bis er sich an den »Pässen« oberhalb der Mündung auf kaum mehr als eine halbe Meile einschnürt. Die Tiefe dagegen beträgt am Ohio siebenundachtzig Fuß, nimmt dann allmählich zu und erreicht kurz vor dem Meer hundertneunundzwanzig Fuß.

Auch der Unterschied im Steigen und Fallen ist beachtlich, zwar nicht im Ober-, doch im Unterlauf. Bis hinunter nach Natchez (dreihundertsechzig Meilen oberhalb der Mündung) steigt der Fluß einigermaßen gleichmäßig um rund fünfzig Fuß, am Bayou La Fourche aber nur um vierundzwanzig, bei New Orleans um fünfzehn und ganz kurz vor dem Meer bloß noch um zweieinhalb.

Nach einem Artikel im »New Orleans Times-Democrat«, dem Angaben von Fachleuten zugrunde liegen, entlädt der Mississippi jährlich vierhundertsechs Millionen Tonnen Schlamm in den Golf von Mexiko – Captain Marryat hat ihn ja auch hämisch die »Große Kloake« genannt. Verdichtet würde dieser Schlamm einen Block von einer Meile im Quadrat und einer Höhe von zweihunderteinundvierzig Fuß ergeben.

Die Schlammablagerungen lassen das Land allmählich wachsen – doch eben nur allmählich: in den zweihundert Jahren, seit denen der Fluß einen Platz in der Geschichte hat, haben sie es gerade um eine knappe Drittelmeile vorgeschoben.

Die Wissenschaftler glauben, die Mündung habe früher bei Baton Rouge gelegen, da, wo die Hügel aufhören, und die zweihundert Meilen Land bis zum Golf seien erst vom Fluß geschaffen worden. Damit haben wir auch gleich das Alter dieses Stück Landes: hundertzwanzigtausend Jahre. Und dabei ist das noch die allerjüngste Schicht Land da unten.

Auch sonst hat der Mississippi seine Besonderheiten, zum Beispiel die Neigung, erstaunliche Sprünge zu machen, indem er schmale Landzungen durchschneidet und sich so geradebiegt und verkürzt. Schon mehr als einmal ist er mit einem einzigen Satz dreißig Meilen kürzer geworden!

Die Folgen waren mitunter verblüffend: mehrere Flußstädte sind mitten ins Land verfrachtet worden, und vor ihnen haben sich Sandbänke und Wälder aufgebaut. Der Ort Delta lag sonst drei Meilen unterhalb Vicksburgs, was sich aber vor kurzem durch einen solchen Sprung radikal geändert hat, denn jetzt liegt Delta *zwei Meilen oberhalb* von Vicksburg.

Dieser Durchbruch hat beide Flußstädte ins Land versetzt. Mit Grenzen und Gerichtsbezirken treiben die Verkürzungen sowieso Schindluder; heute wohnt man beispielsweise noch im Staat Mississippi, am Abend bricht der Fluß durch, und morgen findet man sich und seinen Grundbesitz auf dem gegenüberliegenden Ufer wieder, und zwar innerhalb der Grenzen und unter den Gesetzen von Louisiana! Passierte so etwas in der alten Zeit am Oberlauf, konnte das einen Sklaven von Missouri nach Illinois abschieben und zum freien Menschen machen.

Sein Bett bloß zu verkürzen genügt dem Mississippi nicht, er muß es in einem fort auch noch *seitwärts* verrücken. Bei Hard Times in Louisiana verläuft der Fluß jetzt zwei Meilen westlicher als früher. Folglich liegt der ursprüngliche Kern dieser Siedlung überhaupt nicht mehr in Louisiana, sondern auf der anderen Seite, im Staate Mississippi.

Von jenen tausenddreihundert Meilen des alten Mississippi, die La Salle vor zweihundert Jahren mit seinen Kanus hinuntertrieb, ist heute fast alles guter, trockener Grund und Boden. Der Strom fließt an einigen Stellen rechts und an anderen links daran vorbei.

Unten an der Mündung, wo die Wogen des Golfs dagegenarbeiten, schwemmt der Mississippi nur langsam Land an, weiter oben, in den besser geschützten Gegenden, dafür um so schneller. Prophet's Island zum Beispiel war vor dreißig Jahren tausendfünfhundert Morgen groß; inzwischen hat der Fluß siebenhundert hinzugefügt.

Doch genug von diesen Beispielen für die Extravaganzen des gewaltigen Stromes – später werden wir mehr davon hören.

Lassen wir nun die physikalische Geschichte des Mississippi sein, und nehmen wir uns seine sozusagen geschichtliche Geschichte vor. In ein paar kurzen Kapiteln wollen wir einen Blick auf seine schläfrige erste Epoche werfen, in einigen weiteren auf die schon ziemlich muntere zweite, dann seiner hellwachsten und florierendsten Zeit entsprechenden Raum widmen und uns schließlich in dem, was noch vom Buch übrigbleibt, mit der verhältnismäßig ruhigen Gegenwart befassen.

In aller Welt und in Büchern ist es so zur Gewohnheit geworden, das Wort »neu« auf Amerika anzuwenden und so oft anzuwenden, daß wir schon früh den Eindruck gewinnen und auch nicht wieder loswerden, bei uns gäbe es überhaupt nichts Altes. Natürlich wissen wir, daß die amerikanische Geschichte über einige verhältnismäßig alte Daten verfügt, doch die Zahlen allein geben keine richtige Vorstellung, kein klares Bild von der Zeit, für die sie stehen. Wenn man sagt, im Jahre 1542 hat De Soto als erster Weißer den Mississippi gesehen, so ist das eben nur der nackte Tatbestand und nicht viel anders, als wollte man einen Sonnenuntergang mit astronomischen Messungen beschreiben und seine Farben nach ihren wissenschaftlichen Bezeichnungen einordnen – man bekäme zwar das nüchterne Faktum des Sonnenuntergangs vorgesetzt, sehen aber würde man ihn keineswegs. Ein Bild davon zu malen wäre besser.

Mit dem bloßen 1542 läßt sich nicht viel anfangen; gruppiert man jedoch ein paar andere historische Daten jener Zeit darum herum, ergeben sich Perspektive und Farbe, und dann wird einem klar, daß es sich hier um eines jener amerikanischen Geschichtsdaten handelt, die ein ganz respektables Alter aufweisen.

Als der Mississippi zum erstenmal von einem Weißen erblickt wurde, war zum Beispiel seit der Niederlage Franz I. bei Pavia, seit Raffaels Tod, seit der Vertreibung der Johanniter aus Rhodos durch die Türken, seit dem Tod von Bayard – sans peur et sans reproche – und seit dem Anschlagen der fünfundneunzig Thesen, dem Beginn der Reformation, noch kein Vierteljahrhundert vergangen. Zu der Zeit, als De Soto seinen Blick auf den Fluß warf, hatte man von Ignaz Loyola nur dunkel gehört, war der Jesuitenorden noch kein Jahr alt, die Farbe auf Michelangelos Jüngstem Gericht in der Sixtinischen Kapelle noch nicht trocken, und Maria Stuart sollte noch im selben Jahr geboren werden; Katharina von Medici war ein Kind. Elisabeth von England hatte noch nicht einmal das Backfischalter erreicht, und Calvin, Benvenuto Cellini und Kaiser Karl V. befanden sich auf der Höhe ihres Ruhmes, und jeder von ihnen fabrizierte nach seiner eigenen komischen Fasson Geschichte; Margarete von Navarra schrieb am »Heptameron« und an ein paar religiösen Büchern – das erste lebt noch heute, die anderen sind vergessen, denn geistreiche Schlüpfrigkeiten konservieren manchmal Literatur besser als Frömmigkeit –; lockere höfische Sitten sowie der absurde Ritterschaftbetrieb standen in schönster Blüte, und edle hohe Herren, die im Fechten besser als in der Rechtschreibung waren, schlugen die Zeit mit Fehden und Turnieren tot, während ihre Damen der Religion frönten und sich ansonsten damit beschäftigten, ihre Nachkommen in Kinder zur rechten und Kinder zur linken Hand einzuteilen. Die Religion schoß sowieso überall merkwürdig ins Kraut: das Konzil zu Trient wurde einberufen; die spanische Inquisition ließ großzügig rösten und foltern und verbrennen; auf dem übrigen Kontinent wurden die Völker mit Feuer und Schwert zu gottgefälligem Leben überredet; in England hatte Heinrich VIII. die Klöster aufgehoben, Fisher nebst ein paar anderen Bischöfen auf den Scheiterhaufen gesteckt und brachte gerade seine englische Reformation und seinen Harem auf Schwung. Als De Soto an den Ufern des Mississippi stand, waren es noch zwei Jahre bis zum Tode Luthers, elf Jahre bis zur Verbrennung von Servet und dreißig Jahre bis zum Blutbad der Bartholomäusnacht; von Rabelais war noch nichts erschienen, der »Don Quijote« noch nicht geschrieben, Shakespeare noch nicht geboren, und es sollten noch hundert lange Jahre vergehen, ehe die Engländer den Namen Oliver Cromwell hörten.

Jedenfalls ist die Entdeckung des Mississippi ein datierbares Ereignis, das die Funkelnagelneuheit unseres Landes reichlich beschlägt und es mit einer äußerst ehrwürdigen Patina überzieht.

De Soto sah sich den Fluß bloß kurz an, starb dann und wurde von seinen Priestern und Soldaten darin beigesetzt. Man sollte annehmen, die Priester und Soldaten hätten – was bei den Spaniern damals Usus war – die Dimensionen des Stromes verzehnfacht und so andere Abenteurer dazu bewogen, sich auf die Socken zu machen und ihn zu erforschen. Doch soviel Neugier erweckten ihre Schilderungen in der Heimat nun auch wieder nicht, und für eine ganze Reihe von Jahren erhielt der Mississippi keinen weiteren Besuch von Weißen, was in unseren tatkräftigen Tagen kaum zu glauben ist. Die Zwischenzeit ließe sich einigermaßen vergegenwärtigen, indem man sie so aufteilt: Nachdem De Soto den Fluß erblickt hatte, verging nicht ganz ein Vierteljahrhundert, und dann wurde Shakespeare geboren, lebte etwas über ein halbes Jahrhundert und segnete das Zeitliche, und als er schon weit über ein halbes Jahrhundert im Grabe lag, sah der *zweite* Weiße den Mississippi. Heute lassen wir keine hundertdreißig Jahre zwischen den Anblicken eines Wunders vergehen. Entdeckt jemand irgendwo in einem Land am Nordpol einen Bach, so schicken Amerika und Europa gleich fünfzehn kostspielige Expeditionen los: eine, um den Bach zu erforschen, und die restlichen vierzehn, um sich gegenseitig zu suchen.

Seit über hundertfünfzig Jahren gab es an unserer Atlantikküste schon Ansiedlungen von Weißen. Mit den Indianern herrschte dicke Freundschaft: im Süden beraubten, massakrierten, versklavten und bekehrten die Spanier sie, weiter oben verhökerten ihnen die Engländer Glasperlen und Wolldecken und warfen Whisky samt Zivilisation als »Lagniappe«* mit drein, und in Kanada nahmen die Franzosen sie in die Hilfsschule, schickten ihnen Missionare auf den Hals und zogen ganze Stämme nach Quebec und später nach Montreal, um ihnen Felle abzukaufen. Diese Gruppen von Weißen mußten also von dem großen Fluß des fernen Westens gehört haben; doch was sie darüber gehört hatten, war dunkel – so dunkel und nebelhaft, daß kaum halbwegs geschätzt werden konnte, wie und wo er verlief und wie groß er war. An sich hätte allein das Geheimnisvolle daran die Neugier anstacheln und zur Erforschung zwingen müssen, aber nichts dergleichen geschah. Allem Anschein nach hatte gerade niemand an einem solchen Fluß Interesse, niemand brauchte ihn, und es wollte auch niemand etwas darüber wissen. Also kam

* Siehe S. 832.

der Mississippi eineinhalb Jahrhunderte nicht auf den Markt und blieb ungestört. Als De Soto ihn gefunden hatte, war er gar nicht auf der Suche nach einem Fluß gewesen und hatte im Augenblick auch keine Verwendung dafür gehabt und ihm so erst gar keinen Wert beigemessen oder etwa besondere Beachtung geschenkt.

Doch zu guter Letzt fiel dem Franzosen La Salle ein, diesen Fluß ausfindig zu machen und unter die Lupe zu nehmen. Bemächtigt sich aber jemand einer vernachlässigten und wichtigen Idee, so tauchen bekanntlich stets allerorten Leute auf, die von dem gleichen Gedanken beseelt sind. Und so auch hier.

Nun wird man natürlich fragen: Warum wollten sie auf einmal alle den Fluß haben, wo ihn doch fünf Generationen lang keiner hatte haben wollen? Offenbar, weil sie nun endlich glaubten, ihn nutzbar machen zu können, denn man nahm jetzt an, er münde in den Golf von Kalifornien und ermögliche einen kürzeren Weg von Kanada nach China. Bisher hatte die Meinung geherrscht, seine Mündung liege am Atlantik oder am Virginischen Meer.

ZWEITES KAPITEL

Der Fluß und seine Entdecker

La Salle kam um gewisse höhere Privilegien ein, und sie wurden ihm von Ludwig XIV. aufgeblasenen Angedenkens gnädigst gewährt. An erster Stelle befand sich darunter das Recht, weit und breit zu forschen, Forts zu errichten, Kontinente abzustecken, sie dem König zu übergeben und die Kosten selber zu tragen. Als Gegenleistung erhielt er ein paar läppische Vorteile zugesprochen, unter anderem das Monopol für Büffelhäute. Auf gefahrvollen und aufreibenden Reisen zwischen Montreal und einem Fort, das er am Illinois gebaut hatte, vertat er mehrere Jahre und so ziemlich sein ganzes Geld, ehe er seine Expedition endlich soweit in Schuß hatte, daß er sich auf den Weg zum Mississippi machen konnte.

Inzwischen hatten andere mehr Glück. 1673 durchquerten der Kaufmann Joliet und der Priester Marquette das Land und erreichten die Ufer des Mississippi. Sie kamen über die Kanadischen Seen und dann von der Green Bay her in Kanus den Fox River und den Wisconsin herunter. Marquette hatte zum Fest der Unbefleckten Empfängnis feierlich gelobt, falls ihn die Heilige Jungfrau den großen Fluß entdecken ließe, wolle er ihn ihr zu Ehren Conception, Empfängnis, nennen. Was er auch gehalten hat. Damals schleppten alle Forscher eine Garnitur Priester mit. De Soto hatte vierundzwanzig Stück mitgenommen. Auch La Salle hatte mehrere mit. Oft hatten die Expeditionen nichts mehr zu beißen und kaum noch Fetzen auf dem Leibe, aber an Gerät und sonstigen Requisiten für die Messe herrschte nie Mangel; »den Wilden die Hölle zu erklären«, wie einer der schrulligen Chronisten jener Zeit sich ausdrückt, dazu war immer alles da.

Am 17. Juni 1673 stießen die Kanus von Joliet, Marquette und ihrem fünfköpfigen Gefolge auf die Mündung des Wisconsin in den Mississippi. »Quer vor ihnen ergoß sich zu Füßen stolzer, mit dichten Waldungen bestandener Höhen ein breiter und reißender Strom«, schreibt Mr. Parkman. »Sie paddelten diesen Fluß in Richtung Süden hinunter und gelangten in eine von keines Menschen Spur gestörte Einsamkeit.«

Ein großer Katzenwels prallte mit Marquettes Kanu zusammen und versetzte ihn in Angst und Schrecken, wozu Marquette allen Grund hatte, denn die Indianer hatten ihm zu bedenken gegeben, daß er sich auf eine tollkühne, ja todbringende Reise begebe, da der Fluß einen Dämon beherberge, »dessen Gebrüll aus weiter Ferne zu hören sei und der sie allesamt in den Schlund, wo er hause, hinabziehen und verschlingen werde«. Ich habe einmal einen Mississippiwels von über sechs Fuß Länge und zweihundertfünfzig Pfund Gewicht gesehen, und wenn Marquettes Fisch das Gegenstück dazu war, hatte Marquette ein gutes Recht zu der Annahme, der brüllende Flußdämon sei da.

ZWEITES KAPITEL

»Schließlich tauchten auf den damals den Fluß umsäumenden großen Prärien weidende Bisons auf. Marquette beschreibt, mit welch grimmigem Blick die alten Bullen die Eindringlinge durch ihre verzotteten, fast jede Sicht nehmenden Mähnen hindurch anstierten.«

Die Expedition bewegte sich vorsichtig weiter:

»Nachts wurde angelegt und Feuer zum Abkochen des Abendessens gemacht und gleich wieder gelöscht. Dann stiegen sie in ihre Boote, paddelten ein Stück weiter, gingen auf dem Strom vor Anker, und einer hielt bis zum Morgen Wache.«

Das machten sie Tag für Tag und Nacht für Nacht, und zwei Wochen lang bekamen sie keinen einzigen Menschen zu Gesicht. Der Fluß war damals eine schreckliche Einöde. Und heute ist er es zum größten Teil.

Doch nach den zwei Wochen stießen sie eines Tages im Schlamm des Westufers auf menschliche Fußspuren – ein Robinson-Erlebnis mit Gänsehaut, selbst noch als Gedrucktes. Sie waren gewarnt worden, die Flußindianer wären genauso grausam und unbarmherzig wie der Flußdämon und würden mit jedem kurzen Prozeß machen; Joliet und Marquette aber marschierten freiweg ins Land hinein, um die Urheber der Spuren zu suchen. Sie spürten sie auch bald auf und wurden gastfreundlich empfangen und gut bewirtet – sofern man unter einem gastfreundlichen Empfang versteht, von einem Indianerhäuptling begrüßt zu werden, der, um den allerbesten Eindruck zu schinden, bis zum Hals barfuß geht, und unter einer guten Bewirtung, reichlich mit Fisch, Maispamps und Wildbret, darunter auch Hund, traktiert zu werden, und das alles von unbehandschuhten Indianerflossen in den Mund gestopft zu kriegen. Am Morgen geleitete der Häuptling die Franzosen mit sechshundert Stammesangehörigen zum Fluß und sagte ihnen herzlich Adieu.

Auf den Felsen oberhalb vom heutigen Alton entdeckten sie ein paar primitive und phantastische indianische Malereien, die später von ihnen beschrieben wurden. Ein Stückchen weiter flußabwärts »wütete quer gegen das ruhige blaue Wasser des Mississippi eine gelbschlammige

Strömung, die brodelte und schäumte und Baumstämme, Äste und entwurzelte Bäume mit sich führte«. Das war die Mündung des Missouri, »jenes wilden Flusses, der in rasendem Lauf, durch ein unermeßliches, unbekanntes Land der Barbarei herunterkommend, seine trüben Fluten in den Schoß seines sanften Bruders ergoß«.

Dann passierten sie die Mündung des Ohio, kamen an Rohrdickichten vorbei, kämpften gegen Moskitos an, trieben tagaus, tagein, im kargen Schatten notdürftiger Sonnenzelte dösend und in der Hitze bratend, durch das tiefe Schweigen und die Einsamkeit des Flusses dahin, trafen noch einen Trupp Indianer, mit dem sie Kratzfüße austauschten, und erreichten endlich – ungefähr einen Monat nach ihrem Aufbruch – die Mündung des Arkansas, wo ihnen ein Stamm Wilder mit Kriegsgeheul entgegenschwärmte, um sie zu massakrieren. Doch sie flehten die Jungfrau um Hilfe an, und so gab es an Stelle eines Gefechtes einen Festschmaus mit ausgelassenem Palaver und viel Trara.

Zu ihrer Befriedigung hatten sie bewiesen, daß der Mississippi weder in den Golf von Kalifornien noch in den Atlantik fließt. Sie nahmen an, seine Mündung liege am Golf von Mexiko. So machten sie wieder kehrt und trugen diese große Neuigkeit nach Kanada.

Eine Annahme aber ist noch lange kein Beweis. Ihn zu erbringen, blieb La Salle vorbehalten. Er war zwar von einem ärgerlichen Mißgeschick nach dem anderen aufgehalten worden, doch Ende 1681 konnte er schließlich mit seiner Expedition aufbrechen. Im tiefsten Winter machten sich er und sein Leutnant Henri de Tonti, der Sohn Lorenzo Tontis, des Erfinders der Tontine, mit einem Gefolge von achtzehn aus Neuengland mitgebrachten Indianern und dreiundzwanzig Franzosen auf den Weg den Illinois hinunter. Ihre Kanus auf Schlitten hinter sich herziehend, marschierten sie auf der Eisdecke des Flusses dahin.

Bei Peoria Lake erreichten sie offenes Wasser und paddelten von dort zum Mississippi, wo sie ihre Boote in Richtung Süden lenkten. Durch Felder treibender Eisschollen pflügten sie sich langsam bis zur Mündung des

Missouri und dann des Ohio vor, »glitten an riesigen Sumpfwüsten vorüber und landeten am 24. Februar in der Nähe der Third Chickasaw Bluffs«, wo sie haltmachten und Fort Prudhomme errichteten.

»Dann schifften sie sich wieder ein«, erzählt Mr. Parkman weiter, »und mit jedem Schritt ihres abenteuerlichen Vordringens wurde das Geheimnis dieser unermeßlichen neuen Welt mehr und mehr enthüllt. Immer tiefer traten sie in das Reich des Frühlings ein. Das neblige Sonnenlicht, die warme und schläfrige Luft, das zarte Laubwerk, die sich öffnenden Blüten, alles zeugte vom wiedererwachenden Leben der Natur.«

Im Schatten dunkler Wälder trieben sie Tag um Tag die großen Biegungen hinunter und kamen an die Mündung des Arkansas. Zuerst wurden sie von den Eingeborenen dieser Gegend so begrüßt wie vorher Marquette – mit dröhnender Kriegstrommel und geschwungenen Waffen. Hatte bei Marquette die Jungfrau die Sache geschlichtet, so erwies jetzt La Salle die Friedenspfeife denselben Dienst. Weißer Mann und roter Mann schüttelten sich die Hände und gaben sich drei Tage lang Gesellschaften. Vor den staunenden Wilden pflanzte La Salle dann ein Kreuz mit dem Wappen Frankreichs auf und ergriff – nach unverfrorenem zeitgenössischen Brauch – für den König Besitz vom ganzen Land, während der Pfaffe eine fromme Hymne absingen ließ und diesem Raub somit den Segen der Kirche erteilte. Um die Wilden zu retten, erläuterte der Priester ihnen mittels »Zeichen« die Geheimnisse des Glaubens und entschädigte sie so mit eventuellen himmlischen Besitztümern für die sicheren irdischen, die man ihnen soeben abgeknöpft hatte. Und ebenfalls mittels Zeichen ließ La Salle diese einfachen Kinder des Waldes einen Treueid auf Ludwig den Verdorbenen überm großen Wasser unterschreiben. Keinem fiel es ein, ob dieser ungeheuren Ironie zu lächeln.

Das Ganze spielte sich auf dem Gelände der späteren Stadt Napoleon in Arkansas ab. Dort also wurde das erste Konfiszierungskreuz an den Ufern des Mississippi errichtet. Marquettes und Joliets Entdeckungsreise hatte an derselben Stelle geendet – am späteren Napoleon. Und von eben dort aus hatte damals, in jener dunklen, ersten Zeit, De Soto seinen flüchtigen Blick auf den Mississippi geworfen – vom späteren Napoleon aus. Mithin haben von den mit der Entdeckung und Erforschung des gewaltigen Flusses zusammenhängenden vier denkwürdigen Ereignissen drei zufällig an ein und demselben Ort stattgefunden. Was bei näherer Betrachtung und Überlegung von höchst merkwürdiger Bedeutung ist. An dieser Stelle, der Stelle des späteren Napoleon, stahl Frankreich dieses riesige Land, und schließlich mußte ausgerechnet Napoleon selber es wieder zurückgeben – allerdings nicht den eigentlichen Besitzern, sondern deren weißen amerikanischen Erben.

La Salle und seine Begleiter setzten ihre Fahrt fort. Sie gingen hier und da an Land, »passierten die nunmehr historischen Stätten von Vicksburg und Grand Gulf« und besuchten einen imposanten indianischen Monarchen am Teche, der über eine aus sonnengebrannten und mit Stroh untermengten Ziegeln solide errichtete Hauptstadt verfügte – also über bessere Häuser als viele der heute dort stehenden. Der Häuptling hatte in seinem Haus einen Verhandlungssaal von vierzig Quadratfuß Größe, und dort gab er, umgeben von sechzig in weiße Mäntel gehüllten Greisen, Tonti einen Staatsempfang. In der Stadt befand sich auch ein Tempel mit einer Lehmmauer, die mit den Schädeln der der Sonne geopferten Feinde verziert war.

Ihren nächsten Besuch statteten sie den Natchez-Indianern in der Nähe der heutigen Stadt gleichen Namens ab, bei denen sie »religiösen und politischen Despotismus, eine von der Sonne abstammende privilegierte Klasse, einen Tempel und ein heiliges Feuer« vorfanden. Sie müssen sich dort vorgekommen sein, als wären sie wieder zu Hause; alles war wie daheim, nur mit dem Vorteil, daß Ludwig XIV. fehlte.

Ein paar weitere, schnell vergangene Tage und La Salle stand im Schatten seines Konfiszierungskreuzes an der Vereinigung der Wasser aus Delaware und aus Itasca und aus den Gebirgsketten dicht am Pazifik mit den Wassern des Golfs von Mexiko, seine Aufgabe war beendet, das Wunder vollbracht. Mr. Parkman faßt am Schluß seiner fesselnden Schilderung zusammen:

»Auf dem Papier erfuhr das französische Reich an jenem Tage eine enorme Vergrößerung. Die fruchtbaren Ebenen von Texas, das riesige Becken des Mississippi, von seinen eisbedeckten Quellen im Norden bis zu den schwülen Gestaden des Golfs, von den bewaldeten Kämmen der Alleghanies bis zu den kahlen Gipfeln der Rocky Mountains – dieses Gebiet der Savannen und Wälder, sonnenversengter Wüsten und grasreicher Prärien, von tausend Flüssen bewässert und von tausend kriegerischen Stämmen durchzogen, kam unter das Zepter des Sultans von Versailles, und einzig und allein vermöge einer schwachen, aus einer halben Meile Entfernung schon nicht mehr zu hörenden menschlichen Stimme.«

DRITTES KAPITEL

Bilder aus alter Zeit

Man möchte annehmen, der Fluß wäre jetzt schnurstracks in Betrieb genommen worden. Doch daran war noch gar nicht zu denken, denn eine Bevölkerung längs seiner Ufer zu verteilen ging genauso gemächlich und zeitraubend vor sich wie seine Entdeckung und Erforschung.

Ehe sich an seinen Rändern eine nennenswerte Anzahl von Weißen niedergelassen hatte, verflossen siebzig Jahre, und fast noch einmal fünfzig, bis es Handel und Wandel auf dem Fluß gab. Von La Salles Erschließung des Mississippi bis zu der Zeit, wo man von so etwas wie einem regelrechten und lebhaften Flußverkehr sprechen konnte, hatten sieben Herrscher auf dem Thron von England gesessen, war Amerika eine unabhängige Nation geworden, hatten Ludwig XIV. und Ludwig XV. die Würmer gefressen, war die französische Monarchie im Flammensturm der Revolution untergegangen, und man fing langsam an, von Napoleon zu reden. Ja, Anno dazumal hatte man die Ruhe weg.

Den allerersten Verkehr auf dem Mississippi besorgten große Lastkähne: Kiel- und Flachboote. Von den oberen Flüssen trieben und segelten sie nach New Orleans hinunter, wechselten dort die Ladung und wurden in langwieriger Stakerei und durch Aufwindung der Warpleinen mit der Hand wieder zurückbugsiert. So eine Fahrt dauerte hin und zurück mitunter neun Monate. Mit der Zeit wuchs dieser Verkehr derart an, daß er ganzen Horden rauher, verwegener Männer Arbeit gab, ungehobelten, ungebildeten, herzhaften Burschen, die die furchtbarsten Strapazen mit seemännischem Gleichmut ertrugen, die soffen wie die Löcher und in solchen Schweineställen wie diesem unteren Natchez von damals ihre unfeinen Späße trieben, samt und sonders gewaltige Schläger, die über Leichen gingen, ungeheuer lustige Brüder mit schmutziger Phantasie und gottlosem Maulwerk, die mit ihrer Heuer nur so um sich warfen und nach jeder Fahrt auf dem Trockenen saßen, ganz verrückt danach, sich wie die Pfingstochsen aufzudonnern, schreckliche Angeber und doch im großen und ganzen ehrliche Burschen, auf die man sich verlassen konnte und die ihre Pflicht erfüllten und nicht selten ein anschauliches Beispiel von Großmut waren.

Langsam machte sich dann das Dampfschiff breit. Fünfzehn oder zwanzig Jahre steuerten diese Männer ihre Kielboote weiter flußabwärts, während die Dampfer den gesamten Verkehr flußaufwärts übernahmen. Die Kielbootleute verkauften ihre Kähne in New Orleans und fuhren als Deckpassagiere auf den Dampfern nach Hause.

Bald aber nahmen die Dampfschiffe an Zahl und Geschwindigkeit so zu, daß sie den gesamten Verkehr bewältigen konnten und der alte Kielbootbetrieb für immer einging. Der Kielbootmann wurde Bootsknecht, Maat oder Lotse auf dem Dampfer, und erwischte er dort keine Koje, ließ er sich auf einem Pittsburgher Kohlenprahm anheuern oder auf einem in den Wäldern in der Nähe der Mississippiquellen aus Kieferstämmen zusammengehauenen Floß.

Zur Blütezeit der Dampfschiffahrt war der Fluß von

einem Ende bis zum anderen mit Kohlenprähmen aus Holzflößen bedeckt, die alle mit der Hand bedient wurden und auf den ganze Haufen jener rauhen Gesellen Beschäftigung fanden, die ich hier zu beschreiben versuche. Ich erinnere mich an die Prozessionen gewaltiger Flöße, die in jedem Jahr an Hannibal vorbeikamen, als ich noch ein Junge war – jedes Floß dieser weißen, süß duftenden Stämme ungefähr einen Morgen groß, mit einer Mannschaft von zwei Dutzend Männern oder mehr und, auf der riesigen ebenen Fläche des Floßes verteilt, drei bis vier Wigwams als Schutz gegen Wind und Wetter –, und ich erinnere mich auch an die grobe Art und die wilden Reden der großen Mannschaften, der ehemaligen Kielbootschiffer und ihrer bewundernswert in ihre Fußtapfen tretenden Nachfolger, denn wir schwammen immer eine Viertel- oder Drittelmeile hinaus, kletterten auf die Flöße und ließen uns ein Stück mitnehmen.

Um von den Kielbootgesprächen und -manieren sowie dem entschwundenen und fast schon vergessenen Leben auf den Flößen ein Bild zu geben, möchte ich hier ein Kapitel aus einem Buch einfügen, an dem ich seit fünf, sechs Jahren hin und wieder arbeite und das im Laufe weiterer fünf oder sechs vielleicht einmal fertig wird. Dieses Buch erzählt ein paar Episoden aus dem Leben von Huck Finn, einem unwissenden Jungen vom Lande, dem Sohn des Dorftrunkenboldes aus meiner Zeit im Westen. Er ist seinem Vater, der ihn verfolgt, und einer gutmütigen Witwe, die ebenfalls hinter ihm her ist, weil sie einen gesitteten, wahrheitsliebenden, achtbaren Knaben aus ihm machen möchte, davongerannt, und zugleich ist der Witwe ein Sklave ausgekniffen. Die beiden haben ein Stück Floß gefunden (das Wasser steht hoch und es ist stille Sommerszeit), treiben nachts den Fluß hinunter und verstecken sich tagsüber in den Weiden. Ihr Ziel ist Cairo, von wo der Neger im Herzen der freien Staaten die Freiheit finden will. Aber sie treiben im Nebel an Cairo vorbei, ohne es zu wissen. Schließlich dämmert ihnen, was los ist, und Huck Finn läßt sich überreden, Schluß mit der schrecklichen Ungewißheit zu machen und zu einem großen Floß runterzuschwimmen, das sie vorn in einiger Entfernung ausgemacht haben, im Schutz der Dunkelheit an Bord zu klettern und die Ohren zu spitzen:

Aber ihr wißt, wenn man jung ist und was rauskriegen will, fiebert man vor Ungeduld. Wir überlegten hin und her, und schließlich meinte Jim, wo es jetzt schön dunkel ist, wäre gar nichts dabei, an das große Floß heranzuschwimmen, raufzukriechen und sie zu belauschen – bestimmt werden sie von Cairo reden, weil sie sich da an Land vielleicht einen lustigen Abend machen wollen, zumindest aber werden sie Boote ans Ufer schicken, um Whisky, Frischfleisch oder sonst was einzukaufen. Für einen Nigger hatte Jim ganz schön Köpfchen: wenn's drauf ankam, konnte er fast immer einen guten Plan austüfteln.

Ich stand auf, warf mein Zeug ab, sprang ins Wasser und nahm Kurs auf das Licht vom Floß. Als ich nahe genug dran war, wurde ich ruhiger und vorsichtig und ließ mir Zeit. Aber es war alles in Butter – niemand an den Rudern. Da bin ich langgeschwommen bis fast zu dem Lagerfeuer in der Mitte und dann rauf an Bord und Zoll für Zoll vorgekrochen und hab mich auf der Windseite vom Feuer zwischen ein paar Bündeln hölzerner Dachschindeln versteckt. Dreizehn Männer waren da – das war natürlich die Wache auf Deck. Ein mächtig verwegen aussehender Haufen obendrein. Sie hatten einen Krug und Zinnbecher, und den Krug ließen sie rumgehen. Einer sang – man könnte ja auch sagen, er grölte –, und es war auch ein nicht ganz feines Lied, auf jeden Fall nicht stubenrein. Er grölte durch die Nase, und das letzte Wort von jeder Zeile zog er immer ganz lang. Als er fertig war, brachen die andern in so was wie ein Injanergeheul aus, und dann wurde noch eins gesungen, und das fing so an:

>»Es war mal eine Frau,
>die hatte einen Mann;
>den liebte sie von Herzen sehr,
>doch ein andern noch viel mehr.

Ruderi, rudera, ruderidera,
ruderi, rudera, rudera-ha-ha.
Sie liebte ihren Mann so sehr,
doch den andern noch viel mehr...«

und so weiter – vierzehn Strophen. Es war bescheiden schön, und als er mit der nächsten auch noch anfangen wollte, meinte einer, damit hätte man schon Adam aus dem Paradies rausgeschmissen, und ein andrer sagte: »Mensch, laß uns bloß in Ruhe!« Und ein dritter gab ihm den Rat, sich zu trollen. Sie zogen ihn solange durch den Kakao, bis er hochging, aufsprang und den ganzen Verein beschimpfte, und sagte, wenn er tief Luft holen würde, lägen sie ihm alle quer vor der Nase.

Die andern wollten auf ihn los, doch da springt der größte von allen auf und sagt: »Bleibt ruhig sitzen, Gentlemen. Den überlaßt mir, der ist das richtige Fressen für mich.«

Dann ist er dreimal in die Luft gesprungen und hat dabei jedesmal die Hacken zusammengeschlagen. Seine von oben bis unten mit Fransen behängte Hirschlederjacke hat er weggeschleudert und gesagt: »Bleibt liegen, bis ich ihn zerkaut habe«, und seinen mit lauter Bändern umwickelten Hut hat er hingeschmissen und gesagt: »Bleibt liegen, bis er ausgelitten hat.«

Dann hat er wieder einen Luftsprung gemacht und wieder die Hacken zusammengeknallt und losgebrüllt: »Huaahuu! Ich bin der alte, original echte eisenzahnige, messinghäutige, kupferbäuchige Leichenmacher aus der Wildnis von Arkansas! Seht mich an! Ich bin der Mann, den man die Todesgeißel und den großen Vernichter nennt! Gezeugt von einem Hurrikan, zur Welt gebracht vom Erdbeben, Halbbruder der Cholera, mütterlicherseits nahe verwandt mit den schwarzen Pocken! Seht mich an! Wenn ich gesund bin, frühstücke ich neunzehn Alligatoren und ein Faß Whisky, und wenn ich krank bin, als Schonkost einen Scheffel Klapperschlangen und einen Leichnam! Mein Blick spaltet jahrtausendealte Felsen, und meine Stimme übertönt den Donner! Huaa-huu! Zurück und macht mir Platz, wie es meiner Körperkraft zukommt! Blut ist meine Muttermilch, und das Röcheln der Sterbenden ist Musik in meinen Ohren! Werft eure Augen auf mich, Gentlemen! Bleibt liegen und haltet den Atem an, denn jetzt breche ich los!«

Die ganze Zeit, wo er das vom Stapel ließ, schlackerte er mit dem Kopf und blickte wild und pustete sich auf und stieg im Kreis rum und krempelte sich die Ärmel hoch und streckte sich von Zeit zu Zeit und schlug sich mit der Faust vor die Brust und sagte: »Seht mich an, Gentlemen!« Als er fertig war, sprang er dreimal in die Luft, ließ dreimal die Hacken zusammenknallen und brüllte: »Huaa-huu! Ich bin die grausligste Satansbrut unter Gottes Sonne!«

Jetzt schob sich der Mann, der mit dem Krawall angefangen hatte, seinen alten Schlapphut übers rechte Auge, beugte sich vornüber mit durchgedrücktem Rücken und rausgestrecktem Achtersteven, fuhrwerkte mit den Fäusten durch die Luft und stampfte aufgeplustert und keuchend dreimal im Kreis rum. Denn richtete er sich auf, sprang hoch und knallte in der Luft dreimal hintereinander mit den Hacken (großer Beifall) und legte los, ungefähr so:

»Huaa-huu! Beugt den Nacken und kuscht euch, denn das Reich des Kummers bricht an! Haltet meine Wurzeln in der Erde, denn ich fühle meine Kräfte arbeiten! Huaa-huu! Ich bin ein Kind der Sünde, laßt mich nicht losgehen! Hier, gerußtes Glas! Wage keiner, mich mit bloßem Auge anzusehen! Ist mir zum Spielen zumute, schlepp ich die Längen- und Breitengrade als Netz durch den Atlantik und fische nach Walen! Mit dem Blitz kratze ich mir den Kopf, und mit dem Donner wiege ich mich in Schlaf! Friere ich, so koch ich mir den Golf von Mexiko und bade darin; ist mir zu warm, so fächle ich mich mit Äquatorstürmen; dürstet mich, so faß ich hoch und sauge Wolken leer wie Schwämme; wandre ich hungrig über die Erde, folgt meinen Spuren Hungersnot! Huaa-huu! Beugt den Nacken und kuscht euch! Ich lege meine Hand auf das Antlitz der Sonne, und Nacht wird es auf Erden, ich beiße ein Stück aus dem Mond und jage Ebbe und Flut durcheinander; ich schüttle mich, und Berge zerbröckeln wie Zunder! Haltet euch Leder vors Gesicht – seht mich nicht an mit bloßem Auge! Ich bin der Mann mit dem versteinerten Herzen und den gußeisernen Eingeweiden! Einsam gelegene Dörfer zu massakrieren ist der Zeitvertreib meines Müßigganges, meine Lebensaufgabe ist die Vernichtung ganzer Völker! Die endlose Weite der großen amerikanischen Wüste ist mein Rittergut, und meine Toten bestatte ich auf eigenem Grund und Boden!« Er sprang hoch und schlug in der Luft dreimal hintereinander die Hacken zusammen (wieder Beifall), und als er wieder unten war, rief er aus: »Huaahuu! Beugt den Nacken und kuscht euch, denn die Lieblingsausgeburt des Elends ist da!«

Dann warf sich der andre – der erste, der, den sie Bob riefen – wieder in die Brust und fing von neuem an. Doch die Ausgeburt des Elends fuhr dazwischen, den Mund noch voller als vorher, und da hauten denn beide gleichzeitig auf die Pauke und stelzten mit geschwollenem Kamm in einem fort um sich rum und rieben sich die Fäuste unter die Nasen und brüllten und krakeelten wie ein ganzer Injanerstamm. Das nächste war, daß Bob der Ausgeburt massive Wörter an den Kopf schmiß und die Ausgeburt zurückpfefferte, woraufhin Bob zu stärkerem Kaliber griff, was die Ausgeburt mit den allergemeinsten Ausdrücken heimzahlte. Dann feuerte Bob der Ausgeburt den Hut vom Kopf, und die Ausgeburt hob ihn auf und versetzte dafür Bobs bebändertem Baldachin einen Tritt, daß er gute sechs Fuß weit wegflog. Bob holte ihn zurück und sagte, macht nichts, sie würden noch abrechnen, sie beide, denn er wär ein Mann, der nie vergißt und nie vergibt, und die Ausgeburt soll sich ja vorsehen, denn so wahr er Bob heißt, wird er ihm noch mal mit seinem Herzblut dafür büßen müssen. Die Ausgeburt gab zurück, kein Mensch erwarte diese Zeit sehnlicher als er und er will Bob schon jetzt warnen, jemals wieder seinen Weg zu kreuzen, denn ehe er nicht in seinem Blute waten kann, hat er doch keine Ruhe, denn so sei er nun mal, obwohl er ihn jetzt aus Rücksicht auf seine Familie laufen lasse, falls er überhaupt eine hat.

Knurrend und kopfschüttelnd verzogen sich beide in verschiedene Richtungen und brabbelten weiter, was sie noch alles anstellen wollten, aber ein kleiner Kerl mit schwarzem Backenbart sprang auf und rief: »He, kommt zurück, ihr Jammerlappen, und ich stauch euch alle beide zusammen!«

Was er denn auch getan hat. Er hat sie beim Schlafittchen gegriffen, hin und her geschüttelt und ordentlich durchgewalkt, und sie lagen immer schneller wieder am Boden, als sie aufstehen konnten. Ja, und es hat keine zwei Minuten gedauert, da haben sie wie Hündchen gebettelt – und wie die ganze Meute dabei gegrölt und gelacht und in die Hände geklatscht und gerufen hat: »Na, ran doch, Leichenmacher!« – »Gib ihm feste, Ausgeburt des Elends!« – »Bravo, Davychen!« Mann, war das ein Radau! Am Schluß hatten Bob und die Ausgeburt blutige Nasen und blaue Augen. Davychen ließ sie zugeben, daß sie Großmäuler und Schlappschwänze sind mit nichts dahinter und nicht wert, mit einem Hund aus ein und demselben Napf zu fressen oder mit einem Nigger aus demselben Glas zu trinken. Dann schüttelten sich Bob und die Ausgeburt ganz feierlich die Hände und beteuerten, sie hatten schon immer Achtung voreinander gehabt und Schwamm drüber. Hinterher wuschen sie sich im Fluß die Gesichter, und grade in dem Moment kam ein lautes Kommando: Klar zum Kreuzen!, und ein paar gingen nach vorn und die andern nach achtern an die Ruder.

Ich blieb mucksmäuschenstill liegen und wartete eine Viertelstunde und rauchte die Pfeife zu Ende, die einer in Reichweite liegengelassen hatte. Als sie mit dem Kreuzen fertig waren, kamen sie zurückgetrottet und tranken eine Runde und fingen wieder an zu klönen und zu singen. Sie holten eine alte Fiedel vor, und einer spielte, und ein zweiter tanzte dazu Juba, und die andern legten einen richtiggehenden altmodischen Breakdown hin. Sehr lange konnten sie das aber nicht durchhalten, ohne daß ihnen die Puste ausging, und so ließen sie sich bald wieder um die Schnapskruke nieder.

In dröhnendem Chor sangen sie »Lustig ist das Flößerleben«, und dann redeten sie darüber, was es alles für

Schweine gibt und was die für Gewohnheiten haben, und dann über Frauen und wie die so sind, und dann, wie man am besten brennende Häuser löscht, und dann, was man mit den Injanern anfängt, und dann, was ein König so zu tun hat und wieviel er verdient, und dann, wie man Katzen scharfmacht, und dann, was man tun muß, wenn jemand Anfälle kriegt, und dann über den Unterschied zwischen Flüssen mit klarem und schlammigem Wasser. Der, den sie Ed nannten, meinte, das dreckige Mississippiwasser ist zum Trinken gesünder als das klare Ohiowasser. Wenn man eine Pinte von diesem gelben Mississippiwasser setzen läßt, hat man je nachdem, wie der Fluß gerade steht, auf dem Boden ungefähr einen halben bis drei Viertel Zoll Schlamm, aber dann ist es nicht mehr besser als Ohiowasser – man muß es vielmehr umrühren und bei niedrigem Wasserstand immer sein bißchen Schlamm zur Hand haben, um es so breiig zu machen, wie es zu sein hat.

Die Ausgeburt des Elends sagte, das stimmt, und der Schlamm ist nahrhaft, und wer Mississippiwasser trinkt, der kann, wenn er will, in seinem Magen eine Getreidezucht anlegen.

»Braucht euch doch bloß die Friedhöfe ansehen, das sagt alles. In Cincinnati sind die Friedhofsbäume nur Stengel, in St. Louis dagegen werden sie über achthundert Fuß hoch. Und alles von wegen dem Wasser, was die Leute getrunken haben, bevor sie ins Gras gebissen haben. Eine Cincinnati-Leiche aber macht den Boden nicht fett.«

Dann redeten sie weiter, wie das Ohiowasser sich nicht gern mit dem Mississippiwasser vermengt. Ed sagte, wenn ihr den Mississippi bei Hoch- und den Ohio bei Niedrigwasser nehmt, habt ihr auf der Ostseite vom Mississippi über hundert Meilen runter zu einen Streifen Klarwasser, aber sobald ihr eine Viertelmeile vom Ufer wegdreht und über den Streifen wegrutscht, ist alles wieder gelb und dick. Dann redeten sie noch, wie man verhindert, daß Tabak schimmlig wird, und dann kamen sie auf Gespenster und erzählten, daß eine Menge Leute welche gesehen hätten. Aber Ed sagte:

»Warum redet ihr nicht mal über eins, was ihr selber gesehen habt? Jetzt werd ich euch mal was erzählen. Vor fünf Jahren war ich auf einem ebenso großen Floß wie unserm, und es war genau dieselbe Ecke hier und heller Mondschein, da schob ich grade Wache und hatte das vordere Steuerbordruder unter mir, und einer von meinen Kumpels war ein gewisser Dick Allbright, und der kommt nach vorne, wo ich sitze, gähnt und reckt die Arme, beugt sich runter und taucht sein Gesicht in den Fluß und klemmt sich neben mich und holt seine Pfeife raus, und als er mit dem Stopfen fertig ist, schaut er auf einmal hoch und sagt:

›Du, kuck mal‹, sagt er, ›ist das da drüben in der Biege nicht Buck Millers Farm?‹

›Klar‹, sag ich. ›Wieso?‹ Er legt seine Pfeife weg, stützt den Kopf auf die Hand und meint:

›Ich dachte, wir wären schon weiter unten.‹

Ich sage: ›Hab ich mir auch eingebildet, als ich auf Freiwache ging‹ – wir hatten immer sechs Stunden Wache und sechs Stunden frei – ›aber die Jungs haben mir erzählt‹, sag ich, ›das Floß scheint in der letzten Stunde kaum von der Stelle gekommen zu sein‹, sag ich, ›dabei haben wir doch jetzt ganz schön Fahrt drauf‹. Da fängt er an zu grummeln und sagt:

›Ich hab schon mal erlebt, daß das einem Floß hier so gegangen ist‹, sagt er. ›Kommt mir vor, als ob in den letzten Jahren die Strömung vorn an der Biege eingeschlafen ist.‹

Ja, und dann ist er ein paarmal aufgestanden und hat über das Wasser geschielt. Schließlich hab auch ich damit angefangen. Man macht eben immer das, was man die andern machen sieht, wenn es auch manchmal ohne Sinn und Verstand ist. Und es dauert gar nicht lange, da seh ich steuerbords was Schwarzes quer hinter uns hertreiben. Ich merke, daß auch er hinstarrt, und frage:

›Is'n das?‹, worauf er abwinkt:

›Bloß 'n olles leeres Faß.‹

›Ein leeres Faß!‹ sag ich. ›Mann‹, sag ich, ›ein Fernglas ist gegen *deine* Augen ja eine Mattscheibe. Woher willst du wissen, daß das ein leeres Faß ist?‹

›Weiß ich nicht‹, sagt er, ›wird wohl doch kein Faß sein, hab's mir bloß so gedacht.‹

›Hm‹, sag ich, ›könnt schon eins sein, könnt ebensogut auch was andres sein; kann ja bei der Entfernung keiner sagen.‹

Da wir nichts weiter zu tun hatten, haben wir es im Auge behalten.

Nach einer Weile sag ich: ›Du, Dick Allbright, kuck doch mal, ich glaube, das Dings holt uns ein.‹

Da hat er kein Wort mehr gesagt. Das Dings kam näher und näher, und ich nahm an, es muß ein Hund sein, der langsam schlappmacht. Ja, und wie wir dann beim Rüberkreuzen sind, treibt das Dings quer über den hellen Streifen Mondlicht, und verflucht und zugenäht! es war wirklich ein Faß. Sag ich:

›Dick Allbright, wieso hast du schon gewußt, daß es ein Faß ist, als es noch eine halbe Meile weit ab war?‹

Sagt er: ›Ach, weiß nicht.‹

Sag ich: ›Nu mal raus damit, Dick Allbright.‹

›Ja, ich hab gewußt, daß es ein Faß ist, hab's schon öfter gesehen. Andre haben's auch gesehen. Soll ein Gespensterfaß sein.‹

Ich hab die Wache zusammengerufen, und sie kamen an, und ich hab ihnen erzählt, was Dick gesagt hat. Das Faß trieb jetzt direkt neben uns her, hat uns aber nicht überholt. War ungefähr zwanzig Fuß weit ab. Ein paar waren dafür, es an Bord zu holen, doch die andern wollten nicht. Dick Allbright sagte, Flößen, die sich damit abgegeben haben, hat es Unglück gebracht. Der Käpten von der Wache meinte, so was glaubt er nicht, und das Faß hat uns bloß deswegen eingeholt, weil es eine etwas bessere Strömung erwischt hat als wir. Mit der Zeit bleibt es sowieso wieder zurück.

Da haben wir uns dann über was andres unterhalten und ein Lied angestimmt und getanzt. Und danach wollte der Wachkäpten, daß wir noch eins singen, doch es fing an, sich zu bewölken, und das Faß kluckte immer noch an derselben Stelle, und das Lied schien uns auch nicht richtig in Stimmung zu bringen, so daß es gar nicht bis zu Ende gesungen wurde, und es gab auch keinen Beifall, sondern es starb einfach ab, und eine Minute lang sagte keiner ein

Wort. Dann versuchten alle auf einmal zu reden, und einer ließ einen Witz los, aber das war wie kalter Kaffee, denn keiner lachte, nicht mal der, der den Witz erzählt hatte, was nicht alle Tage vorkommt. Wir saßen bloß bedrückt da und stierten auf das Faß, und uns war ganz flau zumute. Und auf einmal wird es totenstill und pechschwarz, und dann fängt der Wind an, aus allen Ecken zu heulen, und die Blitze zucken und der Donner grollt. Im Nu hatten wir einen regelrechten Sturm, und mittendrin stolpert einer, der nach achtern rennen wollte, schlägt hin und verstaucht sich so den Knöchel, daß er sich hinlegen muß. Da haben die Jungs den Kopf geschüttelt. Und jedesmal, wenn der Blitz kam, war dieses Faß wieder da mit den blauen Irrlichtern drum rum. Wir haben es ständig im Auge behalten. Doch gegen die Dämmerung zu war es auf einmal weg. Als es Tag war, konnten wir es nirgends mehr entdecken und weinten ihm auch keine Träne nach.

Aber am nächsten Abend so gegen halb zehn, als wir gerade sangen und ganz ausgelassen waren, kam es wieder und nahm seinen alten Platz auf Steuerbord ein. Mit der fröhlichen Stimmung war es vorbei. Alle wurden ernst, keiner sprach, und keinen konnte man zu was anderm kriegen, als miesepetrig dazusitzen und auf das Faß zu starren. Und wieder kamen Wolken hoch. Nach der Wachablösung blieb auch, wer wachfrei hatte, lieber auf, statt sich hinzuhauen. Der Sturm riß und heulte die ganze Nacht über, und als er am tollsten wütete, strauchelte wieder einer, verstauchte sich den Knöchel und fiel aus.

Gegen Morgen war das Faß verschwunden, aber keiner hatte gesehen, wohin.

Den ganzen Tag über waren alle gedrückt und nüchtern. Ich meine aber nicht etwa nüchtern, wie wenn man keinen Schnaps trinkt, nein, ganz anders. Sie waren so still, und dabei pichelten sie mehr als sonst – nicht zusammen, sondern jeder schlug sich einzeln beiseite und trank für sich allein.

Nachdem es dunkel geworden war, blieben selbst die Wachfreien draußen. Keiner sang, keiner sprach. Die Jungs gingen nicht auseinander, nein, sie drängten sich vorne zusammen und blieben da zwei Stunden ganz still sitzen und glotzten immerzu in dieselbe Richtung, und ab und zu seufzte einer. Dann kam das Faß. Wieder an der alten Stelle, und ist die Nacht über dageblieben. Keiner ist schlafen gegangen. Nach Mitternacht stellte sich auch der Sturm ein. Es wurde schrecklich finster und goß in Strömen und dazu noch Hagel. Der Donner rumpelte und bullerte und grollte, der Wind wuchs zum Hurrikan an, die Blitze tauchten alles in grelles Licht, und auf dem Floß war es so hell wie am Tage, und so weit man sehen konnte, war der Fluß aufgepeitscht und weiß wie Milch, und dann das Faß, das so wie immer seine Bahn weiterzuckelte. Der Käpten befahl der Wache, die Achterruder zu besetzen, weil gekreuzt werden mußte, aber keiner wollte gehn – mit verstauchten Knöcheln sind sie zur Genüge eingedeckt, haben sie gesagt, und nach achtern würden sie nicht mal spazierengehn. Ja, und im selben Augenblick spaltet sich der Himmel mit einem Krach, und der Blitz erschlägt zwei Mann von der Achterwache und verletzt zwei weitere. Wie, wollt ihr wissen? Na, *die Knöchel hat er ihnen verstaucht!*

Gegen Morgen haute das Faß im Dunkel zwischen den Blitzen ab. An jenem Tag hat jedenfalls keiner einen Bissen zum Frühstück runtergekriegt. Die Mannschaft stand zu zweien und zu dreien rum und redete leise miteinander. Bloß mit Dick Allbright wollte keiner was zu tun haben. Dem zeigten alle die kalte Schulter. Kreuzte er auf, wo irgendwelche andern waren, gingen sie sofort auseinander und verzogen sich. Auch am Ruder wollte keiner mit ihm zusammenarbeiten. Der Käpten hatte alle Boote aufs Floß geholt, und zwar neben seinen Wigwam, und die Toten wollte er nicht an Land bringen lassen, damit sie begraben werden konnten, denn er glaubte nicht, daß einer von uns, wenn er erst mal an Land war, wieder zurückkommt, und da hat er verdammt recht gehabt.

Als die Nacht da war, lag es klar auf der Hand, daß es Rabatz geben würde, falls das Faß wieder auftauchte; es herrschte so ein Gewisper. Ein großer Teil war dafür, Dick Allbright den Hals umzudrehen, weil er das Faß schon auf andern Fahrten gesehen hatte, und das war schlimm. Ein

paar wollten ihn an Land setzen. Manche aber sagten:
›Kratzen wir doch lieber gleich alle die Kurve, sobald das
Faß wieder auftaucht.‹

Und wie sie noch so tuscheln und sich alle vorn zusammendrängeln und auf das Faß warten, da!, hast du gesehn, auf einmal rückt es wieder an, langsam, aber sicher, und pflanzt sich an der alten Stelle auf. Man hätte eine Stecknadel runterfallen hören. Dann kam der Kapitän und hat gesagt: ›Jungs, nun benehmt euch nicht wie ein Kinder- oder Irrengarten. Ihr wollt doch genauso wenig wie ich, daß uns dieses Faß bis ganz nach New Orleans im Kielwasser hängt. Was machen wir also dagegen? Am besten verbrennen. Ich hol's an Bord‹, sagt er, und noch ehe einer ein Wort raus hat, ist er schon drin.

Er schwimmt hin, und als er es vor sich her zum Floß schiebt, spritzen alle auf die andre Seite. Aber der Alte kriegt es an Bord und schlägt den Deckel ein, und wißt ihr, was drin war? Ein Baby! Jawohl, ein splitternacktes Baby! Dick Allbright seins, der hat's gleich zugegeben.

›Ja‹, sagt er und beugt sich über das Kind, ›ja, es ist meins, mein kleiner betrauerter Liebling, mein armer, dahingeschiedener Charles William Allbright, dessen Tod ich so beklagt habe‹, sagt er, denn wenn ihm die Mütze danach stand, konnte er seine Zunge um die geschwollensten Wörter rumwickeln, ohne sich irgendwo zu verheddern. Ja, sagt er, früher hat er oben an dieser Biege gewohnt und eines Nachts hat er sein Kind erstickt, weil es so geschrien hat, aber totmachen hat er es nicht wollen – was wahrscheinlich gelogen war –, und da hat er es mit der Angst zu tun gekriegt und es in einem Faß begraben, noch ehe seine Frau nach Hause kam, und dann hat er sich nach Norden geschlagen und ist auf die Flöße gegangen, und das Faß war schon das dritte Jahr hinter ihm her. Das Unglück, sagt er, hat immer erst mit Lappalien angefangen und so lange gedauert, bis vier Männer tot waren, und danach wär das Faß dann nicht mehr gekommen. Und wenn wir es noch eine Nacht länger aushalten würden ... und so quasselte er weiter, aber die andern hatten den Kanal voll. Sie wollten gerade ein Boot losmachen, um ihn an Land zu bringen und zu lynchen, doch da schnappte er sich plötzlich den Balg, drückt ihn, in Tränen aufgelöst, an seine Brust und springt damit über Bord, und wir haben ihn nie wieder gesehn, die arme leidgeprüfte alte Seele, weder ihn noch Charles William.«

»Wer war in Tränen aufgelöst?« fragte Bob. »Allbright oder das Baby?«

»Na, Allbright natürlich. Hab ich euch nicht erzählt, daß das Kind tot war? Doch schon drei Jahre lang – wie hat es da noch weinen können?«

»Ist auch egal, ob es weinen konnte oder nicht, aber wie hat es sich so lange über *halten* können?« sagte Davy. »Das erklär mir mal.«

»Keine Ahnung nicht«, antwortete Ed, »es hat sich aber gehalten – mehr weiß ich nicht.«

»Sag mal, was haben sie eigentlich mit dem Faß gemacht?« fragte die Ausgeburt des Elends.

»Na, über Bord gehen lassen. Ist abgesackt wie ein Bleiklotz.«

»Edward, sah das Kind aus wie erwürgt?« fragte einer.

»Trug es einen Scheitel?« ein andrer.

»Was stand auf dem Faß für eine Marke drauf, Eddy?« wollte ein Bursche wissen, den sie Bill riefen.

»Kannst du statistische Unterlagen beibringen, Edmund?« sagte Jimmy.

»Sag mal, Edwin, du bist wohl einer von denen gewesen, die der Blitz erschlagen hat?« fragte Davy.

»Der? Aber nicht doch! Der ist alle beide gewesen«, sagte Bob, und alle brachen in schallendes Gelächter aus.

»Du, Edward, willst du nicht lieber ein paar Pillen nehmen? Siehst ja aus wie Braunbier und Spucke – ist dir schlecht?« erkundigte sich die Ausgeburt des Elends.

»Na, komm schon, Eddy«, sagte Jimmy, »laß mal sehn. Hast dir doch sicher was von dem Faß aufgehoben, womit du die Sache beweisen kannst. Zeig uns das Spundloch, los, und wir alle glauben dir's.«

»Wißt ihr was, Jungs«, schlug Bill vor, »wir teilen uns den Braten. Wir sind dreizehn Mann. Ein Dreizehntel könnte ich von dem Garn schon schlucken, wenn ihr das übrige runterkriegt.«

Ed stand wütend auf und sagte, sie könnten ihn alle mal an einer Stelle, die er deutlich genug beschrieb, und dann schob er nach achtern ab, während er vor sich hin fluchte und die andern hinter ihm her grölten und ihn verhöhnten und johlten und lachten, daß man sie eine Meile weit hören konnte.

»Jungs, darauf schneiden wir eine Wassermelone auf«, sagte die Ausgeburt des Elends. Und er kam an und fummelte im Dunkeln zwischen den Holzschindeln herum, da, wo ich mich verkrochen hatte, und legte seine Hand auf mich rauf. Ich war warm und weich und nackt, und er hat »Aua!« geschrien und ist zurückgesprungen.

»Schnell eine Laterne oder ein Stück Feuer her, Jungs – hier ist eine Schlange, die ist so groß wie eine Kuh!«

Da kamen sie dann mit einer Laterne angerannt und drängten sich rum und guckten zu mir rein.

»Hervor mit dir, du Bettelstrick!« sagte einer.

»Wer bist du?« fragte ein andrer.

»Was suchst du hier? Raus mit der Sprache, oder du fliegst über Bord.«

»Hievt ihn raus, Jungs. Aber an den Haxen.«

Ich fing an zu bitten und kroch zitternd zwischen ihnen vor. Sie besahn mich von oben bis unten, und die Ausgeburt des Elends sagte: »So ein verdammter Spitzbube! Angefaßt und über Bord mit ihm!«

»Nein«, sagte Big Bob, »wir holen den Farbtopf, und eh wir ihn reinschmeißen, streichen wir ihn erst mal von Kopf bis Fuß himmelblau an.«

»Au gut! Hol Farbe, Jimmy.«

Als die Farbe da war und Bob schon den Pinsel in der Hand hatte und gerade losstreichen wollte und die andern alle feixten und sich die Hände rieben, fing ich an zu flennen und das hat dann auch auf Davy gewirkt, und er sagte: »Laßt sein. Ist doch bloß ein Küken. Wer ihm was tut, den streich *ich* an!«

Da hab ich von einem zum andern hochgeschaut, und ein

paar murrten und brummten, doch Bob stellte die Farbe runter, und die andern hoben sie nicht auf.

»Komm her ans Feuer, und dann wollen wir sehn, was du hier gewollt hast«, sagte Davy. »Jetzt setz dich da hin und erzähl uns mal, wer du bist. Wie lange steckst du schon an Bord?«

»Höchstens eine Viertelminute, Sir.«

»Und wie bist du so schnell trocken geworden?«

»Weiß ich nicht, Sir. Das ist bei mir meistens immer so.«

»Ach, sieh mal einer an. Und wie heißt du?«

Ich dachte nicht daran, ihm das zu sagen, und mir ist nichts andres eingefallen als: »Charles William Allbright, Sir.«

Da haben sie gebrüllt, die ganze Mannschaft, und ich war heilfroh, das gesagt zu haben, denn vielleicht würden sie durch das Lachen beßre Laune kriegen.

Als sie sich ausgewiehert hatten, sagte Davy: »Das geht kaum, Charles William. In fünf Jahren kannst du nicht so viel gewachsen sein, und du weißt doch, als du aus dem Faß kamst, warst du ein Baby, und noch dazu tot. Nu laß mal die Fisimatenten sein, und dir tut keiner was zuleide, wenn du nichts hast ausfressen wollen. Wie heißt du wirklich?«

»Aleck Hopkins, Sir. Aleck James Hopkins.«

»Gut, Aleck, und von wo bist du hierhergekommen?«

»Von einem Äppelkahn. Er liegt drüben an der Biege. Ich bin drauf geboren. Pap handelt hier schon sein ganzes Leben lang rauf und runter, und er hat mir gesagt, ich soll herschwimmen, denn als er euch hat vorbeikommen sehn, wollte er gerne, daß einer von euch mit einem gewissen Mr. Jonas Turner in Cairo redet und ihm sagt...«

»Komm, flunker nicht!«

»Doch, Sir, das ist pure Wahrheit. Pap hat gesagt...«

»Das erzähl mal lieber deiner Großmutter!«

Alle lachten, und ich versuchte weiterzureden, doch sie fuhren dazwischen und verboten mir den Mund.

»Nun hör mal her«, sagte Davy, »du hast die Buxen voll und faselst. Jetzt ganz ehrlich: Wohnst du auf einem Kahn oder war das Schwindel?«

»Doch, Sir, auf einem Äppelkahn. Er ist oben an der Biege festgemacht. Aber drauf geboren bin ich nicht. Ist unsre erste Fahrt.«

»Jetzt redest du wenigstens vernünftig! Und warum bist du hier an Bord gekommen? Um zu stibitzen?«

»Nein, Sir, bestimmt nicht. Ich wollte bloß mal ein bißchen auf einem Floß mitfahren. Machen doch alle Jungs.«

»Weiß ich. Aber warum hast du dich versteckt?«

»Weil sie die Jungs manchmal runterjagen.«

»Allerdings, denn die könnten was klauen. Hör mal, wenn wir dich diesmal laufen lassen, wirst du dich von jetzt ab nicht mehr in so was einlassen?«

»Ganz bestimmt nicht, Chef. Sie können mich ja auf die Probe stellen.«

»Na schön. Bis zum Ufer ist bloß ein Katzensprung. Über Bord mit dir, und daß du dich nicht noch mal so zum Narren machst. Weiß Gott, Junge, aber auf andern Flößen würden sie dich grün und blau prügeln!«

Ich habe nicht erst lange auf einen Abschiedkuß gewartet, sondern einen Satz ins Wasser gemacht und aufs Ufer zugehalten. Als Jim schließlich ankam, war das große Floß schon um die Landspitze herum und außer Sicht. Da bin ich rausgeschwommen und an Bord geklettert, und ich war mächtig froh, wieder zu Hause zu sein.

Der Junge hatte also nicht herausbekommen, was er wissen wollte, das Bild von dem entschwundenen Flößer und Kielbootmann aber, um das es mir hier ging, hat uns sein Abenteuer vermittelt.

Und nun komme ich zu einem Abschnitt des Lebens auf dem Mississippi aus der Blütezeit der Dampfschiffahrt, der es meiner Meinung nach verdient, daß man sich eingehend damit befaßt: der wunderbaren Wissenschaft des Lotsens. Ich glaube, so etwas gibt es nirgendwo auf der Welt noch einmal.

VIERTES KAPITEL

Der Traum aller Jungen

Zu meiner Kindheit hatten wir Jungen in unserem Nest*
am Westufer des Mississippi alle nur einen Wunsch, der
von Dauer war, nämlich zur Dampfschiffahrt zu gehen.
Mitunter wollten wir auch etwas anderes werden, doch das
hielt nie lange an. War ein Zirkus dagewesen, brannten
wir darauf, Clowns zu werden; die ersten Neger-Minstrels,
die in unserer Gegend auftraten, ließen uns mit der Sehnsucht zurück, uns unters fahrende Volk zu mischen, und
hin und wieder gaben wir uns sogar der Hoffnung hin,
Gott würde uns, wenn wir immer hübsch brav blieben,
Seeräuber werden lassen. Diese Wunschträume verblaßten
einer nach dem andern, der mit dem Dampfschiff aber ließ
uns nicht mehr los.

Täglich einmal kam ein billiges, buntes Paketboot stromaufwärts von St. Louis und eins stromabwärts von Keokuk. Davor war der Tag voll herrlicher Erwartung, danach
tot und leer. Nicht nur für uns Jungen, sondern für den
ganzen Ort. Noch heute, nach all den Jahren, sehe ich das
genauso vor mir wie damals: Die weißen, im Sonnenschein
eines Sommermorgens dösenden Häuser; die Straßen leer
oder so gut wie leer; vor den Läden in der Water Street
sitzt hier und da ein Kommis auf einem Stuhl mit Korbsitz, hinten gegen die Wand gekippt, das Kinn auf der
Brust, den Hut übers Gesicht gestülpt, ist er eingeschlafen,
und die vielen Holzschnipsel ringsum zeigen, was ihn so
erschöpft hat; den Bürgersteig schnüffelt eine Sau mit ihren
Ferkeln entlang und labt sich an Melonenabfällen; am
Landeplatz liegen ein paar vereinsamte Häufchen Fracht
und auf der Schräge des gepflasterten Kais ein Stapel Ladebalken, in deren Schatten der fuselduftende Dorftrunkenbold seinen Rausch ausschläft; vorn am Pier schaukeln
zwei, drei Holzprahme, doch nirgends eine Menschenseele,
um dem friedlichen Dagegenplätschern der Wellen zu

---

* Hannibal in Missouri.

lauschen; der große Mississippi, der majestätische, der herrliche Mississippi wälzt seine Fluten meilenweit dahin und glitzert in der Sonne; drüben auf der anderen Seite der dichte Wald, dann die beiden ›Points‹ oberhalb und unterhalb der Stadt, die den Blick begrenzen und den Fluß in eine Art Meer verwandeln, in ein unbewegtes, glänzendes, einsames Meer überdies. Plötzlich steigt über einer jener fernen Baken schwacher dunkler Rauch auf. Sofort läßt ein farbiger Lastträger, berühmt wegen seines scharfen Auges und seiner gewaltigen Stimme, den Ruf erschallen: »Daaampfboot kooommt!«, und mit einem Schlag verändert sich das Bild! Der Trunkenbold reibt sich die Augen, die Ladenschwengel wachen auf, es folgt ein Rattern und Rumpeln von Rollwagen, aus jedem Haus und jedem Laden ergießen sich Menschen, und im Nu kommt Leben in die tote Stadt. Wagen, Karren, Männer, Jungen, aus allen Ecken und Enden hasten sie demselben Zentrum zu, dem Kai. Alles, was sich dort versammelt, starrt auf den einlaufenden Dampfer wie auf ein Wunder, das sie zum erstenmal erblicken. Und es ist auch eine Augenweide, dieses lange, schnittige und schmucke Schiff. Es hat zwei hohe, phantastisch ausgezackte Schornsteine, zwischen denen eine vergoldete Verzierung hängt; auf dem dahinterliegenden Texasdeck thront ein bombastisches Steuerhaus, ganz aus Glas und im Zuckerbäckerstil; an den Radkästen prangt, umrahmt von einem goldenen Strahlenkranz oder unter einem Bild, der Name des Schiffes; Maschinendeck, Oberdeck und Texasdeck sind mit schneeweißen Relings verziert; vom Göschstock weht eine staatliche Flagge; die Kesseltüren stehen offen, und munter flackern die Feuer; die oberen Decks sind schwarz von Passagieren; neben der großen Glocke steht ruhig und imponierend der Kapitän, beneidet von allen; aus den Schornsteinen rollen und quellen sich Massen schwärzesten Rauches – eine billige Pracht, kurz vor Ankunft in einer Stadt mit ein paar Kloben Pechtanne erreicht; auf dem Vorderdeck hat sich die Mannschaft versammelt; am Bug wird die breite Landebrücke weit nach backbord hinausgeschoben, auf ihrem Ende malerisch mit einer Rolle Tau in der Hand ein bewunderter Matrose;

zischend schießt der gedrosselte Dampf durch die Ventile; der Kapitän hebt die Hand, eine Glocke ertönt, die Räder stocken, greifen noch ein paarmal rückwärts aus, buttern das Wasser zu Schaum, und der Dampfer liegt ruhig. Und dann das Durcheinander und Gehaste und Gejage, um an Bord zu kommen und von Bord zu kommen und Fracht einzuladen und Fracht auszuladen, alles zur gleichen Zeit, und dazu das Gebrüll und Gefluche, mit dem die Maate die Arbeit erleichtern! Zehn Minuten später ist der Dampfer schon wieder auf Fahrt, aber ohne daß am Göschstock eine Fahne flattert und ohne daß schwarzer Rauch aus den Schornsteinen aufsteigt. Noch einmal zehn Minuten, und die Stadt liegt wieder wie ausgestorben da, und der Trunkenbold schläft neben seinen Ladebalken weiter.

Mein Vater war Friedensrichter, und ich bildete mir ein, er besitze Macht über Leben und Tod aller Menschen und könne jeden, der ihn beleidigte, hängen lassen. An sich genügte mir das schon, um in der Welt etwas vorzustellen, doch der Wunsch, zur Dampfschiffahrt zu gehen, brach trotzdem immer wieder durch. Zuerst wollte ich Kabinenboy werden, damit ich mit einer weißen Schürze um herauskommen und ein Tischtuch über der Reling ausschütteln könnte, wo mich alle meine alten Freunde sehen würden. Später wäre ich lieber der mit dem Tau auf der Gangway stehende Matrose geworden, denn der fiel noch viel mehr auf. Aber das waren alles nur Träume – zu schön, um wahr zu werden. Eines Tages ging ein Junge von uns auf und davon, und man hörte lange Zeit nichts mehr von ihm. Schließlich tauchte er wieder auf – als »Hilfsmaschinist« auf einem Dampfschiff. Alles, was man mir in der Sonntagsschule beigebracht hatte, wurde dadurch von Grund auf erschüttert. War dieser Junge doch seit jeher ein notorischer Weltling, ich aber das ganze Gegenteil, und trotzdem hatte ihn das Schicksal nun so erhoben, während es mich in Verborgenheit und Elend weitermachten ließ. In seiner Größe war er übrigens kein bißchen edelmütig. Legte sein Schiff bei uns an, wußte er es stets so einzurichten, daß er gerade einen verrosteten Bolzen abzuschmirgeln hatte, und da saß er dann auf dem inneren Deckvorsprung und schrubbte an dem Bolzen rum, wo wir ihn alle sehen mußten und ihn beneideten und verabscheuten. Und jedesmal, wenn sein Schiff abtakelte, kam er nach Hause und stolzierte in seinen schwärzesten und verschmiertesten Klamotten durch die Stadt, damit auch ja alles daran erinnert wurde, daß er auf einem Dampfer war, und mit Fachausdrücken vom Dampfschiff warf er um sich wie ein alter Hase, der vergessen hat, daß gewöhnliche Sterbliche das nicht verstehen. Er sprach von der »Backbordseite« eines Pferdes, als sei es das Natürlichste von der Welt – man hätte ihn an die Wand klatschen mögen. Und von »St. Lui« redete er wie ein alteingesessener Bürger. Betont beiläufig ließ er Phrasen fallen wie: »Als ich die Fourth Street runterkam« oder »Ich wollte gerade am Planter's House vorbei«, oder er erzählte, wie es dort gebrannt und er an den Feuerlöschpumpen vom »alten Vater Missouri« mitgeholfen hatte, und dann schwindelte er uns weiter an, wie viele Städte von der Größe unserer an dem Tage da unten niederbrannten. Zwei oder drei von uns hatten lange großes Ansehen genossen, weil sie schon mal in St. Louis waren und ein bißchen über seine Wunder Bescheid wußten, aber mit ihrem Glanze war es jetzt vorbei. Sie wurden kleinlaut und lernten, sich zu verkrümeln, wenn der unbarmherzige Hilfsmaschinist aufkreuzte. Und Geld hatte dieser Kerl auch noch und konnte sich Pomade leisten. Außerdem eine unscheinbare silberne Uhr mit protziger Messingkette. Er trug nicht etwa noch Hosenträger, sondern einen Ledergürtel. Wenn je ein Junge von seinen Kameraden aus vollstem Herzen bewundert und gehaßt wurde, dann er. Kein Mädchen konnte seinem Zauber widerstehen. Er stach jeden Burschen im Ort aus. Als sein Schiff endlich explodierte, erfüllte uns das mit einer so beruhigenden Zufriedenheit, wie wir sie seit Monaten nicht mehr kannten. Doch als er in der nächsten Woche quicklebendig und ruhmbeladen nach Hause kam und arg mitgenommen und von oben bis unten in Binden verpackt in der Kirche erschien, jeder Zoll ein strahlender Held, von jedermann beglotzt und bewundert, fanden wir, daß die Parteinahme der Vorsehung für ein unwürdiges Reptil einen Grad erreicht hatte, wo Kritik erlaubt war.

Die Karriere dieser Kreatur konnte nur eins zur Folge haben, und das ließ auch nicht lange auf sich warten: ein Junge nach dem anderen schaffte es, auf den Fluß zu gehen. Der Sohn des Pfarrers wurde Maschinist, die Jungen vom Arzt und vom Postverwalter wurden »Zahlmeisteraspiranten«, der vom Schnapsgroßhändler übernahm auf einem Schiff die Theke, vier Söhne von unserm größten Kaufmann und zwei vom Bezirksrichter wurden Lotsen. Lotse, das war das Großartigste von allem. Der Lotse hatte selbst in jener Zeit der geringen Löhne ein fürstliches Einkommen: hundertfünfzig bis zweihundertfünfzig Dollar monatlich und Kost und Logis frei. In zwei Monaten verdiente er soviel wie ein Geistlicher im ganzen Jahr. Wir, die wir zurückbleiben mußten, waren untröstlich. Wir durften nicht auf den Fluß – wenigstens ließen uns die Eltern nicht.

So bin ich dann schließlich ausgekniffen. Ich nahm mir fest vor, nie wieder nach Hause zurückzukehren, ehe ich nicht als Lotse glorreich Einzug halten könnte. Aber irgendwie wollte es mir nicht glücken. Demütig ging ich an Bord von ein paar Schiffen, die zusammengequetscht wie die Ölsardinen am langen Kai von St. Louis lagen, und fragte ergebenst nach den Lotsen, doch die Maate und Zahlmeister ließen mich mit kurzen Worten abblitzen. Wohl oder übel mußte ich mich mit dieser Behandlung zufriedengeben, tröstete mich aber mit Tagträumen von einer Zukunft, wo ich als großer und angesehener Lotse haufenweise Geld haben würde und ein paar von diesen Maaten und Zahlmeistern einfach zertreten und dafür bezahlen könnte.

FÜNFTES KAPITEL

Ich möchte gern Lotse lernen

Nach einigen Monaten hatten sich meine Hoffnungen langsam, aber sicher zu Tode gerungen. Mein Ehrgeiz war verflogen. Nach Hause zurückzukehren aber schämte ich mich. Ich befand mich in Cincinnati, und so machte ich mich dann an die Arbeit, mir eine neue Laufbahn einfallen zu lassen. Zufällig hatte ich von der gerade erfolgten Erforschung des Amazonas durch eine von unserer Regierung entsandte Expedition gelesen, und daß infolge besonderer Schwierigkeiten ein in der Nähe der Quellen gelegener Teil des Landes, etwa viertausend Meilen von der Mündung entfernt, nicht hatte gründlich erforscht werden können. Von Cincinnati bis New Orleans, wo ich zweifellos ein Schiff kriegen würde, waren es ja bloß rund fünfzehnhundert Meilen. Ich besaß noch dreißig Dollar, also würde ich mich aufmachen und die Erforschung des Amazonas zu Ende führen. Weitere Gedanken verschwendete ich an die Sache nicht. Kleinigkeiten sind nie meine Stärke gewesen. Ich schnürte mein Bündel und schiffte mich auf einem betagten Kasten namens »Paul Jones« nach New Orleans ein. Für ganze sechzehn Dollar gehörte mir die verschrammte und verblichene Pracht seines Hauptsalons fast ganz allein, denn die »Paul Jones« war nicht gerade so gebaut, daß sie die Aufmerksamkeit klügerer Reisender auf sich gezogen hätte.

Als wir dann sogleich abdampften und den breiten Ohio hinunterschoben, wurde ich ein ganz anderer Mensch und bewunderte mich selber. Ich reise! Nie zuvor hatte ich ein Wort so auf der Zunge zergehen lassen. Ich hatte das jauchzende Gefühl, auf dem Wege nach geheimnisvollen Ländern und fernen Zonen zu sein, ein Gefühl, das mich seitdem nie wieder so erhebend erfüllte. Ich war so verklärt, daß alle unedlen Regungen schwanden, und aus Mitleid vermochte ich sogar, fast ohne jede Verachtung auf die Ungereisten herabzublicken und sie zu bedauern. Hielten wir an Dörfern und Holzplätzen, konnte ich es mir jedoch nicht versagen, mich lässig über die Reling vom Maschinendeck zu legen, um mich am Neid der Dorfjungen auf dem Ufer zu weiden. Schienen sie mich nicht zu entdecken, nieste ich ganz plötzlich, um sie aufmerksam zu machen, oder ich ging irgendwo anders hin, wo sie mich einfach sehen mußten. Sobald ich aber merkte, daß sie mich beobachteten, gähnte ich und rekelte mich und zeigte auch sonst, wie sehr mich das Reisen langweilte.

Ich ging die ganze Zeit über ohne Hut und ich hielt mich immer da auf, wo Sonne und Wind an mich ran konnten, denn ich wollte doch so bronzen und verwittert aussehen wie ein alter Fahrensmann. Noch ehe der zweite Tag halb um war, wurde mir eine Freude zuteil, die mich mit reinster Dankbarkeit erfüllte: Ich stellte fest, daß sich auf meinem Gesicht und Hals Blasen bildeten und die Haut sich zu pellen anfing. Hätten mich die Jungens und Mädchen zu Hause doch jetzt sehen können!

Mit der Zeit erreichten wir Louisville – zumindest die Gegend von Louisville. Wie angeklebt saßen wir auf den Felsen in der Mitte vom Fluß und lagen da vier Tage fest. Ich hatte jetzt das Bewußtsein, mit zur Schiffsfamilie zu gehören, eine Art kleiner Sohn vom Kapitän und jüngerer Bruder der Offiziere zu sein. Mein Stolz ob dieser Würde und meine immer stärker anschwellende Zuneigung zu diesen Leuten waren gar nicht abzumessen. Was der hoheitsvolle Dampfschiffer von einer solchen Anmaßung bloßer Landratten hält, konnte ich nicht wissen. Ganz besonders sehnte ich mich danach, von dem großen, stürmischen Maat wenigstens ein klein bißchen beachtet zu werden, und ich paßte wie ein Schießhund auf, ihm einen Dienst erweisen zu können. Endlich bot sich eine Gelegenheit. Unter lärmendem Spektakel wurde unten auf dem Vorderdeck eine neue Spiere eingesetzt, und ich ging runter und stand im Wege – daß heißt, in der Hauptsache sprang ich aus dem Wege –, bis der Maat plötzlich brüllte, jemand solle ihm eine Gangspillkurbel bringen. Ich spritzte an seine Seite und sagte: »Sagen Sie mir, wo sie ist. Ich hole sie.«

Würde sich ein Lumpensammler dem Zar von Rußland für einen diplomatischen Dienst angeboten haben, so hätte jener Monarch nicht verblüffter sein können als jetzt der Maat. Sogar mit dem Fluchen hörte er auf. Er stand da und starrte zu mir runter. Zehn Sekunden brauchte er, um seine aus den Fugen geratenen irdischen Reste wieder zusammenzukratzen. Dann wuchtete er hervor: »Da bleibt einem doch verdammt die Spucke weg!« und wandte sich seiner Arbeit zu, mit der Miene eines Mannes, der sich vor ein unlösbares Problem gestellt sieht.

Ich schlich mich von dannen und suchte für den Rest des Tages die Einsamkeit. Zum Mittagessen erschien ich nicht und zum Abendbrot auch erst, als alle anderen längst fertig waren. Jetzt kam ich mir schon nicht mehr ganz so als Mitglied der Schiffsfamilie vor. Während der weiteren Fahrt stromabwärts stellten sich jedoch meine Lebensgeister ratenweise wieder ein. Es tat mir leid, daß ich den Maat so haßte, denn ihn nicht zu bewundern, lag nicht in der Natur eines (jungen) Menschen. Er war breit wie ein Schrank und bepackt mit Muskeln und sein Gesicht vor lauter Bart kaum zu sehen. Auf dem rechten Arm hatte er zwei Frauen tätowiert, eine in Rot und eine in Blau, und dazwischen einen blauen Anker an rotem Seil. Und in puncto Fluchen war er einfach Klasse. Löschte er irgendwo Ladung, baute ich mich stets dort auf, wo ich ihn sehen und hören konnte. Er war sich der Größe seiner erhabenen Stellung durchaus bewußt und ließ das auch alle Welt merken. Selbst die einfachste Anweisung blitzte er nur so heraus und donnerte ein langes, widerhallendes Getöse von Verwünschungen hinterher. Ich konnte nicht umhin, die Art, wie eine gewöhnliche Landratte einen Befehl erteilt, der des Maats gegenüberzustellen. Wenn eine Landratte die Laufplanke einen Fuß weiter vorgerückt haben will, würde sie wahrscheinlich sagen: »James oder William, schieb doch bitte einer von euch beiden die Planke hier etwas vor.« Mein Maat aber hätte losgebullert: »Heda, vor mit der Planke! Aber ein bißchen dalli, ja! Wo wollt ihr denn hin! Faßt doch zu! Na, wird's bald? Vor! *Vor!* Stück zurück: *Zurück!* Sitzt ihr denn auf den Ohren? Verdammt noch mal! Schlaft nicht ein dabei! Halt! *Halt*, hab ich gesagt! Wollt sie wohl glatt über Bord gehen lassen, was? Mensch, wo rollst du denn das Faß da hin? Hau ja ab da vorne, bevor ich dich, so wie du bist, reinstecke, du dreimal verdammte Kreuzung zwischen lahmer Sumpfschildkröte und verkrüppeltem Leichengaul!«

Ich wünschte mir, auch so reden zu können.

FÜNFTES KAPITEL

Nachdem sich der Kummer über meine Abfuhr bei dem Maat einigermaßen gelegt hatte, machte ich mich schüchtern an den bescheidensten Dienstgrad auf dem Schiff heran – den Nachtwachmann. Zuerst wies er meine Annäherungsversuche ab, doch dann wagte ich, ihm eine neue Tonpfeife anzubieten, und das stimmte ihn schon weicher. Er erlaubte mir, neben ihm an der großen Glocke auf dem Oberdeck zu sitzen, und mit der Zeit ließ er sich zu einer Unterhaltung herab. Er hätte auch kaum anders können: dazu hing ich mit zu ehrfürchtiger Hingabe an seinen Lippen und zeigte zu deutlich, daß ich es als Ehre ansah, von ihm beachtet zu werden. Er erklärte mir, wie die verschwommenen Landzungen und schattigen Inseln hießen, an denen wir in der feierlichen Stille der Nacht unter glitzerndem Sternenhimmel vorbeifuhren, und allmählich ging er dazu über, von sich selber zu reden. Für einen Mann mit sechs Dollar Wochenheuer schien er reichlich viel Gemüt zu haben – oder sagen wir lieber, jemandem, der älter war als ich, wäre das so vorgekommen. Ich aber trank seine Worte gierig in mich hinein und mit einem Glauben, der, an richtiger Stelle angewandt, hätte Berge versetzen können. Was machte es mir schon aus, daß er dreckig und speckig aussah und nach Gin duftete? Und daß seine Grammatik schlecht war, sein Satzbau noch schlechter und sein Fluchen jeglicher Kunst entbehrte und die Unterhaltung eher verwässerte als würzte? Ihm war viel Unrecht widerfahren, er hatte im Leben etwas durchgemacht, und das genügte mir. Als er immer rührseliger wurde und mir sein beklagenswertes Geschick erzählte, tropften ihm Tränen auf die Laterne in seinem Schoß, und ich heulte aus lauter Sympathie mit. Er sagte, er sei der Sohn eines englischen Adligen – entweder eines Grafen oder eines Schultheißen oder beides, wie er glaube, denn so genau habe er das nicht behalten. Sein Vater, der Edelmann, habe ihn zärtlich geliebt, seine Mutter ihn jedoch von der Wiege an gehaßt, und so sei er schon als kleiner Junge auf »eins von die uralten Colleges« geschickt worden – auf welches, könne er sich nicht mehr erinnern. Und nach dem Tode seines Vaters habe die Mutter das Vermögen an sich gerissen und ihn »abgewimmelt«, wie er sich ausdrückte. Dann hätten die Mitglieder des Adels, mit denen er bekannt war, ihren Einfluß spielen lassen, um ihm die Stellung eines »Gehilfen« bei einem Schiffsarzt zu verschaffen, und von da ab hielt sich mein Wachmann nicht mehr an Ort und Zeit, sondern verlor sich in eine Erzählung, die vor unglaublichen Abenteuern strotzte, die so vor Blut triefte und so vollgestopft war mit Fluchten, die um Haaresbreite glückten, und mordsreizvollen und unfreiwilligen, selbst erlebten Schurkereien, daß ich sprachlos dasaß, schaudernd und staunend und voller Freude und Bewunderung.

Es war ein schwerer Schlag, als ich später dahinterkam, daß es sich um einen gemeinen, ordinären, ganz dummen, gefühlsduseligen und einfältigen Quatschkopf handelte, der nie aus den Hinterwäldern von Illinois herausgekommen war, dafür aber haufenweise Räuberpistolen verschlungen und die Knüller daraus zu einem Garn versponnen hatte, das er solchen Grünschnäbeln wie mir so lange vorsetzte, bis er es selber glaubte.

SECHSTES KAPITEL

Was man als Lehrling erlebt

Da wir die vier Tage auf dem Felsen bei Louisville festgesessen hatten und auch sonst noch aufgehalten wurden, vertrödelte die arme alte »Paul Jones« mit der Fahrt von Cincinnati nach New Orleans rund zwei Wochen. Dadurch hatte ich die Gelegenheit, einem der Lotsen näherzukommen, und er lehrte mich, das Schiff zu steuern, was mir das Leben auf dem Fluß faszinierender als je zuvor erscheinen ließ.

Außerdem konnte ich mit einem Jüngling vom Zwischendeck Bekanntschaft schließen – leider, denn er pumpte mich gleich um sechs Dollar an, mit dem Versprechen, am Tage nach unserer Ankunft wieder aufs Schiff zu kommen und

SECHSTES KAPITEL

sie mir zurückzuzahlen. Er muß aber gestorben sein oder die Sache vergessen haben, denn er hat sich nie wieder blicken lassen. Zweifellos wird das erstere der Fall sein, da er erzählt hatte, seine Eltern wären wohlhabend und Zwischendeck hätte er nur deshalb genommen, weil es dort kühler ist.

Sehr bald machte ich zwei Entdeckungen. Erstens, daß in den nächsten zehn bis zwölf Jahren wohl kaum ein Schiff nach der Amazonasmündung abgehen würde, und zweitens, daß die neun oder zehn Dollar, die ich noch in der Tasche hatte, für eine so unmögliche Erforschung, wie ich sie plante, nicht ausreichten, selbst dann nicht, wenn ich es mir leisten könnte, auf ein Schiff zu warten. Also mußte ich mir schon wieder eine neue Karriere ausdenken. Die »Paul Jones« sollte jetzt nach St. Louis fahren. Ich nahm mir vor, meinen Lotsen zu belagern. Nach drei Tagen ergab er sich. Er willigte ein, mir für fünfhundert Dollar, zu zahlen von meinen ersten Löhnen nach bestandener Lehrzeit, alles über den Mississippi von New Orleans bis St. Louis beizubringen. Mit der Vertrauensseligkeit meiner Jahre ließ ich mich in das kleine Unterfangen ein, zwölf- oder dreizehnhundert Meilen des großen Mississippi zu »lernen«. Hätte ich gewußt, was ich meinen Fähigkeiten damit zumutete, würde ich gar nicht erst den Mumm aufgebracht haben, anzufangen. Ich wiegte mich in dem Glauben, ein Lotse hätte nichts weiter zu tun, als das Schiff in der Mitte vom Fluß zu halten, und da konnte doch nicht viel dabei sein, denn der war ja breit genug.

Die »Paul Jones« stieß nachmittags um vier in New Orleans über den Achtersteven ab, und »unsere« Wache dauerte bis acht. Mr. Bixby, mein Chef, »richtete das Schiff aus«, pflügte an den Hecks der am Landeplatz liegenden Schiffe vorbei und sagte dann: »Hier, nimm das Rad, und rasier die Dampfer da so sauber ab, als ob du Äpfel schälst.« Ich übernahm das Steuer, und mein Herz ging wie eine Dampfmaschine, denn ich hatte das Gefühl, als müßten wir jeden Augenblick sämtlichen Schiffen in der Reihe die Hecks aufreißen, so dicht dran waren wir. Mit angehaltenem Atem drehte ich von der Gefahr weg, und über den Lotsen, dem nicht Besseres einfiel, als uns in eine so heikle Lage zu bringen, dachte ich mir meinen Teil, behielt das aber wohlweislich für mich. In einer halben Minute hatte ich zwischen der »Paul Jones« und den anderen Dampfern einen breiten, rettenden Spielraum liegen, doch innerhalb weiterer zehn Sekunden war ich mit Schimpf und Schande beiseite geschoben, und Mr. Bixby steuerte wieder mitten ins Unheil hinein und hielt mir wegen meiner Feigheit eine geharnischte Standpauke. Ich war tief gekränkt, und doch mußte ich die ungezwungene Sicherheit bewundern, mit der mein Chef lässig von der einen Seite seines Steuerrades zur anderen pendelte und die Schiffe so haarscharf schnitt, daß ein Unglück dauernd unvermeidlich schien. Nachdem er sich etwas besänftigt hatte, sagte er mir, am Ufer sei immer ein ruhiges Fahrwasser, draußen aber Strömung, und um das richtig auszunutzen, müßten wir stromauf dicht an Land halten, stromab aber immer hübsch in der Mitte bleiben. Woraufhin ich beschloß, Lotse für stromabwärts zu werden und das Stromaufwärtssteuern weniger gewitzten Leuten zu überlassen.

Ab und zu machte mich Mr. Bixby auf bestimmte Dinge aufmerksam. Sagte er zum Beispiel: »Das ist die Sechs-Meilen-Point.« Ich nickte zustimmend. War ganz nett, das erklärt zu kriegen, ich begriff bloß nicht, worauf das hinauswollte. Daß ich mich dafür zu interessieren hatte, kam mir nicht in den Sinn. Ein andermal sagte er: »Das ist die Neun-Meilen-Bake.« Dann wieder: »Zwölf-Meilen-Bake.« Und alle ragten sie kaum aus dem Wasser, und die eine sah aus wie die andere, eintönig und alles andere als malerisch. Ich hoffte, Mr. Bixby würde das Thema wechseln. Fiel dem aber nicht ein. Hingebungsvoll ans Ufer haltend, schob er sich um einen Point herum und sagte dann: »Hier hört das Stillwasser auf, gegenüber von den Chinabäumen da. Wir gehen jetzt nach drüben.« Und er kreuzte rüber. Ein- oder zweimal ließ er mich noch ans Rad, doch ich hatte kein Glück. Entweder bröckelte ich beinahe ein Stück von einer Zuckerrohrplantage ab, oder ich gierte zu weit vom Ufer weg, fiel also wieder in Ungnade und bekam neue Standpauken zu hören.

Schließlich war unsere Wache um, und wir aßen Abendbrot und gingen schlafen. Um Mitternacht fiel mir der grelle Schein einer Laterne in die Augen, und der Nachtwachmann sagte: »Los, aufstehen!«

Dann ging er wieder. Was dieses Theater sollte, blieb mir unklar, und ich gab es auch bald auf, dahinterzukommen, und schlief weiter. Dauerte aber gar nicht lange, da kam der Wachmann noch einmal, und diesmal wurde er unfein.

Mir platzte der Kragen: »Was soll das heißen, einen hier mitten in der Nacht zu belästigen? Jetzt kann ich bestimmt nicht wieder einschlafen.«

Der Wachmann sagte: »Mensch, wenn das nicht gut ist, freß ich einen Besen.«

Die Freiwache kam gerade herein, und ich hörte ihr rohes Gelächter und Bemerkungen wie: »Hallo, Wachmann! der neue Stöps noch nicht raus? Scheint ja schön verpimpelt zu sein, der Kleine. Gib ihm doch einen Schnuller und hol das Stubenmädchen, damit sie ihm Eiapopeia singt.«

Da erschien auch schon Mr. Bixby auf der Bildfläche. Ungefähr eine Minute später kletterte ich, halb angezogen und meine restlichen Sachen über dem Arm, die Stufen zum Steuerhaus hoch, dicht hinter mir Mr. Bixby, der seinen Senf dazu abgab. Hier war etwas Neues: in tiefster Nacht aufstehen, um zu arbeiten – etwas, das zum Lotsenberuf gehörte und woran ich überhaupt nicht gedacht hatte. Daß Schiffe nachts weiterfahren, wußte ich, aber irgendwie war mir nie eingefallen, daß deshalb jemand aus seinem warmen Bett raus muß. Langsam schwante mir, Lotsen sei doch nicht ganz so romantisch, wie ich mir vorgestellt hatte. Diese neue Phase jedenfalls sah sehr realistisch aus und roch nach Arbeit.

Die Nacht war ziemlich dunkel, obwohl nicht wenig Sterne am Himmel hingen. Am Steuer stand der große Maat. Er hatte unseren alten Pott auf einen Stern ausgerichtet und hielt ihn genau in der Mitte des Flusses. Zu beiden Seiten lagen die Ufer kaum mehr als eine halbe Meile auseinander, doch sie schienen wunderbar weit weg und in der Ferne zu verschwimmen. Der Maat sagte: »Wir müssen an Jones' Plantage anlegen, Sir.«

Der Geist der Rachsucht in mir frohlockte. Ich dachte so bei mir: ›Na denn man viel Spaß, Mr. Bixby. Sie werden Ihre Freude daran haben, in so einer Nacht die Plantage von Mr. Jones suchen zu müssen, und ich hoffe, Sie werden die im Leben nicht finden.‹

Mr. Bixby fragte den Maat: »Am oberen Ende der Plantage oder unten?«

»Oben.«

»Läßt sich nicht machen. Bei dem Wasserstand ragen da die Baumstümpfe raus. So weit ist es ja nicht bis zum unteren Ende. Damit müßt ihr euch schon zufriedengeben.«

»Gut, Sir. Wenn das Jones nicht paßt, soll er's bleibenlassen.«

Und dann ging der Maat ab. Mein Frohlocken ließ nach, und mein Staunen wuchs. Hier stand ein Mann, der nicht nur beabsichtigte, in einer solchen Nacht diese Plantage zu finden, sondern auch noch jedes beliebige Ende davon. Es juckte mich, ihn was zu fragen, aber mit kurzen Antworten war ich bereits bis an die Luken eingedeckt, und so schwieg ich lieber still. Dabei hatte ich Mr. Bixby nur die einfache Frage vorlegen wollen, ob er so blöd sei, sich allen Ernstes einzubilden, jene Plantage in einer Nacht zu finden, in der sich alle Plantagen wie ein Ei dem andern glichen und alle die gleiche Farbe hatten. Doch ich hielt mich zurück. Ich hatte damals wirklich Anwandlungen von Klugheit.

Mr. Bixby drehte aufs Ufer zu und strich dann genauso dicht daran hin wie bei hellstem Tageslicht. Und nicht nur das, er sang sogar noch: »Vater im Himmel, der Tag geht zur Rüste...«, und so weiter.

Ich hatte das Gefühl, mein Leben in die Hände eines wahren Ausbunds von Leichtsinn und Gewissenlosigkeit gelegt zu haben. Plötzlich drehte er sich zu mir um und fragte: »Wie heißt der erste Point oberhalb von New Orleans.«

SECHSTES KAPITEL

Es freute mich, daß ich darauf prompt antworten konnte, was ich dann auch tat. Ich sagte, das wüßte ich nicht.

»Das *weißt* du nicht?«

Der Ton rüttelte mich auf. Ich beherrschte mich gleich wieder, mußte aber noch mal dasselbe wie vorhin antworten.

»Du bist mir ja der richtige!« sagte Mr. Bixby. »Wie heißt denn der *nächste* Point?«

Auch das wußte ich nicht.

»Nun schlägt's aber dreizehn. Nenn mir irgendeinen von den Points oder Orten, die ich dir gezeigt habe.«

Ich überlegte eine Weile und stellte fest, daß ich das nicht konnte.

»Hör mal! Von wo aus fängst du oberhalb von dem Zwölf-Meilen-Point an zu kreuzen?«

»Ich ... ich ... weiß nicht.«

»Du ... du... weißt nicht?« äffte er mir nach. »Was weißt du *überhaupt?*«

»Ich ... äh ... nichts.«

»Beim Geist des großen Cäsar, das glaub ich dir! Du bist der dümmste Strohkopf, der mir je vorgekommen ist und von dem ich je gehört habe, so wahr mir Moses helfe! Sich dich als Lotsen vorzustellen – *dich!* Du weißt ja nicht mal genug, um eine Kuh den Weg entlangzulotsen!«

Au, ging der hoch! Von Natur aus war er sowieso nervös, und jetzt hopste er von einer Seite des Steuerrades auf die andere, als sei der Boden unter seinen Füßen glühend. Und so kochte er eine Weile wütend vor sich hin, bis er wieder überlief und mich von neuem verbrühte.

»Hör mal! Was meinst du, wozu ich dir die Namen von diesen Points gesagt habe?«

Zitternd überlegte ich einen Augenblick, doch dann ritt mich der Teufel, und ich antwortete: »Na, ich dachte, nur so ... zur Unterhaltung.«

Das war das rote Tuch für den Stier. Er tobte und wetterte (während wir gerade kreuzten) so sehr, daß ich annahm, er sei vor Wut blind geworden, weil er über das Steuerruder von einem Handelskahn fuhr. Natürlich ließen die Krämer eine Salve glühendheißer Verwünschungen los.

Niemand hätte das dankbarer begrüßt als Mr. Bixby, denn er war bis obenhin geladen, und hier hatte er welche, die mit der Antwort nicht auf sich warten ließen. Er riß ein Fenster auf, steckte den Kopf raus, und dann erfolgte ein Ausbruch, wie ich noch nie einen mit angehört hatte. Je schwächer und entfernter das Gezeter der Kahnmannschaft klang, um so lauter brüllte Mr. Bixby und um so kräftiger wurden seine Ausdrücke. Als er das Fenster zumachte, hatte er sich leergepumpt. Hätte man mit einem Netz in seinem Organismus gefischt, es wären nicht einmal genügend Flüche hängengeblieben, um die Frau Mama damit zu erschrecken.

Schließlich sagte er im sanftesten Ton zu mir: »Du mußt dir ein kleines Notizbuch zulegen, mein Junge, und immer, wenn ich dir was erkläre, schreibst du es sogleich ein. Es gibt nur einen Weg, ein guter Lotse zu werden, nämlich den ganzen Fluß auswendig zu lernen. Wie das Abc muß man den im Kopf haben.«

Das waren ja trübe Aussichten, denn mein Gedächtnis war nie mit was anderem geladen gewesen als mit Platzpatronen. Ich ließ mir jedoch nicht lange den Mut nehmen. Am besten, ich machte ein paar Zugeständnisse, denn Mr. Bixby übertrieb bestimmt nur. Plötzlich zog er an einem Seil und schlug die große Glocke ein paarmal an. Am Himmel hing kein Stern mehr, und die Nacht war schwarz wie Tinte. Ich konnte zwar die Schaufelräder am Ufer entlangbuttern hören, und doch war ich nicht ganz sicher, ob das, was ich sah, das Ufer war. Vom Oberdeck rief die Stimme des unsichtbaren Wachmannes herauf:

»Wo sind wir, Sir?«

»Jones' Plantage!«

Ich überlegte: ›Wenn du doch jetzt eine kleine Wette riskieren könntest, daß sie das *nicht* ist.‹ Gesagt aber habe ich keinen Mucks, bloß abgewartet. Mr. Bixby setzte die Glocken zum Maschinenraum in Bewegung, und unser Bug legte im richtig abgepaßten Augenblick an, vom Vorderdeck leuchtete eine Fackel auf, ein Mann sprang an Land, auf dem Ufer sagte die Stimmes eines Schwarzen: »Ich trag die Reisetasche, Massa Jones«, und dann zogen

SECHSTES KAPITEL

wir auch schon wieder in aller Ruhe mitten auf dem Strom unsere Bahn. Ich dachte eine Weile tief nach und sagte – doch nicht laut –: »Na, daß wir die Plantage gefunden haben, war aber der glücklichste Zufall der Welt; so was kommt bloß alle hundert Jahre einmal vor.« Und das glaubte ich tatsächlich.

Nach so siebenhundert bis achthundert Meilen hatte ich genug gelernt, um stromaufwärts und bei Tage einen einigermaßen schneidigen Rudergast abzugeben, und noch ehe wir St. Louis erreichten, auch in der Nachtarbeit Fortschritte gemacht, aber nur mäßige. Mein Notizbuch war vollgespickt mit Namen von Städten, ›Points‹, Sandbänken, Inseln, Biegungen, geraden Flußstrecken und so weiter, doch nachschlagen konnte ich nur im Buch, nicht etwa im Kopf. Mir wurde ganz mulmig zumute, wenn ich daran dachte, daß ja erst der halbe Fluß eingetragen war, denn da wir Tag und Nacht hindurch immer vier Stunden Wache schoben und vier Stunden frei waren, klaffte für jedes einzelne Mal, wo ich seit Beginn der Fahrt geschlafen hatte, in meinem Buch eine lange vierstündige Lücke.

Mein Chef wurde dann für einen großen New-Orleans-Dampfer angeheuert, und ich packte meine Sachen und ging mit. Das Schiff war einfach Zucker. Wenn ich im Steuerhaus stand, war ich so hoch über dem Wasser, daß ich mir vorkam wie auf einem hohen Berg, und unter mir erstreckten sich die Decks so weit nach vorn und nach achtern, daß ich mich fragte, wie ich die kleine »Paul Jones« jemals für ein großes Schiff hatte halten können. Alles war anders. Die »Paul Jones« hatte als Lotsenhäuschen eine billige, schmutzigbraune Rattenfalle gehabt, verbeult und viel zu eng. Hier dagegen erhob sich ein prachtvoller Glastempel, groß genug, um darin zu tanzen, mit prunkenden Gardinen in Rot mit Gold und einem wuchtigen Sofa; mit Lederpolsterung und Lehne an der hohen Bank für die als Besucher mitfahrenden Lotsen, auf der sie ihr Garn spinnen und sich »den Fluß besehen« konnten –; mit glänzenden, verzierten »Spuckvasen« anstelle der breiten Holzkiste mit Sägespänen; mit hübschem neuem Belag auf dem Boden, einem einladenden großen Ofen für den

Winter, einem mit kostbarer Einlegearbeit geschmückten Steuerrad, das mir fast über den Kopf reichte, einem metallenen Steuerreep, blanken Messingklingelknöpfen und dazu einem sauberen schwarzen »Texas-Steward« mit weißer Schürze, um uns während der Wachen tags und nachts Kaffee und Kuchen und Eis raufzubringen. Ja, das war was, und so faßte ich wieder Mut zu dem Glauben, Lotse sei doch ein romantischer Beruf. Sobald wir abdampften, fing ich an, auf dem großen Dampfer herumzustrolchen, und mein Herz hüpfte vor Freude. Alles war sauber und schmuck wie ein Empfangszimmer. Wenn ich den langen, ganz in Gold gehaltenen Salon hinuntersah, glaubte ich, durch einen gleißenden Tunnel zu blicken; an der Tür jeder Luxuskajüte prangte ein Ölbild von der Hand eines begabten Schildermalers; überall glitzerten kristallbehängte Kronleuchter; das Zahlmeisterbüro war elegant, die Bar war ein Schmuckkästchen und der Barkeeper mit unglaublichem Aufwand geschniegelt und gebügelt. Das Maschinendeck (sozusagen das zweite Stockwerk des Schiffes) erschien mir geräumig wie eine Kirche; die Back ebenfalls, und da unten drin war nicht bloß eine läppische Handvoll Bootsknechte, Heizer und Schauerleute, sondern ein ganzes Regiment von Personal. Grimmig loderten die Feuer in einer langen Reihe von Öfen, und darüber erhoben sich acht riesige Kessel! Eine nicht wiederzugebende Pracht. Die gewaltigen Maschinen – doch genug! Nie zuvor hatte ich mich so wohl gefühlt. Und als ich entdeckte, daß mich das Heer von adretten Bediensteten respektvoll per »Sir« behandelte, war ich auf dem Gipfel der Zufriedenheit angelangt.

SIEBENTES KAPITEL

Eine gewagte Sache

Als ich ins Steuerhaus zurückkam, hatten wir St. Louis längst hinter uns gelassen, und da stand ich nun und

SIEBENTES KAPITEL

wußte nicht weiter. Vor mir hatte ich ein Stück Mississippi, über das zwar alles in meinem Notizbuch stand, aus dem ich aber trotzdem nicht klug werden konnte; war doch jetzt alles umgekehrt. Rauf zu hatte ich mir dieses Stück zwar angesehen, mich aber nie umgedreht, um mir zu merken, wie es aussah, als es hinter mir lag. Wieder sank mir der Mut, denn jetzt stand fest, ich mußte diesen schrecklichen Fluß in *beiden* Richtungen lernen.

Das Steuerhaus war voller Lotsen, die mitfuhren, sich »den Fluß zu besehen«. Im sogenannten »Oberlauf«, das heißt auf den zweihundert Meilen zwischen St. Louis und Cairo, wo der Ohio einmündet, stand das Wasser niedrig, und da der Mississippi seine Fahrrinne andauernd verändert, hielten es die Lotsen, deren Schiffe eine Woche im Hafen festlagen, bei flachem Wasser stets für notwendig, runterzufahren bis Cairo, um sich mit dem neuesten Fahrwasser vertraut zu machen. Zum großen Teil wurde dieses »Flußbesehen« von armen Teufeln betrieben, die selten eine Heuer hatten und deren einzige Hoffnung, eine zu ergattern, darin bestand, daß sie ständig auf dem laufenden waren, also jederzeit mal für eine Tour einspringen konnten, wenn einer der besseren Lotsen plötzlich krank wurde oder sonstwie ausfiel. Und eine ganze Menge von ihnen fuhren immerzu rauf und runter, den Fluß zu inspizieren, nicht etwa, weil sie ernstlich hofften, angemustert zu werden, sondern weil sich das – sie waren ja die Gäste des Schiffes – billiger stellte, als an Land zu bleiben und Kost und Logis zu zahlen. Mit der Zeit entwickelten diese Burschen einen wählerischen Geschmack und suchten nur noch Dampfer heim, deren Küche und Tafel über einen langjährigen guten Ruf verfügten. Die Besuchslotsen machten sich übrigens alle recht nützlich, denn ob im Sommer oder im Winter, bei Tage oder bei Nacht, immer zeigten sie sich bereit, in die Jolle zu steigen und beim Setzen der Bojen mit Hand anzulegen oder den Lotsen des Schiffes zu helfen, wo sie nur konnten. Sie waren überhaupt sehr willkommen, weil Lotsen untereinander alle gern und lange reden, und da sie nur ein Thema kennen, nämlich den Fluß, finden sie stets offene und interessierte

Ohren. Was ein richtiger Lotse ist, der schert sich um nichts in der Welt als um den Fluß, und auf seinen Beruf ist er stolzer als ein König.

Von solchen Flußinspizienten hatten wir auf dieser Fahrt einen netten Trupp mit. Es waren zirka acht bis zehn Mann, doch in unserem großen Steuerhaus hatten sie dreimal Platz. Ein paar trugen auf Hochglanz gebürstete Zylinder, kunstvoll gearbeitete Hemdeinsätze, brillantstrotzende Krawattennadeln, Glacéhandschuhe und Lackstiefeletten. Ihr Englisch war gewählt, und sie trugen eine Würde zur Schau, wie es sich für Leute geziemte, die über solide Geldmittel verfügten und als Lotsen enormes Ansehen genossen. Die anderen waren mehr oder weniger nachlässig gekleidet, und auf ihren Köpfen thronten hohe Filzkegel, die an die Zeit der englischen Republik erinnerten.

In dieser erlauchten Gesellschaft war ich eine Null und kam mir auch ganz so vor. Ich zählte nicht einmal soviel, um am Rad zu helfen, falls das Steuerreep schnell runtergelassen werden mußte; wenn Not am Mann war – und das war wegen der krummen Fahrrinne und des knappen Wassers alle paar Augenblicke der Fall –, erledigte das der Gast, der am nächsten stand. Ich verharrte in meiner Ecke, und die Gespräche, die ich mit anhörte, nahmen mir alle Hoffnung. Ein Lotse fragte einen anderen:

»Jim, wie bist du rauf zu um Plum Point rumgekommen?«

»Da war gerade Nacht, und ich hab's so gemacht, wie mir einer von der ›Diana‹ gesagt hat, also zirka fünfzig Yard oberhalb vom Holzhaufen auf dem falschen Point angefangen zu kreuzen mit Kurs auf die Hütte unterhalb von Plum Point bis ich das Riff sah – eindreiviertel Faden –, und hochgedreht und auf die mittlere Barre zu, bis ich genau gegenüber von der ollen einastigen Pappel in der Biege drin war, und dann mit dem Heck die Pappel und mit dem Bug die flache Stelle oberhalb vom Point anvisiert und einfach drüber weg – neuneinhalb Fuß.«

»Hast ganz schön quer rüberhalten müssen, was?«

»Ja, aber die obere Barre schiebt sich schnell runter.«

SIEBENTES KAPITEL

Ein anderer Lotse mischte sich ein: »Ich hab da besseres Wasser gehabt und bin weiter unten gekreuzt, gleich vom falschen Point aus – zwo Faden –, und bin dann gegenüber von dem großen im Fluß liegenden Baum in der Biege über das zweite Riff gegangen – eindreiviertel Faden.«

Einer von den Vornehmen bemerkte: »Ich will ja nichts gegen deine Lotgäste sagen, aber für Plum Point scheint mir das ein bißchen viel Wasser zu sein.«

Diese gelassene Abfertigung wurde ringsum mit zustimmendem Kopfnicken aufgenommen, und der Aufschneider war erledigt. Und so redeten und redeten sie in einem fort. Mir aber ging folgendes durch den Kopf: ›Wenn meine Ohren richtig hören, habe ich nicht bloß die Namen von all den Städten und Inseln und Biegungen und so weiter auswendig zu lernen, sondern noch mit jedem alten ›snag‹ und jeder einästigen Pappel und jedem obskuren Holzhaufen, die die Ufer dieses Flusses zieren, innigst Bekanntschaft zu schließen, ja mehr noch, ich muß sogar wissen, wo sie sich im Dunkeln befinden, oder aber unsere Gäste haben Augen, für die zwei Meilen Stockfinsternis gar nichts sind. Wär die ganze Lotserei doch bloß, wo der Pfeffer wächst, und hätte ich mich nie und nimmer damit eingelassen.‹

Als es anfing, dunkel zu werden, schlug Mr. Bixby dreimal die Glocke an (das Signal zum Landen), und der Kapitän tauchte aus seiner Kajüte im vorderen Ende vom »Texas« auf und sah fragend zu uns rauf. Mr. Bixby sagte:

»Wir bleiben die Nacht hier liegen, Kapitän.«

»Wie Sie belieben, Sir.«

Das war alles. Das Schiff legte an und wurde vertäut. Daß der Lotse tun und lassen konnte, was er wollte, ohne einen so großen Kapitän erst um Erlaubnis zu fragen, schien mir eine feine Sache. Gleich nach dem Abendbrot ging ich ins Bett, entmutigt durch das, was ich den Tag über gesehen und erlebt hatte. Die Notizen von meiner letzten Fahrt waren nur noch ein heilloses Durcheinander von nichtssagenden Namen. Sooft ich sie mir auch bei Tage angesehen hatte, sie hatten mich jedesmal ganz meschugge gemacht. Jetzt hoffte ich auf Entspannung im Schlaf; aber

nein, sie schwirrten weiter in meinem Kopf herum, bis
es wieder hell wurde, ein kreisender, nicht enden wollender Alpdruck.

Am nächsten Morgen hatte ich einen Brummschädel und
fühlte mich ziemlich niedergeschlagen. Wir preschten dahin
und leisteten uns eine ganze Menge waghalsiger Sachen,
weil wir unbedingt noch vor Einbruch der Nacht »aus
dem Strom rauskommen« (das heißt Cairo erreichen)
wollten. Der andere Lotse, mit dem sich Mr. Bixby die
Wachen teilte, fuhr jedoch plötzlich auf Grund, und wir
verloren mit dem Wiederflottmachen so viel Zeit, daß es
klar auf der Hand lag, die Dunkelheit würde uns noch ein
gutes Stück vor der Mündung des Ohio überraschen. Das
war ein großes Malheur, besonders für einige von den mitfahrenden Lotsen, denn deren Dampfer mußten warten,
bis sie zurück waren, und wenn das noch so lange dauerte.
Die Unterhaltung im Steuerhaus dämpfte sich merklich.
Stromauf scherten sich Lotsen weder um seichtes Wasser
noch um die tiefste Finsternis, nichts konnte sie aufhalten
außer Nebel. Stromab aber sah das ganz anders aus; mit
der drückenden starken Strömung im Rücken war ein Schiff
so gut wie hilflos. Deshalb wurde bei niedrigem Wasserstand nachts auch nicht stromabwärts gefahren.

Etwas Hoffnung jedoch schien zu bestehen: Schafften
wir das komplizierte und gefährliche Kreuzen bei Hat
Island vor dem Dunkelwerden, konnten wir uns auch an
die restliche Strecke wagen, denn da war glattes Steuern
und gutes Fahrwasser. Aber Hat Island bei Nacht zu versuchen, wäre heller Wahnsinn gewesen. So wurde nun
immerzu zur Uhr gesehen und geschätzt, was wir für Fahrt
machten. Das Gespräch drehte sich bloß noch um Hat
Island; manchmal stieg die Hoffnung, aber wenn wir durch
schwieriges Kreuzen aufgehalten wurden, ging sie wieder
runter. Stundenlang lastete diese unterdrückte Erregung
auf jedem einzelnen, ja sie übertrug sich sogar auf mich,
und ich machte mir solche Sorgen wegen Hat Island und
fühlte einen so schrecklichen Druck an Verantwortung, daß
ich am liebsten mal fünf Minuten an Land gegangen wäre,
um dort tief und befreiend Luft zu holen und dann von

SIEBENTES KAPITEL

neuem anzufangen. Wir hielten uns nicht mehr an die Wachen. Jeder von unseren Lotsen übernahm dasselbe Stück, das er auch stromauf gesteuert hatte, weil er damit besser Bescheid wußte; beide blieben jedoch die ganze Zeit über oben.

Eine Stunde vor Sonnenuntergang ging Mr. Bixby ans Rad, und Mr. W. trat beiseite. Während der nächsten dreißig Minuten behielten sämtliche Männer ihre Uhren in der Hand. Alle waren nervös und unruhig. Keiner sprach ein Wort. Schließlich sagte einer traurig: »Ja, da drüben ist Hat Island – und wir können nicht mehr rüber.«

Die Uhrendeckel schnappten zu, alle seufzten und murmelten etwas vor sich hin wie »Zu dumm auch – ach, hätten wir's doch bloß eine winzige halbe Stunde früher geschafft!«, und die drückende Luft der Enttäuschung lastete auf allen im Raum. Ein paar wollten rausgehen, zögerten aber, als sie kein Landesignal hörten. Die Sonne versank am Horizont, das Schiff fuhr weiter. Unsere Gäste warfen sich fragende Blicke zu, und einer ließ den Türknauf wieder los, den er schon herumgedreht hatte. Beharrlich steuerten wir in die Biegung hinein. Erneutes Austauschen von Blicken und erstauntes und bewunderndes Kopfnicken – aber keine Worte. Als sich der Himmel verdunkelte und die ersten Sterne schwach aufflimmerten, drängten sich die Männer unbewußt hinter Mr. Bixby zusammen. Die Totenstille und das Gefühl des Wartens wurden bedrückend. Mr. Bixby zog am Seil, und von der großen Glocke schwangen zwei tiefe, weiche Töne hinein in die Nacht. Dann eine Pause und wieder ein Glockenschlag. Danach die Stimme des Wachmannes vom Oberdeck:

»Lot an Backbord! Los, Lot an Steuerbord!«

Wie von weit her klangen die Rufe der Lotgäste herauf und wurden vom Oberdeck her dumpf weitergegeben: »Maaarke drei! Maaarke drei! Twaindreiviertel! Twaineinhalb! Twaineinviertel! Maaarke twain! Eindrei...«

Mr. Bixby setzte zwei Glockenstränge in Bewegung, erhielt durch ein schwaches Klingeln von tief unten aus dem Maschinenraum Antwort, und wir wurden langsamer. Der Dampf zischte aus den Ventilen. Noch immer war das

Rufen der Lotgäste zu hören – bei Nacht stets ein unheimlicher Ton. Die Lotsen paßten jetzt alle auf, ganz Auge und verhalten flüsternd. Nur Mr. Bixby war die Ruhe selber. Er warf sein Rad herum, stellte sich auf eine Speiche, und als das Schiff dann einschwenkte in seine (für mich) völlig unsichtbaren Markierungspunkte – denn wir schienen mitten auf dem finstersten Meere zu sein –, drückte er mit dem Ruder dagegen und brachte es wieder auf Richtung. Aus dem halblauten Stimmengemurmel konnte man hin und wieder einen zusammenhängenden Satz auffangen wie:

»Da, übers erste Riff sind wir gut weg!«

Nach einer Weile eine andere gedämpfte Stimme: »Alle Wetter, das Heck steht richtig, aber haargenau!«

»Jetzt sind wir in den Marken drin – und rüber!«

Irgend jemand sagte: »Mann, sauber hingekriegt – *sauber!*«

Jetzt wurden die Maschinen ganz abgestoppt, und wir trieben mit der Strömung. Nicht etwa, daß ich sah, wie wir trieben, nein, denn die Sterne waren alle längst wieder verschwunden. Dieses Treiben war am schlimmsten, das Herz stand einem dabei still. Auf einmal entdeckte ich etwas Schwarzes, noch schwärzer als die uns umgebende Dunkelheit: die Spitze der Insel. Und wir hielten geradewegs darauf zu. Je tiefer wir in ihren Schatten tauchten, desto drohender wurde die Gefahr, und mir blieb die Luft weg, und ich verspürte den stärksten Drang, etwas zu unternehmen, ganz gleich was, nur um das Schiff zu retten. Doch Mr. Bixby stand an seinem Steuer, ruhig, aber auf dem Sprung wie eine Katze, und alle Lotsen Schulter an Schulter hinter ihm.

»Wir schaffen's nicht!« flüsterte jemand.

Es wurde immer flacheres Wasser gelotet bis runter auf: »Achteinhalb! Aaacht Fuß! Siebenein...«

Warnend rief Mr. Bixby dem Maschinisten durch das Sprachrohr zu: »Alles klarmachen!«

»Ay, ay, Sir.«

»Siebeneinhalb! Sieben Fuß! *Sechs*ein...«

Wir streiften Grund! Sofort setzte Mr. Bixby einen Haufen Glocken in Gang, brüllte durch das Sprachrohr:

»*Jetzt!* Leg Dampf vor, was das Zeug hält!«, und rief seinem Partner zu: »Faß mit an! Ganz runter das Rad! Schnell! Schnell!« Das Schiff raspelte und knirschte sich durch den Sand, schwebte einen einzigen entsetzlich langen Augenblick über dem Verderben und glitt denn drüber hinweg! Und hinter Mr. Bixbys Rücken stieg ein Jubelschrei auf, daß die Wände vom Steuerhaus wackelten, wie sie auf noch keinem Dampfer gewackelt hatten!

Alles weitere waren Kleinigkeiten. Mr. Bixby wurde in dieser Nacht zum Helden, und es hat eine ganze Weile gedauert, bis diese Leistung nicht mehr das Tagesgespräch auf dem Fluß war.

Um sich ein richtiges Bild davon zu machen, was für eine wunderbare Präzisionsarbeit dazu gehörte, das große Dampfschiff in jener finsteren Wasserwüste in der Fahrrinne zu halten, muß man wissen, daß es nicht nur darauf ankam, sich zwischen Snags und unsichtbaren Sandriffen hindurchzuwürgen und sich dann so dicht am Inselkopf vorbeizutasten, daß das Heck das überhängende Laubwerk streifte, sondern an einer Stelle war fast auf Armeslänge ein gesunkenes und unsichtbares Wrack zu passieren, das dem Schiff hätte die Rumpfspanten aufreißen und binnen fünf Minuten eine viertel Million Dollar an Dampfer nebst Ladung vernichten können und vielleicht noch rund hundertfünfzig Menschenleben dazu.

Das letzte, was ich in jener Nacht hörte, war ein Kompliment für Mr. Bixby, das einer unserer Gäste im Selbstgespräch mit innerem Behagen von sich gab. Er sagte: »Dunnerlittchen, das ist aber ein Blitzlotse!«

ACHTES KAPITEL

Alles sehr unverständlich

Nach geraumer, mir reichlich langweilig vorkommender Zeit hatte ich es fertiggebracht, meinen Schädel mit Inseln, Städten, Sandbänken, Points und Biegungen vollzustopfen, und das war nun ein toter Ballast. Immerhin konnte ich auch bei geschlossenen Augen eine lange Latte dieser Namen runterleiern, ohne von je fünfzig Meilen Fluß mehr als zehn auszulassen, und so setzte sich bei mir langsam die Überzeugung fest, ich könnte mit Überspringen dieser kleinen Lücken ein Schiff nach New Orleans hinuntersteuern. Aber meine Erwartungen hatten mich kaum zu bewegen begonnen, die Nase eine Klitzekleinigkeit höher zu tragen, da dachte sich Mr. Bixby natürlich gleich einen Dämpfer aus. Setzte er mir doch eines Tages urplötzlich die Frage vor: »Welche Form hat die Walnut-Bend?«

Ebensogut hätte er mich fragen können, was meine Großmutter von Protoplasma hält. Ich überlegte respektvoll und sagte dann, soviel ich wüßte, gar keine besondere Form. Mein mit Schießpulver geladener Chef ging natürlich los wie ein Kanonenschlag, und dann lud er neu und bullerte weiter, bis ihm die Schimpfwörter ausgingen.

Ich hatte schon lange heraus, daß er immer nur über eine bestimmte Menge Munition verfügte, und sobald er die verschossen hatte, war er bloß noch eine äußerst friedliche, ja reumütige alte Donnerbüchse. »Alt« ist hier nur liebkosend gemeint; er war erst vierunddreißig. Ich wartete. Schließlich sagte er:

»Mein Junge, die Form vom Fluß mußt du aber bis ins kleinste kennen. In stockdunkler Nacht am Steuer ist das das einzige, woran du dich halten kannst. Alles andere ist dann ausgelöscht und weg. Aber nachts hat der Fluß nicht dieselbe Form wie bei Tage.«

»Und wie soll ich das dann jemals lernen?«

»Du kannst doch zu Hause im Dunkeln den Flur entlanggehen. Und warum? Weil du seine Form kennst. Du siehst ihn ja nicht.«

»Heißt das, ich muß von dem Fluß hier, der sowieso kein Ende nimmt, all die Millionen lächerlich kleinen Unterschiede in der Form der Ufer genauso kennen wie unsern Hausflur?«

»Und ob du die kennen mußt! *Besser* als je jemand die Form von seinem eigenen Hausflur gekannt hat.«

»Da kann ich mir ja gleich 'n Strick nehmen!«

»Nun, ich will dich nicht entmutigen, aber...«

»Na dann laden Sie's mir nur auf. Ob jetzt oder ein andermal, bleibt sich gleich.«

»Ja, gelernt muß das werden, da kommst du nicht drum rum. Bei sternklarer Nacht gibt es große Schatten, und wenn du dann die Form eines Ufers nicht genau im Kopf hast, nimmst du vor jedem Wäldchen aus drei Bäumen Reißaus, weil du den schwarzen Schatten davon für eine gediegene Landzunge hältst. Würdest also während der Wache alle Viertelstunde zu Tode erschrecken und wärst immer fünfzig Yard von Land weg, wenn du bis auf fünfzig Fuß dranbleiben sollst. Einen Snag erkennen kannst du in so einem Schatten nicht, aber du weißt eben sehr genau, wo er ist, und die Form des Flusses sagt dir auch, wann du in seine Nähe kommst. Und dann die stockdunklen Nächte, da hat der Strom wieder eine ganz andere Form als bei Sternenhimmel. Die Ufer scheinen alle schnurgerade Linien zu sein, aber verdammt undeutliche, und so würdest du auch steuern, doch du weißt es besser. Kühn hältst du scheinbar mitten auf eine senkrecht aufsteigende feste Wand zu (weißt aber sehr gut, daß in Wirklichkeit da eine Kurve ist), und diese Wand weicht zurück und macht dir Platz. Dann hast du noch den grauen Nebel. Eine Nacht mit einem von diesen gräßlichen, grauen Sprühnebeln, und das Ufer hat überhaupt keine Form mehr. Da kannst du noch so alt sein und noch soviel Erfahrungen haben, du wärst wie im Tran. Na, und selbst die verschiedenen Arten Mondlicht lassen den Fluß jedesmal anders aussehen. Du siehst...«

»Ach bitte, hören Sie auf! Muß ich denn diese fünfhunderttausend besonderen Umstände alle bei der Form des Flusses mitlernen? Mit so einer Last im Kopf kriegt man ja einen schiefen Hals.«

»*Nein!* Du lernst nur *die* Form des Flusses, und zwar so, daß du absolut sicher darin bist und immer nach dem steuern kannst, was du *im Kopf* hast, und dich um das, was du vor dir siehst, überhaupt nicht zu kümmern brauchst.«

»Na schön, ich will's versuchen. Aber wenn ich es gelernt habe, kann ich mich dann auch darauf verlassen?

Wird der Fluß seine Form behalten und nicht in der Gegend rumschwimmen?«

Ehe Mr. Bixby antworten konnte, kam Mr. W. zur Wachübernahme herein und sagte: »Bixby, bei President's Island, überhaupt von Old Hen and Chickens an, mußt du aufpassen. Die Ufer unterhöhlen sich, und die Umrisse wechseln sehr schnell. Den Point oberhalb von 40 erkennst du nicht mehr wieder. Kannst den ollen Ahorn-Snag jetzt von innen nehmen*.«

Womit meine Frage beantwortet war. Also Meilen und Meilen von Ufern, die ihre Form veränderten. Meine Stimmung sank wieder unter Null. Zwei schöne Aussichten, die sich mir da ergaben! Erstens, daß man als Lotse mehr lernen mußte, als überhaupt erlaubt sein sollte, und zweitens, daß man es sich alle vierundzwanzig Stunden neu einzutrichtern hatte.

In jener Nacht ging unsere Wache bis zwölf Uhr. Nun war es alte Flußsitte, daß sich die beiden Lotsen noch ein Weilchen unterhielten, wenn die Wache wechselte. Während sich der ablösende Lotse seine Handschuhe überzog und eine Zigarre anzündete, sagte der andere ungefähr:

»Kalkuliere, die obere Barre wandert langsam runter auf Hale's Point zu; hab mit dem Vorderlot twaineinviertel gehabt und mit dem hinten twain.«

»Hm, hab ich letzte Fahrt auch schon gemerkt. Irgendwelche Schiffe getroffen?«

»Ja, eins am Kopf von 21, war aber so dicht an der Barre dran, daß ich's nicht richtig erkennen konnte. Wird die ›Sunny South‹ gewesen sein – keine Positionslaternen vor den Schornsteinen.«

Und so weiter. Übernahm dann der ablösende Lotse das Rad, erwähnte sein Partner, daß wir in der und der Biegung wären und in der Höhe des Holzplatzes oder der Plantage von dem und dem. Das war reine Höflichkeit. Ich aber hielt es für eine Notwendigkeit. In dieser einen Nacht nun kam Mr. W. volle zwölf Minuten zu spät auf Wache –

---

* Obwohl vielleicht nicht notwendig, wird die Erklärung nichts schaden, daß unter »von innen« zwischen Snag und Ufer zu verstehen ist.

eine furchtbare Verletzung der Etikette und unter Lotsen die unverzeihlichste Sünde. Folglich begrüßte ihn Mr. Bixby überhaupt nicht, sondern überließ ihm einfach das Rad und marschierte ohne jedes Wort hinaus. Ich erschrak. Die Nacht war abscheulich finster, wir befanden uns auf einer besonders breiten und in undurchdringliches Dunkel gehüllten Strecke, wo nichts mehr Form oder Gestalt hatte, und ich konnte es nicht fassen, daß Mr. Bixby diesen armen Kerl bei dem Versuch, sich zurechtzufinden, das Schiff in Grund und Boden fahren lassen wollte. Und so beschloß ich, ihm auf jeden Fall beizustehen. Er sollte merken, daß er nicht gänzlich ohne Freunde war. Ich stand herum und wartete darauf, gefragt zu werden, wo wir uns befänden. Mein Mr. W. aber tauchte seelenruhig weiter durch die dicke schwarze Tinte, die uns umgab, und machte nicht den Mund auf. ›Mann, ist der eingebildet!‹ dachte ich. ›Dieser Satanskerl läßt uns lieber alle Mann umkommen, als daß er mir verpflichtet sein möchte, bloß weil ich nicht zur Creme gehöre und noch nicht das Recht habe, Kapitäne kurz abzufertigen und mit dem gesamten lebenden und toten Inventar eines Dampfschiffes umzuspringen, wie ich will.‹ Dann kletterte ich auf die Bank. Schlafen zu gehen, während dieser Wahnsinnige Wache hatte, war mir zu riskant.

Mit der Zeit muß ich aber doch eingenickt sein, denn als nächstes wurde mir bewußt, daß der Tag anbrach, daß Mr. W. gegangen war und Mr. Bixby wieder am Steuer stand. Also war es vier Uhr und alles in schönster Ordnung – bis auf mich. Ich fühlte mich wie eine Haut voll ausgedörrter Knochen, die alle gleichzeitig zu schmerzen versuchten.

Mr. Bixby fragte, weshalb ich oben geblieben sei. Ich gestand, daß ich Mr. W. hatte einen Gefallen tun wollen – ihm sagen, wo er sich befand. Bis diese ganze Lächerlichkeit in Mr. Bixby eingesickert war, vergingen fünf Minuten, aber dann muß er wohl gleich vollgelaufen sein bis hoch zum Kinn, denn er machte mir ein Kompliment. Und was für eins. Er sagte:

»Also, du bist wahrhaftig das dämlichste Karnickel, das

mir je über den Weg gehoppelt ist. Was hast du denn angenommen, wozu er das hat wissen wollen?«

Ich erwiderte, ich hätte gedacht, es könnte ihm die Arbeit erleichtern.

»Die Arbeit erleichtern! Verdammter Quatsch! Habe ich dir nicht gesagt, daß man den Fluß in der Nacht genauso kennen muß wie seinen eigenen Hausflur?«

»Den Hausflur finde ich ja auch entlang, wenn ich weiß, daß er es *ist*. Doch angenommen, man setzt mich im Dunkeln mitten darin ab und sagt mir nicht, in welchem Flur; wie soll ich mich da zurechtfinden?«

»Auf dem Fluß mußt du das aber können!«

»Jawohl. Da kann ich also froh sein, daß ich zu Mr. W. nichts gesagt habe.«

»Das will ich meinen. Der hätte dich glatt durchs Fenster gefeuert und dabei für hundert Dollar Glas und Rahmen zerteppert.«

Ein Glück, daß dieser Schaden gar nicht erst passiert war, denn das hätte mich bei den Reedern in Mißkredit gebracht. Wer fahrlässig Sachen demolierte, dem waren die nicht grün.

Ich machte mich nun an die Arbeit, die Form des Flusses zu lernen, und von all dem Ungreifbaren, das ich je mit den Händen oder dem Geiste zu erfassen suchte, war das das schwierigste. Ich konnte meine Augen auf einen scharf umrissenen bewaldeten Point heften, der ein paar Meilen vor mir weit in den Fluß hineinragte, und mich mit allen Kräften bemühen, mir sein Bild ins Gehirn zu photographieren – in dem Moment, wo mir das halbwegs glücken wollte, kamen wir näher hin, und das ärgerliche Ding schob sich ins Ufer zurück! Hatte direkt auf dem Point auffällig ein abgestorbener Baum gestanden, fand ich, sobald wir in seiner Höhe waren, eben diesen Baum unauffällig in den allgemeinen Wald versunken und in der Mitte eines völlig geraden Ufers stehen! Von den herausragenden Hügeln behielt für mich keiner lange genug seine Form bei, daß ich mich hätte entscheiden können, welche er nun wirklich hatte, sondern sie schmolzen weg und lösten sich auf wie Berge aus Butter in der heißesten Ecke der Tropen. Fuhr ich stromab, hatte auch nicht das geringste mehr die gleiche Form wie stromauf. Ich erwähnte diese kleinen Schwierigkeiten gegenüber Mr. Bixby. Sagte der:

»Das ist ja gerade das beste daran. Würden sich die Formen nicht alle drei Sekunden verändern, wären sie zu nichts nutze. Nimm zum Beispiel die Stelle, wo wir jetzt sind. Solange der Hügel da drüben bloß ein Hügel ist, kann ich ohne weiteres mit voller Fahrt auf meinem Kurs bleiben. Spaltet er sich aber oben und bildet ein V, weiß ich, daß ich schnellstens nach steuerbord rüber muß, wenn ich nicht gegen einen Felsen knallen will; in dem Moment aber, wo sich die eine Spitze von dem V hinter die andere schiebt, habe ich wieder nach backbord rüberzuwalzen, um nicht einem Snag ins Gehege zu kommen, der uns den Kielbalken so sauber rausreißen würde wie einen Splitter aus der Hand. Würde dieser Hügel in schlimmen Nächten nicht seine Form wechseln, hätten wir innerhalb eines Jahres hier den schönsten Dampferfriedhof.«

Es war nichts zu machen, ich mußte die Form des Flusses auf jede nur erdenkliche Art und Weise lernen – vorwärts und rückwärts und verkehrt rum und von vorn und nach achteraus und »querschiffs« und hatte außerdem in grauen Nächten, wenn er überhaupt keine Form mehr hatte, Bescheid zu wissen. So setzte ich mich denn auf den Hosenboden. Im Verlauf der Zeit wurde ich dieser verzwickten Aufgabe stückweise Herr, und meine Selbstgefälligkeit kam wieder zum Vorschein. Mr. Bixby stand schon bereit, mich in die Schranken zu verweisen. Angefangen hat er so:

»Wieviel Wasser haben wir gehabt, als wir vorletzte Fahrt bei Hole-in-the-Wall rübergekreuzt sind?«

Das war direkt schon beleidigend. Ich sagte: »Bei jeder Fahrt, ob rauf oder runter, werden an dieser vertrackten Stelle dreiviertel Stunden lang ununterbrochen Lotungen runtergeschnarrt. Wie kommen Sie denn auf die Idee, daß ich so einen Wust behalten könnte?«

»Mein Junge, das mußt du aber. An die Stelle und die Markierungen, in denen das Schiff lag, als wir das seichteste Wasser hatten, hast du dich ganz genau zu erinnern, und zwar von jeder einzelnen der fünfhundert Untiefen zwischen St. Louis und New Orleans, und du darfst die Messungen der einen Fahrt nicht mit denen einer andern verwechseln, denn zweimal genauso sind sie nur selten. Die mußt du schön auseinanderhalten.«

Als ich wieder zu mir gekommen war, sagte ich: »Wenn ich das erst kann, bin ich auch imstande, Tote aufzuwecken, und dann brauch ich mir meinen Lebensunterhalt nicht mehr als Lotse zu verdienen. Möchte aus dem Geschäft aussteigen. Werde mir einen Eimer und einen Schrubber geben lassen; ich tauge doch bloß zum Aufklarer. Zum Lotsen reicht mein Grips nicht aus, und selbst wenn, hätte ich gar nicht die Kraft, ihn mit mir rumzuschleppen, höchstens auf Krücken.«

»Red kein dummes Zeug! Wenn ich sage, ich lerne* jemand den Fluß, dann tu ich's auch. Und ob tot oder lebendig, ich lasse ihn nicht eher wieder los, als bis er ihn intus hat, worauf du Gift nehmen kannst.«

NEUNTES KAPITEL

Geradezu verwirrend

Sich mit einem solchen Menschen herumzustreiten, wäre sinnlos gewesen. Wohl oder übel strengte ich dann mein Gedächtnis derart an, daß langsam sogar die Untiefen und die zahllosen Markierungen zum Kreuzen haftenblieben. Womit ich aber nicht viel gewonnen hatte, denn kaum war ich mit dem Einpauken der einen verzwickten Sache fertig, stellte sich immer schon die nächste ein. Nun hatte ich oft gesehen, daß die Lotsen auf das Wasser stierten und so taten, als läsen sie darin wie in einem Buch. Für mich war das ein Buch mit sieben Siegeln. Es kam jedoch die Zeit, wo mich Mr. Bixby für fortgeschritten genug hielt, Unterricht im Wasserlesen zu ertragen. Er fing an:

»Siehst du die lange schräge Linie da auf dem Wasser?

---

* »Lehren« gibt es im Wortschatz des Flusses nicht.

Nun, das ist ein Riff, noch dazu ein Steilriff. Darunter liegt eine massive Sandbank, die fast so senkrecht aufsteigt wie die Wand von einem Haus. Dicht dran ist noch eine ganze Menge Wasser, oben drauf aber herzlich wenig. Wenn du dagegenrennst, hast du mal ein Schiff gehabt. Siehst du, daß sich die Linie nach oben zu zerfranst und verwischt?«

»Jawohl, Sir.«

»Das ist eine seichte Stelle, das obere Ende vom Riff. Da kannst du noch drüber weg, ohne Kleinholz zu machen. Kreuze jetzt rüber und halt dich dicht am Riff, hast dort ruhiges Wasser – wenig Strömung.«

Ich fuhr am Riff entlang, bis ich an das ausgefranste Ende kam. Dann sagte Mr. Bixby:

»Jetzt halte dich bereit. Ich sag dir, wenn's soweit ist. Das Schiff wird nicht über das Riff wollen; Schiffe hassen seichtes Wasser. Achtung – warte noch – *warte* – schön ruhig halten. *Jetzt!* Runter und ran! Schnell! Schnell!«

Er faßte an der anderen Seite vom Steuerrad mit an und half, bis wir es ganz heruntergedrückt hatten, und so hielten wir es dann fest. Das Schiff leistete Widerstand und wollte erst nicht so wie wir, wogte dann aber doch nach steuerbord hinüber und schob sich, lange, wütend schäumende Bugwellen vor sich herdrückend, auf das Riff.

»Jetzt aufpassen, aufpassen wie ein Schießhund, sonst geht das Schiff mit dir durch! Wenn es anfängt zu bocken und das Steuerreep anruckt und ein bißchen wegrutscht, läßt du etwas nach; nachts ist das ein Zeichen dafür, daß das Wasser zu flach ist. Kannst trotzdem dranbleiben und langsam auf den Point zuhalten. Jetzt bist du direkt über der Sandbank. Übrigens ist unterhalb von jedem Point eine, weil das rumkommende Wasser einen Strudel bildet und Sand absetzt. Siehst du diese feinen Linien auf der Wasserfläche, die so fächerförmig ausstrahlen? Das sind kleine Riffe, deren Enden man zwar ausweicht, an die man aber so dicht wie möglich rangeht. Jetzt aufgepaßt – Vorsicht! Fahr ja nicht in die glatte, ölig aussehende Stelle da rein, die hat keine neun Fuß, das würde unserm Kasten schlecht bekommen. Riechen tut er sowieso schon was. Paß bloß auf! Verdammt, da haben wir den Salat! Steuerbordrad stopp! Schnell! Beide Maschinen stopp! Äußerste Kraft zurück!«

Die Glocken bimmelten, und sofort antworteten die Maschinen mit aus den Ventilen hochschießenden weißen Dampfsäulen, aber es war zu spät. Das Schiff hatte die Sandbank allen Ernstes »gerochen«. Plötzlich verschwanden die schäumenden Bugwellen, eine breite schwerfällige Woge wälzte sich nach vorn und fegte vor uns her, das Schiff legte sich weit über nach backbord, und wie von Todesangst gejagt, zerrte es aufs Ufer zu. Als wir endlich wieder die Oberhand gewannen, waren wir eine gute Meile vom Kurs ab.

Am nächsten Tag fragte mich Mr. Bixby während der Nachmittagswache, ob ich wüßte, wie die nächsten paar Meilen zu steuern seien.

Ich erwiderte: »Den ersten Snag hinter dem Point von innen, den nächsten von außen, gleich unterhalb von Higgins' Holzplatz direkt quer rüber und...«

»Richtig. Bis zum nächsten Point bin ich zurück.«

Wer aber nicht kam, war Mr. Bixby. Als ich diesen Point bereits hinter mir hatte und vor mir ein Stück Fluß, bei dem mir nicht ganz wohl war, steckte er noch immer unten. Daß er bloß hinter einem Schornstein stand, um zu sehen, wie ich mich anstellen würde, konnte ich nicht ahnen. Ich steuerte munter drauflos und wurde zusehends stolzer, denn noch nie hatte er mir das Schiff so lange ganz allein überlassen. Und ich verstieg mich sogar, freihändig zu fahren, wobei ich mich wichtigtuerisch umdrehte und, ein Lied vor mich hinsummend, unsere Kiellinie prüfte, und das alles mit der lässigen Unbekümmertheit, die ich an Mr. Bixby und anderen großen Lotsen so maßlos bewunderte. Einmal dauerte dieses Umdrehen ziemlich lange, und als ich den Kopf wieder nach vorn nahm, da rutschte mir das Herz ganz plötzlich in den Hosenboden und wäre sicher ganz rausgefallen, wenn ich mich nicht vor Schreck auf meine vier Buchstaben gesetzt hätte. Quer vor unserem Bug zog sich in seiner ganzen tödlichen Länge eins dieser entsetzlichen Steilriffe hin! Sofort verlor ich den Kopf. Ich wußte nicht mehr, was oben und unten war. Mir blieb die Luft weg, und ich japste. Dann riß ich das Steuerrad mit solcher Affengeschwindigkeit herum, daß es nur noch eine rotierende Scheibe war. Das Schiff reagierte und drehte im rechten Winkel vom Riff weg, aber das Riff folgte ihm. Ich floh, doch es kam immer mit – lag immer quer vor meinem Bug! Ich paßte gar nicht auf, wo ich hinsteuerte, Hauptsache weg vom Riff. Gleich mußte es furchtbar krachen. Warum kam dieser Halunke bloß nicht? Beginge ich das Verbrechen, an der Glocke zu ziehen, würde man mich vielleicht über Bord schmeißen. Aber lieber das, als mit dem Schiff Bruch machen. In blinder Verzweiflung bimmelte ich solch rasselndes Zetermordio nach unten, wie es wohl in dieser Welt nie einen Maschinisten aufgescheucht hat. Während die Glocken wie wild klingelten, liefen die Maschinen rückwärts und wieder vorwärts und beides zugleich, und dann stand mir der Verstand still – wir waren drauf und dran, in die Wälder auf der gegenüberliegenden Seite zu brechen. In diesem Moment tauchte Mr. Bixby, die Ruhe selber, auf dem Oberdeck auf. Voll Dankbarkeit flog ihm meine Seele zu. Meine Angst verschwand; mit Mr. Bixby auf dem Oberdeck hätte ich mich selbst am Rande der Niagarafälle sicher gefühlt. Mit leutselig liebenswürdiger Geste nahm er den Zahnstocher wie eine Zigarre aus dem Mund – wir waren gerade dabei, auf einen großen überhängenden Baum zu klettern, und die Passagiere flitzten wie die Ratten nach achtern – und rief mir in sanftestem Ton die Kommandos rauf:

»Steuerbord stopp! Backbord stopp! Beide Maschinen zurück!«

Das Schiff zögerte, hielt an, drückte seine Nase einen kritischen Augenblick lang zwischen die Äste und krebste dann widerstrebend zurück.

»Backbord stopp! Backbord volle Kraft voraus! – Steuerbord stopp! Steuerbord volle Kraft voraus! Halt auf die Sandbank zu!«

Ich plätscherte dahin wie ein heiterer Sommermorgen. Mr. Bixby kam herein und sagte scheinheilig: »Wenn du vom Ufer aus angerufen wirst, mein Junge, solltest du vor dem Landen doch dreimal die große Glocke anschlagen, damit sich die Maschinisten bereit halten können.«

Dieser Sarkasmus ließ mich rot anlaufen, und ich erwiderte, ich wäre gar nicht angerufen worden.

»Ach so! Dann wolltest du wohl Holz aufnehmen, was? Wenn Holz gebraucht wird, gibt dir der Offizier von der Wache schon Bescheid.«

Ich schluckte auch das und sagte, ich hätte kein Holz aufnehmen wollen.

»Auch nicht? Ja, was kannst du denn hier drüben in der Biege sonst wollen? Hast du schon jemals gehört, daß ein Schiff bei diesem Wasserstand stromauf eine Biege voll ausfährt?«

»Nein, Sir, und ich wollte sie ja auch gar nicht ausfahren, sondern bloß von einem Steilriff weg.«

»Hat sich was von wegen Steilriff. In drei Meilen Umkreis gibt's hier gar keins.«

»Ich hab's doch aber gesehen. War genauso steil wie das da drüben.«

»Na und? Fahr drüber weg!«

»Ist das als Befehl gemeint?«

»Ja. Fahr drüber weg.«

»Sie, ich mach das.«

»Schon gut, ich übernehme die Verantwortung.«

Ich war jetzt genauso bestrebt, das Schiff in Grund und Boden zu fahren, wie ich es vorher hatte retten wollen. Was er mir befohlen hatte, prägte ich mir Wort für Wort ein, für später vor Gericht, und dann preschte ich direkt auf das Riff zu. Als es unter unserem Bug verschwand, stockte mir der Atem, doch wir rutschten rüber wie geschmiert.

»Na, den Unterschied kapiert? War doch ein Windriff. Das macht bloß der Wind.«

»Merke ich jetzt auch, aber es sieht doch ganz genauso aus wie ein richtiges. Wie soll ich das jemals auseinanderhalten?«

»Kann ich dir auch nicht sagen. Man muß dafür den richtigen Riecher haben. Kriegst du mit der Zeit ganz von

NEUNTES KAPITEL

selber mit, wirst aber nie erklären können, wie oder woran du sie unterscheidest.«

Womit er recht haben sollte. Nach und nach wurde die Oberfläche des Wassers auch für mich ein wunderbares Buch – ein Buch, das dem ungeschulten Passagier gar nichts sagte, das sich mir aber rückhaltlos offenbarte und seine tiefsten Geheimnisse preisgab, als hätte es eine Stimme. Es war kein Buch, das man einmal durchliest und in den Schrank stellt, denn es wußte jeden Tag eine neue Geschichte zu erzählen. Die ganzen langen zwölfhundert Meilen hindurch gab es nicht eine uninteressante Seite, nicht eine, die man auslassen konnte, ohne Wichtiges zu versäumen, und keine, die man hätte überschlagen wollen, weil man glaubte, sich anderweitig besser unterhalten zu können. Kein Buch ward je von Menschenhand geschrieben, das so wundervoll war, das einen so gefangen nahm, das seine Spannung so durchhielt und das bei jedem Wiederlesen so funkelnd neu erschien. Der Passagier, der das nicht zu lesen verstand, ließ sich von einer eigentümlichen Art leichter Grübchen auf dem Antlitz des Wassers bloß bezaubern – das heißt, sofern er so etwas überhaupt bemerkte, was selten genug vorkam –, für den Lotsen aber war das ein kursiv hervorgehobener Absatz, ja mehr noch, ein ganzes Kapitel in riesengroßen Versalien und mit einer langen Kette von Ausrufungszeichen dahinter, denn es bedeutete, daß unter dieser Stelle ein Wrack oder ein Felsen begraben lag, die auch dem stärksten Schiff das Lebenslicht ausblasen konnten. Es ist der schwächste und einfachste Ausdruck, den das Wasser je annimmt, und doch für das Lotsenauge der häßlichste. Der Passagier sah in diesem Buch, das er nicht lesen konnte, sowieso nichts weiter als alle möglichen hübschen Bilder, gemalt von der Sonne und schattiert von den Wolken, während das dem geschulten Auge überhaupt keine Bilder waren, sondern eine grimmige und todernste Lektüre.

Als ich nun auch die Sprache dieses Wassers beherrschte und mit jedem noch so unbedeutenden Zug an den Ufern des großen Flusses vertraut war wie mit den Buchstaben des Alphabets, hatte ich eine wertvolle Erwerbung gemacht.

Aber auch etwas verloren, etwas, das mir im ganzen Leben nicht mehr zurückerstattet werden kann. Der majestätische Fluß hatte all seine Anmut, seine Schönheit, seine Poesie eingebüßt! Noch heute habe ich einen ganz bestimmten wundervollen Sonnenuntergang vor Augen, den ich erlebte, als ich in der Dampfschiffahrt noch neu war. Eine breite Fläche Fluß schien zu Blut geworden. Nach der Mitte zu verflammte sich das Rot zu Gold, durch das ein einsamer Baumstamm getrieben kam, schwarz und scharf umrissen. An einer Stelle glitzerte ein langer schräger Streifen auf dem Wasser, an einer anderen brodelte die Oberfläche von sich überstürzenden, sich ewig erneuernden Kreisen, die in allen Farben des Opals spielten. Wo die rötliche Glut am schwächsten war, glättete sich das Wasser in sanften Kringeln und ganz zart ausstrahlenden Linien. Das Ufer zur Linken bedeckte dichter Wald, dessen düsterer Schatten von einem langen gekräuselten Schweif unterbrochen wurde, der wie Silber glänzte, und hoch über der Waldwand ließ ein abgeschälter toter Baum seinen einzigen belaubten Ast hineinlodern in den ungehemmten Glanz der Sonnenflut. Dann die sanften Kurven, die Widerspiegelungen im Wasser, die bewaldeten Höhen und die weich umrissenen Fernen, und soweit das Auge reichte, tanzten unentwegt die sich auflösenden Lichter darüber hin, jeden Augenblick neue Farbwunder hervorrufend.

Ich stand wie verzaubert, trank das sprachlos entzückt in mich hinein. Die Welt erschien mir neu; zu Hause hatte ich so etwas nie gesehen. Doch wie gesagt, bald hatte ich für den Glanz und den Zauber, den Mond und Sonne und Zwielicht über das Antlitz des Flusses legten, kein waches Auge mehr, und es kam schließlich die Zeit, wo ich dafür überhaupt kein Auge mehr hatte. Hätte sich jener Sonnenuntergang jetzt wiederholt, würde ich ihn ohne jedes Entzücken betrachtet und in Gedanken etwa folgenden Kommentar dazu gemacht haben: ›Dieser Sonne nach gibt es morgen Wind; der treibende Baumstamm da beweist, daß der Fluß ansteigt; der Querstreifen deutet auf ein Steilriff, und wenn sich das weiter so breitmacht, wird in einer der nächsten Nächte hier jemand mal sein Dampfschiff begraben; diese brodelnden Kreise zeigen, wie sich darunter eine Sandbank auflöst und die Fahrrinne verändert; die Linien und Kringel drüben im ölig glatten Wasser sind eine Warnung, daß diese unangenehme Stelle gefährlich seicht wird; der silbrige Strich im Schatten vom Wald ist der Strudel von einem neuen Snag, der sich den allerbesten Platz ausgesucht hat, der zum Dampferangeln zu finden war; der schlanke abgestorbene Baum mit dem einen lebenden Ast wird es nicht mehr lange machen, und wie soll man sich ohne den freundlichen alten Wegweiser dann nachts hier noch zurechtfinden?‹

Nein, mit der Romantik und Schönheit des Flusses war es vorbei. Ich bewertete jedes seiner Merkmale nur noch danach, inwieweit er mir dazu nützlich sein konnte, ein Dampfschiff sicher zu lotsen. Seit jener Zeit tun mir die Ärzte von ganzem Herzen leid. Was kann so ein Doktor in dem lieblichen Rot auf den Wangen einer schönen Frau schon anderes sehen als einen sich über irgendeiner todbringenden Krankheit kräuselnden »Strudel«? Sind ihm nicht all ihre sichtbaren Reize über und über bedeckt mit Anzeichen und Symptomen verborgenen Verfalls? Hat er überhaupt jemals ein Auge für ihre Schönheit? Fixiert er sie nicht vielmehr bloß mit dem Blick des Fachmannes und denkt sich sein Teil über ihren Gesundheitszustand? Und fragt er sich nicht manchmal selber, ob er mit all seinen Kenntnissen mehr gewonnen oder mehr verloren hat?

ZEHNTES KAPITEL

Meine Ausbildung geht weiter

Wer so höflich gewesen ist, die vorigen Kapitel zu lesen, wird sich vielleicht fragen, warum ich das Lotsen so besorgt als eine Wissenschaft behandle. Dabei ist gerade das der Hauptzweck jener Kapitel gewesen, und ich bin damit auch noch lange nicht fertig. Ganz geduldig und beharrlich möchte ich Stück für Stück zeigen, was das Lotsen für eine wunderbare Wissenschaft ist. Schiffahrtsstraßen sind gewöhnlich durch Bojen und Leuchtfeuer markiert, sie befahren zu lernen, ist also verhältnismäßig einfach. Flüsse mit klarem Wasser und Kiesgrund verändern ihre Fahrrinnen nur allmählich, deshalb reicht es aus, wenn man sie einmal im Kopf hat. Etwas ganz anderes dagegen ist es, als Lotse auf so riesigen Strömen wie dem Mississippi und Missouri zu arbeiten, deren angeschwemmte Ufer dauernd unterhöhlt werden und sich verändern, deren unter Wasser liegende Bäume sich immerzu einen neuen Platz suchen, deren Sandbänke nie zur Ruhe kommen, deren Fahrrinnen ständig ausweichen oder sich verkriechen, und wo man bei Nacht und Nebel völlig hilflos vor jedem Hindernis steht ohne Leuchtturm und ohne Boje; denn auf den ganzen drei- oder viertausend Meilen dieses scheinheiligen Flusses gibt es keine Leuchtfeuer und keine Bojen*. Ich fühle mich durchaus berechtigt, mich weiter über diese große Wissenschaft zu verbreiten, schon deshalb, weil ich sicher bin, daß bisher noch niemand eine Zeile darüber geschrieben hat, der selbst Lotse auf einem Dampfschiff gewesen ist, also praktische Erfahrung besitzt. Wäre das Thema abgedroschen, würde ich mich verpflichtet sehen, dem Leser mehr entgegenzukommen, da es aber völlig neu ist, nehme ich mir die Freiheit, ihm beträchtlichen Platz einzuräumen.

Als ich nun jedes sichtbare Kennzeichen des Flusses auswendig gelernt hatte und seinen Lauf derart beherrschte, daß ich ihm von St. Louis bis New Orleans mit geschlossenen Augen folgen konnte, als ich die Oberfläche des Wassers bereits so zu lesen verstand wie die Morgenzeitung, aus der man sich die interessantesten Nachrichten herausfischt, und als ich schließlich mein lahmes Gedächtnis so weit trainiert hatte, daß ich eine endlos lange Reihe von Lotungen und Stellen zum Kreuzen aufnehmen und auch wirklich behalten konnte, bildete ich mir ein, meine Lehre sei jetzt beendet. Ich gewöhnte mir also an, meine Mütze lässig auf die eine Seite zu schieben und an einem Zahn-

---

* Heute (1882) nicht mehr zutreffend.

stocher zu kauen, wenn ich am Steuer stand. Mr. Bixby sah sich das an. Eines Tages sagte er:

»Wie hoch ist das Ufer da drüben an der Burgess-Plantage?«

»Woher soll ich das wissen, Sir? Es ist eine dreiviertel Meile weit weg.«

»Du scheinst schlechte Augen zu haben, sehr schlechte! Nimm mal das Fernglas.«

Ich nahm das Glas und sagte, ohne lange zu überlegen: »Tut mir leid, wird schätzungsweise anderthalb Fuß hoch sein.«

»Anderthalb Fuß! Das Ufer da ist sechs Fuß hoch! Wie hoch war es denn bei der letzten Fahrt?«

»Weiß ich nicht, darauf habe ich nicht geachtet.«

»So? Na, von jetzt ab wirst du darauf achten.«

»Warum?«

»Weil du einen ganzen Haufen Sachen wissen mußt, die dir das Ufer erzählen kann. Erst mal zeigt es dir den Wasserstand an, also ob das Wasser hier höher oder niedriger steht als bei der letzten Fahrt.«

»Das sagt mir doch das Lot!« Ich bildete mir tatsächlich ein, in diesem Punkt gescheiter zu sein als er.

»Ja, aber wenn das Lot nicht stimmt? Das Ufer wird es dir beweisen, und du müßtest deine Lotgäste ein bißchen auf Trab bringen. Bei der letzten Fahrt hatte das Ufer hier zehn Fuß, jetzt sind es bloß noch sechs. Was hat das zu bedeuten?«

»Daß der Fluß vier Fuß höher steht als auf der letzten Fahrt.«

»Sehr gut. Steigt er, oder fällt er?«

»Er steigt.«

»Nein, eben nicht!«

»Ich glaube aber doch, Sir, denn dort drüben schwimmt Treibholz stromab.«

»Steigendes Wasser bringt das Treibholz zwar in Bewegung, dann treibt es aber weiter, wenn der Fluß schon längst aufgehört hat zu steigen. Das zeigt dir alles das Ufer. Warte, bis wir an eine Stelle kommen, wo es etwas schräger ist. Und hier: Siehst du den schmalen Streifen mit der feinen Ablagerung? Der hat sich gebildet, als das Wasser höher stand. Sieh mal, das Treibholz setzt sich schon fest. Das Ufer hilft dir aber auch noch anders. Kannst du den Baumstumpf da auf dem falschen Point erkennen?«

»Ja, Sir.«

»Das Wasser reicht gerade bis an seine Wurzeln. Das mußt du dir aufschreiben.«

»Warum?«

»Weil das bedeutet, daß Stromschnelle 103 sieben Fuß Wasser hat.«

»Aber 103 ist doch noch ein ganzes Stück stromaufwärts.«

»Na eben, da siehst du, was das Ufer wert ist. Jetzt ist in 103 noch genug Wasser, aber wenn wir hinkommen, vielleicht schon nicht mehr. Doch das Ufer wird uns den ganzen Weg auf dem laufenden halten. Bei fallendem Fluß nimmt man stromaufwärts keine Stromschnellen, und stromabwärts gibt es sowieso nur wenige, die man befahren darf; denn dagegen gibt's ein Gesetz. Bis wir nach 103 kommen, ist der Fluß vielleicht gestiegen, und dann werden wir durchfahren. Wie tief liegen wir jetzt?«

»Sechs Fuß achtern, vorn sechseinhalb.«

»Na, ein bißchen Ahnung scheinst du ja doch zu haben.«

»Ich möcht aber schrecklich gern wissen, ob man die Ufer hier dauernd messen muß, die ganzen zwölfhundert Meilen. Tag für Tag, jahraus, jahrein.«

»Natürlich.«

Das verschlug mir für eine Weile die Sprache. Schließlich fragte ich: »Und wie ist das mit den Stromschnellen? Sind es viele?«

»Das kann man wohl sagen! Schätze, wir werden auf dieser Fahrt nicht eine Strecke so nehmen wie sonst. Wenn der Fluß wieder anfängt zu steigen, machen wir uns hinter die Sandbänke, die du immer trocken wie ein hohes Dach aus dem Wasser hast rausragen sehen. Wir gehen über seichte Stellen, die du überhaupt noch nicht bemerkt hast, und mitten durch Sandbänke, die sich über dreihundert Morgen Fluß hinziehen. Dann zwängen wir uns durch Spalten, wo du immer gedacht hast, das ist festes Land,

ZEHNTES KAPITEL

brechen durch die Wälder, wobei wir fünfundzwanzig Meilen lang den ganzen Fluß auf der anderen Seite haben, und werden dabei alle Inseln zwischen New Orleans und Cairo von hinten zu sehen kriegen.«

»Dann muß ich mich also an die Arbeit machen und noch mal soviel über den Fluß lernen, wie ich schon weiß.«

»Na, ungefähr noch zweimal soviel, soweit sich das sagen läßt.«

»Tja, man lernt eben nie aus. Ich muß verrückt gewesen sein, als ich mich auf diesen Beruf eingelassen habe.«

»Stimmt. Und das bist du auch jetzt noch, aber das legt sich, wenn du erst einmal alles gelernt hast.«

»Ach, das werde ich niemals begreifen.«

»Dafür werde ich schon sorgen.«

Eine Weile später wagte ich wieder, eine Frage zu stellen: »Muß ich das alles ebenso lernen wie das andere über den Fluß – Form und alles –, damit ich auch nachts fahren kann?«

»Ja. Und du mußt von einem Ende bis zum anderen gute und zuverlässige Anhaltspunkte haben, die dir zusammen mit dem Ufer angeben, an welchen Stellen genug Wasser ist – wie zum Beispiel diesen Baumstumpf vorhin. Wenn der Fluß erst anfängt zu steigen, kannst du schon ein halbes Dutzend der tieferen Stellen befahren; ist er einen Fuß höher gestiegen, noch ein Dutzend; beim nächsten wieder ein paar Dutzend mehr; und so weiter. Du siehst also, daß du deine Ufer und Markierungen todsicher kennen mußt und sie niemals durcheinanderbringen darfst. Denn wenn du erst einmal in so eine Enge reingefahren bist, gibt es kein Zurück mehr wie auf dem weiten Fluß: entweder du kommst durch, oder du bleibst sechs Monate stecken, wenn es dich bei fallendem Fluß erwischt. Von diesen engen Stellen gibt es ungefähr fünfzig, die nur dann befahrbar sind, wenn der Fluß bis obenhin voll und über die Ufer getreten ist, sonst überhaupt nicht.«

»Das sind ja heitere Aussichten.«

»Allerdings. Und merk dir, was ich dir eben gesagt habe: Wenn du da irgendwo reinkommst, mußt du dich auch durchschlängeln; zum Wenden ist es zu eng, um rückwärts rauszukommen zu krumm, und das seichte Wasser ist immer *oben am Kopf*, niemals woanders. Außerdem hast du stets damit zu rechnen, daß der Kopf nach und nach versandet, so daß die Markierungen, an denen du heute die Tiefe abschätzt, das nächste Mal schon nicht mehr stimmen.«

»Also jedes Jahr neu lernen?«

»Richtig. Halt dicht auf die Sandbank zu! Warum bleibst du denn immer auf Mitte?«

In den nächsten paar Monaten lernte ich ganz merkwürdige Sachen. Am selben Tag, an dem wir die oben wiedergegebene Unterhaltung hatten, merkten wir plötzlich, daß der Fluß anfing, mit aller Macht zu steigen. Die ganze weite Wasserfläche war schwarz von treibenden Holzstämmen, abgebrochenen Ästen und großen Bäumen, die das Wasser unterspült und mitgerissen hatte. Am Steuer mußte man selbst bei Tage, wenn man von einer Bake zur anderen kreuzte, alle Kunst aufwenden, um den Weg durch dieses dahinschießende Treibgut zu finden. Nachts aber war es noch bedeutend schwerer; hier und da erschien plötzlich ein mächtiger, tief im Wasser liegender Baumstamm vor unserem Bug und kam mit der Spitze direkt auf uns zu. Ausweichen ging nicht. Wir konnten nur die Maschinen stoppen, und doch ging eins unserer Schaufelräder mit donnerndem Getöse über die ganze Länge des Stammes hinweg, wobei das Schiff Schlagseite kriegte, und zwar in einer für Passagiere äußerst unangenehmen Weise. Manchmal trafen wir mit Volldampf und riesigem Gepolter mitten auf diese untergegangenen Stämme, und das Schiff wurde davon so erschüttert, als wären wir auf einen ganzen Erdteil gestoßen. Hin und wieder setzte sich der Baumstamm direkt vor unserer Nase fest und blockierte uns den Mississippi, so daß wir erst eine Weile krebsen mußten, um freizukommen. Oft stießen wir im Dunkeln auf *weiße* Stämme, denn wir konnten sie nicht erkennen, ehe wir nicht draufsaßen, während ein schwarzer Stamm sogar bei Nacht ganz gut zu sehen ist. Ein weißer Baum aber ist nach Einbrechen der Dunkelheit ein unangenehmer Kunde.

ZEHNTES KAPITEL

Mit steigendem Wasser kam natürlich ein Schwarm riesiger Holzflöße aus dem Quellgebiet des Mississippi herunter, ebenso Kohlenkähne aus Pittsburgh, kleine Handelsprähme von überallher und Flachboote aus Posey County in Indiana, beladen mit »Edelobst und Meublement« – so wurde das jedenfalls genannt, obwohl es auf gut englisch nur Kürbisse und Stangen für Faßreifen waren. Die Lotsen haßten diese Boote aus tiefster Seele, was ihnen jedoch mit Zins und Zinseszins zurückgezahlt wurde. Das Gesetz verlangte, daß alle diese hilflosen Fahrzeuge ständig eine Laterne brennen hatten, aber das war eben ein Gesetz, an das sich kaum einer hielt. Plötzlich tauchte dann in einer finsteren Nacht dicht vor unserem Bug ein Licht auf, und eine Stimme – mit dem dröhnenden Tonfall des Hinterwäldlers – fing an zu zetern: »Heee! Verdammt noch mal, wo steuerst denn du hin? Kannst nicht die Musaugen aufmachen, du dreimal verfluchtes Oberstinktier! Stammst wohl vom ausgestopften Affen ab, daß du so schielst!«

Wenn wir dann vorbeirauschten, konnten wir beim Feuer unserer glühenden Öfen wie im Schein eines Blitzes den Kahn und die Silhouette des Redners sehen, und wie er mit den Händen in der Luft herumfuhrwerkte, sofort von unseren Heizern und Schauerleuten mit einer wahren Flut von Schimpfwörtern und handgreiflichen Gegenständen begrüßt, was jedoch nicht unbeantwortet blieb, wobei eins unserer Schaufelräder die krachenden Trümmer des Steuerruders mitgehen ließ, und dann war es wieder finstere Nacht. Bestimmt ging dieser Schiffer nach New Orleans, um unseren Dampfer zu verklagen und hoch und heilig zu beschwören, daß er die ganze Zeit über Licht gehabt hätte, während in Wirklichkeit die Mannschaft die Laterne mit nach unten genommen und keine Wache an Deck gelassen hatte, um singen, faul herumliegen, trinken und Karten spielen zu können. In einer von den bewaldeten engen Buchten (hinter einer Insel), von denen die Dampfschiffleute drastisch sagen, daß es in ihnen so duster ist wie im Bauch einer Kuh, hätten wir eines Nachts beinahe eine ganze Familie aus Posey County inklusive Edelobst, Meublement und allem Drum und Dran vernascht, wenn nicht ihr Gefiedle – sie waren nämlich alle unter Deck und machten Musik – noch rechtzeitig an unser Ohr gedrungen wäre, so daß wir ausscheren konnten – leider ohne rechten Schaden anzurichten, und dabei waren wir schon so schön dicht dran gewesen. Jetzt brachten sie natürlich ihre Laterne nach oben, und während wir rückwärts fuhren und manövrierten, um loszukommen, stand die ganze feine Familie, beiderlei Geschlechts und allen Altersstufen, unter ihrem Schein und beschimpfte uns, was das Zeug hielt. Einmal hat ein Kohlenschiffer sogar eine Kugel durch unser Steuerhaus gejagt, als wir uns in einer sehr schmalen Durchfahrt sein Ruder »geborgt« hatten.

ELFTES KAPITEL

Der Fluß steigt

Während des Hochwassers wurden die Fahrzeuge dieser kleinen Leute zu einer unerträglichen Plage. Wir nahmen eine Stromschnelle nach der anderen – eine neue Welt für mich –, und wenn es in einer besonders eng war, konnten wir felsenfest damit rechnen, auf einen Prahm zu stoßen, und wenn nicht gerade dort, dann an einer noch schlimmeren Stelle, nämlich oben am Kopf der Stromschnelle, im seichten Wasser. Und da wollte dann das Hin und Her gefluchter Liebenswürdigkeiten schier kein Ende nehmen.

Manchmal, wenn wir uns draußen auf dem großen Strom vorsichtig durch einen Nebel tasteten, wurde die tiefe Stille plötzlich durch gellendes Geschrei und das Schlagen von Blechpfannen unterbrochen, und im selben Augenblick zeigte sich dicht vor uns im Nebelflor ein Holzfloß, und dann hielten wir uns nicht erst lange mit der Vorrede auf, sondern rissen, was wir konnten, an den Glocken zum Maschinenraum, und machten uns mit Volldampf aus dem Staube. Man rennt nicht mit einem Dampfschiff gegen einen Felsen oder ein stabiles Holzfloß an, wenn man nicht unbedingt muß.

Es wird mir kaum jemand glauben, aber in jenen alten, längst entschwundenen Tagen des Dampfschiffes schleppten viele Zahlmeister stets ein ganzes Sortiment religiöser Traktate mit. Jawohl, haben die gemacht! Immer, wenn wir um eine Sandbank herumkrampften, was zwanzigmal am Tag der Fall war, trieb eine Meute von diesen kleinen Pinschern an uns vorbei in den Kopf der Biegung runter und überholte uns um ein paar Meilen. Von einem der Flöße stieß dann ein Beiboot ab und kam mühselig über die Wasserwüste gekeucht. Im Schatten unserer Back verlangsamte es die Fahrt, und der Ruderer, noch ganz außer Atem, rief rauf: »Habt ihr nicht 'ne Zeitung?«, während das Boot schnell nach achtern abtrieb. Der Zahlmeister warf einen Packen Zeitungen aus New Orleans hinüber. Wurden diese *ohne* Kommentar aufgefischt, so konnte man beobachten, daß auf einmal ein ganzes Dutzend Boote auf uns zu hielt, ohne daß irgendwelche Worte fielen. Die hatten abgewartet, wie es Nr. 1 ergehen würde. Blieb Nr. 1 friedlich, legten sich alle anderen in die Riemen, und genauso geschwind, wie sie anrückten, warf ihnen der Zahlmeister seine säuberlich über Holzstückchen gebündelten Traktate zu. Wieviel und was für Flüche zwölf Päckchen mit religiöser Literatur erfordern, bis sie unter zwölf Floßmannschaften gerecht verteilt sind, die eigens deshalb ein schweres Boot bei drückender Hitze zwei Meilen weit gerudert haben, hält man einfach nicht für möglich.

Wie schon gesagt, öffnete sich mir mit dem Hochwasser eine neue Welt. Sobald der Fluß über seine Ufer getreten war, hatten wir unsere alten Pfade verlassen und rutschten jetzt stündlich über Sandbänke, die vorher zehn Fuß aus dem Wasser geragt hatten. Wir gingen ganz dicht an mit Stubben durchsetzte Ufer heran, wie zum Beispiel am unteren Ende von der Madrid Bend, von der ich immer nur gesehen hatte, daß sie gemieden wurde, und wir ratterten durch Stromschnellen wie die von 82, an deren Fuß sich eine geschlossene Mauer von Baumstämmen aufbaute, bis wir mit dem Bug fast mittendrauf saßen. Ein paar dieser Engen waren die Einsamkeit selber. Zu beiden Seiten der gekrümmten kleinen Spalte stand dichter, unberührter Wald, und man konnte glauben, hier seien noch niemals Menschen eingedrungen. Im Vorbeifahren schimmerten schwingende Weinranken, grasige Winkel und Lichtungen herüber, blühende Schlingpflanzen schwenkten ihre roten Blüten von den Spitzen abgestorbener Bäume, und all der Reichtum des Waldlaubes war hier mit verschwenderischer Hand ausgestreut. In den Stromschnellen steuerte es sich prächtig. Abgesehen vom oberen Ende waren sie tief und hatten eine schwache Strömung, unterhalb der Baken stand das Wasser sogar völlig still, und die unsichtbaren Ufer erhoben sich so steil, daß man dort, wo das zarte Weidendickicht überhing, die Breitseite darunter vergraben konnte und dann förmlich zu fliegen schien.

Hinter anderen Inseln entdeckten wir kleine, armselige Farmen und noch armseligere kleine Blockhütten. Windschiefe Lattenzäune ragten einen oder zwei Fuß aus dem Wasser, und auf dem obersten Riegel hockten ein paar fröstelnde, gelbgesichtige Elendsgestalten männlichen Geschlechts in Baumwollhosen, Ellbogen auf den Knien, Kinn in den Händen, zielten sie mit den Produkten ihres Tabakkauens zwischen den Zahnlücken hindurch auf vorübertreibende Holzstückchen, während sich die übrigen Familienmitglieder und das bißchen Viehzeug auf einem gleich daneben vertäuten leeren Flachboot zusammendrängten. In diesem Prahm mußte die Familie für eine ganze Reihe von Tagen (womöglich wochenlang) kochen und essen und schlafen, bis der Fluß zwei oder drei Fuß fiel und sie wieder in ihre Hütten und zu ihrem Zähneklappern zurück konnten – wovon das letztere eine gnädige Vorkehrung der allzeit weisen Vorsehung war, denn es verschaffte ihnen Bewegung, ohne daß sie sich sonderlich anzustrengen brauchten. Und so ein Kampieren draußen im Nassen stand diesen Leuten in jedem Jahr mehr als einmal bevor; zumindest im Dezember beim Hochwasser aus dem Ohio und dann im Juni, wenn der Mississippi stieg. Und das waren noch glückliche Fügungen, denn diese armen Schlukker erhielten dadurch wenigstens ab und zu mal Gelegenheit, von den Toten aufzuerstehen und etwas vom Leben zu sehen, wenn ein Dampfschiff vorbeikam. Sie wußten die Segnung auch zu schätzen, denn sie sperrten Mund und Nase weit auf und nutzten solche Gelegenheiten weidlichst aus. Womit mögen sich diese verbannten Geschöpfe bloß bei niedrigem Wasserstand die Zeit vertrieben haben, um nicht an Stumpfsinn einzugehen?

Einmal fanden wir in einer jener malerischen Durchfahrten zwischen zwei Inseln unseren Kurs von einem umgestürzten großen Baum vollkommen überbrückt. Das zeigt, wie schmal einige dieser Stromschnellen waren. Die Passagiere konnten sich dann eine Stunde lang in jungfräulicher Wildnis ergehen, während die Bootsknechte die Brücke zerhackten, denn an Wenden war da natürlich nicht zu denken.

Von Cairo bis Baton Rouge hat man, wenn der Fluß über die Ufer getreten ist, bei Nacht keine besonderen Schwierigkeiten, denn in der tausend Meilen langen Mauer dichten Waldes, die die ganze Strecke lang beide Ufer schützt, klafft nur hier und da eine Lücke mit einer Farm oder einem Holzplatz; man kann dort also ebensowenig »vom Strom abkommen« wie von einem eingezäunten Weg. Von Baton Rouge bis New Orleans dagegen liegen die Dinge wesentlich anders. Hier ist der Fluß über eine Meile breit und sehr tief – an manchen Stellen bis zu zweihundert Fuß. Beide Ufer sind weit über hundert Meilen hin abgeholzt, von endlosen Zuckerrohrplantagen gesäumt und nur hier und da von einem jungen Baum oder einer Reihe zur Zierde angepflanzter Chinabäume unterbrochen. Auch hinter den Plantagen ist der Wald zwei bis vier Meilen weit abrasiert. Wenn der erste Frost droht, bringen die Pflanzer ruck, zuck ihre Ernte ein. Sind sie mit dem Mahlen des Rohrs fertig, schichten sie den Abfall der Stengel (die sogenannte Bagasse) zu großen Haufen, die sie dann anstecken, während in anderen Zuckerrohr anbauenden Ländern diese Preßrückstände in den Öfen der Zuckermühlen verheizt werden. Die Haufen feuchter Bagasse verbrennen sehr langsam und schwelen wie Satans Küche.

Dieses ganze untere Stück des Mississippi wird auf beiden Seiten durch einen zehn bis fünfzehn Fuß hohen Damm geschützt, der je nachdem zwischen zehn und vielleicht hundert, im allgemeinen aber dreißig bis vierzig Fuß vom Uferrand zurückgesetzt ist. Nun fülle man die gesamte Gegend dort unten mit dem undurchdringlich dunklen Rauch von hundert Meilen brennender Bagassehaufen, wenn der Fluß über die Ufer getreten ist – wie muß da um Mitternacht einem Dampfschiff zumute sein! Und wie muß einem selber zumute sein! Du befindest dich weit draußen mitten auf einem neblig trüben Meer, das sich uferlos in düstere Ferne verliert, denn der schmale Streifen Damm läßt sich nicht erkennen, und du bildest dir immerzu ein, einen vereinzelten Baum zu sehen, wo gar keiner ist. Die Plantagen selber nehmen in dem Rauch andere Formen an und sind mit dem Meer verschmolzen. Die Folter entsetzlich quälender Ungewißheit hält die ganze Wache durch an. Du hoffst zwar, im Flußbett zu bleiben, aber du weißt das nie. Du weißt immer nur eins: daß du wahrscheinlich gerade dann sechs Fuß an Ufer und Untergang dran bist, wenn du meinst, eine gute halbe Meile von Land weg zu sein. Und außerdem ist dir noch, wenn du plötzlich auf den Damm raufknallst und die Schornsteine über Bord kippen, der schwache Trost gewiß, daß du eigentlich nichts anderes erwartet hast. Von den großen Vicksburger Paketbooten ist einmal eins in so einer Nacht in eine Zuckerplantage hineingeschossen und durfte dann gleich die Woche über da bleiben. Was jedoch nichts Neues war; das hatte es schon öfter gegeben.

An sich wollte ich dieses Kapitel abschließen, möchte aber noch eine kuriose Sache erzählen, ehe ich sie wieder vergesse. Von Bedeutung ist sie nur insofern, als sie sich auf das Lotsen bezieht. Es gab damals einen ausgezeichneten Lotsen auf dem Fluß, einen gewissen Mr. X., der Nachtwandler war. Wenn ihm eine schwierige Strecke im Kopf herumging, könne man, so erzählte man sich, geradezu darauf warten, daß er im Schlaf aufstand, umherwandelte und die seltsamsten Dinge anstellte. Einmal war er für ein paar Fahrten auf einem großen Passagierdampfer aus New Orleans Partner von George Ealer. Während der ersten Tour fühlte sich George zu Anfang recht unbehaglich, mit der Zeit ging es dann aber, da X. beim Schlafen schön brav im Bett blieb. Eines Abends, es war schon spät, näherte sich das Schiff Helena in Arkansas. Das Wasser stand niedrig, und das Kreuzen oberhalb der Stadt war eine äußerst verzwickte und unsichere Angelegenheit. X. hatte die Stelle später passiert als Ealer, und da es besonders neblig und finster war, überlegte Ealer gerade, ob er nicht lieber X. rufen lasse, damit der ihm beim Rüberkreuzen helfe, als auch schon die Tür aufging und X. hereinspaziert kam. Nun ist in sehr düsteren Nächten Licht der Todfeind des Lotsen. Bekanntlich kann man in einer solchen Nacht vom erleuchteten Zimmer aus auf der Straße nichts deutlich sehen. Löscht man aber das Licht und steht im Dunkeln, lassen sich die Dinge auf der Straße recht gut erkennen. Bei Stockfinsternis rauchen die Lotsen daher auch nicht; sie dulden nicht einmal Feuer im Ofen vom Steuerhaus, wenn der irgendwo einen Sprung hat, durch den ein noch so schwacher Schein dringen kann, und die Kesseltüren verhängen sie mit riesigen Persennings, und die Skylights dunkeln sie ab. Dann dringt kein einziger Lichtstrahl mehr aus dem Schiff. Die undefinierbare Gestalt, die jetzt ins Steuerhaus trat, hatte die Stimme von Mr. X. und sagte:

»Gib her, George. Ich habe diese Stelle ja nach dir noch gesehen, und das geht hier so im Zickzack, daß es für mich leichter ist, selber zu fahren, als dir erst alles lang und breit zu erklären.«

»Nett von dir, und von mir aus herzlich gerne, kannst du mir glauben! Hab ja keinen Tropfen Schweiß mehr im Leibe. Wirble hier ums Rad rum und rum wie 'ne Tanzmaus. Ist so duster, ich könnte nicht mal sagen, nach welcher Seite wir fahren, bis wir uns wie 'n Brummkreisel drehen.«

Da setzte sich Ealer dann keuchend und ausgepumpt auf die Bank. Das schwarze Phantom übernahm schweigend das Steuer, brachte das tänzelnde Schiff mit ein paar Griffen auf Richtung und baute sich lässig vor dem Rad auf und ließ es schmeichelnd und sacht bald ein bißchen nach rechts, bald ein bißchen nach links spielen, als sei heller Tag. Als Ealer diese wunderbare Steuermannsarbeit sah, hätte er sich am liebsten selber geohrfeigt, daß er seine Unfähigkeit zugegeben hatte. Er starrte und staunte, und schließlich meinte er: »Da hab ich mir nun immer eingebildet zu wissen, wie ein Dampfschiff gesteuert wird, aber das dürfte wohl ein Irrtum gewesen sein.«

X. ging nicht darauf ein, sondern machte munter weiter. Er glaste zum Loten, bimmelte nach unten, weniger Dampf zu geben, manövrierte das Schiff sauber und sorgfältig in unsichtbare Marken, blieb dann vor der Mitte vom Rad stehen und schaute gelassen hinaus in die Finsternis vor und hinter ihm, um seine Position festzustellen. Als immer seichteres Wasser gelotet wurde, stoppte er die Maschinen ganz ab, und dann folgte Totenstille und das Hangen und Bangen des »Treibens«. Als der flachste Punkt erreicht war, legte er schnell Volldampf vor, führte das Schiff wunderschön drüber hinweg und machte sich daran, es behutsam in das nächste System von Untiefenmarken zu bugsieren. Es folgte der gleiche geduldige und bedächtige Gebrauch der Lote und Maschinen, der Dampfer flutschte rüber, ohne Grund zu berühren, und kam schließlich an die dritte und letzte vertrackte Stelle. Unmerklich bewegte er sich durch das Dunkel, kroch Zoll für Zoll im richtigen Fahrwasser voran, trieb unheimlich dahin, bis die flachsten Messungen heraufgerufen wurden, und schwang sich dann mit Karacho über das Riff hinweg in tiefes Wasser und in Sicherheit!

Ealer ließ den lang verhaltenen Atem in einem großen erleichternden Seufzer ausströmen und sagte:

»Das war die zuckrigste Lotsenarbeit, die je auf dem Mississippi geleistet worden ist! Hätte ich das nicht mit eigenen Augen gesehen, würde ich es nicht für möglich halten.«

Es erfolgte keine Antwort, und er fügte hinzu: »Bleib noch fünf Minuten dran, Partner, ich will schnell mal runter, auf 'ne Tasse Kaffee.«

Eine Minute später biß Ealer unten im »Texas« in ein Stück Kuchen und schlürfte dazu seinen Kaffee. Da schaute zufällig der Nachtwachmann herein, und gerade, als er wieder hinaus wollte, bemerkte er Ealer und rief:

»Wer ist denn am Steuer, Sir?«

»X.«

»Rauf ins Steuerhaus wie der Blitz!«

Im nächsten Augenblick schnellten die beiden die Treppe hoch, immer drei Stufen auf einmal. Niemand im Steuerhaus! Das große Dampfschiff schoß die Mitte vom Fluß hinunter und machte, was es wollte! Der Wachmann stürzte wieder nach draußen, und Ealer ergriff das Rad, setzte eine Maschine auf äußerste Kraft zurück, und dann hielt er den Atem an, während das Schiff widerwillig von einem »Towhead« abdrehte, die es gerade in den Golf von Mexiko schieben wollte!

Nach einer Weile kam der Wachmann zurück und fragte: »Hat Ihnen dieser Verrückte denn nicht gesagt, daß er noch schlief, als er raufkam?«

»Nein.«

»Hat er aber. Bin gerade dazugekommen, wie er oben auf der Reling langspaziert ist, so unbekümmert, als ginge er auf dem Bürgersteig, und ich hab ihn zurück ins Bett gesteckt. Und eben diese Minute war er wieder da, auf dem Hinterschiff, und hat genau solche teuflischen Seiltänzereien vollführt wie vorhin.«

»Nun, wenn er wieder mal einen von diesen Anfällen hat, werde ich dabeibleiben. Hoffentlich hat er sie recht oft. Sie hätten bloß mal sehen sollen, wie der bei Helena rübergekreuzt ist. Mein Lebtag hab ich so was Tolles noch nicht gesehen. Und wenn der schon im tiefen Schlaf lotsen kann wie ein junger Gott, was muß der da erst leisten, wenn er tot ist!«

ZWÖLFTES KAPITEL

Loten

Wenn der Fluß sehr niedrig steht und das Dampfschiff alles Wasser verdrängt, das in der Fahrrinne ist – oder,

wie das früher oft vorkam, vielleicht noch ein paar Zoll
mehr –, muß man beim Loten peinlich genau und äußerst
behutsam zu Werke gehen. Bei flachem Wasserstand hatten wir auch auf fast jeder Fahrt eine Anzahl besonders
schlechter Stellen zu loten.

Das Loten geht so vor sich: Das Schiff macht kurz oberhalb der Untiefe, an der gekreuzt werden muß, am Ufer
fest, der wachfreie Lotse nimmt seinen »Stöps« oder Rudergast sowie eine ausgewählte Mannschaft (manchmal auch
noch einen Offizier), steigt in die Jolle – vorausgesetzt,
daß das Schiff nicht über den seltenen und kostspieligen
Luxus eines extra »Lotsenbootes« verfügt – und begibt
sich auf die Suche nach der besten Stelle, während der
wachhabende Lotse seine Bewegungen mit dem Fernglas
verfolgt und ihm zuweilen unterstützend mit der Dampfpfeife zusignalisiert: »Weiter oben versuchen« oder »Weiter unten versuchen«, denn genau wie ein Gemälde sagt
einem die Oberfläche des Wassers aus einer gewissen Entfernung viel mehr als aus unmittelbarer Nähe. Diese Pfeifsignale sind aber selten nötig; eigentlich nur, wenn der
Wind das bedeutungsvolle Kräuseln auf der Wasserfläche
durcheinanderbringt. Hat die Jolle die seichte Stelle erreicht, wird die Fahrt verringert, der Lotse fängt an, die
Tiefe mit einem zehn bis zwölf Fuß langen Stab abzuloten,
und der Steuermann an der Ruderpinne kommt Befehlen
nach wie: »Mehr steuerbord halten« oder »Nach backbord
abfallen« oder »So bleiben«.

Zeigen die Messungen, daß sich die Jolle dem flachsten
Punkt des Riffs nähert, wird Kommando »Laß laufen!«
gegeben. Dann hören die Leute auf zu rudern, und die
Jolle treibt mit der Strömung weiter. Das nächste Kommando lautet: »Klar bei Boje!« Sobald die seichteste Stelle
der Fahrrinne erreicht ist, befiehlt der Lotse: »Setzt Boje!«,
und schon geht sie über Bord. Ist der Lotse nicht zufrieden,
lotet er neu; stellt er weiter oben oder weiter unten besseres Wasser fest, läßt er die Boje dort hinbringen. Wenn
er schließlich glaubt, die richtige Stelle gefunden zu haben,
gibt er Kommando, alle Ruder senkrecht und auf Linie
hochzustellen. Ein Pfiff vom Schiff ist das Zeichen, daß das

ZWÖLFTES KAPITEL

Signal gesehen worden ist. Dann legen sich die Männer in die Riemen und halten die Jolle längsseits von der Boje. Seine Kraft für den bevorstehenden Kampf aufsparend, tastet sich das Schiff heran, den Bug direkt auf die Boje gerichtet, und im kritischen Moment gibt es plötzlich Volldampf und wälzt sich knirschend über die Boje und über den Sand und gewinnt das dahinterliegende tiefe Wasser – oder auch nicht; vielleicht läuft es auf und fängt an zu »schwojen«. Dann braucht es Stunden (oder Tage), um sich wieder loszukämpfen.

Manchmal wird gar keine Boje gesetzt, sondern die Jolle fährt vor, macht die beste Fahrrinne ausfindig, und der Dampfer folgt in ihrem Kielwasser einfach nach. Oft macht das Loten großen Spaß und ist wahnsinnig aufregend, besonders an strahlenden Sommertagen oder in stürmischen Nächten. Im Winter aber nehmen einem Kälte und Gefahr fast die ganze Freude daran.

Eine Boje ist nichts weiter als ein vier bis fünf Fuß langes Brett mit einem hochstehenden Ende, eine Art umgekippte Schulbank, bei der die eine Seitenstütze fehlt. Sie wird im seichtesten Teil des Riffs mit einem Tau verankert, an dem ein schwerer Stein hängt. Ohne den Widerstand von dem hochstehenden Stück Bank würde die Strömung die Boje unter Wasser ziehen. Nachts wird obendrauf eine Papierlaterne mit Kerze befestigt, die man dann über eine Meile weit sehen kann, ein glimmendes Fünkchen inmitten der endlosen Stockfinsternis.

Für einen Lotsenstöps gibt es kein größeres Vergnügen, als mit zum Loten rauszufahren. Da liegt etwas Abenteuerliches drin und oft auch prickelnde Gefahr, und das ist ganz pompös und wie auf einem Kriegsschiff, wenn man kerzengerade an der Pinne einer schnellen Jolle sitzt. Großartig das jauchzende Dahinschnellen des Bootes, wenn eine Mannschaft erfahrener Matrosen ihre ganze Seele in die Ruder legt, der herrliche Anblick, wie der weiße Schaum vom Bug wegströmt, dazu die Musik des rauschenden Wassers und im Sommer die köstliche Erfrischung, über die luftige Weite des Flusses zu sausen, wo Millionen kleiner Wellen in der Sonne tanzen. Außerdem verleiht es dem Stift ein Gefühl der Erhabenheit, wenn er auch mal ein Kommando geben darf, denn oft sagt der Lotse bloß: »Ree!« und überläßt alles Weitere dem Stöps, der in seinem ernstesten Befehlston sofort losbrüllt: »Streich steuerbord! Hart backbord! Steuerbord hol weg! Zugleich! Kräftig zu, Leute!« Das Loten macht dem Stöps auch noch aus einem anderen Grunde Spaß, weil nämlich die Passagiere alle Bewegungen der Jolle gespannt und äußerst interessiert verfolgen, das heißt bei Tage. Ist es aber Nacht, weiß er dieselben staunenden Augen auf die Laterne der Jolle gebannt, wie sie in die Finsternis hinausgleitet und sich in der Ferne verliert.

Auf einer Fahrt verbrachte ein hübsches sechzehnjähriges Mädchen jeden Tag von morgens bis abends mit ihrem Onkel und ihrer Tante in unserem Steuerhaus. Ich verknallte mich in sie. Der Stöps von Mr. Thornburg, Tom G., aber auch. Waren Tom und ich bisher dicke Freunde gewesen, so kühlte sich das jetzt merklich ab. Ich erzählte dem Mädchen so manches meiner Abenteuer auf dem Fluß und gab mich als ziemlichen Helden aus. Auch Tom markierte den Helden, sogar mit gewissem Erfolg; er hatte eben eine Art, alles zu verbrämen. Tugend jedoch findet ihren Lohn in sich selber, und so war ich bei unserem Wettlauf um ihre Gunst eine knappe Winzigkeit voraus. Ungefähr um diese Zeit ließ sich etwas verheißungsvoll für mich an: Die Lotsen beschlossen, die Überfahrt am Kopf von 21 zu loten, was ungefähr um neun oder zehn Uhr abends stattfinden sollte, wenn die Passagiere noch auf waren. Mr. Thornburg hatte da Wache, also würde mein Chef das Loten übernehmen müssen. Wir hatten ein wahres Gedicht von Lotsenboot – lang, schnittig, schick und schnell wie ein Windspiel. Seine Duchten waren gepolstert, es führte zwölf Ruderer, und außerdem fuhr immer ein Maat mit, um die Kommandos an die Mannschaft weiterzugeben. Auf unserem Dampfer hatte eben alles Stil.

Wir legten ein Stück oberhalb von 21 an und machten uns fertig. Es war verflixt finster und der Fluß so breit, daß die ungeschulten Augen einer Landratte durch solch eine Dunkelheit drüben gar kein Ufer erkennen konnten.

ZWÖLFTES KAPITEL

Die Passagiere paßten auf und zeigten Interesse; es verlief also alles wunschgemäß. Als ich in meiner malerischen Sturmkleidung durch den Maschinenraum rannte, stieß ich auf Tom, und da konnte ich mir die boshafte Frage nicht verkneifen:

»Bist heilfroh, daß *du* nicht mit rausmußt, was?«

Tom ging weiter, drehte sich dann aber schnell um und sagte: »So, dafür kannst du dir deinen Lotungsstab selber suchen. Wollte ihn dir eben holen, jetzt werde ich dir aber was husten.«

»Als ob das einer von dir verlangt hätte. Und ich schon gar nicht. Außerdem ist er längst im Boot.«

»Denkste. Er ist neu gestrichen und liegt seit zwei Tagen oben auf dem Damensalon zum Trocknen.«

Ich raste zurück, und wenig später konnte ich inmitten der beobachtenden und staunenden Damen gerade noch das Kommando hören: »Hol weg!«

Ich schaute hinüber, und da brauste das stattliche Lotsenboot davon. An der Ruderpinne thronte der skrupellose Tom, und neben ihm saß mein Chef mit dem Lotungsstab, mit dem man mich in den April geschickt hatte. Da sagte das junge Mädchen zu mir: »Oh, wie furchtbar, in solcher Dunkelheit in diesem kleinen Boot hinauszumüssen! Ist das nicht gefährlich?«

Ein Dolch in der Brust wäre mir lieber gewesen. Voller Gift und Galle trollte ich mich, um im Steuerhaus zu helfen. Allmählich verlor sich die Laterne des Bootes, und nach einiger Zeit glimmte in einer Meile Entfernung ein winzig kleines Pünktchen auf dem Wasser auf. Mr. Thornburg gab als Zeichen, daß er das Licht gesehen, ein Pfeifsignal, legte über den Achtersteven ab und hielt darauf zu. Wir preschten eine Weile dahin, nahmen dann Dampf weg und glitten vorsichtig auf den Funken zu. Plötzlich rief Mr. Thornburg: »Nanu, auf der Boje ist ja die Laterne aus!«

Er stoppte die Maschinen ab. Ein oder zwei Sekunden später sagte er: »Ach, da ist sie ja wieder!«

Er ließ die Maschinen von neuem anlaufen und läutete zum Loten. Allmählich wurde das Wasser seichter, dann aber wieder tiefer! Mr. Thornburg murmelte: »Also, das verstehe ich nicht. Ich glaube, die Boje ist vom Riff abgetrieben. Scheint sowieso ein bißchen zu weit links zu sein. Aber wenn schon, drüber weg ist auf jeden Fall am sichersten.«

Und so schoben wir uns in der undurchdringlichen Finsternis auf das Licht zu. In dem Augenblick aber, als unser Bug darüber hinwegpflügte, riß Mr. Thornburg an den Glockensträngen, was das Zeug hielt, und schrie: »Um Gottes willen, das ist ja das Boot!«

Von weit unten kam plötzlich wildes Geschrei herauf – eine Pause – und dann hörten wir es knirschen und krachen. Mr. Thornburg rief: »Da! Das Schaufelrad hat das Lotsenboot kurz und klein gehackt. Schnell! Sieh nach, wer tot ist.«

Im Nu war ich auf dem Hauptdeck. Mein Chef, der Dritte Maat und fast alle Ruderer waren gerettet. Sie hatten die Gefahr erst erkannt, als es zum Ausweichen bereits zu spät war, und als gleich darauf der Schatten der großen Decküberhänge auf sie fiel, wußten sie, was die Glocke geschlagen hatte. Auf das Kommando meines Chefs sprangen sie im richtigen Augenblick los, klammerten sich an die Schlingerleiste und wurden an Bord gezogen. Eine Sekunde später fegte die Jolle nach achtern unter das Rad und wurde in Atome zertrümmert. Zwei von den Leuten und der Stöps Tom fehlten – was sich wie ein Lauffeuer auf dem Schiff verbreitete. Die Passagiere und darunter sämtliche Damen scharten sich auf der vorderen Gangway zusammen, und mit angstvoll aufgerissenen Augen und kreidebleichen Gesichtern sprachen sie über das schreckliche Unglück. Und immer wieder hörte ich sie sagen: »Die armen Burschen! Und der arme, arme Junge!«

Inzwischen war unsere Jolle bemannt und schon draußen auf der Suche nach den Vermißten. Von links her wurde jetzt ein schwaches Rufen vernommen. Die Jolle war in entgegengesetzter Richtung verschwunden. Die eine Hälfte der Leute sauste nach backbord, um den Schwimmer durch Zurufe zu ermutigen, und die andere nach steuerbord, um der Jolle hinterherzuschreien, sie solle umkehren. Dem Rufen nach kam der Schwimmer näher, aber einige meinten, am Ton könne man ein Nachlassen seiner Kräfte erkennen. Die Menge preßte sich gegen die Reling vom Maschinendeck und starrte hinaus in die Finsternis, und jeder schwache und schwächere Ruf entrang ihnen Klagen wie: »O Gott, der arme, arme Bursche! Gibt es denn gar keine Möglichkeit, ihn zu retten?«

Doch das Rufen hielt an und kam näher, und mit einemmal sagte die Stimme schneidig: »Ich schaff's schon! Tau bereit halten!«

Hat das ein donnerndes Hurra gegeben! Der Erste Maat stellte sich mit einer Rolle Tau in den Schein eines Fackelkorbes, und seine Leute gruppierten sich herum. Im Lichtkreis erschien ein Gesicht, und im nächsten Augenblick war der dazugehörige Schwimmer wie ein nasser Sack schon an Bord gehievt, während die Begeisterungsrufe kein Ende nehmen wollten. Es war dieser Filou Tom.

Die Mannschaft der Jolle suchte noch überall, fand aber von den beiden Männern keine Spur. Wahrscheinlich hatten sie die Schlingerleiste verfehlt und waren vom Rad ergriffen und zermalmt worden. Tom war überhaupt nicht nach der Schlingerleiste, sondern kopfüber ins Wasser gesprungen und unter das Rad getaucht. Da war weiter nichts dabei, für mich wäre das ein Kinderspiel gewesen, und ich sagte das auch, doch das Getue um diesen blöden Kerl ging nach wie vor weiter, als ob er wunder was vollbracht hätte. Vor allem das Mädchen schien für den Rest der Fahrt von diesem kümmerlichen »Helden« gar nicht genug kriegen zu können. Mir aber machte das gar nichts; für mich war sie sowieso Luft.

Daß wir die Bootslaterne für das Licht von der Boje gehalten hatten, war so gekommen: Mein Chef sagte, nach dem Setzen der Boje sei er abgefallen und habe sie im Auge behalten, bis sie festzuliegen schien. Dann habe er ein paar Hundert Yard weiter unten und etwas seitlich vom Kurs des Dampfers Stellung genommen, das Lotsenboot stromaufwärts gerichtet und abgewartet. Da sich das Warten eine Weile hinzog, hätten er und der Offizier angefangen, zu plaudern. Als er schätzte, der Dampfer müsse jetzt ungefähr auf dem Riff sein, habe er hochgesehen und bemerkt, daß die Boje verschwunden war, aber angenommen, das Schiff sei schon drüber hinweg, und da habe er sich weiter unterhalten. Daß der Dampfer unmittelbar auf ihn zukam, hätte er zwar gesehen, aber das war nur richtig; das Schiff hatte ganz dicht beizudrehen, um ihn bequem an Bord nehmen zu können. Bis zuletzt noch habe er erwartet, das Schiff würde ausscheren, dann aber sei ihm blitzartig klargeworden, daß es seine Laterne für das Bojenlicht hielt und ihn in Grund und Boden rammen wollte. Da habe er gerufen: »Klar zum Sprung, Leute!«, und im nächsten Augenblick seien sie auch schon losgesprungen.

DREIZEHNTES KAPITEL

Was von einem Lotsen verlangt wird

Doch ich komme ab von meinem eigentlichen Thema, nämlich ein paar besondere Anforderungen, die die Wissenschaft des Lotsens stellt, noch eindringlicher vor Augen zu führen als in den vorangegangenen Kapiteln. Da ist vor allem eines, was der Lotse immer und immer wieder üben muß, bis er den Grad absoluter Vollkommenheit erreicht hat, und wo es ohne diese Vollkommenheit eben nicht geht: das Gedächtnis. Er kann sich nicht damit zufriedengeben, daß er denkt, eine Sache ist so und so, er muß es *wissen*; handelt es sich hier doch eindeutig um eine »exakte« Wissenschaft. Mit was für einer Verachtung wurde in den alten Zeiten ein Lotse angesehen, der es wagte, sich des lahmen »Ich glaube« zu bedienen anstatt des kräftigen »Ich weiß!«. Es ist gar nicht so einfach, sich ein richtiges Bild davon zu machen, wie ungeheuer viel dazu gehört, über jede geringste Einzelheit von zwölfhundert Meilen Fluß Bescheid zu wissen, und zwar hundertprozentig Bescheid zu wissen. Man nehme die längste Straße von New York, spaziere sie auf und ab und pauke sich dabei die einzelnen Details Stück für Stück ein, bis jedes Haus und jedes Fenster und jeder Laternenpfahl und all die großen und kleinen Kennzeichen so gut sitzen, daß man, mitten in tintenschwarzer Nacht irgendwo in jener Straße abgesetzt, augenblicklich sagen kann, wovor man sich befindet – dann kriegt man einen ungefähren Begriff, mit welcher Kapazität und Exaktheit das Gedächtnis eines Lotsen arbeitet, der den Mississippi im Kopf hat. Und wenn man weiterübt, bis man jede Straßenkreuzung samt Größe, Ort und Lage der Pflastersteine sowie die unterschiedliche Tiefe des Kotes an all diesen zahllosen Stellen kennt, hat man schon eine leidliche Vorstellung davon, wie versiert ein Lotse sein muß, um einen Mississippidampfer vor Schiffbruch zu bewahren. Nun wechsele man die Hälfte der Zeichen jener langen Straße einmal im Monat aus und bringe es danach noch fertig, ihren neuen Standort in dunkler Nacht ganz genau zu kennen und mit diesen fortwährenden Veränderungen mitzukommen, ohne sich ein einziges Mal zu irren, dann erst wird einem klar, was der launische Mississippi an das unvergleichliche Lotsengedächtnis für Anforderungen stellt.

Meiner Meinung nach dürfte das Gedächtnis eines Lotsen so ziemlich das Wunderbarste sein, was es auf der Welt gibt. Das Alte und Neue Testament auswendig zu kennen und fließend vor- oder rückwärts herzusagen oder an x-beliebiger Stelle anzufangen und die ganze Bibel nach hinten und nach vorn fehlerfrei runterzuschnarren, ist weder eine außergewöhnliche Anhäufung von Wissen noch eine berauschende Leistung, verglichen mit dem, was ein Lotse an Kenntnissen über den Mississippi aufgespeichert hat und was er damit Großartiges vollbringt. Ich stelle diesen Vergleich ganz bewußt an und glaube, der Wahrheit damit keinen Zwang anzutun. Viele werden ihn für übertrieben halten, Lotsen aber nicht.

Und wie glatt und reibungslos das Lotsengedächtnis funktioniert, wie spielend leicht es arbeitet, wie unbewußt es Stunde für Stunde und Tag für Tag sein gewaltiges Lager auffüllt und nie auch nur einen einzigen wertvollen Posten verlegt oder abhanden kommen läßt! Nehmen wir ein Beispiel: Der Lotgast ruft: »Twaineinhalb! Twaineinhalb! Twaineinhalb! Twaineinhalb! Twaineinhalb!«, bis das so eintönig wird wie das Ticken einer Uhr. Die Unterhaltung geht indessen weiter, und der Lotse nimmt ebenfalls daran teil und hört nicht mehr bewußt auf die Lotungen. Nun lasse man mitten in dieser endlosen Kette von Twaineinhalb ohne besondere Betonung ein einziges »Twaineinviertel!« dazwischenrufen und dann das Twaineinhalb genauso weitergehen wie vorher. Noch nach zwei oder drei Wochen kann dieser Lotse ganz genau beschreiben, wo sich das Schiff befand, als jenes »Twaineinviertel« ausgerufen wurde, und einem als Anhaltspunkte eine solche Menge von Bug-, Heck- und Seitenmarken geben, daß man selber in der Lage wäre, das Schiff dorthin und wieder in dieselbe Richtung zu bringen! Dabei war er durch den Ruf »Twaineinviertel!« gar nicht vom Gespräch abgelenkt worden; seine durchtrainierte Beobachtungsgabe aber hatte sofort die Position photographiert, den Wechsel der Tiefe vermerkt sowie die wichtigen Details für späteren Bedarf abgelegt, und das alles ohne sein Dazutun. Würde man mit einem Bekannten spazierengehen und plaudern und ein Dritter wiederholte neben einem ein paar Straßen lang immerzu den Vokal a und schaltete mittendrin ein r ein, aber ohne jede Betonung, etwa so: a a a a a r a a a und so weiter, wäre man zwei oder drei Wochen danach nicht imstande, anzugeben, daß das r überhaupt eingefügt wurde, geschweige denn, zu sagen, woran man gerade in jenem Moment vorübergegangen ist. Was man aber könnte, wenn man sich angestrengt und sein Gedächtnis beharrlich geschult hätte, so etwas mechanisch zu verrichten.

Wenn jemand von Natur aus ein einigermaßen gutes Gedächtnis hat, so weitet es die Arbeit als Lotse zu einem wahren Koloß an Fassungskraft aus. *Doch nur für die Dinge, in denen es täglich gedrillt wird.* Es kommt dann eine Zeit, da derjenige gar nicht mehr anders kann, als sich Landmarken und Wassertiefen zu merken, und wo sein Gedächtnis, ob es will oder nicht, sie wie im Schraubstock festhalten muß. Fragt man denselben Mann aber mittags, was es zum Frühstück gegeben habe, kann man zehn zu eins wetten, daß er das nicht mehr weiß. Mit dem menschlichen Gedächtnis läßt sich eben Erstaunliches vollbringen, wenn man sich gewissenhaft auf ein bestimmtes Gebiet konzentriert.

Zu der Zeit, als auf dem Missouri die Löhne in die Höhe schnellten, machte sich mein Chef kurzerhand dorthin auf und lernte über tausend Meilen von diesem Strom mit einer Leichtigkeit und Geschwindigkeit, die geradezu erstaunlich waren. Nachdem er jede Strecke *einmal* bei Tage und *einmal* bei Nacht gesehen hatte, war seine Ausbildung so weit abgeschlossen, daß er gleich ein »Tages«-Lotsenpatent bekam. Nach ein paar weiteren Fahrten löste er sich ein Vollpatent und lotste dann Tag und Nacht – und galt als Spitzenklasse.

Mr. Bixby gab mich eine Zeitlang als Rudergast einem Lotsen mit, der der reinste Gedächtnisakrobat war und der mich immer wieder in Erstaunen versetzte. Dieses Gedächtnis war ihm jedoch, glaube ich, angeboren und nicht erst anerzogen. Erwähnte jemand beispielsweise einen Namen, mischte sich Mr. Brown sofort ein:

»Ach ja, *den* kenn ich. So 'n Rothaariger mit blassem Gesicht und einer Narbe an der Seite vom Hals wie 'n Splitter unter der Haut, nicht wahr? Der hat im Süden bloß sechs Monate mitgemacht. Sind jetzt dreizehn Jahre her. Bin mal mit ihm zusammen gefahren. Im Oberlauf waren damals nur fünf Fuß, die ›Henry Blake‹ hat sich mit viereinhalb Fuß Tiefgang an der Spitze von Tower Island festgerannt, die ›George Elliot‹ ist am Wrack von der ›Sunflower‹ ihr Ruder losgeworden...«

»Aber die ›Sunflower‹ ist doch erst gesunken, als...«

»*Ich* weiß, wann sie abgesoffen ist: drei Jahre zuvor, und zwar am 2. Dezember. Asa Hardy war Kapitän und sein Bruder John Erster Zahlmeister, und es war auch seine erste Fahrt auf ihr. Tom Jones hat mir das acht Tage später in New Orleans erzählt, er war Erster Maat auf der ›Sunflower‹. Im darauffolgenden Jahr hat sich Kapitän Hardy am 6. Juli einen Nagel in den Fuß getreten, und am 15. ist er an Wundstarrkrampf gestorben. Seinen Bruder John hat es zwei Jahre später erwischt, am 3. März – Wundrose. Gesehen hab ich die beiden Hardys nie – die waren ja vom Alleghany – aber Leute, die sie kannten, haben mir das alles erzählt. Und auch, daß Kapitän Hardy im Sommer wie im Winter Wollsocken getragen hat und daß seine erste Frau Jane Shook hieß – sie stammte aus Neuengland – und daß seine zweite im Irrenhaus gestorben ist. Hat bei ihr im Blut gelegen. Sie kam aus Lexington in Kentucky. Ihr Mädchenname war Horton.«

Und so ging seine Zunge stundenlang weiter. Etwas wieder vergessen konnte er gar nicht. Das war einfach unmöglich. Die bedeutungslosesten Einzelheiten blieben noch jahrelang in seinem Kopf deutlich und klar wie die denkwürdigsten Ereignisse. Bei ihm war das nicht bloß ein Lotsengedächtnis, sondern eins mit universaler Reichweite. Sprach er von einem unwichtigen Brief, den er vor sieben Jahren erhalten hatte, sagte er einem todsicher gleich den ganzen Schrieb aus dem Gedächtnis her. Und ohne zu merken, daß er von der eigentlichen Sache abkam, die er erzählen wollte, schaltete er dann bestimmt einen lang ausgewalzten Lebenslauf des Briefschreibers ein, wobei man von Glück reden konnte, wenn er sich nicht auch noch dessen Verwandte einen nach dem anderen vornahm und deren Lebensbeschreibungen ebenfalls auftischte.

Ein solches Gedächtnis ist direkt eine Strafe. Alle Ereignisse erscheinen ihm vom gleichen Format. Sein Besitzer ist nicht mehr fähig, interessant und uninteressant auseinanderzuhalten. Als Erzähler ist er stinklangweilig, weil er jede Geschichte mit ermüdenden Nebensächlichkeiten belasten muß. Und beim Thema bleiben kann er schon gar nicht. Unterwegs liest er jedes noch so kleine Körnchen Erinnerung auf und läßt sich dadurch ablenken. Mr. Brown beginnt zum Beispiel mit der redlichen Absicht, etwas ungeheuer Komisches über einen Hund zum besten zu geben. Zunächst einmal kann er vor lauter Lachen kaum anfangen. Dann dreht sein Gedächtnis auf, nimmt sich als erstes Rasse und Aussehen des Hundes vor, geht zu der Geschichte seines Besitzers und dessen Familie über mit Beschreibung aller angefallenen Hochzeiten und Beerdigungen samt Rezitierung von Glückwunschversen und

DREIZEHNTES KAPITEL

gereimten Nachrufen, wobei ihm einfällt, daß eine dieser Feiern ja in dem berühmten »strengen« Winter von dem und dem Jahr stattgefunden hat, und dann folgt eine bis ins kleinste gehende Schilderung dieses Winters mit namentlicher Aufzählung derjenigen, die erfroren sind, und mit Statistiken über das Ansteigen der Schweinefleisch- und Heupreise. Von Schweinefleisch und Heu kommt er auf Mais und Grünfutter und von Mais und Grünfutter auf Kühe und Pferde und von Kühen und Pferden auf den Zirkus und gewisse gefeierte Kunstreiter; der Übergang vom Zirkus zur Menagerie ist einfach und natürlich und vom Elefanten nach Zentralafrika nur noch ein Schritt; die heidnischen Wilden bringen das Thema selbstverständlich auf die Religion, und nach drei bis vier Stunden langatmigen Geschwätzes wechselt die Wache, und Brown geht aus dem Steuerhaus raus, noch Auszüge aus Predigten vor sich hin murmelnd, die er vor Jahren über die Kraft des Gebets als Gnadenmittel gehört hat. Und die einleitende Erwähnung ist und bleibt alles, was man nach stundenlangem Warten und stundenlanger Spannung über den Hund erfahren hat.

Ein Lotse muß Gedächtnis haben, außerdem aber noch zwei höhere Qualitäten, nämlich schnelle und gute Urteils- und Entschlußkraft und kühlen, besonnenen Mut, den keine Gefahr erschüttern kann. Was die Courage anbelangt, so genügt für den Anfang schon ein ganz klein bißchen; bis man erst einmal Lotse geworden ist, kann einen keine noch so große, sich vor dem Dampfschiff auftürmende Gefahr mehr entmutigen. Vom Urteilsvermögen aber läßt sich das nicht ganz so sagen. Urteil ist eine Sache des Gehirnschmalzes, und davon muß man allerdings eine tüchtige Portion mitbringen, sonst bleibt man als Lotse ewig ein Stümper.

Der Mut wächst im Steuerhaus zwar von Tag zu Tag; ist aber erst dann stark genug, wenn der junge Lotse schon eine Zeitlang allein und unter der drückenden Last all der damit verbundenen Verantwortung seine eigenen Wachen gestanden hat. Ist der Lehrling mit dem Fluß gründlich vertraut geworden, rattert er, ob es nun Tag oder Nacht ist, auch schon so furchtlos mit seinem Dampfer dahin, daß er sich gleich einbildet, es sei *sein* Mut, der ihn beseelt. Sobald aber der Lotse hinausgeht und ihn sich selbst überläßt, entdeckt er, daß es dessen Mut war und daß er selber diesen Artikel gar nicht führt. Sofort strotzt der ganze Fluß von drohenden Gefahren, auf die er nicht vorbereitet ist und wo er sich nicht zu helfen weiß; all sein Wissen läßt ihn im Stich, und binnen einer Viertelstunde ist er, von tausend Ängsten gejagt, bleich wie ein Handtuch. In weiser Voraussicht trainieren deshalb Lotsen ihre Stifte mit Hilfe verschiedener strategischer Tricks, wenn es darauf ankommt, doch ein bißchen mehr ruhig Blut zu bewahren. Zu ihren Lieblingsmethoden gehört es, den Kandidaten freundlichst ins Bockshorn zu jagen.

Mich hat Mr. Bixby einmal so angeführt, und noch Jahre danach lief ich selbst im Schlaf knallrot an, wenn ich daran dachte. Ich war ein guter Rudergast geworden, ein so guter, daß ich Tag und Nacht bei unseren Wachen die ganze Arbeit zu machen hatte. Mr. Bixby gab mir selten einen Ratschlag; ansonsten tat er nichts weiter als in besonders schlimmen Nächten oder an besonders schlimmen Stellen am Rad mit anfassen, wenn gelandet werden mußte, das Anlegen übernehmen, neun Zehntel der Wache über den müßigen Herrn spielen und die Heuer einstreichen. Der untere Fluß war voll bis zum Überlaufen, und wenn jemand angezweifelt hätte, daß ich ohne Hilfe oder Instruktionen zwischen Cairo und New Orleans nicht richtig kreuzen könne, wäre ich tödlich beleidigt gewesen. Der Gedanke, vor einer dieser Stellen Angst zu haben, noch dazu am hellichten Tage, war viel zu lächerlich, um überhaupt in Betracht zu kommen. Als ich nun eines unvergleichlich schönen Sommertages die Biegung vor Insel 66 hinunterdampfte, mit geschwellter Brust und die Nase so hoch wie eine Giraffe, sagte Mr. Bixby: »Ich geh mal ein bißchen nach unten. Wie du jetzt rüberhalten mußt, weißt du hoffentlich?«

Das war fast eine Beleidigung, handelte es sich doch um so ziemlich das simpelste und leichteste Kreuzen auf dem ganzen Fluß. Passieren konnte dabei überhaupt nichts, und wenn man sich noch so verkehrt anstellte; und was die Tiefe betraf, so hatte es dort niemals Grund gegeben. Ich wußte das alles sehr gut.

»Wissen, wie ich da *kreuzen* muß? Kann ich mit geschlossenen Augen.«

»Wieviel Wasser ist denn drin?«

»Komische Frage. Nicht mal mit 'nem Kirchturm kommt man da auf Grund.«

»So, meinst du?«

Schon dieser Ton versetzte meiner Sicherheit einen Knacks. Und gerade das hatte Mr. Bixby erwartet. Ohne noch etwas zu sagen, entfernte er sich. Ich fing an, mir alles Mögliche einzubilden. Mr. Bixby schickte, was ich natürlich nicht wissen konnte, jemand mit ein paar geheimnisvollen Anweisungen runter zu den Lotgästen in die Back, ein weiterer Bote tuschelte mit den Offizieren, und dann bezog Mr. Bixby Versteck hinter einem Schornstein, von wo aus er beobachten konnte, wie sich alles entwickelte. Bald trat der Kapitän aufs Oberdeck hinaus, danach tauchte der Erste Maat auf und dann ein Zahlmeister. Alle paar Augenblicke gesellte sich ein weiterer Nachzügler zu meinem Publikum, und noch ehe ich an der Spitze der Insel war, hatten sich unten vor meiner Nase fünfzehn bis zwanzig Mann versammelt. Langsam wurde ich neugierig, was eigentlich los sei. Als ich anfing rüberzukreuzen, blickte der Kapitän zu mir herauf und fragte mit erheuchelter Unruhe:

»Wo ist Mr. Bixby?«

»Runtergegangen, Sir.«

Das aber gab mir den Rest. Meine Phantasie fing an, aus dem Nichts Gefahren zu konstruieren, die sich schneller mehrten, als ich mit ihnen Schritt halten konnte. Auf einmal bildete ich mir ein, voraus seichtes Wasser zu sehen! Die Woge feiger Angst, die da durch meinen Körper fegte, hätte mir beinahe sämtliche Gedärme mit hochgespült. All mein Vertrauen zu jenem Stück Fluß verflog. Ich griff den Glockenstrang, ließ ihn beschämt los, ergriff ihn von neuem, ließ ihn wieder fallen, umklammerte ihn zitternd ein drittes Mal, und zog so schwach daran, daß ich den Anschlag selber kaum hören konnte. Sofort riefen Kapitän und Maat wie aus einem Munde: »Lot an Steuerbord! Beeilung!«

Das war ein weiterer Schlag. Wie ein Wilder riß ich das Rad herum, doch kaum kriegte ich das Schiff dazu, nach Backbord zu gehen, da sah ich auf dieser Seite neue Gefahren, und so kurbelte ich wieder zurück, bloß um festzustellen, daß es auf Steuerbord noch beängstigender wurde, und schleunigst wieder nach Backbord zu drehen. Dann rief es mit Grabesstimme vom Lot herauf:

»Looot zeigt vier!«

Vier Faden in einer Stelle ohne Grund! Mir blieb die Luft weg.

»Maaarke drei! Maaarke drei! Twaindreiviertel! Twaineinhalb!«

Entsetzlich! Ich zerrte an den Glocken und stoppte die Maschinen ab.

»Twaineinviertel! Twaineinviertel! *Marke* twain!«

Ich wußte nicht mehr aus noch ein. Ich war völlig hilflos. Ich flog am ganzen Leibe, und meine Augen standen so weit heraus, daß ich meinen Hut hätte daran aufhängen können.

»Eindreiviertel! Neuneinhalb Fuuuß!«

Und Tiefgang hatten wir neun! Meine Hände flatterten nervös. Eine Glocke konnte ich damit nicht mehr laut genug anschlagen. So flitzte ich ans Sprachrohr und schrie dem Maschinisten zu:

»Liebster Ben, wenn du mein Freund bist, volle Kraft zurück! Schnell, Ben! Zurück, daß die Funken stieben!«

Ich hörte, wie leise die Tür zugemacht wurde, blickte mich um, und Mr. Bixby stand da und lächelte liebenswürdig jovial. Dann kam von dem Verein auf dem Oberdeck feixendes Gelächter heraufgedonnert. Ich begriff jetzt, und mir war elender zumute als dem elendsten Menschen aus der ganzen Weltgeschichte. Ich ließ das Lot einholen, brachte das Schiff auf Kurs, gab Volldampf und sagte:

»Fein, einem armen Waisenjungen einen solchen Streich zu spielen, was? Werde jetzt wohl mein Leben lang zu hören kriegen, was ich für ein Esel gewesen bin, am Kopf von 66 loten.«

»Ist anzunehmen. Ich hoffe es sogar, denn du sollst daraus eine Lehre ziehen. Hast du denn nicht *gewußt*, daß es hier keinen Grund gibt?«

»Doch, Sir.«

»Na bitte. Hättest eben dein Vertrauen auf dieses Wissen nicht von mir oder sonst jemand erschüttern lassen dürfen. Merke dir das. Und noch eins: Wenn du an eine gefährliche Stelle kommst, mach dir nicht gleich in die Hosen; das hilft dir auch nicht weiter.«

Es war eine recht gute Lehre, obwohl hart genug erlernt. Am härtesten war, daß ich monatelang bis zum Erbrechen oft einen Satz zu hören bekam, gegen den ich eine besondere Abneigung hegte. Er lautete: »Liebster Ben, wenn du mein Freund bist, volle Kraft zurück!«

VIERZEHNTES KAPITEL

Rang und Würden des Lotsen

Habe ich mich bisher so minutiös über das Lotsen ausgelassen, so wollte ich den Leser damit Schritt für Schritt an diese Wissenschaft heranführen, ihm zeigen, worin sie besteht und daß es sich um eine ganz besondere und wunderbare Wissenschaft handelt, die durchaus Beachtung verdient. Mag sein, daß ich in mein eigenes Thema verliebt bin, was nicht verwunderlich wäre, denn ich hing an diesem Beruf mit Leib und Seele, mehr als an irgendeinem anderen, den ich seither ausgeübt habe, und ich war maßlos stolz. Und zwar aus dem einfachen Grunde: Ein Lotse war damals der einzige ungebundene und vollkommen unabhängige Mensch auf Erden. Könige sind nichts weiter als unfreie Diener von Parlament und Volk; Parlamente sitzen in von ihren Wählern geschmiedeten Ketten; der Redakteur einer Zeitung darf nicht selbständig arbeiten, sondern muß sich, die eine Hand durch Partei und Brotgeber gebunden, damit begnügen, nur die Hälfte oder höchstens zwei Drittel seiner Meinung zu äußern; kein

Geistlicher ist ein freier Mann und kann ohne Rücksicht auf die Reaktion seiner Pfarrgemeinde die ganze Wahrheit sagen; und selbst Schriftsteller, gleich welcher Art, sind Sklaven der Öffentlichkeit. Wir schreiben offen und ohne Furcht, doch vor dem Druck »mildern« wir. Und so hat jeder Mann und jede Frau und jedes Kind jemand über sich und quält und plagt sich in Knechtschaft, nur der Mississippilotse war seinerzeit sein eigener Herr. Der Kapitän konnte im Glanz einer äußerst kurz bemessenen Autorität auf dem Oberdeck stehen und ihm, während das Schiff rückwärts abstieß, fünf oder sechs Kommandos erteilen, aber damit hatte es sich auch schon. Sobald das Schiff in Fahrt war, unterstand es einzig und allein dem Lotsen. Er konnte damit tun und lassen, was er wollte, konnte fahren, wann und wohin es ihm paßte, und anlegen, sooft er es für ratsam hielt. Seine Bewegungsfreiheit war völlig ungehemmt, er empfing von niemand Befehle, und schon den leisesten Ratschlag nahm er prompt übel. Ja, ein Bundesgesetz, das ganz richtig davon ausging, der Lotse müsse mit einem Schiff selbstverständlich besser umzugehen wissen als jeder andere, verbot ihm sogar, auf Befehle oder Ratschläge zu hören. Hier also war etwas ganz Neues, ein König ohne Aufseher, ein absoluter Monarch, und zwar absolut im wahrsten Sinne des Wortes und nicht bloß dem Namen nach. Ich habe schon erlebt, wie ein achtzehnjähriger Bengel munter und fidel einen großen Dampfer in sicheren Schiffbruch hineinzusteuern schien, während der betagte Kapitän stumm dabeistand, voller Befürchtungen, doch machtlos. Vielleicht wäre es in diesem besonderen Fall sogar sehr gut gewesen, wenn er eingegriffen hätte, das aber zuzulassen, hieß einen äußerst schädlichen Präzedenzfall schaffen. Bei der unbeschränkten Autorität des Lotsen kann man sich leicht denken, daß er in der alten Dampfschiffzeit eine große Persönlichkeit darstellte. Vom Kapitän wurde er mit betonter Höflichkeit und von allen Offizieren und sämtlichem Personal mit betonter Ehrerbietung behandelt, und dieser ehrfürchtige Geist teilte sich auch rasch den Passagieren mit. Ich glaube, Lotsen waren so ziemlich die einzigen Menschen, welche

VIERZEHNTES KAPITEL

ich kennengelernt habe, die in Gegenwart reisender ausländischer Fürstlichkeiten kaum Befangenheit zeigten. Aber gewöhnlich ist man vor seinesgleichen nicht befangen.

Infolge langer Gewohnheit pflegten Lotsen jeden Wunsch in Befehlsform zu kleiden. Mir geht es noch heute gegen den Strich, meinen Willen jetzt immer in der laschen Form einer Bitte anstatt in scharfem Kommandierton zum Ausdruck bringen zu müssen.

Einen Dampfer in St. Louis beladen, nach New Orleans und wieder zurückzubringen und Fracht löschen, dauerte damals durchschnittlich fünfundzwanzig Tage. Sieben bis acht davon verbrachte das Schiff an den Kais von St. Louis oder New Orleans, und jedermann an Bord hatte schwer zu schuften, bloß die beiden Lotsen nicht. Die spielten oben in der Stadt den feinen Herrn und empfingen dafür die gleiche Bezahlung wie im Dienst. Im selben Moment, da das Schiff in einer der beiden Städte den Kai berührte, waren sie auch schon an Land, und sie ließen sich gewöhnlich nicht eher wieder blicken, als bis das letzte Glockenzeichen zur Abfahrt ertönte und alles zur nächsten Fahrt bereit war.

Hatte ein Kapitän einen Lotsen erwischt, der als besonders gut galt, so setzte er alle Hebel in Bewegung, ihn zu halten. Als die Löhne auf dem oberen Mississippi vierhundert Dollar im Monat betrugen, kannte ich einen Kapitän, der einem solchen Lotsen, wenn der Fluß zugefroren war, ein Vierteljahr lang fürs Nichtstun die volle Heuer weiterzahlte. Man darf dabei nicht vergessen, daß in jenen billigen Zeiten vierhundert Dollar ein fast unvorstellbares Bombengehalt waren. An Land verfügten nur wenige über so ein Einkommen, und wenn, dann galten sie schon als mächtig hohe Tiere. Kamen mal Lotsen vom oberen oder unteren Ende des Flusses in unser kleines Nest in Missouri, wurden sie mit gebührendem Respekt behandelt, und die angesehensten Männer und die schönsten Frauen bewarben sich um ihre Gesellschaft. Auf Wartegeld im Hafen liegen, wurde von vielen Lotsen sehr geschätzt und weidlich genossen, besonders während der Konjunktur auf dem Missouri (Kansaszeit), wo sie neunhundert Dollar für die Fahrt einstrichen, was einem Monatsgehalt von rund achtzehnhundert Dollar gleichkam. Hier ein Gespräch aus jenen Tagen: Einer, der mit seinem kleinen Heckradpott den Illinois rauf- und runterschippert, redet zwei aufgetakelte und goldglitzernde Missourilotsen an:

»Meine Herren, ich hätte eine ganz nette Tour fürs Hinterland und könnte Sie ungefähr vier Wochen brauchen. Wieviel würde das machen?«

»Achtzehnhundert pro Nase.«

»Du heiliger Strohsack! Da tauschen wir doch gleich: Ihr nehmt mein Schiff, gebt mir euern Lohn, und dann machen wir halbe-halbe.«

Am Rande sei noch darauf hingewiesen, daß sich die Würde der Dampfschiffleute vom Mississippi in den Augen der Landratten – und bis zu einem gewissen Grade auch in ihren eigenen – nach dem Schiff richtete, auf dem sie fuhren. Wer zum Beispiel zur Mannschaft eines so stattlichen Dampfers wie der »Aleck Scott« oder der »Grand Turk« gehörte, konnte sich schon etwas einbilden. Die farbigen Heizer, Deckarbeiter und Barbiere dieser Schiffe galten unter ihresgleichen als vornehme Leute, und sie waren sich dessen recht gut bewußt. Auf einem Negerball in New Orleans erregte einmal ein robuster Schwarzer durch sein großkotziges Benehmen Anstoß. Schließlich kam einer von den Ordnern angerückt und fragte ihn: »Wer bist du denn schon, he, wer? Möchte ich gerne wissen!«

Der Protz ließ sich nicht im geringsten aus der Fassung bringen, sondern warf sich in Positur und antwortete in einem Ton, der deutlich zeigte, daß er sich sehr wohl so aufspielen durfte: »Wer ich bin? Wer' ich gleich sagen! Ihr Nigger merkt euch: Ich heize Mittelkessel auf die ›Aleck Scott‹!«

Das genügte.

Der Barbier der »Grand Turk« war ein geschniegelter Negerjüngling, der nur so vor sich hin duftete, um seine Wichtigkeit zu betonen, und dem alle Leute, mit denen er zu tun hatte, um den Bart gingen. Nun hatten die jungen Neger von New Orleans jeden Abend in der Dämmerung in den Seitenstraßen ihr Liebesgeplänkel, und jemand hat dort einmal folgendes mit angehört: Eine Negerin in mittleren Jahren steckte den Kopf durch eine zerbrochene Fensterscheibe und rief, aber so, daß die Nachbarn es ja hörten und vor Neid platzten: »He, Mary Ann, komm sofort rein! Was stehst du rum mit Kroppzeug, und hier 's der Barbier von ›Gran' Turk‹, will dir Visite machen!«

Da ich vorhin erwähnt habe, daß seine besondere Dienststellung den Lotsen jeder Kritik und jedem Befehl entrückte, muß ich an Stephen W. denken, einen begabten Lotsen und feinen Kerl, der unermüdlich reden konnte und Witz und Humor besaß. Außerdem zeigte er ein Selbstbewußtsein und eine Unabhängigkeit, die vor nichts haltmachten, und er war köstlich ungeniert und natürlich gegenüber Alter, amtlicher Würde und selbst erlauchtestem Reichtum. Er hatte immer Arbeit, aber nie einen Cent Geld, konnte einen äußerst überzeugend anpumpen und stand bei jedem Lotsen auf dem Fluß sowie bei fast allen Kapitänen in der Kreide. Beim Steuern verstand er es, die ausgelassensten Bravourstücke glanzvoll hinzulegen, daß es beinahe faszinierend war – aber nicht für jeden. Einmal machte er eine Fahrt mit dem guten alten Kapitän Y., und als das Schiff in New Orleans anlegte, wurde er vom Dienst »suspendiert«. Jemand äußerte seine Verwunderung über diese Entlassung. Kapitän Y. schauderte es bei der bloßen Erwähnung von Stephen, und mit seiner dünnen, altersschwachen Stimme piepste er los, ungefähr so: »Der Himmel bewahre mich! Nicht um sonst was in der Welt möchte ich solchen Tollkopf bei mir an Bord haben! Der flucht, der singt, der pfeift, der brüllt – so habe ich noch keinen Indianer brüllen hören. Die ganze Nacht über – das ist dem völlig gleichgültig. Der brüllt einfach drauflos, nicht aus einem besonderen Grund, nein, sondern bloß, weil es ihm Spaß macht. An richtigen Schlaf war überhaupt nicht zu denken, mit diesem schrecklichen Indianergeheul hat der einen alle paar Augenblicke aus dem Bett geholt und in Angstschweiß versetzt. Ein komischer Kerl – ein reichlich komischer Kerl; hat vor niemand und nichts Respekt. Zu mir hat er manchmal ›Johnny‹

gesagt. Und dann schleppt er seine Geige und seine Katze mit. Spielen tut er zum Auswachsen. Gefällt nicht mal der Katze, denn die hat immer angefangen, selber Musik zu machen. Wo dieser Mensch – samt seinen Anhängseln – war, konnte niemand ein Auge zutun. Und leichtsinnig? So was Leichtsinniges wie den hat es überhaupt noch nicht gegeben. Ob Sie es glauben oder nicht, aber so wahr ich hier sitze, durch die schrecklichen Snags vor Chicot ist der mit Volldampf durchgejagt und bei einer mordsmäßigen Mütze voll Wind. Fragen Sie meine Offiziere. Die haben das miterlebt. Und wie er so mitten durch diese Bäume rast und ich mit schlotternden Knien bete, also, ich will auf der Stelle erblinden, aber da spitzt der doch den Mund und fängt an zu pfeifen! Jawohl, zu pfeifen: ›Die Mädelchen aus Buffalo, die tanzen so gern, die tanzen so gern, die tanzen so gern‹, und das mit einer Gelassenheit, als ob wir auf einer Beerdigung sind, wo der Tote kein Verwandter von uns ist. Und wie ich ihm darüber Vorstellungen machen will, lächelt er zu mir runter, als wär ich sein Kind, und sagt, ich soll man hübsch brav wieder reingehen und erwachsenen Leuten nicht dreinreden.«*

Einmal paßte ein ziemlich knickriger Kapitän Stephen in New Orleans ab, als dieser gerade keine Heuer und, wie gewöhnlich, auch keinen Cent mehr hatte. Er beschwatzte ihn so lange, bis der schon auf dem letzten Loch pfeifende Stephen einwilligte, für hundertfünfundzwanzig Dollar im Monat, also für halben Lohn, bei ihm anzumustern. Der Kapitän verpflichtete sich jedoch, die Sache nicht laut werden zu lassen, damit nicht die Verachtung der gesamten Gilde über den armen Kerl hereinbrach. Das Schiff war kaum einen Tag aus New Orleans heraus, da entdeckte Stephen, daß sich der Kapitän seines Handels mit ihm brüstete und bereits sämtliche Offiziere Bescheid wußten. Stephen schäumte, ließ sich aber nichts anmerken. Als der Kapitän im Laufe des Nachmittags heraus aufs Oberdeck kam und sich umblickte, guckte er reichlich verwundert

---

* In Anbetracht der pompösen, doch rein formalen Vorgesetztenstellung eines Kapitäns gegenüber der wirklichen Autorität eines Lotsen lag etwas unverschämt Treffendes in dieser Abfertigung.

VIERZEHNTES KAPITEL

drein. Fragend sah er hinauf zu Stephen, doch der pfiff seelenruhig ein Liedchen und war ganz in seine Arbeit vertieft. Der Kapitän stand eine Weile lang sichtlich unbehaglich herum und schien mehrere Male drauf und dran, einen Ratschlag zu geben, doch die Etikette des Flusses gebot ihm, solche Voreiligkeit zu vermeiden, und so bezwang er sich und schwieg still. Ein Weilchen rätselte und wütete er noch vor sich hin, dann zog er sich in seine Gemächer zurück. Dauerte aber gar nicht lange, da war er wieder draußen und offensichtlich perplexer als beim erstenmal. Schließlich wagte er, ergebenst zu bemerken:

»Steht jetzt tadellos, der Fluß, meinen Sie nicht auch, Sir?«

»Und ob! Steht sogar bestens. Ist ja bis zum Überlaufen voll.«

»Scheint ganz schöne Strömung hier zu sein.«

»Ganz schön ist gar kein Ausdruck! Der reinste Mühlstrom.«

»Hätten wir es mehr gegen das Ufer zu nicht leichter als hier in der Mitte?«

»Ja, ist gut möglich, aber wissen Sie, mit einem Dampfschiff kann man nicht vorsichtig genug sein. Hier draußen geht man auf Nummer sicher und kann sich darauf verlassen, daß man nicht auf Grund stößt.«

Der Kapitän verschwand, ein klägliches Bild. Bei diesem Tempo würde er wahrscheinlich an Altersschwäche sterben, ehe sein Schiff nach St. Louis kam. Am nächsten Tag erschien er auf Deck und sah, wie Stephen sich immer noch getreulich in der Mitte vom Fluß hielt und, dieselbe sanfte Melodie pfeifend, gegen die ganze Kraft des Mississippi ankämpfte. Die Sache wurde ernst. Drüben am Ufer rutschte ein langsamer Dampfer auf dem ruhigen Wasser nur so dahin, gewann immer mehr Vorsprung und hielt jetzt auf eine Inseldurchfahrt zu. Stephen blieb in der Mitte. Dem Kapitän entrang sich förmlich die Frage:

»Mr. W., schneidet der Arm da nicht ein gutes Stück ab?«

»Kann sein. Ich weiß es nicht.«

»Das wissen Sie nicht? Wieso, ist jetzt nicht genug Wasser drin?«

»Schätze ja, bin aber nicht sicher.«
»Nun brat mir aber einer einen Storch! Die Lotsen auf dem Schiff da drüben versuchen's doch. Wollen Sie etwa sagen, Sie wissen weniger als die?«
»*Die?* Ja, das sind ja auch Zweihundertfünfzig-Dollar-Lotsen! Aber beruhigen Sie sich, soviel wie man für hundertfünfundzwanzig zu wissen braucht, weiß ich allemal.«
Der Kapitän streckte die Waffen.
Fünf Minuten später preschte Stephen in die Durchfahrt hinein und zeigte dem anderen Dampfer für zweihundertfünfzig Dollar Fersengeld.

FÜNFZEHNTES KAPITEL

Die Monopolstellung der Lotsen

Eines Tages tastete sich mein Chef, Mr. Bixby, mit der »Aleck Scott« vorsichtig durch eine enge Stelle bei Cat Island. Beide Lote waren in Gang, und alles hielt den Atem an. Der Kapitän, ein nervöser, ängstlicher Mann, blieb ruhig, solange er konnte, aber schließlich war es mit seiner Beherrschung vorbei, und er rief vom Oberdeck herauf: »Um Himmels willen, legen Sie doch endlich Dampf vor, Mr. Bixby! Bei dem Tempo kommen wir nie über das Riff!«
Nach der ganzen Wirkung, die das bei Mr. Bixby erzielte, hätte man annehmen können, es wäre gar nichts gesagt worden. Doch fünf Minuten später, nachdem alle Gefahren vorüber und die Lote drin waren, ließ Mr. Bixby seiner Wut sofort freien Lauf, und die Flüche, mit denen er den Kapitän bedachte, waren die herrlichsten, die ich je hörte. Daß es zu keinem Blutvergießen kam, lag lediglich daran, daß die Sache des Kapitäns auf schwachen Füßen stand, denn an sich war er nicht der Mann, der Zurechtweisungen ruhig hinnahm.
Nachdem ich mich nun im einzelnen darüber ausgelassen habe, was das Lotsen für eine Wissenschaft ist und was der Lotse innerhalb des Volkes der Dampfschiffer für

einen Rang einnahm, scheint es mir angebracht, auch ein paar Worte über eine Organisation zu sagen, die einst von den Lotsen zum Schutz ihrer Gilde geschaffen wurde. Bemerkenswert ist, daß sie vielleicht die geschlossenste, die umfassendste und die stärkste Berufsorganisation gewesen ist, die es je gegeben hat.

Lange Zeit hatten die Löhne zweihundertfünfzig Dollar im Monat betragen, als aber immer mehr Dampfschiffe in Verkehr genommen wurden und das Geschäft anstieg, begannen sie merkwürdigerweise allmählich zu fallen. Der Grund dafür war leicht zu finden: Es wurden zu viele Lotsen »gemacht«. War es doch so schön bequem, einen »Stöps«, einen Rudergast, zu haben, der ein paar Jahre lang die ganze schwere Arbeit umsonst machte, während sein Lehrherr auf der Bank saß und rauchte, und irgendwelche Söhne oder Neffen, die Lotsen werden wollten, hatten alle Lotsen und Kapitäne. Schließlich kam es so weit, daß fast jeder Lotse auf dem Fluß über einen Rudergast verfügte. Erschienen zwei x-beliebigen Lotsen die Fortschritte eines Lehrlings ausreichend, konnten sie ihm ein Patent verschaffen, indem sie eine an den Bundesinspektor gerichtete Bewerbung mit unterschrieben. Mehr war nicht nötig; Fragen wurden gewöhnlich nicht gestellt, und ein Befähigungsnachweis brauchte nicht erbracht zu werden.

Dieser ständig wachsende Schwarm neuer Lotsen fing nun plötzlich an, die Löhne zu drücken, um unterzukommen. Zu spät – wenigstens hatte das den Anschein – bemerkten die Ritter vom Steuerreep ihren Fehler. Etwas mußte unternommen werden, und zwar schnellstens. Aber was war nötig? Eine geschlossene Organisation. Anders kam man nicht weiter. Doch diese auf die Beine zu stellen, schien unmöglich. Die Sache wurde besprochen und wieder besprochen und dann fallengelassen. Die Gewißheit, daß sich jeder, der in dieser Richtung Schritte unternahm, die Finger verbrennen würde, war zu groß. Schließlich wagten es ungefähr ein Dutzend der mutigsten – und darunter einige der besten – Lotsen vom Mississippi und nahmen das ganze Risiko auf sich. Sie ließen sich unter dem Namen »Gemeinnütziger Lotsenverband« eintragen, wobei ihnen weitgehende Vollmachten zugestanden wurden, wählten ihre Vorstände, bauten die Organisation aus, legten Kapital ein, setzten die »Verbandslöhne« sofort auf zweihundertfünfzig Dollar herauf – und durften sich dann auf die Bärenhaut legen, denn sie wurden prompt entlassen. Doch unter ihren Satzungen fanden sich ein paar unbeachtete Körnchen, die den Keim zur Entwicklung in sich trugen. Zum Beispiel hatten alle angesehenen Mitglieder des Verbandes, die ohne Heuer waren, Anspruch auf eine monatliche Pension von fünfundzwanzig Dollar. In der flauen Saison (das heißt im Sommer) brachte das einen Neuen nach dem anderen aus den Reihen der eben erst flügge gewordenen Lotsen an, denn fünfundzwanzig Dollar haben war besser als verhungern; an Aufnahmegebühr waren nur zwölf Dollar zu zahlen, und Beitrag wurde von den Arbeitslosen nicht verlangt.

Auch die Witwen von unbescholtenen Mitgliedern konnten monatlich fünfundzwanzig Dollar sowie eine bestimmte Kinderbeihilfe beziehen, und außerdem bezahlte der Verband die Beerdigungskosten. Diese Dinge ließen all die abgedankten und vergessenen Lotsen im gesamten Mississippital wieder aus der Versenkung auftauchen. Von Farmen, von den entlegensten Nestern, von überallher rückten sie an. Sie kamen auf Krücken, auf Karren, auf Rollstühlen oder sonstwie, aber sie kamen. Sie legten ihre zwölf Dollar hin, durften ab sofort die monatlichen fünfundzwanzig Dollar kassieren und konnten sich an die Aufstellung ihrer Beerdigungskosten machen.

Mit der Zeit waren alle hilflosen, unbrauchbaren Lotsen sowie ein Dutzend von den erstklassigen drin, neun Zehntel der besten Lotsen aber blieben draußen und lachten über den Verband. Der ganze Fluß lachte. Jeder machte Witze darüber, daß die Mitglieder auf Grund eines Statuts Monat für Monat zehn Prozent ihrer Heuer zur Erhaltung der Organisation abführen mußten, und doch samt und sonders verstoßen und geächtet waren und niemand sie beschäftigen wollte. Und jeder sagte dem Verband hohnlächelnd Dank dafür, alle Nichtskönner aus dem Wege geräumt und das Feld den besten und würdigsten überlassen zu haben. Genauso spöttisch bedankte man sich auch für das andere, was sich ganz von selbst daraus ergab, nämlich das langsame Ansteigen der Löhne, als die Hochsaison kam. Hatten sich die doch von bloß noch hundert auf hundertfünfundzwanzig, in einigen Fällen auf hundertfünfzig Dollar erhöht, und es war köstlich, daß diese phantastische Sache durch eine Gruppe Männer erreicht worden war, von denen auch nicht einer den geringsten Nutzen davon hatte. Ein paar Spötter sprachen sogar in den Verbandslokalen vor und machten sich einen Jux daraus, die Mitglieder aufzuziehen und ihnen gnädig anzubieten, sie für eine Fahrt als Rudergast mitzunehmen, damit sie sich mal wieder angucken könnten, wie der Fluß aussah. Der Verband jedoch war zufrieden, wenigstens ließ er sich nicht das Gegenteil anmerken. Hin und wieder angelte er sich einen Lotsen, der eine Pechsträhne hatte. Und gerade diese späten Zugänge waren sehr wertvoll, denn es handelte sich um gute Lotsen; die schlechten waren alle schon drin. Als der Verkehr auf dem Fluß lebhafter wurde, kletterten die Löhne nach und nach auf zweihundertfünfzig Dollar – also auf den Verbandstarif – und hielten sich dort, aber noch immer profitierten die Mitglieder dieser Organisation nicht davon, denn die wurden nicht angeheuert. Die Heiterkeit auf Kosten des Verbandes kannte jetzt keine Grenzen mehr. Was dieser arme Märtyrer an Witzeleien über sich ergehen lassen mußte, ging auf keine Kuhhaut.

Doch wer zuletzt lacht, lacht am besten. Der Winter kam, der Betrieb verdoppelte und verdreifachte sich, und vom Missouri, Illinois und oberen Mississippi wälzte sich eine Lawine von Schiffen nach unten, um sich im New-Orleans-Verkehr zu versuchen. Auf einmal waren Lotsen sehr gefragt und dementsprechend knapp. Die Zeit der Rache war gekommen. Eine bittere Pille, nun doch Lotsen vom Verband nehmen zu müssen. Kapitäne und Reeder sahen aber ein, daß es keinen anderen Ausweg gab. Von den Geächteten bot sich bloß keiner an! So war eine noch bitterere Pille zu schlucken: man mußte sich zu ihnen begeben und um ihre Dienste bitten. Kapitän ... sah sich als erster gezwungen, diese Medizin zu nehmen, und dabei war er der lauteste Spötter gewesen. Er suchte einen der besten Verbandslotsen auf und sagte:

»Na, nun habt ihr ja wieder ein bißchen Oberwasser, da will ich gute Miene zum bösen Spiel machen. Ich bin gekommen, Sie anzuheuern. Bringen Sie Ihre Sachen gleich an Bord. Um zwölf gehen wir ab.«

»Erst mal sehen. Wen haben Sie denn noch als Lotsen?«

»I. S. Warum?«

»Mit dem kann ich nicht fahren. Der ist nicht im Verband.«

»Wie bitte?«

»Ja, ganz richtig.«

»Soll das heißen, daß Sie mit einem der besten und ältesten Lotsen vom Fluß nicht am gleichen Steuerrad stehen wollen, bloß weil er eurem Verband nicht angehört?«

»Allerdings.«

»Ihr setzt euch ja auf ein ziemlich hohes Roß! Ich habe gedacht, ich tue Ihnen einen Gefallen, doch langsam glaube ich, daß *ich* derjenige bin, der hier um Gunst bettelt. Handeln Sie gemäß einer Verordnung von oben?«

»Ja.«

»Zeigen Sie mir das schwarz auf weiß.«

Sie gingen ins Büro des Verbandes, wo der Sekretär dem Kapitän die Satzungen vorlegte. Der sagte: »Was soll ich nur tun? Ich habe Mr. S. für die ganze Saison angeheuert.«

»Da kann ich helfen«, antwortete der Sekretär. »Ich weise Ihnen einen Lotsen zu. Um zwölf ist er an Bord.«

»Ja, aber wenn ich S. entlasse, verlangt er von mir die Heuer für die ganze Saison.«

»Das haben Sie natürlich mit Mr. S. allein abzumachen, Kapitän. Ihre Privatangelegenheiten gehen uns nichts an.«

Der Kapitän tobte, aber umsonst. Schließlich mußte er S. entlassen, ihm rund tausend Dollar auszahlen und an seiner Stelle einen Lotsen nehmen, der dem Verband angehörte. Das Gelächter schickte sich jetzt zur Kehrtwendung an. Jeden Tag fiel ein neues Opfer; jeden Tag entließ ein wutschnaubender Kapitän heulend und fluchend einen verhätschelten Nichtorganisierten und quartierte in dessen

FÜNFZEHNTES KAPITEL

Koje einen von den gehaßten Verbandsleuten ein. Dauerte gar nicht lange, und es gab eine stattliche Anzahl arbeitsloser Nichtmitglieder, so munter der Betrieb auch war und sosehr sie gebraucht wurden. Diesen Opfern verging das Feixen, den Kapitänen und Reedern übrigens auch, und sie schworen, Rache zu nehmen, wenn die momentane Konjunktur vorüber sei.

Bald konnten nur noch die Reeder und Mannschaften lachen, deren Schiffe zwei nicht dem Verband angehörende Lotsen hatten. Doch ihrem Triumph war keine lange Lebensdauer beschieden. Und zwar deshalb nicht: Im Verband herrschte strenge Vorschrift, nie und unter keinen Umständen einem »Außenstehenden« Auskunft über das Fahrwasser zu geben. Mittlerweile hatten sich die Dinge so entwickelt, daß ungefähr die Hälfte der Schiffe nur Verbandslotsen hatte, und die anderen nur Nichtmitglieder. Was nun das Verweigern von Nachrichten über den Fluß betraf, hätten sich also, wie es auf den ersten Blick scheinen will, beide Parteien gleichstehen müssen. Was aber durchaus nicht der Fall war. Den ganzen Fluß entlang gab es an allen halbwegs größeren Orten an Stelle eines Kais oder eines Piers zum Landen einen »Ankerprahm«, auf dem Fracht zum Verladen abgestellt wurde und in dessen Kabinen wartende Passagiere übernachteten. Auf jedem dieser Prahme brachten die Angestellten des Verbandes einen stabilen Kasten mit einem besonderen Schloß an, wie es nirgends anders benutzt wurde als im Postdienst der Vereinigten Staaten. Es war das Schloß für die Postsäcke, ein heiliges Staatsinstrument. Auf vieles Bitten hin hatte sich die Regierung überreden lassen, dem Verband den Gebrauch des Schlosses zu gestatten. Jedes Verbandsmitglied besaß einen Schlüssel zu den Kästen. Dieser Schlüssel, oder vielmehr die bestimmte Art, wie er in der Hand gehalten wurde, wenn sein Besitzer von einem Unbekannten um Auskunft über den Fluß gebeten wurde – denn der Erfolg des Verbandes von St. Louis und New Orleans hatte inzwischen auf einem Dutzend benachbarter Dampferrouten einigermaßen florierende Zweigorganisationen ins Leben gerufen –, war Erkennungszeichen und Mitgliedsausweis des Mannes vom Verband, und wenn der Fremde nicht Antwort gab, indem er genauso einen Schlüssel hervorzog und ihn in genau vorgeschriebener Weise hielt, wurde seine Frage höflich überhört.

Jedes Mitglied erhielt vom Verbandssekretär einen Pakken mehr oder weniger prächtiger Formulare auf schönem Papier, die wie Rechnungsvordrucke aussahen und mit entsprechenden Spalten versehen waren, etwa so:

DAMPFSCHIFF »GREAT REPUBLIC«
JOHN SMITH, KAPITÄN

Lotsen: John Jones und Thomas Brown

Kreuzen	Tiefe	Marken	Bemerkungen

Diese Formulare wurden, solange die Fahrt dauerte, Tag für Tag ausgefüllt und in den verschiedenen Kästen auf den Ankerprahmen deponiert. War der Lotse beispielsweise mit dem ersten Kreuzen hinter St. Louis fertig, trug er sofort in die betreffenden Spalten ein:

»St. Louis / 9½ (Fuß) / Heck Richtung Justizgebäude, Bug Richtung tote Pappel oberhalb Holzplatz; so bis ans erste Riff, dann hart rüber.«

Und unter Bemerkungen: »Achtung: Wracks kurz von außen nehmen. Neuer Snag genau da, wo runtergedreht wird; oben rumgehen.«

Der Lotse, der dieses Formular im Kasten von Cairo hinterlegte (nachdem er die Einzelheiten jedes Kreuzens von St. Louis an hinzugefügt hatte), nahm dort ein halbes Dutzend neuester Berichte (von stromaufwärts fahrenden Dampfern) über die Strecke Cairo–Memphis heraus, informierte sich gründlich, legte sie in den Kasten zurück und kehrte derart gegen Havarie gewappnet zurück an Bord, daß er schon sträflich leichtsinnig sein mußte, wenn er sein Schiff zu Schaden bringen wollte.

Man stelle sich die Vorteile eines so wunderbaren Systems auf einem zwölfhundert Meilen langen Stück Fluß vor, dessen Fahrrinne sich täglich verändert! Hatte sich der Lotse früher begnügen müssen, eine Untiefe ein-, höchstens zweimal im Monat zu Gesicht zu bekommen, verfügte er jetzt über hundert scharfe Augen, die diese Stelle für ihn beobachteten, und über einen Haufen kluger Köpfe, die ihm sagten, wie er dort steuern mußte. Seine Informationen darüber waren meist keine vierundzwanzig Stunden alt. Ließen die Berichte aus dem letzten Kasten zufällig mal irgendwelche Zweifel bezüglich einer heimtückischen Stelle bestehen, hatte er dagegen sein Mittel: sobald er ein herankommendes Schiff sah, gab er mit der Dampfpfeife ein besonderes Signal, das genauso beantwortet wurde, vorausgesetzt, die Lotsen des Schiffes waren Verbandsleute, und dann gingen die beiden Dampfer längs, und alle Unklarheiten wurden durch neue und eingehende mündliche Auskünfte hinweggefegt.

Kam ein Lotse in New Orleans oder St. Louis an, war es sein erstes, einen zusammenfassenden ausführlichen Bericht zum Verbandslokal zu bringen und dort auszuhängen – dann erst war er frei und durfte zu seiner Familie. In den Verbandszimmern waren stets eine Menge Lotsen versammelt, die dort über die Fahrrinne diskutierten. Sobald ein eben angekommener Kollege eintrat, hörten alle mit Reden auf, bis dieser Augenzeuge die allerneuesten Nachrichten erzählt und die allerletzten Ungewißheiten beseitigt hatte. In manchen Berufen ist es möglich, mal eine Weile »abzuschalten« und sich mit anderen Dingen zu beschäftigen. Ein Lotse dagegen muß sich voll und ganz seiner Arbeit widmen und darf von nichts anderem reden; nur jeden zweiten Tag perfekt zu sein, kann er sich nicht erlauben. Wenn er auf dem laufenden bleiben will, hat er weder Zeit noch Worte zu vergeuden.

Die Nichtorganisierten hatten einen schweren Stand. Kein Versammlungsort zum Austausch von Nachrichten, keine Berichte auf Ankerprahmen, nichts als vom Zufall abhängige und unzulängliche Informationsquellen. Die Folge war, daß mitunter fünfhundert Meilen Strom an Hand von Auskünften befahren werden mußten, die acht oder gar zehn Tage alt waren. Bei einigermaßen vollem

Fluß wäre das auch gegangen, mit dem Niedrigwasser aber kam das Verhängnis.

Jetzt zeigte sich nämlich die zweite völlig logische Auswirkung. Die Nichtmitglieder liefen mit ihren Dampfern auf Grund, soffen ab und hatten alles mögliche Pech, während die Verbandsleute gegen Unfälle gefeit schienen. Selbst den Reedern und Kapitänen der ausschließlich mit Nichtmitgliedern bemannten Schiffe, die sich bisher eingebildet hatten, sie wären auf den Verband nicht angewiesen und könnten lachen und prahlen, wurde verdammt unbehaglich zumute. Doch sie taten weiter so, als ginge sie das alles nichts an, bis jener schwarze Tag kam, an dem sämtliche Kapitäne die offizielle Aufforderung erhielten, ihre nichtorganisierten Lotsen zu entlassen und durch Verbandsangehörige zu ersetzen. Und wer hatte sich angemaßt, diese unerhörte Forderung zu stellen? Nun, eine Macht, die hinter dem Thron stand und die über dem Thron stand – die Versicherungsgesellschaften!

Da durfte nicht erst lange gefackelt werden. Alle Nichtmitglieder mußten ihre Siebensachen sofort an Land bringen. Natürlich nahm man an, der Verband stecke mit den Gesellschaften unter einer Decke. Steckte er aber gar nicht. Den Versicherungen war bloß inzwischen klargeworden, wie ausgezeichnet das »Berichtssystem« funktionierte und wie sicher sie dabei gingen, und so hatten sie, den rein geschäftlichen Standpunkt im Auge, von sich aus ihre Entscheidung getroffen.

Im Lager der Nichtorganisierten herrschte großes Heulen und Zähneknirschen. Doch gleichviel, für sie blieb nur ein Weg, und den schlugen sie auch ein. Einzeln, zu zweien, in ganzen Haufen tanzten sie an, legten zwölf Dollar auf den Tisch und wollten ihren Beitritt erklären. Zu ihrem Erstaunen mußten sie erfahren, daß schon seit langem diverse Zusatzstatuten existierten. Zum Beispiel war die Aufnahmegebühr auf fünfzig Dollar erhöht worden, und dazu kamen noch zehn Prozent des Einkommens, das der Bewerber in all den Monaten seit Bestehen der Organisation gehabt hatte. In vielen Fällen belief sich diese Summe auf drei- bis vierhundert Dollar. Und bevor das Geld nicht da war, bearbeitete der Verband den Antrag gar nicht. Selbst dann konnte eine einzige Gegenstimme alles zunichte machen. Jedes Mitglied hatte persönlich und in Gegenwart von Zeugen mit Ja oder Nein zu stimmen; über ein Aufnahmegesuch zu entscheiden, dauerte also Wochen, denn ein großer Teil der Lotsen war ja stets auf Tour. Die reuigen Sünder kratzten jedoch ihre Ersparnisse zusammen, und nach langwierigem Abstimmungsprozeß durften sie sich einer nach dem andern bei uns einreihen. Schließlich waren nur noch ungefähr zehn Mann draußen. Die aber sagten, sie würden lieber verhungern als zu Kreuze kriechen. Und so blieben sie weiter arbeitslos, denn sie anzuheuern konnte natürlich niemand wagen.

Nach einiger Zeit gab der Verband bekannt, die Löhne würden von einem bestimmten Datum an auf fünfhundert Dollar monatlich heraufgesetzt. Die Zweigorganisationen waren jetzt alle stark geworden, und die vom Red River hatte die Heuer auf siebenhundert Dollar im Monat erhöht. In Anbetracht dieser Sachlage gaben die zehn Nichtmitglieder widerstrebend nach und bewarben sich um Aufnahme. Doch inzwischen war wieder eine Klausel hinzugekommen, wonach sie nicht bloß für alles, was sie seit der Verbandsgründung verdient hatten, Beiträge nachzahlen mußten, sondern auch für das, was sie verdient haben würden, wenn sie, anstatt müßig zu schmollen, bis zum Zeitpunkt ihrer Bewerbung weitergearbeitet hätten. Sie mit Zustimmung aller aufzunehmen, erwies sich als gar nicht so einfach, wurde aber schließlich doch bewerkstelligt. Der giftigste dieser Sünder war so lange draußen geblieben und hatte seine »Beitragsschulden« derart anwachsen lassen, daß er zusammen mit dem Aufnahmegesuch sechshundertfünfundzwanzig Dollar einsenden mußte.

Der Verband verfügte jetzt über ein beträchtliches Bankkonto und war sehr stark. Es gab keine Lotsen mehr, die ihm nicht angehörten. Durch ein zusätzliches Statut wurde die Einstellung weiterer Stifte oder Lehrlinge für die Dauer von fünf Jahren verboten. Nach Ablauf dieser Zeit sollte eine begrenzte Anzahl angenommen werden, jedoch nicht von einzelnen Lotsen, sondern vom Verband und unter folgenden Bedingungen: Der Bewerber muß wenigstens achtzehn Jahre alt, unbescholten und aus achtbarer Familie sein; er hat eine Prüfung über seine Allgemeinbildung abzulegen; um Lehrling werden zu dürfen, muß er tausend Dollar im voraus bezahlen und so lange unter der Aufsicht des Verbandes bleiben, bis sich ein großer Teil der Mitglieder (ich glaube, mehr als die Hälfte) bereit erklären, seinen Antrag auf das Lotsenpatent zu unterzeichnen.

Alle vorher eingestellten Lehrlinge mußten von ihren Meistern weg und wurden vom Verband übernommen. Der Präsident und Sekretär teilte sie auf Wunsch diesem oder jenem Dampfer zu und ließ sie nach gewissen Regeln das Schiff wechseln. Konnte ein Lotse nachweisen, daß es mit seiner Gesundheit nicht gut bestellt war und er Hilfe brauchte, erhielt einer der Stöpse den Auftrag, bei ihm zu arbeiten.

Die Liste der Witwen und Waisen wuchs, ebenso aber die Mittel des Verbandes. Die Organisation sorgte für großartige Begräbnisse und übernahm alle Kosten. Wenn nötig, wurden Mitglieder den ganzen Fluß hintergeschickt, um die Leichen der nach Schiffbrüchen vermißten Kollegen zu suchen. Solch eine Suche verschlang mitunter tausend Dollar.

Der Verband beschaffte sich eine Genehmigung und stieg selber ins Versicherungsgeschäft ein. Er schloß nicht nur Lebensversicherungen mit seinen Mitgliedern ab, sondern übernahm auch das Risiko für Dampfschiffe.

Die Organisation schien unzerstörbar. Sie war das festeste Monopol der Welt. Laut Gesetz konnte niemand Lotse werden, wenn nicht zwei rechtmäßig zugelassene Lotsen seine Bewerbung unterschrieben, und dazu war jetzt außerhalb des Verbandes keiner mehr kompetent. Also hatte das Lotsenmachen ein Ende. Jedes Jahr würden einige sterben und andere durch Alter oder Krankheit arbeitsunfähig werden. Neue, in ihre Stelle zu treten, würde es nicht geben. Mit der Zeit könnte der Verband die Löhne so hoch schrauben, wie er wollte, und solange er klug genug blieb, nichts zu überspitzen und der Bundesregierung keinen

FÜNFZEHNTES KAPITEL

Anlaß zu geben, das Zulassungssystem zu ändern, würden sich die Dampfschiffbesitzer wohl oder übel fügen müssen.

Die Reeder und Kapitäne waren das einzige Hindernis zwischen dem Verband und absoluter Macht, und auch das wurde schließlich aus dem Wege geräumt. Und zwar, so unwahrscheinlich es klingen mag, von den Reedern und Kapitänen selbst. Als der Lotsenverband Monate vorher ankündigte, die Löhne würden ab 1. September 1861 auf fünfhundert Dollar heraufgesetzt, erhöhten die Reeder und Kapitäne sogleich die Frachtsätze um ein paar Cent und erklärten den Farmern am Fluß die Notwendigkeit dieser Maßnahme, indem sie auf die belastenden Lohntarife hinwiesen, die eingeführt werden sollten. Eine reichlich fadenscheinige Begründung, was die Farmer aber nicht zu merken schienen. Ihrer Meinung nach war es unter diesen Umständen nur recht und billig, für den Scheffel Getreide fünf Cent mehr Frachtgeld zu verlangen, wobei sie übersahen, daß bei einer Schiffsladung von vierzigtausend Sack der Aufschlag erheblich mehr ausmachte, als zur Deckung der neuen Löhne nötig war.

Auf der Stelle machten die Kapitäne und Reeder deshalb einen eigenen Verband auf und schlugen vor, die Bezüge der Kapitäne ebenfalls auf fünfhundert Dollar heraufzusetzen und eine weitere Frachterhöhung vorzunehmen. Das war noch nie dagewesen, aber weshalb sollte es nicht auch ein zweites Mal klappen? Dieser neue Verband ordnete an, jeder Kapitän, der einen nichtorganisierten Lotsen beschäftigt (denn das war noch vor der Aufnahme der letzten Nichtmitglieder in den Lotsenverband), müsse ihn wieder entlassen und außerdem fünfhundert Dollar Strafe zahlen. Schon ehe der Kapitänsverband stark genug war, volle Autorität über seine Mitglieder auszuüben, wurden einige dieser schweren Geldbußen gezahlt, doch das hörte bald auf. Die Kapitäne suchten nun die Lotsen dazu zu kriegen, den Mitgliedern ihres Verbandes das Arbeiten unter Kapitänen zu verbieten, die nicht der Organisation angehörten. Dieser Vorschlag wurde abgelehnt. Die Lotsen merkten, daß die Kapitäne und Versicherungsgesellschaften sie ohnehin stützten, und so sahen sie klugerweise davon ab, sich in Verwirrung schaffende Bündnisse einzulassen.

Wie schon bemerkt, stellte der Lotsenverband jetzt das vielleicht kompakteste Monopol der Welt dar und schien einfach unzerstörbar. Und doch waren die Tage seines Glanzes gezählt. Zuerst fing die neue durch Mississippi, Tennessee und Kentucky nach den Knotenpunkten im Norden gehende Eisenbahn an, den Dampfern Passagiere wegzunehmen. Als nächstes kam der Krieg und legte fast die gesamte Dampfschiffahrt jahrelang brach, so daß die Lotsen erwerbslos wurden, während die Lebenskosten ständig stiegen. Dann machte sich der Kassenwart des St.-Louis-Verbandes auf und davon und ließ den nicht gerade knappen Fonds bis auf den letzten Dollar mitgehen. Und schließlich blieb, da die Eisenbahnen überall eindrangen, nach Kriegsende den Dampfern kaum mehr als die Frachtbeförderung. Irgend so ein findiger Kopf von der Atlantikküste führte dann noch ein, die Dampfschiffladungen immer gleich dutzendweise einem ordinären, kleinen Schlepper hinten anzubinden und so runter nach New Orleans bringen zu lassen, und siehe da, im Handumdrehen war es mit dem Verband sowie der edlen Wissenschaft vom Lotsen aus.

SECHZEHNTES KAPITEL

Die großen Wettrennen

Die Schiffe verließen New Orleans immer zwischen vier und fünf Uhr nachmittags. Von drei Uhr an wurde mit Kien und Pechtanne eingeheizt (das Zeichen der Vorbereitung), und so hatte man das malerische Bild einer zirka zwei bis drei Meilen langen Reihe dünner, hoch aufsteigender Säulen von rußschwarzem Rauch, eine Kolonnade, über der ein düsteres Dach aus demselben Rauch hing, das bis weit über die Stadt reichte. Jedes zum Aufbruch rüstende Schiff hat am Göschstock seine Fahne flattern und manchmal eine zweite über dem Heck. Zwei bis drei Meilen lang kommandieren und fluchen die Maate noch lauter als sonst; unzählige Schübe Fässer und Kisten rollen quer über den Kai und auf die Verladeplanken; verspätete Passagiere schieben und würgen sich durch diese wild gewordenen Frachtstücke, in der durchaus nicht sicheren Hoffnung, das Fallreep zum Vorderdeck lebend zu erreichen; Frauen mit Handarbeitsbeuteln und Hutschachteln suchen ihren mit Reisesäcken und weinenden Kindern beladenen Männern an der Seite zu bleiben, was ihnen aber nicht gelingt, da sie in dem Lärm und Trubel und allgemeinen Wirrwarr den Kopf verlieren; Karren und Gepäckwagen rattern in wilder Hast hierhin und dorthin und durcheinander, und wenn sie sich gegenseitig blockiert und festgefahren haben, verschwinden sie für Sekunden in einer Wolke von Flüchen; jede Winde über jeder Ladeluke in dieser langen Kette von Dampfern surrt und knarrt ohrenbetäubend beim Hinunterlassen der Fracht; die daran schwitzenden Kolonnen halbnackter Neger grölen – durch das Tohuwabohu, das alle anderen zur Verzweiflung bringt, in unvorstellbare Stimmung versetzt – Lieder wie »De Las' Sack! De Las' Sack!« Inzwischen sind die Ober- und Maschinendecks schwarz von Passagieren. Die ganze Flucht hinunter fangen die Glocken an zu bimmeln, und dann scheint sich das Durcheinander noch zu verdoppeln. Kurz darauf das endgültig letzte Abfahrtssignal: ein Getöse von ... zig Gongs, begleitet von dem Ruf: »Wer nicht mitfährt, bitte von Bord!« – und das Chaos vervierfacht sich! Leute schwärmen an Land und rennen aufgeregte Nachzügler, die noch an Bord wollen, über den Haufen. Nach ein paar Minuten wird eine lange Reihe Gangways eingeholt, jede mit dem obligaten allerletzten Passagier, der sich mit Zähnen, Fingernägeln und allem an ihr Ende klammert, und jede mit dem obligaten allerletzten Zauderer, der mit wildem Satz über ihn hinweg ans Ufer springt.

Nun gleitet eine Anzahl Schiffe rückwärts hinaus auf den Strom und läßt in der geschlossenen Dampferreihe breite Lücken zurück. Auf den Decks der nicht abgehenden Schiffe drängen sich Bürger von New Orleans, um das Schauspiel zu sehen. Ein Dampfer nach dem anderen dreht stromaufwärts, sammelt all seine Kraft und kommt dann plötzlich mit enormem Volldampf, wehender Flagge und schwarz rollendem Rauch vorbeigebraust. Sämtliche Heizer und Schauerleute (meist schokoladenbraune Neger) stehen auf der Back, in ihrer Mitte, auf dem Gangspill thronend und den Hut oder eine Fahne schwenkend, die beste »Stimme«, und alle schmettern in einem mächtigen Chor, während die Kanonen ihren Abschiedssalut losdonnern und die vielen, vielen Zuschauer winken und hurra schreien. Dampfer auf Dampfer schließt sich an, und stromaufwärts rauscht die stattliche Prozession.

Starteten in jenen alten Zeiten zwei schnelle Schiffe zum Rennen, war es stets mitreißend, die Mannschaften singen zu hören, besonders abends, wenn das Vorschiff im roten Schein der Fackeln lag. Die Rennen waren ein fürstlicher Spaß. Es herrschte immer die Vorstellung, sie seien gefährlich, dabei war das Gegenteil der Fall – das heißt, nach Erlaß der Gesetze, die jedem Schiff nur soundso viel Dampfdruck auf den Quadratzoll gestatteten. Nie war ein Maschinist, dem am Ausgang dieses Rennens etwas lag, schläfrig oder larifari, sondern er stand ständig auf dem Sprung, prüfte die Wasserstandshähne und hielt die Augen offen. Gefährlich war es nur auf langsamen, schwerfälligen Schiffen, wo die Maschinisten herumdösten und Holzspäne in den »Doktor« kommen ließen, was die Wasserzufuhr zu den Kesseln verstopfte.

In der Blütezeit der Dampfschiffahrt stellte ein Wettrennen zwischen zwei ihrer Geschwindigkeit wegen berühmten Schiffen ein ungeheuer wichtiges Ereignis dar. Schon mehrere Wochen vorher wurde das Datum festgesetzt, und von da an befand sich das ganze Mississippital in verzehrender Spannung und Aufregung. Politik und Wetter wurden fallengelassen, man sprach von nichts anderem mehr als dem bevorstehenden Rennen. War es endlich soweit, machten sich die beiden Dampfer erst einmal ans »Abtakeln«. Alles, was Ballast bedeutete oder Wind und Wasser Widerstand bot, kam an Land, sofern das Schiff auch nur halbwegs darauf verzichten konnte. Die Spieren

SECHZEHNTES KAPITEL

wurden abmontiert, manchmal mitsamt den Haltetrossen, und nichts an Bord gelassen, womit das Schiff hätte wieder flottgemacht werden können, falls es auf Grund lief. Als vor vielen Jahren die »Eclipse« und die »A. L. Shotwell« ihr großes Rennen austrugen, hieß es, man habe sich die Mühe gemacht, die Vergoldung von dem Phantasiegebilde abzukratzen, das zwischen den Schornsteinen der »Eclipse« hing, und der Kapitän habe für diese eine Fahrt seine Glacéhandschuhe abgelegt und sich eine Glatze rasieren lassen. Was ich aber nie richtig geglaubt habe.

Wußte man, das Schiff lief am schnellsten bei einem Tiefgang von fünfeinhalb Fuß vorn und fünf Fuß achtern, wurde es peinlichst genau bis zu dieser Auslastung beladen, und es hätte dann nicht einmal mehr eine Dosis homöopathischer Pillen als Fracht angenommen. Passagiere durften nur ganz wenige mit, nicht bloß wegen des Mehrgewichts, sondern weil sie das Schiff nie im »Trimm« halten können. Sie rennen immer auf die Seite, wo es etwas zu sehen gibt, während ein gewissenhafter und erfahrener Dampfschiffer hübsch in der Mitte von seinem Kahn bleibt und sich einen Mittelscheitel mit der Wasserwaage zieht.

Fracht und Passagiere für Zwischenstationen waren nicht zugelassen, denn die am Rennen beteiligten Schiffe hielten nur an den größten Städten, und dort auch bloß ganz kurz. Kohlen- und Holzprahme wurden im voraus bestellt, damit sie sich auf Anhieb an die dahinfliegenden Dampfer hängen konnten. Außerdem gingen zur raschen Erledigung aller Arbeiten doppelte Mannschaften mit.

Ist der vereinbarte Tag da und alles bereit, stoßen die beiden großen Dampfschiffe über den Achtersteven ab und liegen dann, wie empfindende Lebewesen auf die geringste Bewegung des anderen aufpassend, einen Augenblick lang in der Mitte vom Strom. Flaggen hängen schlaff herunter, gepreßter Dampf kreischt durch Sicherheitsventile, schwarzer Rauch wälzt sich wirbelnd aus den Schornsteinen und verdunkelt die ganze Atmosphäre. So weit das Auge reicht, Menschen und nochmals Menschen: die Ufer, die Dächer der Häuser, die Dampfschiffe, die Boote, alles ist dicht besetzt, und man weiß, daß der breite Mississippi zwölfhundert Meilen hinauf nach Norden von Zuschauern eingesäumt sein wird, die die Rennteilnehmer begrüßen wollen.

Plötzlich schießen dünne Rauchsäulen aus den Auslaßventilen beider Dampfer hoch, zwei Kanonen böllern ein Lebewohl, zwei auf Gangspills thronende Helden in roten Hemden schwenken über den auf den Vorderdecks versammelten Mannschaften ihre Fähnchen, zwei klagende Solos hängen ein paar Sekunden zögernd in der Luft, zwei gewaltige Chöre erschallen – und da kommen sie! Blaskapellen schmettern »Heil Columbia«, von den Ufern donnert ein Hurra nach dem anderen hoch, und wie der Wind rauschen die stattlichen Schiffe vorbei.

Zwischen New Orleans und St. Louis werden sie keinen einzigen Augenblick halten, höchstens auf ein, zwei Sekunden in großen Städten oder um Dreißig-Klafter-Holzprahme längsseits anlegen zu lassen. Man muß das gesehen haben, wenn sie ein paar von diesen Kähnen in Schlepp nehmen und auf jeden einen Schwarm Männer schicken; bis man sich die Brille geputzt und wieder aufgesetzt hat, ist das ganze Holz weg, und man fragt sich, wo es geblieben ist.

Zwei einigermaßen gleichwertige Dampfer bleiben einander Tag für Tag in Sicht. Sie würden sogar Seite an Seite bleiben, doch es sind nun mal nicht alle Lotsen gleich, und so machen die das Rennen, die am meisten auf Draht sind. Hat eins der beiden Schiffe einen »Blitzlotsen«, dem sein Partner eine Kleinigkeit nachsteht, kann man jederzeit erkennen, wer von beiden Wache hat; man braucht bloß aufzupassen, ob das Schiff während einer Vier-Stunden-Wache Boden gewinnt oder verliert. Der gewiegteste Lotse kann ein Schiff aufhalten, wenn er kein ausgesprochenes Talent zum Steuern hat. Steuern ist eine große Kunst. Mit quer zum Achtersteven schleifendem Ruder kommt man nicht gerade schnell voran.

Natürlich hängt es auch sehr vom Schiff ab. Ich arbeitete lange Zeit auf einem, das so langsam war, daß wir immer vergaßen, in welchem Jahr wir ausgelaufen waren. Das kam natürlich selten vor. Oft gingen Fährbooten einträg-

SECHZEHNTES KAPITEL

liche Fahrten verloren, weil ihnen die Passagiere alt wurden und wegstarben, bis wir vorbei waren. Was noch seltener vorkam. Für all das habe ich sogar schriftliche Unterlagen gehabt, sie aber leider verbummelt. Besagte Nuckelpinne, die »John J. Roe«, war so langsam, daß es fünf Jahre dauerte, bis die Reeder erfuhren, sie sei schließlich in Madrid Bend abgesoffen. Ich mußte immer wieder darüber staunen, doch es ist schwarz auf weiß bewiesen. Sie zuckelte entsetzlich langsam dahin, und trotzdem war es oft wahnsinnig aufregend, wenn wir mit Inseln, Flößen und dergleichen um die Wette fuhren. Einmal aber machten wir ganz schön Fahrt und schafften die Strecke nach St. Louis in sechzehn Tagen. Selbst bei diesem rasenden Tempo wechselten wir auf der Fort Adams Strecke, die fünf Meilen lang ist, ich glaube, dreimal die Wache. Bei einer »Strecke« handelt es sich um ein schnurgerades Stück Fluß, und natürlich hat die Strömung dort kein Schneckentempo.

Auf jener Fahrt erreichten wir Grand Gulf von New Orleans aus (dreihundertvierzig Meilen) in vier Tagen; die »Eclipse« und die »Shotwell« schafften es in einem Tag. Bis Stromschnelle 63 (siebenhundert Meilen) waren wir neun Tage unterwegs, die »Eclipse« und die »Shotwell« zwei. Vor über einem Menschenalter fuhr die »J. M. White« in drei Tagen, sechs Stunden und vierundvierzig Minuten von New Orleans nach Cairo. 1853 machte die »Eclipse« die gleiche Fahrt in drei Tagen, drei Stunden und zwanzig Minuten.* 1870 schaffte es die »R. E. Lee« in drei Tagen und einer Stunde. Das gilt als bisher schnellste Zeit, was ich hier aber widerlegen möchte. Die Strecke New Orleans–Cairo war, als die »J. M. White« sie befuhr, nämlich noch tausendeinhundertsechs Meilen lang, das heißt, dieser Dampfer erreichte durchschnittlich etwas über vierzehn Meilen in der Stunde. Zur Zeit der »Eclipse« hatte sich die Entfernung zwischen beiden Häfen auf tausendundachtzig Meilen verringert, was einen Stundendurchschnitt von nicht ganz vierzehndreiachtel Meilen ergibt.

---

* Die Zeit ist umstritten. Einige Gewährsleute setzen eine Stunde und sechzehn Minuten hinzu.

Bei der »R. E. Lee« war dieses Stück Fluß auf rund tausenddreißig Meilen zusammengeschrumpft, demnach betrug ihre mittlere Geschwindigkeit zirka vierzehneinachtel Stundenmeilen. Also hält die »Eclipse« nach wie vor den Rekord.

Berühmte Fahrten

(Aus »Commodore Rollingpin's Almanach«)

REKORDZEITEN AUF DEN FLÜSSEN IM WESTEN

ZEIT T. St. Min.   ZEIT T. St. Min.

New Orleans–Natchez (268 Meilen)

1814 Orleans	6	6	40	1844 Sultana	— 19	45
1814 Comet	5	10	—	1851 Magnolia	— 19	50
1815 Enterprise	4	11	20	1853 A. L. Shotwell	— 19	49
1817 Washington	4	—	—	1853 Southern Belle	— 20	3
1817 Shelby	3	20	—	1853 Princess IV	— 20	26
1819 Paragon	3	8	—	1853 Eclipse	— 19	47
1828 Tecumseh	3	1	20	1855 Princess (neu)	— 18	53
1834 Tuscarora	1	21	—	1855 Natchez (neu)	— 17	30
1838 Natchez	1	17	—	1856 Princess (neu)	— 17	30
1840 Ed. Shippen	1	8	—	1870 Natchez	— 17	17
1842 Belle of the West	1	18	—	1870 R. E. Lee	— 17	11

New Orleans–Cairo (1024 Meilen)

1844 J. M. White	3	6	44	1869 Dexter	3	6 20
1852 Reindeer	3	12	25	1870 Natchez	3	4 34
1853 Eclipse	3	4	4	1870 R. E. Lee	3	1 —
1853 A. L. Shotwell	3	3	40			

SECHZEHNTES KAPITEL

	ZEIT T. St. Min.		ZEIT T. St. Min.

New Orleans–Louisville (1440 Meilen)

1815 Enterprise	25	2 40	1840 Ed. Shippen	5 14	—
1817 Washington	25	— —	1842 Belle of the West	6 14	—
1817 Shelby	20	4 20	1843 Duke of Orleans	5 23	—
1819 Paragon	18	10 —	1844 Sultana	5 12	—
1828 Tecumseh	8	4 —	1849 Bostona	5 8	—
1834 Tuscarora	7	16 —	1851 Belle Key	4 23	—
1837 Gen. Brown	6	22 —	1852 Reindeer	4 20	45
1837 Randolph	6	22 —	1852 Eclipse	4 19	—
1837 Empress	6	17 —	1853 A. L. Shotwell	4 10	20
1837 Sultana	6	15 —	1853 Eclipse	4 9	30

New Orleans–Donaldsonville (78 Meilen)

1852 A. L. Shotwell	5 42	1860 Atlantic	5 11
1853 Eclipse	5 42	1860 Gen. Quitman	5 6
1854 Sultana	5 12	1865 Ruth	4 43
1856 Princess	4 51	1870 R. E. Lee	4 59

New Orleans–St. Louis (1218 Meilen)

1844 J. M. White	3 23 9	1870 Natchez	3 21 57
1849 Missouri	4 19 —	1870 R. E. Lee	3 18 14
1869 Dexter	4 9 —		

Louisville–Cincinnati (141 Meilen)

1819 Gen. Pike	1 16 —	1843 Congress	12 20
1819 Paragon	1 14 20	1846 Ben. Franklin VI	11 45
1822 Wheeling Packet	1 10 —	1852 Alleghaney	10 38
1837 Moselle	— 12 —	1852 Pittsburgh	10 23
1843 Duke of Orleans	— 12 —	1853 Telegraph III	9 52

Louisville–St. Louis (750 Meilen)

1842 Congress	2 1 —	1854 Northerner	1 22 30
1854 Pike	1 23 —	1855 Southerner	1 19 —

	ZEIT T. St. Min.		ZEIT T. St. Min.
Cincinnati–Pittsburgh (490 Meilen)			
1850 Telegraph II	1 17	1852 Pittsburgh	1 15
1851 Buckeye State	1 16		

St. Louis–Alton (30 Meilen)			
1853 Alton	1 35	1876 War Eagle	1 37
1876 Golden Eagle	1 37		

Sonstige Rekorde

Im Juni 1859 machte das Paketboot St. Louis–Keokuk, »City of Louisiana«, die Fahrt von St. Louis nach Keokuk (214 Meilen) in der Bestzeit von 16 Stunden und 20 Minuten.

1868 bewältigte der Dampfer »Hawkeye State« der Northern Line Packet Company die Strecke von St. Louis bis St. Paul (800 Meilen) in 2 Tagen und 20 Stunden, was noch nicht überboten worden ist.

1853 fuhr das Dampfschiff »Polar Star« in 64 Stunden den Missouri von St. Louis nach St. Joseph hinauf. Drei Jahre später schaffte der Dampfer »Jas. H. Lucas« unter Kapitän Andy Wineland dieselbe Strecke in 60 Stunden und 57 Minuten. Die Entfernung zwischen beiden Häfen beträgt 600 Meilen, und wenn man die besonderen Navigationsschwierigkeiten auf dem ungestümen Missouri mit in Betracht zieht, so verdient die Leistung der »Lucas« besondere Erwähnung.

Die Fahrt der »Robert E. Lee«

Die von der »R. E. Lee« 1870 in ihrem berühmten Rennen mit der »Natchez« auf der Strecke New-Orleans–St. Louis erreichte Zeit stellt den absoluten Rekord dar, und da das Rennen im ganzen Lande reges Interesse fand,

SECHZEHNTES KAPITEL

geben wir hier die Fahrzeiten bis zu den einzelnen Häfen wieder.

Abfahrt: New Orleans, Donnerstag, den 30. Juni 1870, 16.55; Ankunft:

	ZEIT T. St. Min.		ZEIT T. St. Min.
Carrollton	— — 27½	Vicksburg	1 — 38
Harry Hills	— 1 ½	Milliken's Bend	1 2 37
Red Church	— 1 39	Bailey-Plantage	1 3 48
Bonnet Carre	— 2 38	Lake Providence	1 5 47
College Point	— 3 50½	Greenville	1 10 55
Donaldsonville	— 4 59	Napoleon	1 16 22
Plaquemine	— 7 5½	White River	1 16 56
Baton Rouge	— 8 25	Australia	1 19 —
Bayou Sara	— 10 26	Helena	1 23 25
Red River	— 12 56	½ Meile unter-	
Stamps	— 13 56	halb St. Francis	2 — —
Bryaro	— 15 51½	Memphis	2 6 9
Hinderson-Plan-		Fuß von Insel 37	2 9 —
tage	— 16 29	Fuß von Insel 26	2 13 30
Natchez	— 17 11	Towhead bei	
Cole's Creek	— 18 53	Insel 14	2 17 23
Waterproof	— 19 21	New Madrid	2 19 50
Rodney	— 20 45	Trockenbarre Nr. 10	2 20 37
St. Joseph	— 21 2	Fuß von Insel 8	2 21 25
Grand Gulf	— 22 6	Oberes Towhead	
Hard Times	— 22 28	bei Lucas Bend	3 — —
½ Meile unter-		Cairo	3 1 —
halb Warrenton	1 — —	St. Louis	3 18 14

Die »Lee« landete am 4. Juli 1870 um 11.25 in St. Louis – sechs Stunden und sechsunddreißig Minuten vor der »Natchez«. Die Offiziere der »Natchez« machten geltend, wegen Maschinenschaden und Nebel sieben Stunden und eine Minute gehalten zu haben. Die »R. E. Lee« stand unter dem Kommando von Kapitän John W. Cannon und die »Natchez« unter dem des alten verdienten Schiffers aus dem Süden, Kapitän Thomas P. Leathers.

SIEBZEHNTES KAPITEL

Flut und ewige Ebbe

Diese trockenen Einzelheiten sind insofern wichtig, als ich dadurch auf eine der merkwürdigsten Eigenheiten des Mississippi zu sprechen kommen kann, nämlich auf die, seinen Lauf von Zeit zu Zeit zu verkürzen. Man nehme ein langes geschmeidiges Stück Apfelschale und werfe es in die Luft, es wird sich genauso wunderbar kringeln wie sich ein durchschnittliches Stück Mississippi kringelt, sagen wir, wie die sich von Cairo in Illinois nach Süden bis New Orleans erstreckenden neunhundert oder tausend Meilen, auf denen es nur hier und da einmal eine kurze, gerade Strecke gibt. Die zweihundert Meilen von Cairo nordwärts bis St. Louis sind bei weitem nicht so gewunden, denn dort ist felsiger Boden, und den kann der Fluß nicht so leicht durchschneiden.

Durch das Schwemmland am »Unterlauf« dagegen frißt sich das Wasser in hufeisenförmigen Kurven hindurch, die mitunter so scharf sind, daß man an dem einen Ende des Hufeisens an Land gehen, die halbe oder dreiviertel Meile über die Landenge laufen und sich hinsetzen und ein paar Stunden ausruhen könnte, bis der Dampfer mit zehn Stundenmeilen den ganzen langen Bogen herumgefahren kommt, um einen wieder an Bord zu nehmen. Wenn der Fluß stark anschwillt, braucht irgend so ein Halunke, dessen Pflanzung im Hinterland liegt und deshalb nicht viel wert ist, nur die Gelegenheit abzupassen, um in dunkler Nacht eine kleine Rinne quer durch die engste Stelle zu graben und das Wasser reinzuleiten, und in erstaunlich kurzer Zeit ist das Wunder geschehen: der breite Mississippi hat sich in diesen schmalen Graben gebettet und den Grund und Boden jenes Pflanzers an sein Ufer verlegt (und damit seinen Wert vervierfacht), während die einst wertvolle Pflanzung des anderen sich weit draußen auf einer großen Insel befindet. Da der sie umspülende alte Wasserlauf bald versandet und auf zehn Meilen keine Schiffe mehr herankönnen, sinkt ihr Wert auf ein Viertel des früheren. In kriti-

SIEBZEHNTES KAPITEL

schen Zeiten werden an solchen Engen Wachen aufgestellt, und wenn einer dabei erwischt wird, daß er dort einen Durchstich gräbt, dann wird er wohl zeit seines Lebens keine Gelegenheit mehr haben, einen Graben auszuheben.

Betrachten wir einmal einige Auswirkungen dieser willkürlichen und unwillkürlichen Durchstechereien. Gegenüber von Port Hudson in Louisiana gab es einmal eine Landenge, die an der schmalsten Stelle nur eine halbe Meile breit war. In einer Viertelstunde hatte man sie durchquert, mit dem Floß um die ganze Biegung herum aber war das eine Reise von fünfunddreißig Meilen. Im Jahre 1722 brach der Fluß dort durch, ließ sein altes Bett im Stich und verkürzte sich um fünfunddreißig Meilen. Genauso hatte er sich 1699 am Black Hawk Point um fünfundzwanzig Meilen verkürzt. Unterhalb Red River Landing kam es – ich glaube, vor vierzig oder fünfzig Jahren – zur Raccourci-Abschneidung, die dem Fluß achtundzwanzig Meilen von seiner Länge nahm. Heute legt man vom südlichsten bis zum nördlichsten dieser drei Durchbrüche auf dem Wasserweg nur siebzig Meilen zurück. Vor hundertsechsundsiebzig Jahren hätte man dazu noch hundertachtundfünfzig gebraucht – auf diese läppische Entfernung also eine Verkürzung um achtundachtzig Meilen. Irgendwann brach der Fluß dann noch oberhalb von Vidalia in Louisiana, bei Insel 92, bei Insel 84 und am Hale's Point durch und schrumpfte insgesamt siebenundsiebzig Meilen ein.

Seit meiner eigenen Zeit auf dem Mississippi ist er bei Hurricane Island, bei Insel 100, bei Napoleon in Arkansas, bei Walnut Bend und bei Council Bend um weitere siebenundsechzig Meilen kürzer geworden, und als ich noch dort war, verlor er infolge des Durchstichs bei American Bend mindestens zehn Meilen.

Vor hundertsechsundsiebzig Jahren war der Mississippi zwischen Cairo und New Orleans also zwölfhundertfünfzehn Meilen lang, nach der Verkürzung von 1722 elfhundertachtzig und nach der bei American Bend tausendundvierzig. Inzwischen hat er weitere siebenundsechzig Meilen verloren. Folglich beträgt die Länge seines Unterlaufes heute nur noch neunhundertdreiundsiebzig Meilen.

Wenn ich nun den Ehrgeiz hätte, als ernst zu nehmender Wissenschaftler zu gelten, und behaupten wollte, an Hand der Ereignisse aus einer Periode der jungen und jüngsten Vergangenheit könnte ich beweisen, was in Urzeiten geschehen ist und was in ferner Zukunft geschehen wird, was ergäben sich da für Chancen! Eine bessere Gelegenheit oder exaktere Daten für Schlußfolgerungen hat die Geologie nie gehabt! Und ebensowenig die Theorie von der »Entwicklung der Arten«! Eiszeiten sind schon eine großartige Sache, aber dunkel, sehr dunkel. Man bedenke:

Im Verlauf von hundertsechsundsiebzig Jahren hat sich der untere Mississippi um zweihundertzweiundvierzig Meilen verkürzt. Das ergibt einen Durchschnitt von etwas über eineindrittel Meile pro Jahr. Also kann selbst ein Blinder mit Krückstock sehen, daß der Unterlauf des Mississippi im alten Oolith-Silur, nächsten November vor genau einer Million Jahren, wenigstens eine Million dreihunderttausend Meilen lang war und wie eine Angelrute über den Golf von Mexiko hinausragte. Ebenso muß es jedem einleuchten, daß es in siebenhundertzweiundvierzig Jahren von Cairo bis New Orleans bloß noch eindreiviertel Meilen sein werden und beide Städte dann ihre Straßen zusammengelegt haben und sich unter nur einem Bürgermeister und nur einem Magistrat gemütlich weiter abrackern. Mit der Wissenschaft ist es irgendwie faszinierend. Aus der kleinsten Kapitalsanlage in Fakten lassen sich da Riesenprofite in Mutmaßungen herausholen.

Wenn das Wasser durch einen jener Gräben zu strömen beginnt, von denen ich gesprochen habe, ist es für die Leute ringsum Zeit, umzuziehen. Wie ein Messer spalten die Fluten die Ufer auseinander. Hat die Rinne erst einmal zwölf bis fünfzehn Fuß Breite erreicht, ist das Unglück so gut wie geschehen; keine Macht der Welt kann es mehr aufhalten. Bei hundert Yard Breite bröckeln die Ufer bereits in Scheiben von der Größe eines halben Morgens ab. Die Strömung, die sich vorher mit nur fünf Stundenmeilen um die Biegung quälte, nimmt auf der geraden und kürzeren Strecke ungeheuer zu. Ich war an Bord des ersten Schif-

SIEBZEHNTES KAPITEL

fes, das versuchte, den Durchbruch bei American Bend zu nehmen – bloß geschafft haben wir es nicht. Es war mitten in der Nacht, einer scheußlichen Nacht mit Donner, Blitz und Wolkenbruch. Die Strömung in dem neuen Flußbett wurde auf zirka fünfzehn Stundenmeilen geschätzt; mehr als zwölf oder dreizehn machte unser Dampfer aber selbst bei ruhigem Wasser nicht, weshalb es von uns vielleicht töricht war, uns überhaupt in den Durchbruch zu wagen. Doch Mr. Brown hatte seinen Ehrgeiz und versuchte es immer wieder von neuem. Kurz vor dem Point war die Gegenströmung zum Ufer ebenso stark wie die Hauptströmung draußen in der Mitte, und so wollten wir mit Karacho aufs Ufer zuhalten und, wenn wir in die um den Point kommende Strömung stießen, unter beibehaltenem Volldampf eine günstige Woge abpassen. Aber all unsere Anstrengungen waren zwecklos. Sobald uns die Strömung traf, wirbelte sie uns herum wie einen Kreisel, das Wasser überflutete das Vorderdeck, und das Schiff legte sich so weit über, daß man sich kaum noch auf den Füßen halten konnte. Im nächsten Augenblick schossen wir auch schon stromabwärts und hatten zu tun, nicht irgendwo im Wald zu landen. Und dieses Experiment unternahmen wir viermal. Ich stand auf der Treppe zur Back und sah zu. Es war erstaunlich, zu beobachten, wie schnell das Schiff in dem Moment, als es aus der Gegenströmung herausgerissen wurde und mit der Nase in die Hauptströmung stieß, herumwirbelte und Reißaus nahm. Die geräuschvolle Erschütterung und das Erbeben hätten kaum anders sein können, wenn wir in voller Fahrt auf eine Sandbank gelaufen wären. Im Aufleuchten der Blitze konnte man die Hütten von den Plantagen sowie die schönsten Äcker in den Fluß stürzen sehen, und das Getöse, das sie machten, war keine schlechte Nachahmung des Donners. Einmal, als wir gerade wieder herumgeschleudert wurden, hätten wir um bloße zwanzig Fuß bald ein Haus gerammt, in dessen Fenster Licht brannte, doch im selben Augenblick kippte dieses Haus schon von selber ins Wasser. Auf unserem Vorderdeck konnte niemand bleiben, denn jedesmal, wenn wir quer gegen die Strömung stießen, kam das Wasser in reißender Flut über. Nach dem vierten

Versuch gingen wir in den Wäldern zwei Meilen unterhalb des Durchbruchs vor Anker, denn natürlich war alles Land dort überschwemmt. Ein paar Tage später hatte sich der neue Graben auf dreiviertel Meilen verbreitert, und Dampfschiffe konnten ohne besondere Schwierigkeiten durch und so zehn Meilen Weg sparen.

Die alte Raccourci-Abschneidung nahm der Flußlänge achtundzwanzig Meilen. Damit ist eine Geschichte verbunden. Eines Nachts soll ein Schiff dort entlanggekommen sein und versucht haben, den üblichen Weg um den endlos langen Bogen herum zu nehmen, da die Lotsen von dem Durchbruch noch nichts wußten. Es war eine greuliche Nacht – alle Uferumrisse verwischt und verzerrt. In der alten Biegung hatte bereits die Versandung eingesetzt, und das Schiff fing an, von einem unerklärlichen Riff nach dem anderen wegzuzerren und ab und zu auch mal auf eines aufzulaufen. Die verblüfften Lotsen begannen zu fluchen und äußerten schließlich den völlig unnötigen Wunsch, hier niemals mehr herauszukommen. Und wie es in solchen Fällen immer geht – dieses eine Stoßgebet wurde erhört, alle anderen aber nicht. So geistert jener Dampfer noch heute in dem verlassenen Flußbett herum und sucht den Ausgang. Mehr als ein ernsthafter Wachmann hat mir hoch und heilig versichert, wenn er in regnerischen, finsteren Nächten an der Inselspitze vorübergekommen sei, habe er furchtsam den vergessenen Fluß hinuntergeschaut und die fahlen Lichter des Gespensterschiffs durch den Nebel dringen sehen und das dumpfe Husten seiner Auslaßrohre und die kläglichen Rufe der Lotgäste gehört. In Ermangelung weiteren statistischen Materials möchte ich dieses Kapitel mit noch einer Erinnerung an »Stephen« schließen.

Fast alle Kapitäne und Lotsen besaßen mit Stephens Unterschrift gezierte Schuldverschreibungen auf Summen von zweihundertfünfzig Dollar aufwärts. Stephen löste zwar nie eine davon ein, war aber sehr hinterher, sie alle zwölf Monate zu erneuern.

Natürlich kam auch einmal die Zeit, wo er seine alten Gläubiger nicht mehr anpumpen konnte. Er mußte sich also auf die Lauer legen und auf neue Opfer warten, die seine

SIEBZEHNTES KAPITEL

Schliche noch nicht kannten. Wie zum Beispiel Young Yates, ein gutmütiges Schaf. (Ich gebe ihm hier einen anderen Namen, sein richtiger fing aber auch mit Y an.) Young Yates hatte als frischgebackener Lotse ein Schiff bekommen, und als er am Monatsende ins Lohnbüro hinaufstieg und seine zweihundertfünfzig Dollar in neuen, knisternden Scheinen in Empfang nahm, war Stephen da! Seine Silberzunge begann sich zu rühren, und im Handumdrehen hatten die zweihundertfünfzig Dollar von Yates den Besitzer gewechselt. Die Sache sprach sich unter den Lotsen schnell herum, zum großen Vergnügen und zur Genugtuung der alten Gläubiger. Der ahnungslose Yates argwöhnte indessen nicht, daß Stephens Versprechen, pünktlich am Ende der Woche zu zahlen, für die Katz war. Zur vereinbarten Zeit forderte er sein Geld zurück. Stephen besänftigte ihn mit süßen Reden und vertröstete ihn auf die nächste Woche. Verabredungsgemäß fragte Yates dann wieder nach, und wieder kam er völlig eingezuckert und mit neuem Aufschub zurück. So ging das munter weiter. Woche für Woche lief Yates zu Stephen, immer ohne Erfolg, und schließlich gab er es auf. Nun aber drehte Stephen den Spieß um und lief Yates hinterher! Wo Yates erschien, war Stephen unentrinnbar da. Und er war nicht bloß da, sondern strahlte auch noch vor lauter Herzlichkeit und floß über von Entschuldigungen, und wie schrecklich leid es ihm täte, nicht zahlen zu können. Bald war es so, daß der arme Yates, sah er Stephen nur kommen, kehrtmachte und ausriß, und wenn er einen Begleiter bei sich hatte, zog er den mit sich fort. War aber alles umsonst; sein Schuldner holte ihn doch ein und drängte ihn in eine Ecke. Keuchend und mit gerötetem Gesicht, mit ausgestreckten Händen und brennenden Augen kam Stephen auf ihn zu, unterbrach die Unterhaltung, schüttelte Yates fast die Arme aus den Gelenken und legte los:

»Himmel, was bin ich gerannt! Ich habe gesehen, daß Sie mich nicht bemerkt haben, und da hab ich Volldampf aufgedreht, denn ich hatte schon Angst, Sie ganz aus den Augen zu verlieren. Aber da sind Sie ja nun! Bleiben Sie so stehen, damit ich Sie anschauen kann. Immer noch dieselben edlen Züge.« (Und an Yates' Begleiter gerichtet:) »Schauen Sie ihn an! Schauen Sie ihn nur an! Tut das nicht wirklich gut? Gibt er nicht ein prächtiges Bild ab? Für mich aber ist er mehr als ein Bild, für mich ist er ein Panorama! Jawoll, ein ganzes Panorama. Und dabei fällt mir ein, was ich eigentlich wollte!« (Wieder zu Yates:) »Ach, hätte ich Sie nur eine Stunde früher getroffen! Vierundzwanzig Stunden lang habe ich diese zweihundertfünfzig Dollar für Sie aufgehoben und überall nach Ihnen Ausschau gehalten. Von gestern abend um sechs bis heute früh um zwei hab ich ohne einen Bissen und ohne Schlaf in der Pflanzerbar gewartet. Meine Frau sagt: ›Wo bist du die ganze Nacht gewesen?‹ Ich sage: ›Diese Schuld lastet mir schwer auf der Seele.‹ Sagt sie: ›Mein Lebtag hab ich noch keinen Menschen gesehen, der sich Schulden so zu Herzen nimmt wie du.‹ Sage ich: ›Das liegt nun mal so in mir drin. Kann ich das ändern?‹ Sagt sie: ›Na schön, aber jetzt geh endlich ins Bett und schlafe.‹ ›Nicht eher‹, sage ich, ›als bis dieser arme edle junge Mann sein Geld hat.‹ So hab ich die ganze Nacht aufgesessen und mich heute früh gleich auf die Socken gemacht, und der erste, den ich treffe, erzählt mir, Sie hätten sich auf der ›Grand Turk‹ eingeschifft und wären unterwegs nach New Orleans. Ach, da habe ich mich an ein Haus lehnen müssen und weinen. So wahr mir Gott helfe, ich konnte nicht anders. Der Besitzer von dem Haus ist mit einem Scheuerlappen herausgekommen und hat gesagt, seine Hausmauern lasse er sich nicht gern vollweinen, und mir war, als hätte sich alle Welt gegen mich verschworen und als wäre es sinnlos, noch länger zu leben, und wie ich vor einer Stunde da so entlangkam, unter Seelenqualen, die mir keiner mitfühlen kann, hab ich Jim Wilson getroffen und ihm die zweihundertfünfzig Dollar als Abzahlung gegeben. Und nun sind Sie doch da, und ich habe keinen einzigen Cent mehr! Aber so wahr, wie ich hier stehe, hier auf diesem Boden, auf diesem Stein – da, ich habe ein Zeichen in den Stein gekratzt, an dem man ihn erkennen kann –, ich werde mir das Geld leihen und Ihnen morgen Schlag zwölf zurückzahlen! Bitte bleiben Sie so stehen, lassen Sie sich nur einmal noch anschauen.«

SIEBZEHNTES KAPITEL

Und so weiter. Yates wurde das Leben zur Last. Vor seinem Schuldner und dessen fürchterlichen Schmerzensbeteuerungen, nicht zahlen zu können, gab es kein Entrinnen. Ihm grauste, sich auf der Straße zu zeigen, denn an der nächsten Ecke konnte ja Stephen auf der Lauer liegen.

Stammlokal der Lotsen war damals Bogarts Billardkneipe, wo sie nicht bloß zum Spielen, sondern auch zum Austausch von Neuigkeiten über den Fluß zusammenkamen. Eines Morgens war Yates dort. Stephen ebenfalls, doch der hielt sich im Hintergrund. Als aber nach und nach alle in der Stadt anwesenden Lotsen eingetroffen waren, erschien er plötzlich in ihrer Mitte und stürzte sich auf Yates wie auf einen verloren geglaubten Bruder.

»Oh, wie freu ich mich, Sie zu sehen! Bei meiner Seele, Ihr Anblick ist meinen Augen ein Trost! Gentlemen, Ihnen allen schulde ich Geld – insgesamt wahrscheinlich an die vierzigtausend Dollar. Ich will sie zurückzahlen, und ich werde sie zurückzahlen – auf Heller und Pfennig. Sie alle wissen, das brauche ich Ihnen nicht erst zu erzählen, was es mich für Sorgen kostet, so lange und so tief in der Schuld so geduldiger und großzügiger Freunde zu stehen, doch am schwersten, bei weitem am schwersten leide ich unter meinen Schulden bei diesem edlen jungen Manne hier, und ich bin heute morgen extra hierhergekommen, um Ihnen mitzuteilen, daß ich endlich eine Methode gefunden habe, wie ich alle meine Schulden bezahlen kann! Und es liegt mir ganz besonders daran, daß *er* dabei zugegen ist. Ja, mein getreuer Freund und Wohltäter, ich habe die Methode gefunden! Die Methode, meine *sämtlichen* Schulden zu bezahlen, und Sie werden Ihr Geld kriegen!«

In Yates' Augen dämmerte Hoffnung. Lautere Güte ausstrahlend und Yates die Hand aufs Haupt legend, fuhr Stephen fort:

»Ich werde nach dem Alphabet gehen!«

Damit drehte er sich um und verschwand. Die volle Bedeutung der Stephenschen »Methode« wurde der verblüfften und sinnierenden Lotsenschar erst nach einigen Minuten klar. Dann murmelte Yates mit einem Seufzer: »Na, das sind ja schöne Aussichten für die Ypsilons. In *dieser* Welt dürfte er nicht weiter kommen als bis zum C, und selbst wenn in der nächsten ein gutes Stück Ewigkeit dahingeschwunden ist, wird man da oben von mir wohl immer noch sprechen, als von ›diesem armen Lotsen, der damals von St. Louis heraufgekommen ist und dem man so übel mitgespielt hat‹!«

ACHTZEHNTES KAPITEL

Ich kriege Nachhilfestunden

Während der zwei oder zweieinhalb Jahre meiner Lehrzeit habe ich unter vielen Lotsen gedient und alle möglichen Arten von Dampfschiffern und Dampfschiffen erlebt, denn Mr. Bixby hatte nicht immer Verwendung für mich und gab mich dann jemand anders mit. Die dabei gesammelten Erfahrungen kommen mir zum Teil noch heute zugute; habe ich doch in jener kurzen, harten Schule mit so ziemlich allen menschlichen Typen aus Dichtung, Biographie und Geschichte persönliche und enge Bekanntschaft geschlossen. Um eine solche Ausbildung mit auf den Weg zu bekommen, das wird mir jeden Tag von neuem klar, wären bei einer gewöhnlichen Beschäftigung zu Lande mindestens vierzig Jahre nötig. Wenn ich sage, ich profitiere noch heute davon, so will ich damit nicht etwa behaupten, daß mich das zum Menschenkenner gemacht hat – nein, zum Menschenkenner kann man nicht gemacht werden, dazu muß man geboren sein. Der Nutzen, den ich daraus ziehe, ist sehr mannigfaltig, am meisten aber weiß ich die Würze zu schätzen, die jene damals gemachten Erfahrungen meiner späteren Lektüre gegeben haben und noch geben. Finde ich in einem Roman oder einer Biographie eine gut gezeichnete Gestalt, so bringe ich ihr meist ein warmes, persönliches Interesse entgegen, und zwar deshalb, weil ich sie von früher her kenne – weil ich ihr auf dem Fluß begegnet bin.

ACHTZEHNTES KAPITEL

Die Gestalt, die am häufigsten aus dem Schatten der Vergangenheit vor mir auftaucht, ist Brown vom Dampfschiff »Pennsylvania« – derselbe, den ich schon in einem anderen Kapitel erwähnt habe, der mit dem so guten und anödenden Gedächtnis. Er war um die Mitte der Jahre, lang, dünn, knochig und mit glattrasiertem Pferdegesicht, ein ungebildeter, hitziger, boshafter, knurriger Tyrann, der an allem etwas auszusetzen hatte und aus jeder Mücke einen Elefanten machte. Bei ihm gewöhnte ich mir sehr schnell an, stets mit Manschetten auf Wache zu ziehen. Ich konnte unten mit der Freiwache noch so fröhliche Stunden verbracht haben, und ich mochte, wenn ich nach oben stieg, noch so prächtig aufgelegt sein, sobald ich in die Nähe vom Steuerhaus kam, sackte mir das Herz runter wie Blei.

Ich erinnere mich noch, wie ich diesem Kerl zum erstenmal gegenübertrat. Das Schiff war in St. Louis rückwärts abgestoßen und »drehte runter«. In gehobener Stimmung stieg ich zum Steuerhaus hinauf, mächtig stolz, halboffiziell zu den obersten Chargen eines so berühmten und schnellen Schiffes zu gehören. Brown stand am Rad. Ich verharrte in der Mitte des Raumes, ganz darauf eingestellt, meinen Diener zu machen, doch Brown sah sich nicht um. Ich glaubte zu bemerken, wie er verstohlen um die Ecke linste, aber als sich nicht einmal diese Notiznahme wiederholte, kam ich zu dem Schluß, daß ich mich wohl geirrt haben müßte. Unterdessen steuerte er vorsichtig zwischen ein paar gefährlichen Strudeln in der Höhe der Holzplätze hindurch, weshalb es mir nicht ratsam schien, ihn zu stören. Ich ging daher leise zur Bank und setzte mich.

Zehn Minuten lang nichts als Schweigen. Dann drehte sich mein neuer Prinzipal um und musterte mich ungeniert und sehr eingehend von Kopf bis Fuß – wohl eine Viertelstunde lang, wie mir schien. Danach wandte er seine Visage ab, und ihr Anblick blieb mir ein paar Sekunden verborgen, bis sie wieder herumfuhr und ich mit der Frage begrüßt wurde:

»Bist Horace Bixby sein Stöps?«

»Jawohl, Sir.«

Pause und neue Musterung.

Dann: »Wie heißt du?«

Ich nannte ihm meinen Namen, und er sprach ihn mir nach. Doch das war wahrscheinlich das einzige, was er jemals vergaß, denn obwohl ich viele Monate bei ihm blieb, wandte er sich nie anders an mich als mit »He!«, und dann kam gleich sein Befehl.

»Wo bist geboren?«

»In Florida, Missouri.«

Pause.

Dann: »Da hättest bleiben sollen, verflixt noch mal!«

Mit Hilfe von einem guten Dutzend reichlich direkter Fragen pumpte er meine ganze Familiengeschichte aus mir heraus.

An der ersten Stelle zum Kreuzen wurde jetzt gelotet. Das unterbrach das Verhör. Als die Lote eingeholt waren, fragte er weiter:

»Wie lange auf dem Fluß?«

Ich sagte es ihm.

Nach einer Pause: »Wo hast die Schuhe da her?«

Ich gab ihm Auskunft.

»Fuß hoch!«

Ich hob den Fuß. Er trat zurück, untersuchte eingehend und mit verächtlicher Miene meinen Schuh, kratzte sich nachdenklich den Kopf, wobei er, um sich das leichter zu machen, seinen hohen Spitzhut nach vorn stülpte, stieß dann hervor »Na, da will ich gottverflixt sein!« und kehrte zu seinem Steuerrad zurück.

Was für ein Anlaß vorgelegen hatte, gottverflixt sein zu wollen, ist mir heute ebenso ein Geheimnis wie damals. Ganze fünfzehn Minuten – fünfzehn Minuten dumpfen, heimwehkranken Schweigens – muß es gedauert haben, ehe sich dieses lange Pferdegesicht wieder zu mir herumdrehte – doch wie verändert! Es war puterrot, und jeder Muskel darin arbeitete. Und nun ging das Gebuller los: »He! Willst den ganzen Tag da sitzen bleiben?«

Das war wie ein plötzlicher elektrischer Schlag und schleuderte mich auch gleich mitten auf den Fußboden. Sobald ich meine Stimme wieder hatte, sagte ich entschuldigend: »Ich habe ja keine Befehle bekommen, Sir.«

»Keine Befehle! Verflixt, sind wir ein feiner Pinkel! Ohne *Befehle* tun wir keinen Handschlag! Unser Vater war ein *Herr* – hat Sklaven gehabt – und *wir* sind in der *Schule* gewesen. Ja, *wir* sind auch ein Herr! Uns muß man schon *Befehle* geben! *Befehle*, ja? BEFEHLE also willst du! Verflixt will ich sein, aber dir werd ich schon die Flötentöne beibringen, dich *hier* so aufzuspielen und rumzukrakeelen von wegen *Befehle!* Weg vom Rad!« (Ich war hingegangen, ohne es zu merken.)

Ich wich ein paar Schritte zurück und stand wie benommen; dieser wütende Angriff hatte all meine Sinne betäubt.

»Was stehst noch rum? Los, bring den Eiskübel runter zum Texas-Steward! Aber ein bißchen hoppla, und komm nicht erst heut abend wieder!«

Als ich zum Steuerhaus zurückkam, empfing mich Brown: »He! Was hast die ganze Zeit unten gemacht?«

»Ich hab den Steward nicht finden können und mußte bis zur Pantry.«

»Verflixt faule Ausrede! Leg im Ofen nach.«

Ich machte mich an die Arbeit. Er beobachtete mich wie eine Katze. Auf einmal brüllte er: »Tu die Schaufel weg! Verflixter Blödling! Nicht mal genug Grütze im Kopf, Feurung nachzulegen!«

So ging das während der ganzen Wache. Ja, und die folgenden Wachen waren nicht besser, und das ein paar Monate lang. Wie schon gesagt, ich trat meinen Dienst bald nur noch angstschlotternd an. Sobald ich in Browns Nähe war, und selbst in dunkelster Nacht, konnte ich den Blick dieser gelben Augen fühlen und wußte, ihr Besitzer suchte nach einem Vorwand, um mich mit Gift und Galle zu bespucken. Einleitend pflegte er zu sagen:

»He! Nimm das Rad.«

Zwei Minuten später: »Wo steuerst denn hin? Zum Kuckuck noch mal! Drück das Rad runter! *Runter!*«

Nach einer weiteren Minute: »Sag mal, willst du dich den ganzen Tag am Rad festhalten? Laufenlassen! Gegendrücken! Gegendrücken!«

Dann sprang er von der Bank herunter, riß mir das Rad

aus den Händen und drückte, ununterbrochen Zorn auf mich ausgießend, selber dagegen.

Der Stöps des anderen Lotsen war George Ritchie. Der verlebte jetzt herrliche Zeiten, denn sein Meister, George Ealer, war das ganze Gegenteil von Brown. Ritchie hatte vorige Saison für Brown gesteuert, er wußte also genau, wie er gleichzeitig sich amüsieren und mich quälen konnte. Wenn ich während Ealers Wache mal für einen Augenblick das Rad nahm, lehnte sich Ritchie auf der Bank hinten an und spielte Brown, indem er in einem fort rief: »Schnell doch! Schnell doch! Verflixter Stint!« – »He! Wo willst denn *jetzt* hin? Über den Baum unter Wasser da, was?« – »Runterdrücken! Hörst nicht? *Runter*drücken!« – »Da haben wir die Bescherung! Hab's ja kommen sehen! Hab dir doch *gesagt,* laß das Riff! Weg vom Rad!«

Ich war also immer belämmert dran, ganz gleich, wer Wache hatte, und Ritchies gutmütiges Gepiesacke schien mir manchmal genauso schlimm wie Browns bitterernste Schurigeleien.

Oft wollte ich Brown umbringen, aber das wäre schlecht gegangen. Ein Stöps hatte von seinem Meister jeden noch so unsanften Kommentar und jede noch so drastische Kritik hinzunehmen, und einen Lotsen im Dienst schlagen oder ihm drohen, darauf stand Zuchthaus, wie wir alle glaubten. Immerhin durfte ich mir aber *vorstellen,* wie ich Brown umbrachte, das konnte mir niemand verbieten, und das pflegte ich dann auch zu tun, sobald ich in meiner Koje lag. Statt den Fluß zu rekapitulieren, wie es meine Pflicht war, überließ ich mich dem Vergnügen und murkste Brown ab. Ich murkste ihn jede Nacht ab, monatelang, und nicht auf alte, x-mal dagewesene Weise, sondern anders, effektvoller – auf Arten, die in Neuartigkeit der Anlage und Schauerlichkeit von Situation und Umgebung manchmal erstaunlich waren.

Auf der Lauer nach einem Grund zum Kritteln lag Brown nur einmal, und das war immer, und konnte er keinen plausiblen finden, griff er sich einen aus der Luft. Er raunzte einen an, wenn man dicht ans Ufer ging und wenn man *nicht* dicht ans Ufer ging, wenn man eine Sandbank streifte und wenn man sie *nicht* streifte; wenn man ohne Aufforderung »runterdrückte« und wenn man ohne Aufforderung *nicht* runterdrückte; wenn man ohne Befehl einfeuerte und wenn man erst auf einen Befehl dazu wartete. Mit einem Wort, es war bei ihm feste Regel, daß alles, aber auch alles, was man machte, falsch war, und eine zweite, ebenso unveränderliche Regel, daß er einem jede Bemerkung in Form einer Beschimpfung an den Kopf warf.

Eines Tages näherten wir uns, schwerbeladen flußabwärts kommend, New Madrid. Brown stand auf der einen Seite vom Rad und steuerte, ich auf der anderen, bereit, beim »Runter-« oder »Hochdrücken« mit anzupacken. Ab und zu warf er mir einen verstohlenen Blick zu. Was das zu bedeuten hatte, wußte ich schon lange, nämlich, daß er dabei war, mir eine Falle zu stellen. Ich fragte mich, was es wohl diesmal für eine sein würde. Nach einer Weile trat er vom Rad zurück und sagte in seinem üblichen blaffenden Ton: »He! Sieh zu, ob du Schneid genug hast, zu wenden.«

Das mußte ja einfach ein Erfolg werden, nichts konnte ihn verhindern, denn noch nie hatte er mich wenden lassen, also ganz gleich, wie ich mich dabei anstellte, er würde mir den Marsch blasen können. Da stand er nun hinter mir, seine gierigen Augen auf mich geheftet, und es kam wie vorausgesehen: In weniger als einer halben Minute verlor ich den Kopf und wußte weder aus noch ein. Ich fing viel zu früh mit dem Herumbringen des Schiffes an, entdeckte jedoch ein grünliches Aufleuchten der Freude in Browns Augen und korrigierte meinen Fehler. Ich versuchte es von neuem, wieder zu weit oben, und wieder konnte ich rechtzeitig zurückdrehen. Ich machte andere falsche Bewegungen, und noch gelang es mir, mit heiler Haut davonzukommen, doch schließlich wurde ich so konfus und verdattert, daß ich in den allerschlimmsten Schnitzer verfiel – ich ging zu weit nach unten, bevor ich mit dem Herumnehmen begann. Browns Erfolg war da.

Sein Gesicht lief knallrot an. Ein Satz, und er hatte mich mit seinem Arm beiseite und durchs Steuerhaus gefegt. Er riß das Rad herum und ließ eine Schimpfkanonade los, die so lange dauerte, bis er außer Atem war. Im Verlauf dieser Rede betitelte er mich mit allem, was er sich nur ausdenken konnte, und ein paarmal glaubte ich schon, er würde anfangen, richtiggehend zu fluchen – aber das hatte er niemals getan und tat es auch jetzt nicht. »Gottverflixt!« war das Äußerste, was er sich vom Luxus des Fluchens erlaubte, denn er war in heilsamem Respekt vor künftigem Feuer und Schwefel aufgewachsen.

Das war eine unerquickliche Stunde, zumal sich auf dem Oberdeck eine ansehnliche Menge von Zuhörern befand. Als ich in jener Nacht im Bett lag, brachte ich Brown auf siebzehn verschiedene Arten um – und alle waren neu.

NEUNZEHNTES KAPITEL

Brown und ich tauschen Höflichkeiten aus

Zwei Fahrten später brockte ich mir ernsthaft was ein. Er steuerte, ich »drückte runter«. Mein jüngerer Bruder erschien auf dem Oberdeck und rief Brown zu, ein paar Meilen weiter unten an einer Anlegestelle zu halten. Brown gab durch kein Zeichen zu verstehen, daß er etwas gehört habe. Aber das war ganz seine Art: von einem Unterzahlmeister Notiz zu nehmen, dazu hätte er sich nie und nimmer herabgelassen. Es pfiff ein ziemlicher Wind; Brown war schwerhörig (obwohl er das stets abstritt), und ich zweifelte stark daran, daß er die Anweisung verstanden hatte. Hätte ich zwei Köpfe gehabt, hätte ich ja was gesagt, da ich jedoch nur einen besaß, schien es mir ratsamer, auf den achtzugeben, und so schwieg ich still.

Und richtig, nach einiger Zeit fuhren wir an jener Plantage prompt vorbei. Kapitän Klinefelter erschien auf dem Deck und sagte:

»Wenden Sie, Sir, wenden Sie. Hat Henry Ihnen nicht gesagt, Sie sollen hier anlegen?«

»I wo!«

»Ich hab ihn doch extra heraufgeschickt.«

»Ja, raufgekommen ist er, und damit hat's sich gehabt. Dieser blöde Kerl, kein Sterbenswörtchen hat er gesagt.«
»Hast *du* ihn nicht gehört?« wandte sich der Kapitän an mich.

Ich verspürte natürlich nicht die geringste Lust, mit hineingezogen zu werden, mir blieb aber nichts anderes übrig, als zu antworten: »Doch, Sir.«

Noch bevor Brown den Mund aufmachte, wußte ich, was er sagen würde. Nämlich: »Halt 's Maul! Gar nichts hast du gehört!«

Wie befohlen hielt ich den Mund. Eine Stunde später kam Henry ins Steuerhaus, ohne eine Ahnung, was sich inzwischen abgespielt hatte. Er war ein durch und durch harmloser Junge, und er tat mir jetzt schon leid. Ich wußte, Brown würde kein Mitleid mit ihm haben. Der fing auch gleich an:

»He! Warum hast du mir nicht gesagt, wir sollen da halten?«

»Habe ich doch, Mr. Brown.«

»Du lügst!«

Ich sagte: »*Sie* lügen. Er hat es Ihnen gesagt.«

Brown starrte mich an, baff und fast einen ganzen Augenblick lang sprachlos. Dann fuhr er mich an: »Mit dir rechne ich in einer halben Minute ab!« Dann zu Henry: »Und du verläßt das Steuerhaus. Los, raus mit dir!«

Das war Lotsengesetz und mußte befolgt werden. Henry wandte sich zum Gehen und war schon mit dem einen Fuß draußen auf der obersten Treppenstufe, als Brown in einem plötzlichen Wutanfall einen zehn Pfund schweren Brocken Kohle ergriff und ihm nachsprang. Doch ich warf mich mit einem schweren Schemel dazwischen und verpaßte Brown einen anständigen Schlag, der ihn zu Boden gehen ließ.

Ich hatte das Kapitalverbrechen begangen – hatte die Hand gegen einen Lotsen auf Wache erhoben! Eine Zuchthauszelle war mir sicher, so oder so, da konnte ich ebensogut weitermachen und meine Rechnung mit diesem Kerl begleichen, solange Gelegenheit war. Ich ließ nicht locker und hämmerte eine ganze Weile mit den Fäusten auf ihn los. Wie lange, weiß ich nicht, die Freude darüber hat es mir wahrscheinlich länger erscheinen lassen, als es in Wirklichkeit war, doch schließlich riß er sich los und sprang auf und ans Rad – eine durchaus verständliche Sorge, denn die ganze Zeit über schoß das Dampfschiff mit fünfzehn Stundenmeilen den Fluß hinunter, und niemand am Steuer! Allerdings war Eagle Bend bei diesem uferhohen Wasserstand zwei Meilen breit und entsprechend lang und tief, und das Schiff blieb ganz von selber in der Mitte und riskierte nichts auf eigene Faust. Aber das war reines Glück – man hätte ebensogut dazukommen können, wie es gerade in die Wälder brach.

Als Brown mit einem Blick sah, daß für die »Pennsylvania« keine Gefahr bestand, griff er sich das große Fernglas à la Kriegsbeil, und mit einem Stimmaufwand, lauter als jedes Komantchengebrüll, befahl er mir, das Steuerhaus zu verlassen. Doch ich hatte keine Angst mehr vor ihm. Ich ging nicht, sondern blieb und kritisierte seine Grammatik. Ich verbesserte seine wutschäumenden Reden und brachte sie in gutes Englisch, wobei ich ihn auf die Vorzüge hinwies, die reines Englisch gegenüber dem Kauderwelsch der Kohlengruben von Pennsylvania hat, wo er herstammte. Nun hätte er mir ja mit einem Sturmfeuer bloßer Beschimpfungen Bewunderung zollen können, für diese Art der Diskussion war er aber nicht gewappnet. Er legte das Glas bald wieder hin und ergriff murmelnd und kopfschüttelnd das Rad, und ich zog mich auf die Bank zurück.

Der Radau hatte alle aufs Oberdeck gelockt, und ich schlotterte, als ich den alten Kapitän aus der Menge heraufblicken sah. Ich dachte bei mir: ›Jetzt bist du geliefert!‹, denn so väterlich und nachsichtig der Kapitän in der Regel gegen seine Leute war und so geduldig er kleinere Vergehen nachsah, wenn die Sache es verdiente, konnte er streng genug werden.

Ich versuchte mir vorzustellen, was er wohl mit einem Stift tun würde, der sich eines solchen Verbrechens schuldig gemacht hat wie ich, begangen auf einem bis obenhin mit Menschenleben und wertvoller Fracht beladenen Schiff. Unsere Wache war fast zu Ende. Ich gedachte, mich irgendwo zu verbergen, bis sich Gelegenheit bot, von Bord zu schlüpfen. Ich schlich aus dem Steuerhaus und die Treppe hinunter und herum um die Tür vom Texas und wollte gerade hineinhuschen, als plötzlich der Kapitän vor mir stand. Ich senkte den Kopf, und der Kapitän blickte einen Augenblick schweigend zu mir herunter, dann sagte er bedeutsam: »Mitkommen.«

Ich trottete hinter ihm her in seine Kajüte im vorderen Ende vom Texas. Wir waren jetzt allein. Er schloß die hintere Tür, ging dann langsam zur vorderen und machte die ebenfalls zu. Er setzte sich hin. Ich stand vor ihm. Nachdem er mich eine Weile angesehen hatte, sagte er:

»Du hast dich also mit Mr. Brown geprügelt?«

Ich antwortete kleinlaut: »Jawohl, Sir.«

»Weißt du, daß das eine sehr ernste Sache ist?«

»Jawohl, Sir.«

»Bist du dir darüber im klaren, daß das Schiff volle fünf Minuten ohne jemand am Steuer gewesen ist?«

»Jawohl, Sir.«

»Hast du ihn zuerst geschlagen?«

»Jawohl, Sir.«

»Womit?«

»Mit einem Schemel, Sir.«

»Kräftig?«

»Es ging, Sir.«

»Hat es ihn umgehauen?«

»Er ... er ist gefallen, Sir.«

»Hast du nicht abgelassen? Hast du sonst noch was gemacht?«

»Jawohl, Sir.«

»Was?«

»Ihn mit den Fäusten bearbeitet, Sir.«

»Mit den Fäusten?«

»Jawohl, Sir.«

»Ordentlich? Ich meine, saftig?«

»Das kann man wohl sagen, Sir.«

»Verdammt noch mal, das freut mich! Aber daß du mir das keinem weitersagst. Du hast dich eines schweren Verbrechens schuldig gemacht, erlaub dir das kein zweites Mal auf diesem Schiff. Lauer ihm doch an Land auf! Verabreiche ihm eine tüchtige Tracht Prügel, hörst du? Für die Kosten komme ich auf. Und nun geh – aber vergiß nicht: Das hier bleibt unter uns. Raus mit dir! Du hast ein schweres Verbrechen begangen, du Schlingel!«

Ich schlüpfte hinaus, heilfroh, so davongekommen zu sein, und ich hörte ihn noch vor sich hin lachen und sich auf seine fetten Schenkel schlagen, nachdem ich die Tür zugemacht hatte.

Als Brown von der Wache kam, ging er schnurstracks zum Kapitän, der sich mit ein paar Passagieren auf dem Maschinendeck unterhielt, und verlangte, daß ich in New Orleans an Land gesetzt werde. Er fügte hinzu:

»Solange dieser Stöps an Bord bleibt, rühre ich kein Rad an.«

Der Kapitän erwiderte: »Aber er braucht ja nicht mit Ihnen Wache zu machen, Mr. Brown.«

»Ich bleibe nicht einmal auf demselben Schiff mit ihm. Einer von uns beiden muß an Land.«

»Na gut«, sagte der Kapitän, »dann mögen Sie dieser eine sein«, und setzte sein Gespräch mit den Passagieren fort.

Während des kurzen Restes der Fahrt erfuhr ich, wie sich ein befreiter Sklave vorkommen muß, war ich doch jetzt selber einer. Wenn wir an Landestellen lagen, lauschte ich George Ealers Flötenspiel oder hörte zu, wie er aus seinen zwei Bibeln vorlas, das heißt aus Shakespeare und Goldsmith, oder ich spielte mit ihm Schach – und hätte ihn auch manchmal geschlagen, bloß er nahm immer seinen letzten Zug zurück und setzte das Spiel anders fort.

ZWANZIGSTES KAPITEL

Ein großes Unglück

Obwohl wir drei Tage in New Orleans lagen, gelang es dem Kapitän nicht, einen anderen Lotsen aufzutreiben. So schlug er vor, ich sollte die Tageswachen und George Ealer

ZWANZIGSTES KAPITEL

die Nachtwachen übernehmen. Doch ich hatte Angst, ich hatte noch nie allein Wache gestanden und war überzeugt, ich würde am Kopf irgendeiner Stromschnelle in die Patsche geraten oder in einer engen, durch eine Sandbank gehenden Rinne auf Grund laufen. Brown blieb also, wollte aber nicht mit mir zusammen fahren. Der Kapitän bestellte mir eine Schiffskarte beim Kapitän der »A. T. Lacey« für eine Fahrt nach St. Louis und sagte, er würde dort schon einen anderen Lotsen finden und mein Platz als Rudergast bleibe mir sicher. Die »Lacey« sollte ein paar Tage später als die »Pennsylvania« abgehen.

Am Abend vor der Abfahrt der »Pennsylvania« saßen Henry und ich am Uferdamm auf einem Stapel Fracht und schwätzten bis in die späte Nacht hinein. Und zwar hauptsächlich über ein Thema, mit dem wir uns, glaube ich, vorher nie befaßt hatten: Dampfschiffsunglücke. Ahnten wir doch nicht, daß eins im Anzuge war. Das Wasser zu dem Dampf, der es verursachen sollte, floß, während wir uns unterhielten, an irgendeiner Bake fünfzehnhundert Meilen stromaufwärts vorbei – würde aber zur rechten Zeit an Ort und Stelle sein. Wir bezweifelten, daß Leute ohne Autorität bei Schiffbruch und der dadurch entstehenden Panik viel ausrichten könnten, *etwas* aber würden sie doch helfen können, und wir beschlossen, im Ernstfall wenigstens beim Schiff zu bleiben und uns so nützlich zu machen wie möglich. Als nachher das Unglück geschah, erinnerte sich Henry daran und handelte entsprechend.

Die »Lacey« ging achtundvierzig Stunden später als die »Pennsylvania« ab. Als wir nach ein paar Tagen Greenville in Mississippi anliefen, rief uns jemand zu: »Die ›Pennsylvania‹ ist bei Ship Island in die Luft gegangen. Hundertfünfzig Todesopfer!«

Noch am selben Abend erhielten wir in Napoleon in Arkansas eine Extraausgabe einer Zeitung aus Memphis mit näheren Einzelheiten. Mein Bruder wurde darin als unverletzt erwähnt.

Weiter oben bekamen wir ein später erschienenes Extrablatt. Mein Bruder war wieder erwähnt, diesmal hieß es, er sei lebensgefährlich verwundet und es bestehe keine

Hoffnung mehr für ihn. Ausführliches über das Unglück erfuhren wir erst in Memphis. Hier die traurige Geschichte:

Es war an einem heißen Sommermorgen um sechs Uhr. Die »Pennsylvania« zuckelte nördlich von Ship Island, ungefähr sechzig Meilen unterhalb Memphis, mit halbem Dampf dahin und hatte einen Holzprahm im Schlepp, der schnell entladen wurde. George Ealer war im Steuerhaus, ich glaube, allein. Der Zweite Maschinist und ein Gehilfe hatten im Maschinenraum, der Zweite Maat an Deck Wache. George Black, Mr. Wood und mein Bruder, alle drei Zahlmeister, schliefen, ebenso Brown und der Erste Maschinist, der Schiffszimmermann, der Erste Maat und noch ein Gehilfe, Kapitän Klinefelter saß im Rasierstuhl, und der Barbier war bei den Vorbereitungen zum Rasieren. Wie es hieß, befanden sich eine große Zahl Kajütenpassagiere an Bord, außerdem drei- bis vierhundert Deckpassagiere, und die meisten schliefen noch. Als fast alles Holz aus dem Prahm übernommen war, läutete Ealer »Volle Kraft voraus!«, und im nächsten Augenblick explodierten mit donnerndem Krachen vier von den acht Dampfkesseln, und das ganze vordere Drittel des Schiffes flog in die Luft! Die Hauptmasse davon mit den Schornsteinen prasselte wieder aufs Schiff, ein Berg zerfetzten und wüsten Gerümpels – und bald darauf brach Feuer aus.

Viele Leute wurden beträchtlich weit weggeschleudert und fielen ins Wasser, darunter auch Mr. Wood, mein Bruder und der Zimmermann. Dieser lag, als er fünfundsiebzig Fuß vom Schiff ab aufs Wasser klatschte, immer noch auf seiner Matratze. Von Brown, dem Lotsen, und George Black, dem Ersten Zahlmeister, wurde nach der Explosion nichts mehr gesehen oder gehört. Der Rasierstuhl mit dem unverletzten Kapitän Klinefelter darin hing mit der Lehne über einem gähnenden Abgrund – alles, aber auch alles davor war verschwunden, und der Barbier, ebenfalls unverletzt, stand perplex da, mit dem großen Zeh ins Leere ragend, schlug er unbewußt noch immer seinen Schaum und brachte kein Wort hervor.

Als George Ealer vor sich die Schornsteine hochgehen sah, wußte er, was die Glocke geschlagen hatte. Er zog sich

ZWANZIGSTES KAPITEL

die Rockaufschläge übers Gesicht und preßte beide Hände fest dagegen, damit sich dieser Schutz nicht verschieben und kein Dampf in seine Nase oder seinen Mund konnte. Während er hochgeschleudert wurde und wieder runterkam, hatte er Zeit genug, sich um solche Einzelheiten zu kümmern. Schließlich landete er, in Begleitung von seinem Rad und einem Hagel anderer Sachen und eingehüllt in eine Wolke brühheißen Dampfes, auf den nicht explodierten Kesseln vierzig Fuß unterhalb vom ehemaligen Steuerhaus. Von all den vielen, die diesen Dampf einatmeten, kam kein einziger mit dem Leben davon. Ealer aber atmete nichts davon ein. So schnell er konnte, bahnte er sich einen Weg an die frische Luft, und als sich der Dampf verzogen hatte, kehrte er zurück, kletterte wieder auf die Kessel und suchte sich Stück für Stück seine Schachfiguren und die einzelnen Teile seiner Flöte zusammen.

Inzwischen hatte das Feuer bedrohliche Formen angenommen. Schreien und Stöhnen erfüllte die Luft. Sehr viele Leute hatten sich verbrüht, sehr viele waren verstümmelt. Einem Mann, es war ein Priester, soviel ich weiß, hatte die Explosion einen eisernen Hebebaum durch den Leib gejagt. Er starb nicht gleich, und seine Leiden waren grauenhaft. Ein junger französischer Marinekadett, erst fünfzehn Jahre alt, Sohn eines Admirals, erlitt fürchterliche Brandwunden, ertrug seine Qualen aber wie ein Mann. Beide Maate hatten sich schwere Verbrennungen zugezogen, und doch harrten sie auf ihrem Posten aus. Sie zogen den Prahm nach achtern, und zusammen mit dem Kapitän hielten sie die rasende Herde der von Angst gepackten Einwanderer zurück, bis die Verwundeten darin untergebracht und in Sicherheit waren.

Mr. Wood und Henry schwammen, nachdem sie ins Wasser gefallen waren, auf das nur ein paar Hundert Yard entfernte Ufer zu, aber nach einiger Zeit sagte Henry, er glaube, er sei gar nicht verletzt (welch unbegreiflicher Irrtum!) und wollte deshalb zum Schiff zurück und die Verwundeten retten helfen. So trennten sie sich, und Henry kehrte um.

Das Feuer griff jetzt bereits wild um sich, und die unter

den Trümmern festsaßen, schrien kläglich um Hilfe. Alle Anstrengungen, dem Brand Herr zu werden, erwiesen sich als fruchtlos. Da wurden dann die Löscheimer beiseite geworfen, und die Offiziere machten sich mit Äxten daran, die Eingeschlossenen herauszuhauen. Unter den Gefangenen befand sich ein Maschinistengehilfe; er sagte, er sei unverletzt, könne sich aber nicht befreien. Als er sah, das Feuer würde seinen Retter wahrscheinlich vertreiben, flehte er, man möge ihm doch eine Kugel geben und ihn somit vor einem noch gräßlicheren Tode bewahren. Das Feuer vertrieb die Männer mit den Äxten dann wirklich, und hilflos mußten sie sich das Flehen dieses armen Burschen mit anhören, bis die Flammen seinen Qualen ein Ende machten.

Das Feuer scheuchte alles, was nur irgend Platz hatte, auf den Holzprahm. Man machte ihn los, und er und der brennende Dampfer trieben den Fluß hinunter auf Ship Island zu. Am Kopf dieser Insel wurde der Prahm vertäut, und dort mußten seine halbnackten Insassen den Tag über bleiben, der sengenden Sonne preisgegeben und ohne Lebensmittel oder Medizin, geschweige denn ärztliche Hilfe. Endlich kam ein Dampfschiff vorbei und brachte die Unglücklichen nach Memphis, wo ihnen sofort ausgiebigste Hilfe zuteil wurde. Henry war jetzt bereits bewußtlos. Die Ärzte untersuchten seine Verletzungen, und da sie sahen, daß keine Hoffnung mehr bestand, kümmerten sie sich natürlich erst einmal um die Patienten, die gerettet werden konnten.

Vierzig der Verwundeten wurden in einem großen öffentlichen Saal auf Strohsäcke gebettet, darunter auch Henry. Die Damen von Memphis kamen jeden Tag mit Blumen, Obst sowie Leckerbissen aller Art, und sie blieben da und pflegten die Verwundeten. Sämtliche Ärzte stellten sich zur Verfügung, ebenso alle Medizinstudenten, und die übrige Stadt steuerte Geld bei oder was sonst gebraucht wurde. Und Memphis hatte darin Erfahrung, denn schon so manches Unglück wie das der »Pennsylvania« war vor seinen Toren passiert, und im Amte des barmherzigen Samariters war Memphis wohl geübt, mehr als alle anderen Städte am Fluß.

ZWANZIGSTES KAPITEL

Der Anblick, der sich beim Betreten dieses großen Saales bot, war mir neu und fremd. Zwei lange Reihen hingestreckter Gestalten – insgesamt über vierzig – und jedes Gesicht, jeder Kopf ein formloser Klumpen Watte. Ein grauenvolles Bild. Sechs Tage und sechs Nächte hielt ich dort Krankenwache, und das ging mir, weiß Gott, an die Nieren. Eins war besonders deprimierend und wiederholte sich täglich: Die Verlegung der Todgeweihten in eine besondere Kammer. Man machte das, damit der Anblick eines Patienten im Todeskampf sich nicht schädlich auf den Lebenswillen der anderen auswirkte. Der Sterbende wurde stets mit so wenig Geräusch wie möglich hinausgetragen, und die Bahre war immer hinter einer Mauer von Pflegern verborgen, und doch wußte jeder, was dieses Häuflein gebeugter Gestalten mit seinen gedämpften Schritten und seinen langsamen Bewegungen zu bedeuten hatte, und alle Augen beobachteten es wehmütig, und eine Welle des Schauderns zog vor ihm her.

Viele arme Kerle sah ich den Weg ins Totenzimmer antreten, und ich sah sie nie wieder. Nur unser Erster Maat wurde mehr als einmal dort hingetragen. Seine Verletzungen waren furchtbar, besonders die Brandwunden. Bis zur Hüfte in Leinöl und Watte verpackt, hatte er keine Ähnlichkeit mehr mit einem Menschen. Oft war er nicht bei sich, und dann ließen ihn seine Schmerzen toben und brüllen und manchmal auch kreischen. Plötzlich, nach stummer Erschöpfungspause, verwandelte seine gestörte Phantasie den großen Raum in ein Vorderdeck, die hin und her huschende Schwesternschar in die Mannschaft, und er richtete sich hoch und schrie: »Los, tummelt euch, ihr Ölgötzen, ihr Schlangenbäuche, ihr Leichenträger! Braucht wohl den ganzen Tag für den Fingerhut voll Fracht?«, und diesem ersten Ausbruch ließ er einen zweiten folgen, eine Eruption den Himmel erschütternder Flüche, die so lange anhielt, bis sein Krater leer war. Manchmal, wenn ihn diese Raserei befiel, riß er sich ganze Hände voll Watte herunter und stellte sein verbrühtes Fleisch zur Schau. Es war entsetzlich. Natürlich hatte das – dieser Lärm und diese Entblößungen – eine schlechte Wirkung auf die anderen, weshalb die Ärzte versuchten, ihm zur Beruhigung Morphium zu geben. Aber ob bei sich oder nicht, er weigerte sich, es zu nehmen. Er behauptete, mit diesem trügerischen Mittel hätte man schon seine Frau umgebracht, und ehe er das einnehme, wollte er lieber verrecken. Er hatte die Ärzte im Verdacht, daß sie es heimlich in seine gewöhnliche Medizin und sein Trinkwasser taten – und er rührte keins von beiden mehr an. Einmal, nachdem er zwei glühendheiße Tage ohne Wasser ausgehalten hatte, nahm er den Trinkbecher doch zur Hand. Der Anblick der klaren Flüssigkeit und die Qual seines Durstes gingen beinahe über seine Kräfte, aber er beherrschte sich und warf den Becher weg, und danach ließ er nichts mehr zum Trinken in seine Nähe kommen. Dreimal sah ich, wie er ohne Bewußtsein und scheinbar kurz vor dem Sterben ins Sterbezimmer getragen wurde, aber jedesmal rappelte er sich wieder hoch, verfluchte seine Wärter und verlangte, zurückgebracht zu werden. Er blieb am Leben und wurde schließlich wieder Maat auf einem Dampfschiff.

Er war jedoch der einzige, der aus dem Totenzimmer lebend zurückkam. Dr. Peyton, ein ausgezeichneter Arzt und reich an all den Eigenschaften, die eine angesehene und lautere Persönlichkeit ausmachen, tat alles, was Kenntnisse, Erfahrung und langjährige Übung für Henry tun konnten, aber wie die Zeitungen von Anfang an geschrieben hatten, seine Verletzungen waren zu schwer, ihm konnte nicht mehr geholfen werden. Am Abend des sechsten Tages beschäftigte sich sein herumirrender Geist mit Dingen, die weit weg waren, und seine kraftlosen Finger zupften an der Bettdecke. Seine Stunde hatte geschlagen; wir trugen den armen Jungen ins Sterbezimmer.

EINUNDZWANZIGSTES KAPITEL

Ein Einschnitt in meiner Biographie

Nach entsprechender Zeit erhielt ich mein Patent. Ich war nun Lotse und flügge. Ich bekam hier und da eine Heuer, und da meinen Schiffen nichts zustieß, erhielt ich statt der gelegentlichen feste und längere Anstellungen. Die Zeit floß sanft und wohlhabend dahin, und ich nahm an – und hoffte –, ich könnte den Rest meiner Tage den Fluß hinauf- und hinuntersteuern und einmal am Rad sterben, wenn meine Mission beendet sei. Aber dann kam der Krieg, Handel und Verkehr wurden lahmgelegt, und mit meinem Beruf war es aus.

Ich mußte mir einen anderen Lebensunterhalt suchen. So wurde ich Silbergräber in Nevada, dann Zeitungsreporter, dann Goldgräber in Kalifornien, dann Reporter in San Francisco, dann Sonderberichterstatter auf Hawaii, dann herumschweifender Korrespondent in Europa und im Orient, dann eine belehrende Leuchte auf dem Vortragspodium und schließlich wurde ich Bücherschmierer und unbewegliches Inventarstück unter den anderen Felsen von Neuengland.

Mit so wenig Worten habe ich die einundzwanzig langsam verflossenen Jahre abgetan, die gekommen und gegangen sind, seit ich das letztemal aus den Fenstern eines Steuerhauses geschaut habe.

Doch nun wollen wir wieder mal.

ZWEIUNDZWANZIGSTES KAPITEL

Ich komme auf besagten Hammel zurück

Nach diesen einundzwanzig Jahren verspürte ich ein sehr starkes Verlangen, den Fluß wiederzusehen und die Dampfschiffe und wer von den Jungens noch übriggeblieben sein mochte. Und so beschloß ich hinzufahren. Zur Gesellschaft engagierte ich mir einen Dichter und einen Stenographen, um seine Worte festzuhalten, und zog Mitte April in Richtung Westen los.

Da ich mir Notizen machen und sie später veröffentlichen wollte, überlegte ich mir, wie die Sache am besten anzustellen sei. Würde man mich auf dem Fluß erkennen, könnte ich nicht mehr so frei gehen und kommen, reden, Fragen stellen und herumspionieren, wie wenn ich unerkannt bliebe, denn ich wußte noch, daß es unter Dampfschiffern von damals Usus war, den vertrauensseligen Fremden mit den phantastischsten und grandiosesten Schwindeleien aufzuladen, den kritischen Freund aber mit stinklangweiligen Fakten abzuspeisen. Also schien es vom geschäftlichen Standpunkt aus vorteilhafter, unsere Gesellschaft hinter fingierten Namen zu verbergen. Die Idee war durchaus gut, zog aber endlose Schereien nach sich, denn obwohl Smith, Jones und Johnson Namen sind, die einem leicht wieder einfallen, wenn man sie im Moment gerade nicht braucht, ist es schier unmöglich, auf sie zu kommen, wenn Not am Mann ist. Wie bringen Verbrecher es bloß fertig, einen nagelneuen Decknamen zu behalten? Das ist ein großes Geheimnis. Ich war unschuldig, und doch hatte ich meinen neuen Namen nur selten gleich zur Hand, wenn er verlangt wurde; und hätte ich zur weiteren Verwirrung noch ein Verbrechen auf dem Gewissen gehabt, so hätte ich wahrscheinlich den Namen überhaupt nicht behalten können.

Am 18. April, morgens acht Uhr, fuhren wir mit der Pennsylvaniabahn los.

»*Abends.* – Gespräche über Kleidung. Anmut und Chic lassen nach, je weiter man sich von New York entfernt.«

Das finde ich unter meinen Notizen. In welcher Richtung man die Stadt verläßt, bleibt sich gleich. Egal, ob nach Norden, Süden, Osten oder Westen: man steht morgens auf und kann sofort erraten, wie weit man inzwischen gekommen ist, man braucht bloß darauf zu achten, in welchem Maße Anmut und Chic in der Kleidung der neuen Fahrgäste nachgelassen haben – und nicht nur bei den Frauen, sondern bei beiden Geschlechtern. Vielleicht liegt das letzten Endes an der Haltung der Leute, wahrscheinlich sogar, denn in den Provinzstädten gibt es eine ganze Menge Damen und Herren mit Garderobe aus den besten New Yorker Salons, und doch ändert das nichts an der Sache an sich: das geschulte Auge hält diese Leute nie für New Yorker. Nein, wer in New York geboren und groß geworden ist, hat etwas gottlos Anmutiges und Schneidiges und Stilvolles, das bloße Schale nicht erzielen kann.

»*19. April.* – Landeten heute früh in der Gegend der Spitzbärte – manchmal begleitet von einem Schnurrbart, aber nur gelegentlich.«

Kam einem komisch vor, dieses Weitersprießen einer überholten und unschönen Mode; es war, als begegne man plötzlich einem längst vergessenen Bekannten, den man seit einem Menschenalter für tot gehalten hat. Dem Ziegenbart begegnet man über ein großes Stück Land, begleitet von einem eisenbepanzerten Glauben an Adam und die biblische Schöpfungsgeschichte, dem die Angriffe der Wissenschaftler noch nichts anhaben konnten.

»*Nachmittags.* – Was auf den Bahnhöfen herumlungert, hat *beide* Hände in den Hosentaschen. Bisher hatte sich die eine Hand manchmal draußen sehen lassen – hier nie. Ein bedeutsames geographisches Faktum.«

Würden die Herumlungerer den Charakter eines Landes bestimmen, wäre es natürlich noch bedeutsamer.

»Auf der ganzen bisherigen Strecke hat man oft beobachten können, wie sich die Herumlungerer mit dem einen Fuß am andern Schienbein kratzen. Diese Reste von Aktivität fehlen hier. Ein schlimmes Zeichen.«

Allmählich kamen wir in die tabakkauende Gegend. Vor fünfzig Jahren zog sie sich noch über die ganze Union hin. Heute ist sie sehr begrenzt.

Als nächstes tauchen Schaftstiefel auf. Jedoch nicht in beängstigender Menge. Später – weiter den Mississippi hinunter – wurden sie zur Regel. Aus den anderen Gebieten der Union verschwanden sie zusammen mit dem Straßenschlamm. Zweifellos werden sie auch aus den Flußdörfern verschwinden, sobald die anständig gepflastert sind.

Um zehn Uhr abends erreichten wir St. Louis. Mit einem

kläglichen Versuch unbefangener Selbstverständlichkeit präsentierte ich am Hotelschalter einen in aller Eile ausgedachten Namen. Der Empfangschef hielt inne und musterte mich auf die mitleidige Art, mit der man einen achtbaren Bürger mustert, den man in zweifelhafter Situation antrifft. Dann sagte er: »Geht in Ordnung. Ich weiß schon, was Sie für ein Zimmer wollen. Hab früher im ›St. James‹ in New York gearbeitet.«

Für eine Schwindelkarriere ein wenig versprechender Anfang! Wir begaben uns in den Speisesaal und trafen noch zwei Männer, die ich von irgendwoher kannte. Wie merkwürdig und ungerecht es doch zugeht: Böse Betrüger laufen herum und halten unter meinem Pseudonym Vorträge, und niemand verdächtigt sie; aber wenn ein ehrlicher Mensch mal eine kleine Hochstapelei versucht, wird er sofort entlarvt.

Eines war klar: Wenn weiter so Leute, die sich kein X für ein U vormachen ließen, wie Pilze aus dem Boden schossen, mußten wir gleich morgen flußabwärts losdampfen; was uns gar nicht munden wollte, denn wir hatten auf wenigstens eine Woche St. Louis gehofft. Das »Southern« war ein gutes Hotel, wir hätten es uns dort schön gemütlich machen können. Es ist groß und wird gut geführt, und die Dekorationen sind nicht so zum Heulen wie die vom riesigen »Palmer House« in Chicago. Zugegeben, die Billardtische stammten aus der Steinzeit und die Queues und Bälle noch von den Neandertalern, was aber nicht unangenehm, sondern wohltuend war, gewährt die Betrachtung von Antiquitäten doch Ruhe und Entspannung.

Was im Billardsaal am auffälligsten fehlte, war der Mann vom Fluß. War er doch da, hatte er seine Erkennungsflagge eingezogen; er hatte sich verkleidet. Ich sah nichts mehr von dem großartigen Auftreten, dem Herumgeprotze mit Geld und den pompösen Krösusallüren, wodurch sich zu vergangener Zeit in den überfüllten Billardsälen von St. Louis die Dampfschiffleute von den Landratten unterschieden. Damals waren die wichtigsten Lokale stets voller Schiffer: von fünfzig anwesenden Billardspielern waren meist dreißig bis fünfunddreißig vom Fluß. Ich

ZWEIUNDZWANZIGSTES KAPITEL

schöpfte Verdacht, daß sich ihre Reihen jetzt gelichtet hatten und die Dampfschiffer keine Aristokratie mehr waren. Ja, zu meiner Zeit, da sagten sie zum Barkeeper noch Bill oder Joe oder Tom und hauten ihm auf die Schulter. Ich wartete darauf. Aber von denen hier machte das keiner. Offensichtlich hatte sich die ganze Herrlichkeit von vor einundzwanzig Jahren in Rauch aufgelöst.

Als ich nach oben in mein Zimmer kam, fand ich dort den jungen Mann, der Rogers hieß, weinend vor. Rogers war gar nicht sein Name und genauso wenig Jones, Brown, Dexter, Ferguson, Bascom oder Thompson, aber er hörte auf jeden davon, den man im Notfall gerade zur Hand hatte. Übrigens auch auf jeden andern, wenn er begriff, daß er damit gemeint war. Er sagte:

»Was muß man hier eigentlich tun, wenn man einen Schluck Wasser will? Diese Jauche da trinken?«

»Können Sie das nicht?«

»Doch. Ich müßte bloß ein bißchen Wasser haben, um sie zu waschen.«

Hier war etwas, das unverändert geblieben war. Zwei Jahrzehnte hatten dem Mulattenteint dieses Wassers nicht das mindeste anhaben können. Vielleicht würden nicht einmal zwei Jahrtausende mehr Erfolg haben. Es kommt aus dem wilden, uferzerwühlenden Missouri, und jedes Glas voll enthält fast einen Morgen aufgelöstes Land. Diese Angabe habe ich vom hiesigen Bischof. Läßt man sein Glas eine halbe Stunde stehen, kann man Land und Wasser so leicht scheiden wie in der Schöpfungsgeschichte und wird feststellen, beide sind gut: das eine gut zum Essen, das andere gut zum Trinken. Das Land ist sehr nahrhaft, das Wasser sehr gesund. Das eine stillt den Hunger, das andere löscht den Durst. Die Einheimischen aber nehmen das nicht getrennt zu sich, sondern so, wie die Natur es gemixt hat. Wenn sie im Boden eines Glases einen Zoll Schlamm finden, rühren sie das Ganze um und schlürfen es runter wie Haferschleim. Für einen Fremden ist es nicht einfach, sich mit dieser Mischung abzufinden, doch einmal daran gewöhnt, wird er sie reinem Wasser vorziehen. Bestimmt. Zum Befahren mit Dampfern und zum Trinken eignet sie sich hervorragend, zu mehr aber nicht, höchstens noch zum Taufen.

Am nächsten Morgen fuhren wir bei Regen in der Stadt umher. Die City schien noch fast die alte. Und doch hatte sie sich mächtig verändert, wenn es auch nicht so aussah, denn neu auszusehen, dazu kann man etwas Neues in St. Louis ebensowenig kriegen wie in London und Pittsburgh: der Kohlenruß verwandelt es, sobald man es aus den Händen läßt, in eine Antiquität. Der Ort war seit der Zeit, wo ich zu seinen Einwohnern zählte, ungefähr noch einmal so groß geworden und hatte sich zu einer Stadt mit vierhunderttausend Einwohnern entwickelt, und doch bot er, zumindest im alten Geschäftszentrum, ungefähr das gleiche Bild wie früher. Allerdings bin ich sicher, daß es nicht mehr so viel Rauch in St. Louis gibt wie damals, wo er sich über der Stadt zu einem wogenden schwarzen Baldachin zusammenballte und den Himmel verhängte. Dieses Dach ist jetzt viel fadenscheiniger, aber Rauch gibt es nach wie vor reichlich. Ich entsinne mich jedenfalls nicht, darüber Klagen gehört zu haben.

In den Vorstädten fallen die Veränderungen aber doch ins Auge, vor allem in der Wohnhausarchitektur. Stattlich, schmuck und modern sind sie, diese feinen neuen Häuser. Außerdem stehen sie frei, umgeben von grünen Rasenflächen, während die Wohnbauten von damals zu Blocks zusammengepfercht sind, einer wie der andere nach demselben Schema gebaut und alle mit den gleichen, in gewundenen Steinrahmen gefaßten Bogenfenstern. Eine Sorte Haus, schön genug, als es weniger davon gab.

Es war noch etwas Neues da: der Forest Park. Den kannte ich noch nicht. Er ist wunderschön und sehr ausgedehnt. Dazu hat er das hervorragende Verdienst, in erster Linie ein Werk der Natur zu sein. Es gibt auch andere herrliche Parks, besonders Tower Grove und den Botanischen Garten. St. Louis hat mit solchen Verschönerungen eben früher angefangen als die meisten unserer Städte.

Als ich St. Louis zum erstenmal sah, hätte ich es für sechs Millionen Dollar kaufen können, und das nicht getan zu haben, dürfte der größte Fehler meines Lebens gewesen sein. Jetzt über diese Metropole mit ihren Türmen und Domen, über diese Masse von Backstein und Mörtel, die sich nach allen Richtungen hin ausbreitet und sich in einer jedes Maßes spottenden Weise in der Ferne verliert, zu blicken und daran zu denken, daß ich so eine Gelegenheit habe vorbeigehen lassen, war bitter. Warum ich nicht zugriff, erscheint auf den ersten Blick heute natürlich töricht und unbegreiflich, doch damals hatte ich meine Gründe.

Ein Schotte, der Ehrenwerte Charles Augustus Murray, schrieb vor etwa fünfundvierzig oder fünfzig Jahren: »Die Straßen sind eng, schlecht gepflastert und miserabel beleuchtet.« Natürlich sind diese Straßen noch immer eng, viele auch noch immer schlecht gepflastert, mit dem Vorwurf miserabler Beleuchtung aber kann man heute nicht mehr kommen. Die »Neue Katholische Kirche« war dazumal das einzige bemerkenswerte Gebäude, und erwartungsvoll trug man Mr. Murray an, es zu bewundern, dieses »Exemplar von griechischem Portikus, mit dem im Verhältnis viel zu winzigen Turm und den diversen Ornamenten«, die zu beschreiben sich der phantasielose Schotte »völlig außerstande« sah und deshalb dankbar war, als ihm ein deutscher Tourist mit dem Ausruf zu Hilfe kam: »Jessas, die sehen ja aus wie Bettpfosten!« Jetzt ist St. Louis mit stattlichen und prächtigen Gebäuden wohl versehen, und die kleine Kirche, einst der ganze Stolz der Einwohner, hat längst ihre Bedeutung eingebüßt. Käme Mr. Murray zurück, würde ihn das aber nicht erstaunen; mit aller Zuversicht hatte er die kommende Größe von St. Louis prophezeit.

Je weiter wir auf unserer Besichtigungstour kamen, um so deutlicher wurde mir bewußt, wie die Stadt gewachsen war, seit ich sie zum letztenmal sah. Auch in den kleineren Dingen fielen die Veränderungen jetzt mehr und mehr ins Auge: eine wie die andere zeugten sie von Fortschritt, Tatkraft und Wohlstand.

Doch die größte aller Veränderungen fanden wir am Landeplatz. Diesmal eine Ausnahme von der Regel. Ein halbes Dutzend in tiefstem Schlaf liegender Dampfschiffe, wo ich eine gedrängte Meile hellwacher zu sehen gewohnt war! Das war deprimierend, das tat weh. Das Fehlen des ausgelassenen, stets die erste Geige spielenden Dampfschiffers im Billardsaal hatte seine Erklärung gefunden. Er war nicht da, weil es ihn nicht mehr gibt. Sein Beruf ist dahin, seine Macht verblichen; aufgesaugt von der großen Herde, plagt er sich als kleines Rädchen, ein kahlgeschorener Simson, der nicht auffällt. Ein halbes Dutzend lebloser Dampfer, eine Meile verlassener Kais, ein vom Whisky erschöpfter Neger, zum Schlaf hingehauen in einer weiten und lautlosen Leere, wo einst die geschlossenen Reihen der Handelshäuser wetteiferten*! Hier herrschte Einsamkeit, fürwahr.

> Das alte, alte Meer, wie in Tränen und Trauer,
> kommt murmelnd, die schaumigen Lippen zerstieben,
> und klopft an die öde Hafenmauer:
> Wo sind meine Schiffe, die vielen, geblieben?

Schlepper und Eisenbahn haben ganze Arbeit geleistet. Die gewaltige Brücke, die sich über unsere Köpfe spannt, hat ihr Teil zu dem Gemetzel und der Plünderung beigetragen. Der klägliche Rest ehemaliger Dampfschiffer erzählte mir mit matter Genugtuung, die Brücke mache sich nicht bezahlt. Doch was nützt es einer Leiche, zu wissen, daß das Dynamit, mit dem sie ins Jenseits befördert wurde, nicht von der erhofften Qualität war?

Das Pflaster entlang dem Ufer war schlecht, den Bürgersteigen tat Überholung dringend not, Schlamm gab es in Hülle und Fülle. Das alles war vertraut und wie erwartet, doch die einstigen Batterien von Karren und die drängenden Menschenmengen und die Berge von Fracht waren verschwunden und an ihrer Stelle herrschte Sabbat. Die seit ewigen Zeiten bestehende Meile billiger Spelunken war geblieben, aber sie läpperten sich nur noch durch, denn die

---

* Vor fünfundvierzig Jahren schrieb Captain Marryat: »St. Louis hat 200 000 Einwohner. *Der Fluß gegenüber der Stadt wimmelt von Dampfbooten, die in Zweier- und Dreierreihen hintereinanderliegen.*«

Massen giftsaufender Iren gab es nicht mehr, dafür nur hier und da eine Handvoll zerlumpter Neger, trinkende und betrunkene, dösende und schlafende. St. Louis ist eine große und wohlhabende und fortschrittliche Stadt, sein Hafenviertel aber unwiederbringlich tot.

Die Mississippi-Dampfschiffahrt wurde um 1812 geboren, nach dreißig Jahren war sie zu riesigen Ausmaßen angewachsen und nach knapp dreißig weiteren tot! Ein merkwürdig kurzes Leben für ein so majestätisches Wesen. Natürlich ist sie nicht völlig tot, genauso wenig wie ein Mann, der früher zweiundzwanzig Fuß weit sprang und jetzt als Tattergreis vom Zipperlein geplagt wird, doch im Vergleich zu dem, was sie in ihrer besten Zeit war, kann man sagen, die Mississippi-Dampfschiffahrt hat ausgelebt.

Sie hatte dem altmodischen Kielbootbetrieb langsam den Todesstoß versetzt, indem sie die Frachtzeit nach New Orleans auf weniger als eine Woche verkürzte. Nun ist sie selber kaltgestellt: ihr Passagierverkehr durch die Eisenbahnen, die in zwei bis drei Tagen schaffen, wozu die Dampfer eine Woche brauchen, und ihr Güterfernverkehr durch die Schleppzüge, die bei so geringen Kosten gleich sechs bis sieben Dampferladungen auf einmal den Fluß hinunterziehen, und damit jede Konkurrenz von seiten der Dampfschiffe ausscheiden.

Verblieben ist ihnen die Fracht- und Personenbeförderung für kurze Strecken. Sie befindet sich – entlang den zweitausend Meilen am Fluß zwischen St. Paul und New Orleans – in den Händen von zwei, drei festen und kapitalkräftigen Gesellschaften, die mit System und Geschäftstüchtigkeit aus den Resten der einst gigantischen Dampfschiffsbranche immer noch genügend Geld herausholen. St. Louis und New Orleans haben, so nehme ich an, unter dem Wechsel materiell nicht gelitten, leider aber der arme Mann vom Holzplatz!

Früher besetzte er die ganze Strecke am Fluß entlang, seine Warenstapel längs der Ufer zogen sich in dichter Folge von der einen Stadt bis zur anderen, und in jedem Jahr verkaufte er unzählige Klafter gegen bares Geld. Jetzt aber brennen die paar übriggebliebenen Schiffe alle

Kohle, und was man heute auf dem Mississippi am seltensten zu sehen bekommt, ist ein Stapel Holz. Wo mag der Mann vom Holzplatz jetzt sein?

DREIUNDZWANZIGSTES KAPITEL

Inkognito unterwegs

Ich hatte vor, in jeder Stadt zwischen St. Louis und New Orleans ein bißchen herumzubummeln. Also hätten wir von Ort zu Ort mit den kurzen Paketbootlinien fahren müssen. Dieser Plan war leicht gefaßt, und vor zwanzig Jahren wäre er auch leicht in die Tat umzusetzen gewesen – jetzt aber mitnichten. Heutzutage muß man lange warten, bis wieder mal ein Schiff abgeht.

Anfangen wollte ich mit den interessanten alten französischen Siedlungen St. Genevieve und Kaskaskia, sechzig Meilen unterhalb St. Louis. Für diese Strecke war ein einziges Schiff angezeigt: ein Paketboot aus Grand Tower. Doch eins genügte ja, und so gingen wir runter, es uns anzusehen. Es war ein erlauchtes Wrack und ein betrügerisches dazu, denn es gab sich als bewegliches Eigentum aus, und dabei lag der gute, ehrliche Dreck überall so dick drauf, daß es von Rechts wegen hätte als Liegenschaft versteuert werden müssen. In Neuengland gibt es Orte, wo das Oberdeck hundertfünfzig Dollar pro Morgen wert gewesen wäre. Der Boden auf dem Vorschiff war nicht unübel: an geschützten Stellen schoß aus den Rissen bereits die neue Weizenernte hervor. Die Treppe zu den Kajüten war von trockener, sandiger Beschaffenheit und hätte sich bei südlicher Lage und etwas Bodenkultivierung prächtig für den Weinbau geeignet. Die Krume auf dem Maschinendeck war dünn und steinig, für Weidezwecke aber gut genug. Ein Negerjunge stand Wache – ansonsten war niemand zu sehen. Wir erfuhren von dem Jungen, dieses stille Fahrzeug gehe wie angekündigt ab, »wenn die Tour zusammen ist«, andernfalls würde so lange gewartet werden.

DREIUNDZWANZIGSTES KAPITEL

»Habt ihr überhaupt schon was?«
»I bewahre, Meister! Ladung noch nicht gelöscht. Sind heute morgen erst rein.«

Wann das Schiff seine Fahrt vollbekommen würde, konnte er nicht genau sagen, vielleicht morgen, vielleicht übermorgen. Damit war uns ganz und gar nicht gedient, also mußten wir auf die Neuheit verzichten, den Fluß auf einer Farm hinunterzugondeln. Wir hatten noch einen Pfeil im Köcher: Um fünf Uhr nachmittags ging ein Vicksburger Paketboot ab, die »Gold Dust«. Auf der nahmen wir dann Plätze bis Memphis, und den Plan, hier und dort einen Abstecher zu machen, ließen wir als unausführbar fallen. Die »Gold Dust« war schmuck, sauber und komfortabel. Wir kampierten auf dem Maschinendeck und erstanden ein paar Schmöker, um damit die Zeit totzuschlagen. Der Verkäufer war ein ehrwürdiger Ire mit kulanter Miene und einer gut geölten Zunge, und wir erfuhren von ihm, er lebe seit vierunddreißig Jahren in St. Louis und sei noch kein einziges Mal über den Fluß gekommen. Dann verfiel er in einen sehr flüssigen, von klassischen Namen und Anspielungen strotzenden Vortrag. Geradezu erstaunlich, wie er das alles sozusagen aus dem Ärmel schüttelte, bis es doch recht offenbar wurde, daß es nicht das erste und auch nicht das fünfzigste Mal war, daß er diese Rede hielt. Er war eine richtige Type und viel unterhaltender als die albernen Bücher, mit denen er handelte. Eine beiläufige Bemerkung über Iren im Zusammenhang mit Bier, bewirkte folgende Bemerkung, die Goldes wert war: »Trinken die gar nicht, Sir. *Können* sie gar nicht, Sir. Geben Sie einem Iren einen Monat lang Lagerbier, und er beguckt sich die Radieschen von unten. Ein Ire ist innen mit Kupfer ausgeschlagen, und Bier zerfrißt Kupfer. Whisky dagegen macht es blank und ist dem Iren seine Rettung, Sir.«

Um acht Uhr, pünktlich wie die Maurer, stießen wir rückwärts ab und – setzten über. Als wir in der Stockdunkelheit gegen das Ufer zukrochen, leuchtete plötzlich auf unserem Vorderdeck eine blendende Pracht weißen elektrischen Lichtes auf und tauchte das Wasser und die

Lagerschuppen in helles Tageslicht. Wieder etwas, was sich gewaltig verändert hatte – keine flackernden, rußenden, tropfenden, unzulänglichen Pechfackeln mehr: deren Tage sind vorbei. Und noch eine Neuerung: Anstatt anderthalb Dutzend Bootsleute zum Auslegen der Landebrücke herbeizurufen, ließen zwei Männer und ein Teekessel voll Dampf sie von dem Ladebaum, wo sie aufgehängt war, herunter und schoben sie über Bord, haargenau plaziert, und noch ehe ein Maat in der alten Zeit seine Fluchschleusen hätte öffnen können, um mit den Vorbereitungen anzufangen, war alles fix und fertig. Warum man nicht gleich beim Bau des ersten Dampfschiffes auf diese einfache Methode der Landebrückenbedienung kam, ist ein Rätsel, das einem erkennen hilft, was für ein geistiger Faulpelz der Durchschnittsmensch doch ist.

Morgens um zwei Uhr fuhren wir endlich ab, und als ich um sechs aufstand, wendeten wir gerade an einer felsigen Bake, auf der ein alter gemauerter Lagerschuppen stand – beziehungsweise dessen Ruine. Nahebei im Schutz der belaubten Hügel lagen zwei, drei zerfallene Wohnhäuser, doch es waren keine Anzeichen von menschlichem oder anderem tierischen Leben zu sehen. Hatte ich denn den Fluß verlernt? An diesen Ort konnte ich mich überhaupt nicht mehr erinnern; der Fluß schien hier auch ganz anders zu verlaufen; nirgends sah ich etwas, was mir irgendwie bekannt vorkam. Ich war irritiert und enttäuscht, und ich ärgerte mich.

Wir setzten ein gutgekleidetes Ehepaar und zwei elegante damenhafte junge Mädchen nebst einer Kollektion juchtenlederner Reisetaschen an Land. Merkwürdiger Ort für solche Leute! Es stand kein Wagen da. Die Gesellschaft bewegte sich davon, als hätte sie auch keinen erwartet, und schlug zu Fuß eine sich abwärts windende Landstraße ein.

Während wir weiterdampften, klärte sich diese mysteriöse Sache jedoch auf: die Leute wollten offensichtlich nach einem größeren Ort, der ein paar Meilen unterhalb jener Anlegestelle hinter einem »Towhead« (das heißt einer neugebildeten Insel) eingeschlossen lag. An diese Stadt konnte ich mich nicht mehr erinnern, wußte sie nirgends unterzubringen und kam auch nicht auf ihren Namen. Langsam verlor ich die Geduld. Ich hatte den Verdacht, es könnte St. Genevieve sein – und das war es auch. Man höre und staune, was sich unser exzentrischer Fluß hier geleistet hat: er hat dieser Stadt das riesige nutzlose Towhead direkt vor die Nase gesetzt, ihr die Verbindung zum Fluß abgeschnitten, sie völlig abgesperrt und zur Landpomeranze gemacht. Dabei ist es ein schöner alter Ort und hätte ein besseres Schicksal verdient. Er wurde von den Franzosen gegründet und ist ein Überbleibsel aus einer Zeit, als man von der Mississippimündung bis Quebec den ganzen Weg über auf französischem Territorium und unter französischer Herrschaft blieb.

Schließlich ging ich aufs Oberdeck und warf einen sehnsüchtigen Blick nach dem Steuerhaus.

VIERUNDZWANZIGSTES KAPITEL

Mein Inkognito platzt

Nachdem ich das Gesicht des wachhabenden Lotsen unter die Lupe genommen hatte, konnte ich zufrieden feststellen, es nie zuvor gesehen zu haben. Und so stieg ich dann hinauf. Der Lotse musterte mich, ich musterte den Lotsen. Als wir mit dieser üblichen Einleitung fertig waren, setzte ich mich auf die hohe Bank, und er drehte sich um und wandte sich wieder seiner Arbeit zu. Jede Einzelheit des Steuerhauses war mir vertraut, allerdings mit einer Ausnahme: unter dem Brustbrett befand sich eine Röhre mit großem Mundstück. An diesem Ding riet ich eine ganze Weile herum, gab es dann auf und fragte, wozu das sei.

»Um die Maschinenglocken durch zu hören.«

Wieder eine ausgezeichnete Einrichtung, die hätte ein halbes Jahrhundert früher erfunden werden sollen. Das waren so meine Gedanken, als der Lotse fragte:

»Wissen Sie, wozu das Seil hier ist?«

Es gelang mir, um diese Frage herumzukommen, ohne mich bloßzustellen.

»Sie sind zum allerersten Mal in einem Steuerhaus?«

Ich würgte eine Antwort hervor.

»Wo sind Sie denn her?«

»Aus Neuengland.«

»Zum erstenmal im Westen?«

Ich schluckte auch das.

»Wenn Sie sich für so was interessieren, kann ich Ihnen erklären, wozu die Sachen hier alle sind.«

Ich sagte: »Gern.«

»Das da« – er legte die Hand auf den Strang einer Glocke für Rückwärtsgang – »ist, um Feueralarm zu geben; das hier« – er zeigte auf eine Abfahrtsglocke – »um den Texas-Steward raufzuholen; hiermit« – er deutete auf die Strippe für die Dampfpfeife – »wird der Kapitän gerufen«, und so ging das munter weiter, wobei er einen Gegenstand nach dem anderen berührte und seelenruhig sein Lügengarn abhaspelte.

Nie war ich mir so sehr wie ein Passagier vorgekommen. Ich bedankte mich überschwenglich für jede neue Auskunft und schrieb sie in mein Notizbuch. Der Lotse geriet immer mehr in Fahrt und verkohlte mich weiter auf die gute, alte Tour. An einigen Stellen hatte ich Angst, seine Phantasie würde ihn verlassen, doch sie hielt wunderbar durch und er auch. In leichtem Fluß ging er zu Enthüllungen über verschiedene Exzentrizitäten des Stromes über und untermauerte sie mit ein paar recht gigantischen Illustrationen. Zum Beispiel:

»Sehen Sie den kleinen Stein da drüben aus dem Wasser ragen? Als ich das erstemal auf den Fluß kam, war das noch ein solider Felsrücken, über sechzig Fuß hoch und zwei Meilen lang. Alles weggespült bis auf das da.«

Und er seufzte.

Ich verspürte einen mächtigen Impuls, ihm den Hals umzudrehen, doch die gewöhnlichen Arten des Umbringens schienen mir für ihn alle zu schade.

Einmal, als in der Ferne ein merkwürdig aussehendes Fahrzeug mit einem riesigen, vom Ende eines Deckbalkens

VIERUNDZWANZIGSTES KAPITEL

schräg nach oben ragenden Kohlenkasten vorüberdampfte, machte er mich gleichgültig darauf aufmerksam, wie man das bei Dingen tut, die einem schon zum Halse heraushängen, und sagte, das sei ein »Alligatorboot«.

»Ein Alligatorboot? Wozu ist denn das?«

»Da werden Alligatoren mit ausgebaggert.«

»Gibt's die in solchen Haufen, daß sie lästig werden?«

»Na, jetzt nicht mehr, weil die Regierung sie im Zaum hält, aber früher mal. Nicht überall, doch an bevorzugten Stellen, hier und da, wo der Fluß breit und seicht ist – wie bei Plum Point und Stack Island und so weiter –, man spricht da von Alligatorbetten.«

»Haben die wirklich die Schiffahrt behindert?«

»Vor Jahren ja, in sehr niedrigem Wasser; es gab kaum eine Fahrt, bei der wir nicht auf Alligatoren aufgelaufen sind.«

Mir war, als müßte ich unbedingt meinen Tomahawk zücken. Ich hielt mich jedoch zurück und sagte: »Muß ja schrecklich gewesen sein.«

»Ja, war mit die sauerste Arbeit vom ganzen Lotsen. Es war so schwer, etwas über das Wasser zu sagen – die Biester rutschen immerzu hin und her, liegen keine fünf Minuten still. Ein Windriff kann man sofort erkennen, man braucht bloß einmal hinzusehen, einen Strudel auch und ebenso ein Sandriff – alles puppenleicht. Ein Alligatorriff aber zeigt sich kein bißchen. In neun von zehn Fällen kann man nicht sagen, wo das Fahrwasser ist, und findet man doch, wo es entlanggeht, ist es todsicher nicht mehr da, wenn man hinkommt: die verteufelten Viecher haben sich inzwischen woanders hingepackt. Na klar hat es einige wenige Lotsen gegeben, die Alligatorwasser beinahe so gut erkennen konnten wie jedes andere, aber die hatten eben besonderes Talent dazu, *lernen* konnte man so was nicht, das mußte einem angeboren sein. Warten Sie mal, da waren Ben Thornburg und Beck Jolly und Squire Bell und Horace Bixby und Major Downing und John Stevenson und Billy Gordon und Jim Brady und George Ealer und Billy Youngblood – alles I a Alligatorlotsen. Die haben Alligatorwasser von so weit erkannt wie andere

Christen Whisky. Ob sie es lesen konnten? Aber wie! Ich wollte, ich hätte so viel Dollar wie die aus anderthalb Meilen Entfernung Alligatorwasser lesen konnten. Na, und verdient haben die damit! Ein guter Alligatorlotse hat jederzeit seine fünfzehnhundert Dollar im Monat gemacht. Andere mußten nachts abtakeln, wenn Alligatoren da waren, die aber takelten bei nichts ab, höchstens wenn Nebel war. Gutes Alligatorwasser haben die *riechen* können – wurde jedenfalls immer gesagt. Ob da was dran war, kann ich nicht sagen, ich meine, man hat genug zu tun, wenn man bei dem bleibt, was man selber weiß, und nicht noch rumrennt und anderer Leute Geschwafel unterstützt, obwohl es eine ganze Menge gibt, die sich nicht zurückhalten, solange sie sich irgendwelche tollen Geschichten ausdenken können. Was aber nicht der Stil von Robert Styles ist, bei drei Faden – vielleicht auch bei bloß twaindreiviertel.«

[Was! War das Rob Styles? Dieser stattliche Kerl mit dem Schnurrbart? Zu meiner Zeit ein reichlich schmächtiger Stift. Wie der sich in fünfundzwanzig Jahren rausgemacht hat – vor allem in der edlen Kunst des Spinnens.]

Nachdem ich so sinniert hatte, sagte ich laut: »Ich kann mir schlecht vorstellen, daß es viel genutzt hat, die Alligatoren auszubaggern, weil die doch gleich wiederkommen konnten.«

»Wenn Sie soviel Erfahrung mit Alligatoren hätten wie ich, würden Sie anders reden. Einen Alligator baggert man einmal aus, und er ist *überzeugt*. Weiter hören Sie von dem nichts mehr. Nicht für Schlagsahne würde der wiederkommen. Wenn es etwas gibt, was ein Alligator mehr als alles andere haßt, dann das Ausgebaggertwerden. Außerdem wurden sie ja nicht bloß aus dem Wege geschippt; das meiste, was auf der Schaufel drauf war, wanderte an Bord und in den Kielraum und, wenn die Ladung voll war, ab nach New Orleans in die Regierungswerke.«

»Wozu denn das?«

»Na, um Kommißstiefel draus zu machen. Alles Schuhzeug von der Regierung ist aus Alligatorleder. Das gibt die besten Treter von der Welt. Die halten fünf Jahre und lassen kein Wasser durch. Die Alligatorfischerei ist Regierungsmonopol. Sämtliche Alligatoren sind Eigentum der Regierung – genauso wie die Lebenseichen. Fällen Sie eine Lebenseiche, brummt Ihnen die Regierung fünfzig Dollar Strafe auf. Knallen Sie einen Alligator ab, kommen Sie wegen eines Vergehens von Landesverrat ins Kittchen – und können von Glück sagen, wenn man Sie nicht obendrein noch hängt. Als Demokrat werden Sie das sowieso. Der Geier ist der heilige Vogel des Südens und tabu, der Alligator aber ist der heilige Vogel der Regierung, und Sie müssen ihn schön in Ruhe lassen.«

»Laufen Sie jetzt noch auf Alligatoren auf?«

»O nein! Ist schon seit Jahren nicht mehr vorgekommen.«

»Ja aber, warum sind die Alligatorboote dann noch in Betrieb?«

»Nur für den Polizeidienst – zu weiter nichts. Sie fahren bloß ab und zu noch rauf und runter. Die jetzige Alligatorengeneration erkennt die genauso leicht wie ein Einbrecher den Nachtwächter; wenn sie eins kommen sehen, brechen sie ihre Zelte ab und verziehen sich in die Wälder.«

Nachdem er die Sache mit den Alligatoren noch etwas ausgeschmückt und abgerundet hatte, wechselte er lässig elegant zum Historischen über und berichtete über die kolossalen Heldentaten von einem halben Dutzend Dampfschiffen aus alter Zeit, auf denen er gefahren war. Besonders lange hielt er sich bei einer bestimmten Glanzleistung seines erklärten Lieblings aus dieser vornehmen Flotte auf und fügte dann hinzu:

»Das war die ›Cyclone‹ – ihre allerletzte Fahrt –, und eben dabei ist sie abgesoffen. Kapitän war Tom Ballou, der unsterblichste Aufschneider, der mir je begegnet ist. Der konnte nie bei der Wahrheit bleiben, ganz gleich was für Wetter war. Glattweg das Schaudern hat man bei dem gekriegt. Das war wirklich der skandalöseste Lügenbold! Ich bin schließlich von ihm weggegangen, hab das nicht mehr ausgehalten. Das Sprichwort sagt: ›Wie der Herr, so 's Gescherr‹, und wenn man bei so einem bleibt, kommt man todsicher noch selber in Verdacht. Er hat erstklassige Löhne gezahlt, doch ich hab gesagt: ›Was nutzt der Lohn, wenn dein Ruf auf dem Spiele steht?‹ Also hab ich lieber die Heuer sausen lassen und mich an meinen Ruf geklammert. Und ich hab's nie bereut. Der Ruf geht über alles, ist's nicht so? So seh ich das an. Der hatte mehr Organe der Selbstsucht als immer sieben Männer zusammen – selbstredend alle im Achtersitz seines Schädels verstaut, da, wo sie hingehören. Seinen Hinterkopf haben die so nach unten gezogen, daß er die Nase hochtragen mußte. Die Leute dachten, das wär Eitelkeit, war's aber nicht, sondern Bosheit. Wenn man nur seine Quadratlatschen sah, hielt man diesen Kerl für neunzehn Fuß groß, aber das war er gar nicht, und das lag bloß daran, weil der Fuß unförmig war. Zweifellos war er auf neunzehn Fuß geplant, und seine Quanten sind als erstes gemacht worden, aber dann hat's grade zu fünf Fuß zehn Zoll gereicht. Das ist er, wie er leibt und lebt. Zieht man die Lügen von ihm ab, schrumpft er auf die Größe von Ihrem Hut zusammen, zieht man die Bosheit auch noch ab, verschwindet er ganz und gar. Diese ›Cyclone‹ war ein Prachtschiffchen und zum Steuern das Zuckersüßeste, was je auf Wasser herumgeschwommen ist. Bei breitem Fluß auf mittschiffs stellen und dann einfach laufen lassen, das war alles, was man zu tun hatte. Sie richtete sich die ganze Nacht über nach einem Stern aus, wenn man sie in Ruhe ließ. Das Ruder merkte man überhaupt nicht. Sie steuern machte kein bißchen mehr Arbeit, als bei einer Wahl in Südkarolina die Stimmen für die Republikaner zählen. Eines Morgens, der Tag brach gerade an – es war auf ihrer letzten Fahrt –, hatten sie das Ruder hochgezogen, um es zu reparieren. Ich hab gar nichts davon gewußt, nehme sie rückwärts aus dem Holzplatz raus und schunkle in aller Seelenruhe den Fluß runter. Als ich schon an die dreiundzwanzig Meilen zurückgelegt und an vier schrecklich gekrümmten Stellen gekreuzt habe...«

»Ohne jedes Ruder?«

»Ja, eben ... da erscheint der olle Käpten Tom auf dem Dach und fängt an, mir Vorwürfe zu machen, weil ich in so stockfinsterer Nacht fahre...«

»In so *stockfinsterer Nacht*? Sie sagten doch aber...«

VIERUNDZWANZIGSTES KAPITEL

»Ganz egal, was ich gesagt habe ... es war so dunkel wie jetzt in Ägypten, aber es dauerte gar nicht lange, da kam der Mond raus und...«

»Sie meinen die *Sonne* – denn Sie sind doch losgefahren, als der Tag gerade... Hören Sie mal! War das *bevor* Sie bei dem Kapitän aufgehört haben, weil der so viel geschwindelt hat, oder...«

»Das war vorher – ach, eine Ewigkeit vorher. Und wie gesagt, er...«

»Aber war das nicht die Fahrt, auf der sie gesunken ist, oder war das...«

»Ach i wo! Monate später. Und da hat der Alte...«

»Dann hat sie also *zwei* letzte Fahrten gemacht, denn Sie haben erklärt...«

Er trat vom Steuerrad zurück, wischte sich den Schweiß von der Stirn und sagte: »Hier!« (wobei er mich beim Namen nannte). »Geh ans Rad und schwindle *du* mal ein Weilchen – du hast das besser raus als ich. Den Fremden und Unschuldsknaben zu markieren! Mann, ich hab dich erkannt, noch ehe du sieben Worte gesagt hast, und mir vorgenommen, erst mal rauskriegen, worauf du hinauswillst. *Ausquetschen* hast du mich wollen. Hab ich dich doch gelassen, nicht? Jetzt nimm das Rad und mach die Wache zu Ende, und nächstes Mal treibst du ehrliches Spiel, dann brauchst du deine Fahrt nicht abarbeiten.«

So endete die Sache mit dem fingierten Namen. Und noch keine sechs Stunden aus St. Louis heraus! Aber jedenfalls hatte ich ein Privileg erworben, denn von Anfang an hatte es mich danach gejuckt, meine Hände aufs Steuerrad zu legen. Den Fluß schien ich verlernt zu haben, aber nicht, wie man ein Dampfschiff steuert, und genauso wenig, Freude daran zu finden.

FÜNFUNDZWANZIGSTES KAPITEL

Von Cairo bis Hickman

Die Landschaft von New Orleans bis Cairo – zweihundert Meilen – ist abwechslungsreich und schön. Die Hügel trugen jetzt das frische Grün des Frühlings, für den breiten, zwischen ihnen dahinfließenden Strom ein anmutiger und trefflicher Rahmen. Unsere Fahrt begann verheißungsvoll mit einem in bezug auf Wind und Sonnenschein vollkommenen Tag, und unser Schiff ließ die Meilen in schönem Tempo hinter sich zurück.

In Chester in Illinois fanden wir eine Eisenbahn vor. Außerdem hat Chester jetzt ein Zuchthaus und macht sich auch sonst. In Grand Tower gab es ebenfalls eine Bahn und noch eine in Cape Girardeau. Erstere Stadt hat ihren Namen von einem großen klobigen Felsturm, der sich – ein einfallsreiches Stück Handarbeit der Natur – auf der Missouri-Seite aus dem Wasser erhebt und zu den malerischsten Punkten jener Gegend gehört. Für nähere oder entferntere Nachbarn hat dieser Turm den »Teufelsbackofen« – wohl so genannt, weil er nicht überzeugend genug an den Backofen von irgend jemand sonst erinnert – und den »Teufelsteetisch«: einen riesigen Felsbrocken mit glatter Oberfläche und sich nach unten verjüngendem Weinglasstiel, zirka fünfzig bis sechzig Fuß hoch, neben einem blumenbesäten Abhang über dem Fluß hingesetzt und durchaus so wie ein Teetisch von jedermann, sei er Teufel oder Christ. Weiter flußabwärts haben wir den »Teufelsellenbogen« und die »Teufelsrennbahn« und einen Haufen anderes Eigentum von ihm, an das ich mich jetzt nicht mehr erinnern kann.

Die Stadt Grand Tower zeigte offensichtlich ein geschäftigeres Treiben als in der alten Zeit, aber hier und da schienen ein paar Ausbesserungen nötig zu sein, vor allem hätte sie von oben bis unten neu getüncht werden müssen. Und doch fand ich es nett, sie wieder mal in der alten Tünche zu sehen. »Onkel« Mumford, unser Zweiter Offizier, sagte, der Ort habe unter Hochwasser gelitten und sehe folglich nicht gerade zum besten aus. Und daß die Stadt für sich selber keine Tünche verschwende, sei nicht verwunderlich, werde doch dort mehr und besserer Kalk hergestellt als sonstwo im Westen. Und er fügte hinzu: »In einer Meierei kann man für seinen Kaffee nie Milch kriegen und auf einer Zuckerplantage nie Zucker, und es wäre gegen alle Vernunft, in einer Kalkstadt gekalkte Häuser zu erwarten.« Aus eigener Erfahrung wußte ich, daß die beiden ersten Behauptungen zutreffen und ebenso, daß Leute, die Süßigkeiten verkaufen, sich nichts aus Süßigkeiten machen. Also mußte Onkel Mumford wohl recht haben mit seiner abschließenden Bemerkung: »Wer Kalk herstellt, hält es eben mehr mit der Religion als mit dem Tünchen.« Onkel Mumford sagte weiter, Grand Tower sei ein großes Kohlenzentrum und komme gut voran.

Cape Girardeau liegt am Abhang eines Hügels und macht einen stattlichen Eindruck. Zu Füßen der Stadt befindet sich unten am Fluß eine große Jesuitenschule für Knaben. Onkel Mumford sagte, ihr Ruf für Gründlichkeit sei ebensogroß wie der aller ähnlichen Institute in Missouri. Weiter oben, in luftiger Höhe, gab es noch ein College, ein helles, neues Gebäude, mit malerischen und merkwürdigen Türmchen und Zinnen versehen – eine Art gigantische Menage mit einem großen Sortiment an Fläschchen und Kännchen. Onkel Mumford erklärte, Cape Girardeau sei das Athen von Missouri und verfüge über weit mehr Colleges als die bereits erwähnten, und alle auf religiöser Basis. Er machte mich auf das, wie er es nannte, »durch und durch religiöse Aussehen der Stadt« aufmerksam, doch ich konnte nicht entdecken, daß sie frommer aussah als die anderen Hügelstädte mit dem gleichen Abhang und aus den gleichen Backsteinen erbaut. Parteilichkeit läßt einen eben oft mehr sehen, als dahintersteckt.

Onkel Mumford arbeitet seit dreißig Jahren als Maat auf dem Fluß. Er ist ein Mann von praktischem Sinn und ein kluger Kopf, hat viel erlebt, die Augen offengehalten und sich seine Ansichten gebildet, dazu kann er wunderbar und mit ganz leichtem poetischem Anflug erzählen, besitzt einen tief dröhnenden Baß und hat stets ein paar

Flüche zur Hand, wenn er bei seinem anstrengenden Dienst mal geistigen Auftrieb braucht. So recht ein Maat aus der seligen alten Zeit, und gibt es Arbeit für die Back, dann flucht und wettert er nur so herum, daß einem Ex-Dampfschiffer das Herz weich wird vor süßer, sanfter Sehnsucht nach den entschwundenen Tagen, die doch nie wiederkommen. »Hoch mit euch, ihr...! Soll das den ganzen Tag dauern? Warum habt ihr denn nicht vorm Anheuern *gesagt*, daß ihr hinten lahm seid?«

Seine Mannschaft hat er im Zug; er ist gut und gerecht, doch bestimmt, und sie mögen ihn und bleiben bei ihm. Er läuft noch in dem saloppen Aufzug der alten Maatsgeneration herum, aber schon auf der nächsten Fahrt wird die Anchor Line ihn wie all ihre Offiziere in Uniform gesteckt haben – in eine schmucke marineblaue Uniform mit Messingknöpfen –, und dann wird er ein wesentlich anderes Dekorationsstück abgeben als jetzt.

Uniformen auf dem Mississippi! In puncto Überraschung übertrifft das alle anderen Veränderungen zusammengenommen. Noch überraschender allerdings ist, daß man sie nicht fünfzig Jahre früher eingeführt hat. Man möchte meinen, auf eine so offensichtlich vernünftige Idee hätte man schon eher kommen können. Fünfzig Jahre lang hat da draußen der unschuldige Passagier, wenn er Hilfe und Auskunft brauchte, den Maat mit dem Koch und den Kapitän mit dem Barbier verwechselt – und ist damit schief angelaufen. Doch seine Not hat ein Ende. Und daß das leitende Schiffspersonal jetzt einen so viel besseren äußeren Eindruck macht, verdanken wir ebenfalls der Epoche der Kleidungsreform.

Bin die Biegung unterhalb von Cape Girardeau runtergesteuert. Sie hieß »Rudergastbiege« – leichte Fahrt und immer viel Wasser drin, so ziemlich die einzige Stelle im Oberlauf, wo ein neuer Stöps bei niedrigem Wasserstand ans Rad durfte.

Thebes, am oberen, und Commerce, am unteren Ende vom Grand Chain, waren leicht wiederzuerkennen, da sie sich nicht augenfällig verändert hatten. Und der Grand Chain, die »Große Kette«, auch nicht – als Kette, denn er

FÜNFUNDZWANZIGSTES KAPITEL

ist eine Kette versunkener Felsen, wundervoll arrangiert, in schlimmen Nächten Dampfschiffe zu kapern und ins Jenseits zu befördern. So manche Dampferleiche liegt dort versteckt begraben, darunter mein erster Freund, die »Paul Jones«. Wie mir der Chronist – Onkel Mumford – erzählte, hat sie sich den Allerwertesten aufgerissen und ist abgesoffen wie ein lecker Eimer. Sie soll eine graue Stute und einen Prediger an Bord gehabt haben. Mir sagte das genug und Onkel Mumford natürlich auch. Er fügte noch hinzu:

»Dabei gibt es viele Leute, die davon keine Ahnung haben und die über so was spotten und sagen, das ist Aberglaube. Aber dann wird sich immer herausstellen, daß die nie mit einer grauen Stute und mit einem Prediger zusammen gereist sind. Ich bin einmal in solcher Begleitung den Fluß runtergefahren. Wir sind bei Bloody Island auf Grund gelaufen, wir sind bei Hanging Dog auf Grund gelaufen, wir sind kurz hinter eben diesem Commerce auf Grund gelaufen, wir sind gegen Beaver Dam Rock geknallt, sind im ›Friedhof‹ hinter Goose Island in einen der schlimmsten Strudel reingeraten, ein Deckarbeiter ist uns bei einer Keilerei hops gegangen, ein Kessel ist uns geplatzt, ein Schornstein gebrochen, ein Rauchfang kaputtgegangen, und in Cairo sind wir mit neun Fuß Wasser im Kielraum eingelaufen – kann auch etwas mehr oder etwas weniger gewesen sein. Ich erinnere mich noch so daran, als ob es gestern gewesen wäre. Unsere Leute verloren vor lauter Schreck den Kopf. Als sie die Stadt sahen, haben sie die Stute blau angemalt und den Prediger über Bord geschmissen, sonst wären wir überhaupt nicht angekommen. Der Pfaffe wurde wieder rausgefischt und gerettet. Er hat selber zugegeben, es war seine Schuld. Das ist mir alles noch so wie gestern.«

Daß diese Zusammenstellung – von Prediger und grauer Stute – Unglück bringen soll, kommt einem merkwürdig und auf den ersten Blick unglaubhaft vor, ist aber durch viele unwiderlegbare Beweise gefestigt, und daran zweifeln hieße die Vernunft mit Füßen treten. Ich selbst erinnere mich an einen Fall, wo ein Kapitän von zahlreichen Freunden davor gewarnt worden war, eine graue Stute und einen Prediger mitzunehmen, aber trotz aller guten Worte auf seinem Vorhaben bestand, und noch am selben Tag – kann auch am nächsten gewesen sein, und manche behaupten das auch, obwohl ich glaube, daß es doch am selben Tag war – hat er sich einen angetrunken und ist die Luke runtergefallen, und sie haben ihn als Leiche nach Hause getragen. Das ist die lautere Wahrheit.

Von Hat Island ist kein Fitzelchen mehr übrig, alles weggespült. Ich kann mich nicht einmal entsinnen, in welchem Teil vom Fluß sich die Insel befand, ich weiß nur noch, sie lag irgendwo zwischen St. Louis und Cairo. Damals eine windige Ecke, dieses Hat Island. Ein dort auf der Illinois-Seite wohnender Farmer sagte, allein von seinem Haus aus könne er die aufgereihten Gerippe von neunundzwanzig Dampfschiffen sehen. Zwischen St. Louis und Cairo gibt es im Durchschnitt pro Meile ein Dampferwrack – insgesamt also zweihundert Stück.

Von Commerce ab konnte ich große Veränderungen feststellen. Der Beaver Dam Rock war jetzt mitten im Fluß und warf einen mächtigen Strudel, früher stand er dicht am Ufer und wurde von außen genommen. Eine große Insel, die damals weit draußen lag, hat sich ans Ufer von Missouri zurückgezogen, und Schiffe kommen nicht mehr in ihre Nähe. Die Insel mit dem Namen Jacket Pattern ist zu einem Keil zusammengeschrumpft und kann einem baldigen Tode nicht mehr entrinnen. Goose Island ist ganz weg, mit Ausnahme eines kleinen Klümpchens von Dampfergröße. Der gefährliche »Friedhof«, zwischen dessen zahllosen Wracks wir uns immer so langsam und übervorsichtig hindurchtasteten, liegt jetzt weitab von der Fahrrinne und flößt niemand mehr Angst ein. Von den beiden damals die »Zwei Schwestern« genannten Inseln ist die eine völlig verschwunden, und die andere, die dicht am Ufer von Illinois lag, hat sich eine Meile weit nach Missouri abgesetzt. Sie ist dort mit dem Festland zusammengeschmolzen, und es gehört ein gutes Auge dazu, die Naht zu erkennen – doch es ist immer noch Grund und Boden von Illinois, und die Leute, die darauf wohnen, müssen sich übersetzen lassen und beim Straßenbau von Illinois mitarbeiten und nach Illinois Steuern zahlen, was einmalig sein dürfte.

In der Nähe der Ohiomündung fehlten verschiedene Inseln; der Fluß hatte sie weggerissen. Cairo war noch da – leicht zu erkennen, hinter dem langen, flachen Point, auf dessen unterem Ende es liegt –, aber auf dem Weg dorthin mußten wir weit außen herumdampfen. Als wir aus dem »Oberlauf« herauskamen und auf die Fluten des Ohio stießen, senkte sich die Nacht herab. Wir preschten ohne jede Angst dahin, denn der versteckte Felsen, der mitten im Wege lag, hat sich flußaufwärts bewegt und weitab von der Fahrrinne angesiedelt, oder vielmehr, von der Bake auf der Missouri-Seite ist ungefähr ein ganzer Verwaltungsbezirk ins Wasser gewandert, und die lange Zunge der Cairo-Landspitze hat dafür unten herum entsprechend zugenommen. Der Mississippi ist ein gerechter und unparteiischer Fluß: nie kippt er die Farm von jemand über Bord, ohne gleichzeitig genauso eine Farm für dessen Nachbar neu anzulegen. Das läßt kein böses Blut aufkommen.

Beim Einlaufen in Cairo ersäuften wir beinahe einen Dampfer, der auf unser Tuten nicht achtgab und dann versuchte, unseren Bug zu rammen. Mit Hilfe von ein paar kräftigen Krebsbewegungen retteten wir dem Dampfer das Leben, und das war sehr schade, denn er hätte prima Literatur abgegeben.

Cairo ist jetzt eine lebhafte Stadt. Im bemerkenswerten Gegensatz zu früher, beziehungsweise zu Mr. Dickens' Beschreibung, ist es fest und solide gebaut und hat etwas Großstädtisches. Mit Ziegeln baute die Stadt allerdings schon, als ich sie das letztemal sah – das war, als Oberst (jetzt General) Grant dort sein erstes Kommando drillte. Onkel Mumford sagt, die Bibliotheken und Sonntagsschulen hätten in Cairo ein genauso gutes Werk getan wie die Maurer. Cairo verfügt über einen bedeutenden Handel per Bahn und Schiff, und seine Lage am Zusammenfluß der beiden Ströme ist so günstig, daß es am Wohlstand schlecht vorbei kann.

Als ich am Morgen aufstand, hatten wir Columbus in Kentucky passiert und näherten uns Hickman, einem netten, auf einem hübschen kleinen Berg thronenden Städtchen. Hickman liegt in reicher Tabakgegend und erfreute sich früher eines ausgedehnten und einträglichen Handels in diesem Rohprodukt, das es aus einem großen Gebiet Land in seinen Speichern zusammenzog und dann verschiffte. Onkel Mumford aber sagt, die Stadt habe, um sich diesen Handel zu erleichtern, eine Bahn gebaut, doch die erleichtere ihn seiner Meinung nach auf die verkehrte Art: indem sie »die ganze Linie abklappert, anstatt die Ware vor den Toren der Stadt zu sammeln«, gebe sie den Hauptanteil am Geschäft aus den Händen.

SECHSUNDZWANZIGSTES KAPITEL

Unter Beschuß

Die Gespräche gingen jetzt auf den Krieg über, denn mittlerweile kamen wir runter an den oberen Zipfel des ehemaligen Kampfgebietes. Da wir gerade an Columbus vorbei waren, wurde natürlich viel über die berühmte Schlacht von Belmont gesprochen. Mehrere Offiziere des Schiffes hatten den Krieg bei der Mississippi-Kriegsflotte mitgemacht. Ich erfuhr, daß sie sich in diesem Metier anfangs kläglich und wie ein Fisch auf dem Trockenen vorgekommen wären, sich jedoch später eingewöhnt, damit abgefunden und sich darin mehr oder weniger wohl gefühlt hätten. Einer von unseren Lotsen hatte auf einem Dampfschiff im Dienst der Konföderierten im Belmonter Gefecht seine erste Bekanntschaft mit der vordersten Front gemacht. Ich wollte schon immer einmal wissen, wie einem Neuling in seiner allererstern Schlacht zumute sein mag, mutterseelenallein hoch oben im Steuerhaus, eine Zielscheibe für jedermann und mit niemand bei der Hand, vor dem er sich schämen würde, feige zu sein, wenn es ringsum brenzlig wird. Sein Bericht war mir also wertvoll – er füllte eine Lücke, die bis dahin sämtliche Geschichtsbücher hinterlassen hatten.

Die erste Schlacht des Lotsen

Er erzählte:
»Es war am 7. November. Das Feuer setzte morgens um sieben ein. Ich war auf der ›R. H. W. Hill‹. Hab eine Truppenladung aus Columbus rübergebracht. Bin zurückgekommen und hab dann eine Batterie Artillerie übergesetzt. Mein Partner erklärte, er geht sich die Schlacht angucken, und ich sollte mit. Ich sagte nein, und ich wäre nicht neugierig, ich würde sie mir vom Steuerhaus aus ansehen. Er erwiderte, ich wäre ein Feigling, und ging.

Ein schrecklicher Anblick, diese Schlacht. General Cheatham ließ seine Leute die Röcke ausziehen und auf einen Haufen werfen und sagte: ›Jetzt mir nach – Hölle oder Sieg!‹ Vom Steuerhaus hab ich ihn das sagen hören, und dann ist er losgaloppiert, immer vorneweg. Und der alte General Pillow mit seinem weißen Haar und auf einem Schimmel ihm entgegen. Wie ein junger Bursche hat der seine Truppen mitgerissen. Schließlich jagten die Nordstaatler die Rebellen zurück, und da kamen sie auch schon angeflitzt, jeder so gut er konnte und den Letzten beißen die Hunde, und runter unters Ufer und Schutz gesucht. Ich saß da und ließ die Beine aus dem Fenster vom Steuerhaus baumeln. Auf einmal merke ich, wie an meinem Ohr was vorbeizischt. Schätze, war 'ne Kugel. Ich hab nicht erst groß drüber nachgedacht, hab mich einfach nach hinten fallen lassen und bin auf dem Fußboden gelandet und da liegengeblieben. Die Geschosse kamen von rechts und links herangeballert. Drei Kanonenkugeln gingen durch den Schornstein, eine riß die Ecke vom Steuerhaus weg, überall heulten und platzten Granaten. Mächtig dicke Luft – wär ich bloß runtergegangen. Ich lag da auf dem Boden, und die Schüsse kamen immer schneller. Ich kroch hinter den großen Ofen in der Mitte vom Steuerhaus. Plötzlich zischt eine Miniékugel durch den Ofen und streift meinen Kopf und zerfetzt den Hut. Ich kalkuliere, es war allerhöchste Zeit, abzuhauen. Der Kapitän stand mit einem rothaarigen

Major aus Memphis – einem tadellos aussehenden Mann –
auf dem Dach. Ich höre ihn sagen, er wolle von hier weg,
aber ›der Lotse ist gefallen‹. Ich krieche rüber nach steuerbord, um die Glocke zum Rückwärtsgang zu ziehen, und
als ich mich aufrichte und umsehe, entdecke ich zirka fünfzehn Einschüsse. Die sind so schnell gekommen, daß ich
nichts davon gemerkt habe. Ich blicke raus aufs Wasser,
wo das Blei wie Hagel niederprasselt. ›Nischt wie weg von
hier oben!‹ denke ich und klettere die Backstag vom Steuerhaus runter, und zwar mit dem Kopf zuerst – nicht mit
den Füßen, sondern mit dem Kopf zuerst –, und noch ehe
ich auf dem Deck lande, sagt der Kapitän, wir müssen verschwinden. Ich also wieder rauf und wieder auf den Boden
hingehauen. Inzwischen haben sie meinen Partner aufgegabelt, und zwei Soldaten schleppen ihn am Kragen rauf ins
Steuerhaus. Irgend jemand hatte gesagt, ich wäre gefallen.
Er steckt den Kopf zur Tür rein, und als er mich da liegen
und die Hand nach den Glocken ausstrecken sieht, ruft er:
›Verdammt! Der ist ja gar nicht erschossen!‹, reißt sich von
dem, der ihn am Schlafittchen hält, los und rennt nach unten. Wir sind bis nachmittags um drei dagewesen und dann
gut weggekommen.

Als mein Partner wieder aufkreuzte, hab ich ihn gefragt:
›Nun mal ehrlich und raus mit der Wahrheit: Wo bist du
hingegangen, dir das Gefecht anzusehen?‹ Da sagt er:
›Runter in den Laderaum.‹

Die ganze Schlacht durch stand ich tausend Todesängste
aus. Ich wußte kaum noch, ob ich Junge oder Mädchen war,
so haben mir die Knie geschlottert. Aber sehen Sie, außer
mir hat das keiner gemerkt, und am nächsten Tag hat General Polk mich holen lassen und mich gelobt, weil ich mich
so couragiert und tapfer verhalten hätte.

Ich hab nichts gesagt und es dabei gelassen. War ja zwar
ein bißchen anders, aber es kam mir doch nicht zu, einem
General zu widersprechen.

Bald danach war ich krank und fertig und mußte weg
zur Kur nach Hot Springs. Kriegte da einen Haufen Briefe
von Kommandeuren, die mich zurückhaben wollten. Ich
lehnte ab, denn ich war noch nicht stark genug und noch

nicht wiederhergestellt, verhielt mich ansonsten aber still und bewahrte mein neues Renommee.«

Ein ungeschminkter Bericht, kurz und knapp und ohne viel Gewese. Onkel Mumford allerdings meinte, dieser Lotse habe »sein Kanonenfieber stellenweise ganz schön mit Juwelen umkränzt«, seine spätere Laufbahn im Kriege sei Beweis dafür.

Wir zuckelten durch die Stromschnellen von Insel 8, und ich ging nach unten und kam mit einem Passagier ins Gespräch, einem gut aussehenden Mann mit ungezwungenem Benehmen und einem intelligenten Gesicht. Allmählich näherten wir uns der vom Kriege her so berühmten Insel 10. In der Nähe davon, drüben auf dem Festland, war dieser Gentleman zu Hause. Wir unterhielten uns über die Kriegsjahre, kamen aber bald auf »Fehden« zu sprechen, denn nirgendwo im Süden hat die Blutrache mehr in Blüte gestanden beziehungsweise haben die kriegführenden Familien darin mehr Ausdauer gezeigt als gerade in jener Gegend. Er sagte:

»Fehden hat's seinerzeit hier herum mehr als eine gegeben, die erste aber, schätze ich, war die zwischen den Darnells und Watsons. Worum der erste Streit ging, davon hat kein Mensch mehr keine Ahnung nicht, ist schon zu lange her. Die Darnells und die Watsons wissen's auch nicht, falls noch einer von ihnen leben sollte, was ich nicht glauben tu. Manche sagen, es war wegen ein Pferd oder eine Kuh – auf jeden Fall war's eine Lappalie, und das Geld, um das es dabei ging, überhaupt nicht der Rede wert, beide Familien waren reich. Die Sache hätte mit Leichtigkeit wieder eingerenkt werden können, aber nein, das kam natürlich nicht in Frage. Es waren böse Worte gefallen, und so konnte das bloß noch mit Blut abgemacht werden. Dieses Pferd oder diese Kuh, was es auch war, kam teuer zu stehen: sechzig Jahre Mord und Totschlag! So ziemlich jedes Jahr wurde einer erschossen, entweder auf der einen oder auf der andern Seite, und kaum lag die eine Generation im Sarg, nahmen die Söhne die Fehde wieder auf und sorgten dafür, daß sie nicht einschlief. Und es war genau, wie ich Ihnen sage, sie machten munter weiter, sich gegenseitig abzuknallen, jahraus, jahrein – erhoben das zu einer Art Religion, wissen Sie –, bis sie längst vergessen hatten, worum es eigentlich ging. Wo immer ein Darnell einen Watson zu fassen kriegte oder ein Watson einen Darnell: einer mußte dran glauben. Hing bloß davon ab, wer dem anderen zuvorkam. Glattweg vor den Augen der Familie schossen die einander übern Haufen. Direkt auflauern taten sie sich nicht, aber wenn sie sich zufällig begegneten, wurde sofort angelegt und los ging's. Da erschossen Männer Jungens, und Jungens erschossen Männer. Einmal hat ein Mann einen Zwölfjährigen abgeknallt – er ist im Wald auf ihn gestoßen und hat ihm nicht mal eine Chance gegeben. Denn hätt er ihm eine gegeben, hätte der Junge *ihn* abgeknallt. Beide Familien gehörten zur selben Kirche – hier herum ist alles religiös –, und die ganzen fünfzig oder sechzig Jahre lang, wo dieses Theater anhielt, versammelten sich da jeden Sonntag die zwei Sippschaften zum Gottesdienst. Sie wohnten zu beiden Seiten der Grenze, und die Kirche lag an einem Landeplatz, der hieß Kompromiß. Kirche und Schiff standen halb in Kentucky und halb in Tennessee. Sonntags konnte man die Familien – Männlein, Weiblein, Kinder – vorfahren sehen, alle im Sonntagsstaat, und wie sie im Gänsemarsch ins Kirchenschiff reinschwenkten und sich hinsetzten, ruhig und ordentlich, die eine Sippschaft auf die Kentucky-Seite, die andere auf die Tennessee-Seite. Und die Männer und Jungens lehnten ihre Schießprügel griffbereit gegen die Wand, und dann fiel alles ein in gemeinsames Gebet und Lobgesang. Allerdings soll der, der am nächsten vom Gang saß, nicht mit der Familie zusammen niedergekniet sein, sondern sozusagen Wache gestanden haben. Ob das so war, weiß ich nicht, bin nie im Leben in dieser Kirche gewesen, entsinne mich aber, daß das damals erzählt wurde.

Sind jetzt zwanzig oder fünfundzwanzig Jahre her, da hat die eine Familie einen neunzehnjährigen jungen Mann zu fassen gekriegt und umgelegt. Ob das bei den Darnells und Watsons war oder bei 'ner andern Fehde, weiß ich nicht mehr so genau. Jedenfalls kam dieser junge Mann angeritten – es lag gerade ein Dampfer da –, und das erste, was seine Augen sehen, ist eine ganze Bande vom Feind. Er runter vom Pferd und hinter einen Holzstoß, sie aber rumgeritten und das Feuer auf ihn eröffnet. Er, nicht faul, funkt zurück, und sie galoppieren und sprengen und brüllen und knattern drauflos, was das Zeug hält. Glaube, er hat ein paar von ihnen verwundet. Nichtsdestotrotz sind sie ihm immer dichter auf die Pelle gerückt und haben ihn in den Fluß gejagt. Und als er stromabwärts geschwommen ist, sind sie ihm am Ufer hinterher und haben immer weiter geschossen, und wie er an Land kam, war er tot. Windy Marshall hat mir das erzählt. Der hat es selber mitangesehen. Er war Kapitän von dem Schiff.

Vor Jahren waren die Reihen der Darnells so gelichtet, daß der Alte und die beiden Söhne beschlossen, sich aus der Gegend zu verziehen. Sie machten sich auf und wollten gleich oberhalb von Nr. 10 auf den Dampfer, doch die Watsons hatten davon Wind gekriegt und kamen gerade dazu, wie die beiden jungen Darnells mit ihren Frauen am Arm die Kajütentreppe rauf wollten. Da fing gleich die Knallerei an, und sie kamen keinen Schritt nicht weiter – sind alle beide umgelegt worden. Hinterher kriegte der alte Darnell Streit mit dem Fährmann, und der zog den kürzern und röchelte sein Leben aus. Den seine Freunde aber jagten dem alten Darnell so lange blaue Bohnen zwischen die Rippen, bis er richtiggehend bespickt war – und ausgelebt hatte.«

Der Gentleman vom Lande, der mir das erzählte, kam aus wohlsituierten Verhältnissen, machte einen intelligenten Eindruck und hatte ein College besucht. Seine schlampige Grammatik rührte nicht etwa von Unwissenheit her, sondern war zur Gewohnheit gewordene Nachlässigkeit. Diese Angewohnheit unter gebildeten Menschen im Westen ist zwar nicht allgemein, doch immerhin vorherrschend – wenn auch nicht in den Großstädten, so zumindest in den kleineren Orten – und von einem Ausmaß, das nicht zu übersehen ist und über das man nur noch staunen kann. Ich hörte einen Mann aus dem Westen, der in jedem Land als sehr gebildet gelten würde, sagen: »Aber ich bitte

Sie, *den seine Meinung spielt doch sowieso keine Rolle nicht.*« Einer dabei anwesenden Dame, die schon immer dort gelebt hatte, fiel das gar nicht erst auf. Hinterher darauf aufmerksam gemacht, konnte sie sich noch daran erinnern, gab aber zu, es hätte ihr Ohr nicht weiter beleidigt – ein Geständnis, das vermuten läßt, daß dieses Verbrechen, wenn gebildete Leute solch himmelschreiende Grammatik und aus solchem Munde hören können, ohne etwas dabei zu finden, ziemlich gang und gäbe sein muß, und zwar so, daß das gewöhnliche Ohr bereits abgestumpft und gegen derartige Beleidigungen nicht mehr wachsam, nicht mehr empfindlich ist.

Nun, kein Mensch in der Welt spricht mit fehlerfreier Grammatik, und keiner hat je mit fehlerfreier Grammatik geschrieben – *keiner*, weder in noch außerhalb der Welt (die Heilige Schrift als Beweis für letzteres) –, es wäre also unfair, von den Leuten aus dem Mississippital vollkommene Satzbauten zu verlangen. Eines aber könnte man von ihnen und von allen anderen wohl erwarten, nämlich daß sie davon absehen, ihre Grammatik *absichtlich* und *bewußt* zu verhunzen.

Bei Insel 10 fand ich den Fluß sehr verändert. Wie ich die Insel in Erinnerung hatte, war sie gut drei Meilen lang und eine viertel Meile breit, mit dichtem Wald bestanden und lag nahe zum Kentucky-Ufer – bloße zweihundert Yard davon ab, würde ich sagen. Jetzt allerdings mußte man mit dem Fernglas nach ihr suchen. Es war nichts weiter übriggeblieben als ein läppisches kleines Büschel, und dann nicht mehr zum Kentucky-Ufer zu, sondern einwandfrei drüben auf der gegenüberliegenden Seite, eine Meile weit weg. Während des Krieges war die Insel ein wichtiger strategischer Punkt, denn sie beherrschte die Lage, und da sie schwer bestückt war, gab es dort kein Vorbei. Zwischen den oberen und unteren Divisionen der Unionstruppen liegend, hielt sie diese getrennt, bis schließlich über die Missouri-Landenge eine Verbindung hergestellt wurde. Jetzt aber, wo sich die Insel zu der Landenge geschlagen hat, ist der breite Fluß hier ohne Hindernis.

In dieser Gegend fließt der Strom von Kentucky nach

SECHSUNDZWANZIGSTES KAPITEL

Tennessee, von Tennessee zurück nach Missouri, von Missouri dann wieder nach Kentucky und von da endlich zurück nach Tennessee. Ein bis zwei Meilen von Missouri ragen so nach Tennessee hinein.

New Madrid sah sehr schlecht aus, ansonsten aber nicht anders als früher. Seine Holzhäuser gruppierten sich noch immer in derselben alten Ebene und waren noch immer von demselben alten Wald umstanden. Ein so ruhiges Nest wie ehedem und allem Anschein nach weder größer noch kleiner geworden. Es hieß, das letzte Hochwasser sei in den Ort gedrungen und habe sein Äußeres ramponiert. Das überraschte mich, denn bei niedrigem Flußstand ist das Ufer dort sehr hoch (fünfzig Fuß), und eine Überschwemmung hatte man zu meiner Zeit stets für unmöglich gehalten. Dieses Hochwasser jetzt von 1882 dürfte wohl etliche Generationen lang in der Geschichte des Flusses berühmt bleiben, bevor es wieder eine Flut von gleicher Gewalt zu sehen gibt. Von Cairo bis zur Mündung überschwemmte es alle ungeschützten Niederungen, in sehr vielen Orten riß es auf beiden Ufern die Dämme ein, und als die Flut den Höhepunkt erreichte, war der Mississippi weiter unten im Süden stellenweise siebzig Meilen breit! Es gab eine Anzahl Todesopfer, und der Sachschaden war ungeheuer groß. Die Ernte vernichtet, Häuser weggespült, und Obdachlose, Menschen und Vieh, mußten auf ein paar vereinzelten Erhöhungen in Wald und Feld Zuflucht suchen und unter Not und Gefahr warten, bis die von der Bundesregierung, den örtlichen Behörden und auf Initiative eines Zeitungsverlages eingesetzten Schiffe heran waren und sie retten konnten. Monatelang stand der Besitz von unendlich vielen Menschen unter Wasser, und die ärmeren Leute hätten zu Hunderten verhungern müssen, wäre nicht sofort Hilfe geleistet worden*. Das Wasser ging nun schon seit einiger Zeit zurück, doch in der Regel fanden wir die Ufer immer noch überflutet.

---

* Eine interessante und detaillierte Schilderung der großen Flut, geschrieben an Bord des von der Zeitung »New Orleans Times-Democrat« entsandten Rettungsschiffes, findet sich im Anhang A.

SIEBENUNDZWANZIGSTES KAPITEL

Importware

Auf der Höhe von New Madrid begegneten wir zwei Dampfschiffen. Zwei Dampfschiffe auf einmal! Das gibt es auf dem leeren Mississippi nicht mehr alle Tage zu sehen. Die Einsamkeit dieser gravitätischen, riesigen Flut ist eindrucksvoll – und bedrückend. Meile um Meile und immer wieder Meile um Meile wälzt sie ihre schokoladenbraunen Wassermassen zwischen festen Waldmauern, zwischen fast unbewohnten Ufern dahin, und selten stört ein Segel oder etwas sich Bewegendes den glatten Spiegel und unterbricht die Monotonie dieser Einöde aus Wasser; und so vergeht der Tag, es wird Nacht und wieder Tag – und immer dasselbe, Tag für Tag und Nacht für Nacht: majestätische, ewig gleichbleibende Einförmigkeit von Gelassenheit, Ruhe, Stille, Lethargie und Leere – Symbol der Ewigkeit, Verwirklichung des Himmels, den Prophet und Priester schildern und nach dem sich die Guten und Ahnungslosen sehnen!

Gleich nach dem Krieg von 1812 begannen Touristen aus England nach Amerika zu kommen, erst ein paar, und dann wurden es mehr und mehr – eine viele, viele Jahre geduldig durchs Land trottende Prozession. Jeder Tourist machte sich Notizen und fuhr nach Hause und veröffentlichte ein Buch: in der Regel ein ruhiges, sachliches, vernünftiges, nicht unfreundliches Buch, das unseren mimosenhaften Vorfahren aber ganz und gar als das Gegenteil erschien. Ein Blick in diese Touristenbücher zeigt uns, daß sich der Mississippi seit damals äußerlich kaum verändert hat und noch so ziemlich der alte geblieben ist. Die Empfindungen, die der Anblick des Flusses in der Brust jener Fremden hervorrief, waren natürlich nicht alle nach ein und demselben Muster ausgerichtet; sie mußten verschieden sein, jedenfalls zu Anfang, denn die ersten Touristen waren gezwungen, selber zu empfinden, wogegen man in älteren Ländern da stets Anleihen bei den Vorgängern machen kann. Nun gehören Gefühle allerdings mit zu den am schwersten zu fabrizierenden Dingen der Welt. Es ist leichter, sich sieben Fakten aus den Fingern zu saugen als eine einzige Gemütsbewegung. Vor fünfundfünfzig Jahren schrieb Captain Basil Hall von der Royal Navy:

»Hier erblickte ich zum erstenmal, was ich schon so lange zu sehen gewünscht hatte, und fühlte mich in diesem Augenblick für all die Strapazen der weiten Reise reichlich belohnt; und ich stand und schaute auf den vorüberfließenden Strom, bis es zu dunkel war, noch etwas zu erkennen. Aber erst, nachdem ich dieselbe Stelle ein dutzendmal besucht hatte, bekam ich einen richtigen Begriff von der Erhabenheit des Bildes.«

Nun, was Mrs. Trollope empfand. Im selben Jahr, 1827, kommt sie ein paar Monate später die Mündung des Mississippi herein und schreibt:

»Das erste Anzeichen, daß wir uns dem Lande näherten, war das Erscheinen dieses mächtigen Flusses, der seine schlammigen Wassermassen heranwälzte und mit dem tiefen Blau des Golfes von Mexiko vermischte. Nie hatten meine Augen etwas so ganz und gar Trostloses erblickt wie den Eintritt des Mississippi ins Meer. Dante, hätte er ihn gesehen, würde seiner Grauenhaftigkeit Bilder eines zweiten Bolgia entnommen haben. Das einzige, was sich über die wirbelnden Wasser erhebt, ist der Mast eines vor langer Zeit an der Barre zerschellten Schiffes, und er steht noch, trauriger Zeuge gewesener Zerstörung und ahnungsvoller Prophet kommender Zerstörung.«

Empfindungen des ehrenwerten Charles Augustus Murray (in der Nähe von St. Louis) sieben Jahre später:

»Nur wenn man den gewaltigen Strom fünfzig bis hundert Meilen hinauffährt und ihn nicht bloß mit den Augen aufnimmt, beginnt man all seine Macht und Erhabenheit zu begreifen. Man sieht, wie er ein endloses Tal fruchtbar macht, wobei er die Trophäen seiner tausend Siege über den Wald mit sich führt – hier große Bodenmassen mit allem, was drauf wächst, davontragend, dort Inseln bildend, die bestimmt sind, später einmal Wohnort von Menschen zu sein. Und während man sich diesem Bilde hingibt, wird es Zeit zu der Überlegung, daß der Strom da vor uns schon seine zwei- oder dreitausend Meilen hinter sich hat und noch eintausenddreihundert zurücklegen muß, ehe er sein Ziel am Ozean erreicht.«

Hier nun die Empfindungen von Captain Marryat, Royal Navy, dem Verfasser der Seegeschichten. 1857, drei Jahre nach Mr. Murray, schreibt er:

»Ein Jahrhundert so stetigen, so ungehemmten Verbrechens, wie es die Vergangenheit des unbändigen, blutbefleckten Mississippi aufweist, hat es in der Geschichte der Völker wohl nie gegeben. Der Strom scheint für die begangenen Untaten auch wie geschaffen. Er ist nicht so wie die meisten Flüsse, schön anzusehen und Fruchtbarkeit spendend; das Auge ruht nicht mit Wohlgefallen auf ihm, wenn er dahergerauscht kommt, und ebensowenig kann man an seinen Ufern sich ergehen oder ohne Gefahr sich seiner Strömung anvertrauen. Dieser Fluß voller Schwemmsand ist wütend, reißend, verheerend, und wen seine Wasser einmal aufgenommen haben, von denen kommen wenige je wieder hoch* oder können sich ohne Unterstützung einer hilfreichen Planke lange oben halten. An Fischen birgt er die minderwertigsten und ungenießbarsten, wie Katzenwels und ähnliche Arten, und steigt man hinunter, sind seine Ufer besetzt vom stinkenden Alligator, während an seinem Rande in den für Menschen so gut wie undurchdringlichen Schilfdickichten sich der Panther sonnt. Er läßt sein ungestümes Wasser durch wilde Landstriche fließen, bedeckt mit Bäumen von wenig Wert, außer als Brennholz, und reißt dabei ganze Wälder mit, die in stürmischem Durcheinander verschwinden, hinweggefegt vom jetzt mit den einst ihre Wurzeln nährenden Erdmassen beladenen Strom, welchem sie häufig das Bett blockieren und verändern, woraufhin dieser, wie aus Wut darüber, daß ihm entgegengetreten wird, ringsum alles Land überschwemmt und verwüstet und, sobald er sich wieder den Weg durch sein altes Bett erzwingt, die entwurzelten Monarchen des Waldes (auf deren Äste kein Vogel sich mehr setzt, kein

---

* Zu jener Zeit herrschte der törichte Aberglaube, der Mississippi würde weder einen Schwimmer tragen noch eine Wasserleiche wieder an die Oberfläche kommen lassen.

Waschbär, kein Oppossum, kein Eichhörnchen mehr klettert) überall als Fallen aufbaut für die Abenteurer, welche seine Wasser mit Dampf befahren und die, von diesen versteckten, sich durch die Planken bohrenden Gefahren niedergezogen, sehr oft nicht mehr rechtzeitig das Ufer erreichen können, ehe sie versinken. Angenehme Assoziationen weckt sie durchaus nicht, diese große Kloake des westlichen Amerika, die all ihren Unrat in den Golf von Mexiko abfließen läßt und bis meilenweit über die Mündung hinaus die klare blaue See besudelt. Er ist ein Fluß der Verwüstung, und statt daß er uns, wie andere schöne Flüsse, an einen zum Wohle der Menschen herniedergekommenen Engel erinnert, denkt man bei ihm an einen Teufel, dem nur durch die wundervolle Kraft des Dampfes beizukommen ist.«

Für einen den Umgang mit der Feder gewohnten Mann reichlich ungeschlachte Literatur, doch als Panorama der Gefühle, die Anblick und Traditionen der »großen Kloake« diesem berühmten Besucher durch die Brust gewälzt haben, immerhin von einigem Wert, wenn auch durch unrichtige Angaben beeinträchtigt, denn Katzenwels ist für jeden bekömmlich, und Panther gibt es dort nicht, und schon gar keinen, der »sein ungestümes Wasser durch wilde Landstriche fließen« läßt.

Später kommt dann noch der Rechtsanwalt Alexander Mackay von Middle Temple. Er hat eine bessere Verdauung, Wels ist ihm an Bord nicht vorgesetzt worden, und er empfindet wie folgt:

»Der Mississippi! Unbeschreiblich, was ich fühlte, als ich zum erstenmal auf seinen Wassern dahinfuhr. Wie oft hatte ich mir in meiner Schuljungenphantasie und später in meinen Wachträumen den stolzen Strom vorgestellt, wie er seine reißenden Fluten durch das grenzenlose Gebiet rollen läßt, dem er seinen Namen gibt, und in seinem Lauf zum Ozean Wasser aus fast jedem Breitengrad der gemäßigten Zone in sich aufnimmt! Hier war er nun in Wirklichkeit, und ich dampfte endlich gegen seine Strömung. Ich betrachtete ihn mit jener Ehrfurcht, die man vor jeder großen Naturerscheinung haben muß.«

Soviel von den Empfindungen der Touristen. Einer wie der andere lassen sie sich über die tiefe, schwer lastende Einsamkeit und Trostlosigkeit des riesigen Flusses aus. Captain Basil Hall, der ihn bei Hochwasser sah, schreibt:

»Es kam vor, daß wir Strecken von zwanzig bis dreißig Meilen zurücklegten, ohne eine einzige menschliche Behausung zu sehen. Ein Künstler auf der Suche nach Anregungen für ein Gemälde der Sintflut hätte sie hier in reichlichem Maße gefunden.«

Der Erste soll der Letzte sein und so weiter. Vor genau zweihundert Jahren beendete der alte original erste und tapferste aller ausländischen Touristen und Pioniere, der Anführer der Prozession, seine beschwerliche, ermüdende Entdeckungsfahrt die feierlich ernsten Strecken des großen Flusses hinunter: La Salle, dessen Name so lange bleiben wird wie der Strom selber. Wir zitieren Mr. Parkman:

»Und jetzt näherten sie sich dem Ende ihrer Reise. Am 6. April teilte sich der Fluß in drei breite Arme. La Salle folgte dem westlichen, während D'Autray den östlichen und Tonti den mittleren nahm. Als er zwischen den niedrigen und sumpfigen Ufern die trübe Strömung hinuntertrieb, wechselten die brackigen Fluten in Meerwasser über, und mit dem Salzgeruch der See wurde der Wind frischer. Dann erschloß sich La Salles Blick der breite Busen des großen Golfes, ruhelose Wogen werfend, grenzenlos, lautlos, einsam wie aus dem Chaos auferstanden, ohne ein Segel, ohne ein Zeichen von Leben.«

Auf einem Flecken festen Boden errichtete La Salle eine Säule »mit dem Wappen von Frankreich; die Franzosen formierten sich unter Waffen, und während die Neuengland-Indianer und ihre Squaws in erstauntem Schweigen zusahen, sangen sie das ›Te Deum‹, das ›Exaudiat‹ und das ›Domine, salvum fac regem‹.«

Unter dem Feuer der Gewehrsalven und unter Jubelrufen pflanzte der siegreiche Entdecker die Säule auf und proklamierte mit lauter Stimme, daß er im Namen des Königs von dem Fluß und den riesigen von ihm bewässerten Ländern formell Besitz ergreife. Die Säule trug die Inschrift:

ACHTUNDZWANZIGSTES KAPITEL

**LOUIS LE GRAND,
ROY DE FRANCE ET DE NAVARRE,
REGNE;
LE NEUVIEME AVRIL,
1682**

New Orleans hatte vor, in diesem Jahr den zweihundertsten Jahrestag jenes berühmten Ereignisses gebührend zu feiern, doch als die Zeit heran war, wurden alle Kraft und alles überschüssige Geld anderweitig gebraucht, denn das Land stand unter Wasser, und die Fluten richteten überall verheerenden Schaden an.

ACHTUNDZWANZIGSTES KAPITEL

Onkel Mumford packt aus

Wir gondelten den lieben langen Tag weiter stromabwärts und hatten den Fluß fast für uns allein. Früher wären wir bei solchem Wasserstand an ganzen Morgen von Holzflößen und Dutzenden von großen Kohlenprahmen vorbeigekommen, hier und da an schwimmenden Kramläden, die mit der ganzen Familie an Bord von Farm zu Farm hausierten, und vielleicht hätten wir auch ein Hausboot mit einem bescheidenen Hamlet & Co. auf Wandertournee getroffen. All das fehlte jetzt. Gegen Ende des Tages sahen wir ein Dampfschiff, ein einziges, mehr nicht. Es lag im Schatten, drüben in der waldigen Obionmündung, und ruhte. Das Fernglas enthüllte, daß es – oder *er*, ganz wie Sie wollen – nach mir benannt war. Da ich dieser Art von Ehrung zum erstenmal begegnete, ist es wohl verzeihlich, wenn ich das erwähne und gleichzeitig die Obrigkeit darauf aufmerksam mache, wie spät ich dahintergekommen bin.

Stellte große Veränderungen bei Insel 21 fest. Einst sehr groß und draußen zur Mitte des Stromes hin liegend, hat sie sich jetzt fest mit dem Hauptufer verbunden und ihr Gewerbe als Insel abgemeldet.

Als wir uns dem berühmten und gefürchteten Plum Point näherten, brach Dunkelheit herein, was aber – in unserer modernen Zeit – kein Grund mehr war, das Schaudern zu kriegen. Denn die Bundesregierung hat den Mississippi in einen zweitausend Meilen langen Fackelzug verwandelt. Überall, wo gekreuzt werden muß, hat sie oben und unten eine hellbrennende Laterne hingesetzt. Völlig im Dunkeln ist man jetzt nie mehr: immer ist irgendwo ein Leuchtfeuer in Sicht, entweder vor einem, hinter einem oder gegenüber. Man möchte beinahe sagen, dort Laternen, das ist reine Verschwendung. Dutzende von Stellen zum Kreuzen sind erleuchtet, die schon bei ihrer Erschaffung nicht seicht waren und es inzwischen auch nicht geworden sind, Flußstrecken, so einfach und so gerade, daß ein Dampfschiff, wenn es einmal durchgefahren war, sie ohne jede Hilfe nehmen kann. Und doch sind an solchen Stellen Laternen kein überflüssiger Luxus. Für den Lotsen ist es viel bequemer und angenehmer, sich an diese stehenden Lichter zu halten als an eine Masse formloser Finsternis, die sich dauernd verschiebt, und gleichzeitig wird dem Schiff Geld gespart, denn mit dem Ruder mittschiffs kann es natürlich mehr Meilen zurücklegen, als wenn es quer zum Heck steht und die Fahrt hemmt.

Dem Lotsenberuf aber nimmt das viel von seiner Romantik. Zusammen mit einigen anderen Dingen nimmt es ihm jede Romantik überhaupt. Zum Beispiel ist die Gefahr von den Bäumen unter Wasser längst nicht mehr, was sie einmal war. Heutzutage, in unserer nüchternen Zeit, patrouillieren von der Regierung eingesetzte Räumboote stromauf und stromab und ziehen dem Fluß die Zähne. All die alten Hauer, die Schrecken so mancher Gegend, haben sie mit Stumpf und Stiel ausgerissen, und daß sich neue ansammeln, lassen sie gar nicht erst zu. Früher, wenn man da in stockdunkler Nacht die Kontrolle verlor und das Schiff auf den Wald zuzerrte, mußte man vor Angst schlottern, und ebenso, wenn wir uns in einer engen Passage durch geballte Finsternis tasteten, heute aber – man dreht seinen elektrischen Scheinwerfer auf, macht in Sekundenschnelle die Nacht zum Tag, und wie weggeblasen sind Gefahr und Angst. Horace Bixby und George Ritchie haben die Stellen, wo gekreuzt werden muß, kartographiert und den Kurs mit dem Kompaß festgelegt. Zu der Karte haben sie eine Laterne erfunden und sich das Ganze patentieren lassen. Mit diesen Hilfsmitteln kann man jetzt bei Nebel fahren, und zwar mit ziemlicher Sicherheit und mit einer in der alten Zeit ungekannten Zuversicht.

Mit den reichlichen Leuchtfeuern, der Verbannung der Snags, jeder Menge Tageslicht auf Lager und bei Bedarf bloß anzuknipsen und einem Kartenkompaß gegen den Nebel ist bei gutem Wasserstand Lotsen heute fast so ungefährlich und kinderleicht wie Kutschieren und kaum noch dreimal so romantisch.

Und jetzt hat die Anchor Line, in dieser neuen Zeit nicht abzusehender Veränderungen, den Kapitän über den Lotsen gesetzt, indem sie ihm die höhere Bezahlung gibt. Das war schon allerhand, aber man ist noch weitergegangen und hat angeordnet, der Lotse habe, ob das Schiff nun auf Fahrt ist oder festgemacht hat, auf seinem Posten zu bleiben und die ganze Wache zu stehen. Wir, die wir einst die Aristokraten des Flusses waren, können uns nicht mehr so wie früher hinhauen und schlafen, während hundert Tonnen Fracht an Bord gehievt werden, nein, wir müssen im Steuerhaus sitzen und obendrein noch wach bleiben. Man behandelt uns glattweg wie einen Haufen Maate und Maschinisten. Die Regierung hat unserem Beruf die Romantik genommen; die Gesellschaft hat ihm seinen Glanz und seine Würde genommen.

Der Plum Point sah so aus wie immer bei Nacht, abgesehen davon, daß es dort jetzt Leuchtfeuer zur Markierung der Stellen zum Kreuzen gab sowie viele andere Lichter auf der Bake und am Ufer entlang. Die letzteren schimmerten von der Flotte der Flußkommission der Vereinigten Staaten und von einem Dorf herüber, das die Kommission auf dem Festland für Bürozwecke und für ihre Angestellten gebaut hat. Die Militäringenieure der Kommission haben sich die Arbeit aufgebürdet, den Mississippi noch mal neu zu machen – eine Arbeit, die an Umfang nur von seiner ursprünglichen Erschaffung übertroffen wird. Sie errichten hier und dort Flügeldeiche, um dem Strom eine andere Richtung zu geben, und Dämme, um ihn auf engere Grenzen zu beschränken, und weitere Dämme, damit er nicht wieder ausbrechen kann; ungezählte Meilen den Mississippi entlang fällen sie die Waldfront in fünfzig Yard Breite, weil sie eine kahle, bis zur Niedrigwassermarke dachartig abgeschrägte und mit Steinen beschwerte Böschung anlegen wollen, und an vielen Stellen haben sie die abbröckelnden Ufer durch Pfahlbuhnen geschützt. Nun, wer den Mississippi kennt, wird – wenn auch nur leise für sich – sogleich einwenden, zehntausend Flußkommissionen mit dem Reichtum der ganzen Welt hinter sich können diesen unbändigen Strom nicht zähmen, können ihm keine Zügel oder gar eine Kandare anlegen, können nicht zu ihm sagen: »Hier entlang!« oder »Da entlang!« und ihn zum Parieren zwingen, können kein Ufer retten, das er verurteilt hat, können ihm den Weg mit keinem Hindernis versperren, das er nicht niederreißt, um hohnlachend darüber hinwegzutanzen. Ein besonnener Mensch wird diese Dinge aber nicht aussprechen, denn den Ingenieuren aus West Point kann niemand das Wasser reichen. Die beherrschen ihre abstruse Wissenschaft aus dem Effeff, und da sie meinen, sie können diesem Fluß Handschellen anlegen und Vorschriften machen, tut der wissenschaftlich Unbeschlagene nur klug und weise daran, sich still zu verhalten und erst einmal abzuwarten. Captain Eads hat mit seinen Schutzdämmen an der Mississippimündung ein Werk vollbracht, das völlig undurchführbar schien, so daß wir keinen rechten Mut mehr haben, bei ähnlichen Unmöglichkeiten dagegen zu prophezeien. Sonst würde man nämlich dazwischenquatschen und sagen, ebensogut wie die Kommission dem Mississippi anständige Manieren beibringen möchte, könne sie die Kometen herumkommandieren und versuchen, sie in gesittete Bahnen zu lenken.

Ich wandte mich wegen dieser und damit verbundener Fragen an Onkel Mumford und lasse hier seine Antwort folgen. Die Wiedergabe geschieht nach dem Stenogramm, kann also als vollständig und authentisch hingenommen werden, abgesehen davon, daß ich hier und da Bemerkungen ausgelassen habe, die an seine Leute gerichtet waren, wie »*Zum Teufel noch mal,* wo wollt ihr denn mit dem Faß da hin?«, und die mir im Schriftlichen den Fluß des Berichtes zu unterbrechen schienen, ohne ihn dafür gehaltvoller oder klarer zu machen. Nicht, daß ich gewagt hätte, all diese Zwischenrufe zu streichen, nein, ich habe lediglich die offensichtlich belanglosen entfernt. Wenn einer vorkam, bei dem ich im Zweifel war, hielt ich es für das sicherste, ihn stehenzulassen.

Onkel Mumfords Meinung

Onkel Mumford sagte:
»Solange ich Maat auf einem Dampfschiff bin – dreißig Jahre –, beobachte und studiere ich nun schon den Fluß hier. Kann ja sein, daß man in West Point mehr drüber lernt, und trotzdem, eh ich das glaube, will ich lieber *Was lutschst du am Daumen rum, he? Los, schnapp dir das Fäßchen Nägel da!* Schätze, vier Jahre West Point und eine Menge Bücher und das Eintrichtern lernen einem schon was. Den Fluß aber lernen sie einem nicht. Dieser Kommission, der sollten sie man einen von den kleinen europäischen Flüssen geben, mit festem Grund und klarem Wasser, und es wäre für die bloß ein Kinderspiel, den mit Wällen und Pfählen und Deichen zu bepflastern und kirre zu kriegen und nach ihrer Pfeife tanzen zu lassen, und daß er überall hinfließt, wo sie ihn hinhaben wollen, und schön dableibt und immer alles macht, was sie sagen. Aber von der Sorte Fluß ist der hier nicht. Sie haben hier mit großer Hoffnung und mit den besten Absichten von der Welt angefangen, und doch werden sie auf keinen grünen Zweig kommen. Wie heißt es bei Prediger Salomo VII, 13? Das sagt genug, um sie baden gehen zu lassen, was? Gucken Sie sich doch bloß mal an, wie die vorgehen. Oben bei Devil's Island, da wollten sie, das Wasser soll einen bestimmten Weg nehmen, und das Wasser wollte anders. Haben sie also einen Steinwall hingesetzt. Aber was schert sich der Fluß schon um einen Steinwall? Als der fertig war,

hat er ihn einfach eingedrückt und ist mitten durch. Vielleicht schaffen sie es, einen neuen Wall zu bauen, der stehenbleibt, das heißt da oben – hier unten sowieso nicht. Hier im Unterlauf rammen sie Pfahlbuhnen ein, um das Wasser vom Land wegzulenken und um zu verhindern, daß es das Ufer stückweise mitnimmt. Alles gut und schön, aber geht es nicht glattweg drüber und verleibt sich ein anderes Ufer ein? Weiß Gott. Wollen die denn *alle* Ufer mit Buhnen verbarrikadieren? Das könnten sie billiger haben, wenn sie Land kaufen und einen neuen Mississippi bauen. Jetzt verrammeln sie die Sandbank ringsum mit Pfahlbuhnen. Ist aber alles für die Katz. Wenn der Fluß auf diese Insel eine Hypothek hat, kündigt er die sowieso, ob mit oder ohne Buhnen. Da drüben, weiter unten, haben sie zwei Reihen Pfähle mitten auf eine trockene Barre gesetzt, eine halbe Meile lang, und dabei ragt die bei niedrigem Fluß vierzig Fuß aus dem Wasser. Was schätzen Sie, wozu das gut sein soll? Wenn ich es wüßte, würde ich sonst was *Dir werd ich Beine machen! Bist wohl in einem Sarggeschäft geboren, was? Raus mit dem Petroleum da, Tempo, Tempo!* Und dann sehen Sie sich an, was sie unten bei Milliken's Bend versuchen. In der Gegend da hat es einen Durchbruch gegeben, und Vicksburg sitzt jetzt auf dem Trockenen. Abgeschoben aufs Land. Der Fluß kommt ein Stück weiter unten an, und rauf zur Stadt kann ein Schiff bloß noch bei Hochwasser. Ja, und nun wollen sie in der Biege gegenüber dem unteren Ende von 103 Flügeldeiche ziehen, und das Wasser soll rüber und den Fuß der Insel abschneiden und sich durch einen alten Graben pflügen, wo der Fluß vor ewigen Zeiten mal entlanggeflossen ist, und sie bilden sich ein, sie können das Wasser dazu rumkriegen, so wie früher oberhalb von Vicksburg anzukommen und die Stadt wieder in die Welt zurückzuholen. Das heißt, sie wollen den ganzen Mississippi nehmen und rumdrehen und mehrere Meilen stromaufwärts fließen lassen! Alles was recht ist, aber Männer, die sich mit so großen Ideen befassen und sie mit sich rumschleppen, ohne an Krücken gehen zu müssen, die muß man bewundern. Deshalb brauchen Sie nicht gleich zu glauben, die können solche Wunder auch vollbringen. Und doch sind Sie keineswegs zu der Annahme verpflichtet, daß sie es nicht schaffen. Schätze, man fährt am sichersten, wenn man, sofern man sich das erlauben kann, dagegenwettet und sich gleichzeitig genügend Grund und Boden in Vicksburg kauft, als Ausgleich für den Fall, daß die gewinnen. Die Regierung tut jetzt allerhand für den Mississippi – gibt einen Haufen Geld für ihn aus. Als es noch viertausend Dampfschiffe und zehntausend Morgen Kohlenkähne und Flöße und Handelsprahme gab, war von St. Paul bis New Orleans keine einzige Laterne zu finden, und die Bäume unter Wasser standen dichter als die Borsten auf einem Schweinerücken, aber jetzt, bei den drei Dutzend Dampfern und keinem einzigen Prahm oder Floß, da reißt die Regierung alle Bäume aus und erleuchtet die Ufer wie den Broadway, und ein Schiff ist auf dem Fluß so sicher wie im Himmel. Und wenn mal überhaupt keine Schiffe mehr da sein werden, bis dahin, schätze ich, hat dann die Kommission alles Alte gründlich umorganisiert und ausgebaggert und eingezäunt und aufgeräumt und die Schiffahrt geradezu vollkommen und idiotensicher und profitabel gemacht, und alle Tage werden Sonntage sein und alle Maate Sonntagsschulleh... *Himmeldonnerwetter noch mal! Was macht ihr da für Quatsch, ihr Söhne der Verdammnis! Das eine Faß ausladen soll wohl ein ganzes Jahr dauern?«*

Während unserer Fahrt nach New Orleans und zurück führten wir viele Gespräche mit den Männern vom Fluß, mit Pflanzern, mit Journalisten und mit den Beamten der Flußkommission – doch was dabei herauskam, war widersprüchlich und verwirrend. Nämlich:

1. Einige schworen auf den Plan der Kommission, die Fahrrinne willkürlich und für dauernd zu begrenzen (und damit zu vertiefen), die gefährdeten Ufer zu schützen und so weiter.

2. Einige meinten, das Geld der Kommission solle ausschließlich dazu verwendet werden, das große System der Uferdämme instand zu setzen und weiter auszubauen.

3. Einige behaupteten, je höher man einen Damm baue, desto höher steige der Grund des Flusses, und folglich sei das Dammbausystem falsch.

4. Einige schworen auf den Plan, dem Strom bei Hochwasser einen Abfluß zu geben und seine überschüssigen Fluten in den Lake Borgne zu lenken.

5. Einige schworen auf den Plan, im Norden See-Reservoire zu schaffen, um den Mississippi zu Zeiten niedrigen Wasserstandes nachzufüllen.

Hat man dort unten jemand gefunden, der an eine dieser Theorien glaubt, kann man beim nächsten, den man trifft, gleich von der Hypothese ausgehen, daß er *nicht* auf diese Theorie schwört, und nach einiger Erfahrung tut man das nicht mehr zweifelnd oder zögernd, sondern mit der Zuversicht eines sterbenden Mörders – eines bekehrten natürlich. Denn inzwischen weiß man mit unumstößlicher Gewißheit, daß man keine zwei Leute hintereinander trifft, die von derselben Theorie befallen sind. Nein, dazwischen werden immer ein oder zwei mit den anderen Krankheiten kommen. Und mit der Zeit stellt man noch etwas fest. Nämlich daß diese Krankheiten eine wie die andere ansteckend sind und daß man sie sich unweigerlich holt, wenn man da hingeht, wo sie herrschen. Man kann sich mit abschreckenden Tatsachen schutzimpfen, soviel man will – hilft alles nichts, wenn es auch anfangs zu wirken scheint. Im selben Augenblick, wo man mit einem dieser Theoretiker in Berührung kommt, muß man sich schon bereit machen, die Quarantänefahne herauszuhängen.

Jawohl, man ist ihm unentrinnbar ausgeliefert. Und doch ist es nicht ganz zum Schaden, von ihm bearbeitet zu werden, denn er ist wie ein Hausarzt, der kommt und Ziegenpeter kuriert und dafür Scharlach zurückläßt. Handelt es sich bei dem Mann beispielsweise um einen Lake Borgne Abfluß-Theoretiker, wird er eine Wolke todbringender Fakten und Statistiken ausatmen, an denen man sich bestimmt infiziert, gleichzeitig aber wird er einen von jeder anderen der fünf Theorien heilen, die einem vorher in den Organismus geraten sein mögen.

ACHTUNDZWANZIGSTES KAPITEL

Ich habe alle fünf gehabt, und zwar anständig, doch man frage mich um Himmels willen nicht, welche mir am meisten zugesetzt hat oder welche den größten Krankenstand hatte, denn das weiß ich nicht. Die letzte Frage wird wohl niemand beantworten können. Mississippi-Regulierung ist dort unten eins der wichtigsten Gesprächsthemen. Wer südlich von Cairo am Fluß wohnt, redet jeden Tag darüber, sobald er nur ein paar Augenblicke erübrigen kann, in denen er nicht über den Krieg redet, und jede der verschiedenen Haupttheorien hat ihre Horde von eifrigen Anhängern, doch wie gesagt, zu entscheiden, welche die meisten Streiter zählt, ist unmöglich.

In einem Punkt waren sich jedoch alle einig: Wenn der Kongreß genügend Gelder bereitstellen würde, ließe sich ein ungeheuer großer Nutzen erzielen. Nun, inzwischen sind – wohl ausreichende, sicher aber nicht zu große – Mittel bewilligt worden. Hoffen wir, daß sich die Prophezeiung erfüllt.

Eines wird der Leser ohne weiteres bestätigen: daß Mr. Edward Atkinson, wenn er zu irgendeiner großen, das ganze Land betreffenden wirtschaftlichen Angelegenheit Stellung nimmt, soweit als Autorität gilt, wie das ein einzelner in der Union mit seiner Meinung überhaupt kann. Was er über die Mississippi-Regulierung zu sagen hat, findet sich im Anhang*.

Ein halbes Dutzend Zahlen erhellt mitunter blitzartig die Bedeutung einer Sache, die zehntausend ausgefeilte Wörter mit demselben Ziel doch nur unklar gelassen haben. Hier ist so ein Fall – eine Notiz aus der in Cincinnati erscheinenden Zeitung »Commercial«:

»Der Schleppdampfer ›Jos. B. Williams‹ befindet sich auf dem Wege nach New Orleans. Er hat zweiunddreißig Kähne im Schlepp, die, das eigene Brennmaterial nicht mit eingerechnet, mit 600 000 Scheffel (der Scheffel zu sechsundsiebzig Pfund) Kohle beladen sind. Das ist nicht nur der längste Schleppzug, der je nach New Orleans gegangen ist, sondern der größte der Welt überhaupt. Die Frachtkosten

* Siehe Anhang B.

belaufen sich bei drei Cent pro Scheffel auf 18 000 Dollar. Zur Beförderung dieser Kohlenmenge wären 1800 Waggons mit je 333 Scheffel erforderlich. Bei 10 Dollar pro Tonne beziehungsweise 100 Dollar pro Waggon, einem für diese Entfernung angemessenen Bahnpreis, würden an Frachtgebühr 180 000 Dollar zu zahlen sein, das heißt 162 000 Dollar mehr als per Schiff. Der Schleppzug wird die Strecke Pittsburgh–New Orleans in vierzehn bis fünfzehn Tagen zurücklegen. Um diese mit einer einzigen Fahrt bewältigte Last von 600 000 Scheffel Kohle zu transportieren, wären einhundert aus je achtzehn Wagen bestehende Züge nötig, und selbst im beschleunigten Güterverkehr würde das einen ganzen Sommer dauern.«

Wenn ein Fluß in guter Kondition einem ermöglichen kann, bei einer einzigen Ladung Fracht 162 000 Dollar einzusparen und dazu noch einen ganzen Sommer, dürfte damit selbst dem, der keinen kaufmännischen Sinn hat, klarwerden, wie weise es ist, Maßnahmen zu ergreifen, den Fluß in tadellosem Zustand zu halten.

NEUNUNDZWANZIGSTES KAPITEL

Ein paar besondere Kaliber

Wir ließen die Gegend von Plum Point hinter uns zurück, drehten um Craighead's Point herum und glitten unangefochten am ehemaligen Fort Pillow vorbei, dem schrecklichen, durch das während des Krieges dort verübte Massaker berüchtigten Fort Pillow. Massaker sind auf die Geschichte verschiedener christlicher Nationen verteilt wie Sommersprossen, aber dieses ist fast das einzige, das sich in der amerikanischen Geschichte findet. Es ist vielleicht das einzige, das ein diesem gewaltigen und düsteren Namen entsprechendes Format erreicht. Wir haben zwar das »Massaker von Boston«, bei dem drei oder vier Leute umkamen, doch um das Gegenstück zur Tragödie von Fort Pillow aufzutreiben, müßten wir die angelsächsische Geschichte auf einen Haufen nehmen, und selbst dann hätten wir zweifellos bis zu den Tagen und Taten jenes großartigen »Helden« Richard Löwenherz zurückzugehen.

Mehr über die Launen des Flusses. Die Fahrrinne lief früher einmal oben um Insel 37 herum, vorbei an Brandywine Bar und runter nach Insel 39. Änderte später die Richtung und ging von Brandywine runter durch die Vogelman-Stromschnelle im Teufelsellenbogen nach Insel 39 – womit ein Teil des alten Laufes umgekehrt ist, das heißt, der Strom fließt jetzt vier bis fünf Meilen *hinauf* anstatt hinab und schneidet rund fünfzehn Meilen Weg ab. Das passierte 1876. Jetzt heißt diese ganze Ecke Centennial Island.

Nach der Überlieferung soll Insel 37 ein Hauptquartier der einst berühmten »Murrellbande« gewesen sein. Das war eine äußerst weitverzweigte Vereinigung von Räubern, Pferdemardern, Negerdieben und Falschmünzern, die vor ungefähr fünfzig, sechzig Jahren den Fluß unsicher machten. Als wir mit der Bahn noch nach St. Louis unterwegs waren, hatte die Sache mit Jesse James und seiner aufregenden Geschichte kein Ende nehmen wollen, denn er war gerade von einem Agenten des Gouverneurs von Missouri zur Strecke gebracht worden und beanspruchte folglich in der Presse reichlich viel Platz. Die Zeitungsjungen auf den Zügen verkauften billige Lebensbeschreibungen von ihm. Danach war er das wundervollste Wesen seiner Art, das je gelebt hat. Das ist ein Irrtum. Murrell stand ihm an Schneid, an Dreistigkeit, an Raubgier ebensowenig nach wie an Grausamkeit, Brutalität, Herzlosigkeit, Verräterei und an vor nichts haltmachender Niedertracht und Skrupellosigkeit. In mehrfacher Hinsicht war er ihm weit überlegen. James war ein Bandit en détail, Murrell einer en gros. James' bescheidener Genius träumte von keinem höheren Flug, als Überfälle auf Wagen, Postkutschen und ländliche Banken zu inszenieren. Murrell dagegen beabsichtigte Negeraufstände und die Einnahme von New Orleans, und außerdem konnte dieser Murrell gelegentlich eine Kanzel besteigen und die Gemeinde erbauen. Was sind James und sein halbes Dutzend gewöhnlicher Spitzbuben schon gegen diesen stattlichen Verbrecher aus alten Zeiten mit seinen Predigten, seinem Plan, Rebellionen anzuzetteln und ganze Städte zu besetzen, und mit seinem majestätischen Gefolge von tausend seinem bösen Willen verschworenen Männern!

Hier ein paar sich mit diesem großen Operateur befassende Abschnitte aus einem in Vergessenheit geratenen Buch, das vor einem halben Jahrhundert erschienen ist:

Er scheint ein äußerst gewandter wie äußerst vollendeter Schurke gewesen zu sein. War er unterwegs, verkleidete er sich gewöhnlich als Wanderprediger, und seine Kanzelreden sollen sehr »zu Herzen gegangen« sein – und die Zuhörer so gefesselt haben, daß sie vergaßen, auf die Pferde aufzupassen, die während der Predigt von seinen Spießgesellen weggeführt wurden. Pferde in einem Staat stehlen und in einem anderen verkaufen machte allerdings nur einen kleinen Teil ihrer Geschäfte aus. Das einträglichste war, Sklaven zu verleiten, ihren Herren fortzulaufen, damit sie sie in einer anderen Gegend in Geld umsetzen konnten. Gehandhabt wurde das folgendermaßen: sie beschwatzten einen Neger, wenn er seinem Herrn ausrücke und sich von ihnen verkaufen lasse, würde er von dem für ihn erzielten Erlös etwas abbekommen, und sobald er ein zweites Mal zu ihnen zurückkäme, würden sie ihn in einen freien Staat schicken, wo er sicher wäre. In der Hoffnung, Geld und Freiheit zu erlangen, ließen sich die armen Teufel darauf ein. Sie wurden dann an einen anderen Herrn verhandelt, rissen wieder aus und kamen zu ihren Auftraggebern zurück. Auf diese Weise wurden sie mitunter drei- bis viermal verkauft, bis die Bande mit ihnen drei- bis viertausend Dollar eingenommen hatte. Da sie hinterher aber eine Aufdeckung befürchten mußten, pflegten sie sich gewöhnlich des einzigen Zeugen, der gegen sie aufgebracht werden konnte – und das war der Neger selbst – zu entledigen, indem sie ihn ermordeten und seinen Leichnam in den Mississippi warfen. Selbst wenn schon vor dem Mord erwiesen war, daß sie einen Neger gestohlen hatten, wußten sie stets der Bestrafung zu entgehen, denn dann versteckten sie den entflohenen Neger so lange, bis er öffentlich ausgehängt und jedem, der ihn einfing, eine Belohnung versprochen wurde. Ein solcher Anschlagzettel ermächtigte dazu, die Sache, sobald sie gefunden ist, in Verwahrung zu nehmen. Der Neger wird damit zum anvertrauten Gut. Wenn sie also den Neger verkauften, war das kein Diebstahl, sondern nur Veruntreuung, und bei Veruntreuung kann der Eigentümer der Sache lediglich zivilgerichtlich vorgehen, was hier aber zwecklos war, da doch kein Schadenersatz geleistet wurde. Man wird sich fragen, wie es möglich war, daß Murrell unter solchen Umständen der Lynchjustiz entging. Die Erklärung ist einfach, wenn man hört, daß er *über tausend verschworene Genossen* hatte, alle bereit, jederzeit jedem aus der Bande zu helfen, der in Schwierigkeiten kam. Die Namen seiner sämtlichen Hauptkomplicen hat man von Murrell selber in Erfahrung gebracht; wie, werde ich weiter unten darlegen. Die Bande setzte sich aus zwei Klassen zusammen: aus dem sogenannten Rat beziehungsweise den Hauptleuten, die planten und arrangierten, aber selten mitmachten und deren Zahl sich auf ungefähr vierhundert belief, und aus den rund sechshundertfünfzig Aktiven, die Schläger hießen. Diese waren das Werkzeug in den Händen der anderen. Sie nahmen alle Gefahr auf sich und erhielten nur einen kleinen Anteil vom Geld, denn sie befanden sich in der Macht der Bandenführer und wären jederzeit von ihnen geopfert worden, das heißt, sie hätten sie an die Justiz ausgeliefert oder ihre Leichen im Mississippi versenkt. Der allgemeine Treffpunkt des Verbrecherbundes lag auf der Arkansas-Seite des Flusses, und dort versteckten sie auch ihre Neger im Morast und Schilf.

Unter den Plünderungen dieser ausgedehnten Vereinigung haben die Leute schwer gelitten, aber die Pläne waren so gut eingefädelt, daß nie etwas bewiesen werden konnte, obzwar der stets rührige Murrell, der immer aktiv mitwirkte, überall verdächtigt wurde. Es traf sich jedoch, daß ein junger Mann namens Stewart, der auf der Suche nach zwei von Murrell weggelockten Sklaven war, sich zu ihm schlug, sein Vertrauen gewann, den Schwur ablegte und in den Generalrat der Bande aufgenommen wurde. Dadurch kam es zur Aufdeckung, denn trotz seines Eides verriet Stewart, nachdem er in alles eingeweiht war, die ganze Sache, gab sämtliche Beteiligten namentlich an und konnte schließlich auch genügend Belastungsmaterial zu Murrells Verurteilung zusammentragen (Murrell erhielt vierzehn Jahre Zuchthaus). Auf der von Stewart der Öffentlichkeit übergebenen Liste des Generalrates fanden sich so viele Leute, die als rechtschaffen galten und in den verschiedenen Staaten einen angesehenen Namen hatten, daß alles unternommen wurde, um seine Aussagen in Mißkredit zu bringen: man bestritt seine Unbescholtenheit und Lauterkeit und versuchte mehr als einmal, ihn zu ermorden. Er sah sich daraufhin gezwungen, die Südstaaten zu verlassen. Jetzt hat sich jedoch einwandfrei herausgestellt, daß alles wahr gewesen ist, und obgleich einige Mr. Stewart noch schmähen, weil er seinen Eid gebrochen hat, versuchen sie nicht länger, abzuleugnen, daß seine Enthüllungen gestimmt haben. Ich werde nun ein paar Teile von dem zitieren, was Murrell gegenüber Mr. Stewart zugegeben hat, als sie zusammen über Land ritten. Zuvor hätte ich noch bemerken sollen, daß die Absichten Murrells und seiner Komplicen nach seiner eigenen Darstellung sehr weit gesteckt waren, hatten sie doch nichts Geringeres vor als *einen Aufstand der Schwarzen gegen die Weißen zu organisieren, New Orleans zu erobern und auszuplündern und sich zum Besitzer des Gebietes zu machen.* Im folgenden ein paar Auszüge:

»Ich versammelte dort all meine Freunde aus der Gegend von New Orleans in einem Haus, das einem der Unsrigen dort gehörte, und wir hielten drei Tage lang Rat, bis wir all unsere Pläne richtig durchgearbeitet hatten. Dann beschlossen wir, auf alle Fälle die Rebellion durchzuführen und dazu so viele Freunde wie möglich zu gewinnen. Nachdem jeder seinen Auftrag erhalten hatte, machte ich mich auf nach Natchez, zu Fuß, denn mein Pferd hatte ich in New Orleans verkauft – ich hatte vor, mir unterwegs gleich ein neues zu stehlen. Vier Tage bin ich gelaufen und konnte noch immer an kein Pferd heran. Am fünften Tag, so gegen zwölf, wurde ich müde und hielt an einem Bach, um Wasser zu trinken und ein bißchen auszuruhen. Während ich auf einem Baumstamm saß und die Straße in der Richtung hinunterguckte, aus der ich gekommen war, sah ich einen Mann auf einem gutaussehenden Pferd anreiten. Im selben Augenblick, wo ich ihn erblickte, stand es für mich schon fest, daß ich mir sein Pferd nehme, wenn er bloß ein einfacher Reiter war. Es war einer, wie ich, als er heran war, an seinem Aufzug merkte. Ich erhob mich, hielt ihm eine schicke kleine Pistole vor und befahl ihm abzusteigen. Er gehorchte, und ich nahm sein Pferd am Zügel und zeigte den Bach hinunter und sagte, er soll vor mir hergehen. Er lief ein paar Hundert Schritt und blieb stehen. Ich hielt sein Pferd fest und befahl ihm, sich ganz auszuziehen, bis auf Hemd und Unterhosen, und mir den Rücken zuzukehren. Er sagte: ›Wenn Sie vorhaben, mich zu töten, lassen Sie mich vor meinem Tode wenigstens noch beten.‹ Ich hab ihm geantwortet, ich hätte keine Zeit, mir seine Gebete anzuhören. Er drehte sich um und fiel auf die Knie, und ich schoß ihm ins Genick. Ich riß ihm den Bauch auf und nahm die Eingeweide heraus und versenkte den Körper im Bach. Dann durchsuchte ich seine Taschen und fand vierhundert Dollar und siebenunddreißig Cent und eine Menge Papiere, die ich aber nicht erst untersucht, sondern zusammen mit der Brieftasche und seinem Hut in den Bach geworfen haben. Seine Stiefel waren nagelneu und paßten mir tadellos, und ich hab sie angezogen und dafür meine alten Schuhe im Bach versenkt. Den Anzug von ihm rollte ich zusammen und verstaute ihn in seinem Mantelsack, denn es war nagelneues Tuch und von bester Qualität. Das Pferd, das ich bestieg, war eins der besten, auf denen ich je geritten bin, und ich konnte meinen Weg in einer wesentlich besseren Aufmachung als der der letzten fünf Tage nach Natchez lenken...

Mit einem gewissen Crenshaw suchte ich mir vier gute Pferde, und wir machten uns auf nach Georgia. Kurz vor den Cumberland Mountains wurden wir mit einem jungen Mann aus Südkarolina bekannt, und Crenshaw wußte bald über all seine Geschäfte Bescheid. Er hatte in Tennessee eine Herde Schweine kaufen wollen, aber die waren dort teurer gewesen, als er kalkuliert hatte, und so war aus dem Kauf nichts geworden. Wir schlossen daraus, daß es sich bei ihm lohnen würde. Crenshaw zwinkerte mir zu. Ich begriff, worauf er hinauswollte. Er kannte den Weg von früher, ich aber nicht. Als wir schon mehrere Meilen im Gebirge hinter uns hatten, kamen wir an eine steil abfallende Felswand. Kurz vor dieser Stelle sagte Crenshaw, ich solle ihm meine Peitsche geben, die am unteren Ende ein Pfund Blei hatte. Ich gab sie ihm, und er ritt dicht an den Mann heran und versetzte ihm einen Schlag auf die Seite vom Kopf und stürzte ihn vom Pferd. Wir sprangen ab und durchsuchten seine Taschen. Darin fanden wir zwölfhundertzweiundsechzig Dollar. Crenshaw sagte, er wisse, wo wir ihn verstecken könnten, und er packte ihn unter den Armen und ich bei den Füßen, und wir schafften ihn bis zu einer Stelle, wo in der überhängenden Felswand eine tiefe Spalte war, und da warfen wir ihn hinein, und er entschwand unseren Blicken. Dann warfen wir seinen Sattel hinterher und nahmen sein Pferd mit, das gut zweihundert Dollar wert war...

Wir wurden ein paar Tage aufgehalten, und während dieser Zeit ging unser Freund in eine kleine Ortschaft dort, und da sah er einen Anschlagzettel über den Neger (einen Neger, der uns gehörte) mit einem Steckbrief der beiden Männer, von denen er gekauft worden war. Das war für uns also ziemlich heißer Boden, aber besser ein heißer als gar kein Boden unter den Füßen. Noch in derselben Nacht brachten wir den Neger ans Ufer eines Baches, der an der Farm von unserem Freunde vorbeifließt, und Crenshaw schoß ihm durch den Kopf. Wir nahmen seine Eingeweide heraus und versenkten ihn im Bach...

Nachdem er den anderen Neger das drittemal am Arkansas für über fünfhundert Dollar verkauft hatte, stahl er ihn wieder und übergab ihn seinem Freunde, der ihn in einen Sumpf führte und die tragische Szene verhüllte und das heilige Versprechen der Verschwiegenheit abgab, denn so etwas führt zu nichts, wenn es nicht für alle außer unserer Bruderschaft geheim bleibt. Er hat den Neger für insgesamt fast zweitausend Dollar verkauft und ihn dann für immer aus der Reichweite aller Verfolger gebracht, und sie können ihm nie etwas anhaben, es sei denn, sie finden den Neger, und den können sie nicht finden, denn sein Kadaver hat schon so manche Schildkröte und so manchen Wels fett gemacht, und die Frösche haben das schon viele lange Tage seinem schweigenden Skelett vorgequakt.«

Wir näherten uns Memphis, der Stadt, vor deren Toren unter den Augen der Einwohner die berühmteste Flußschlacht des Bürgerkrieges ausgetragen wurde. Zwei Männer, unter denen ich während meiner Zeit auf dem Fluß gedient hatte, haben an diesem Kampf teilgenommen: Mr. Bixby, Cheflotse der Unionsflotte, und Montgomery, Kommodore der Flotte der Konföderierten. Beide haben fast während des ganzen Krieges an vorderster Front gestanden und sich durch Tapferkeit und Können einen Namen gemacht.

Da Memphis immer näher rückte, sahen wir uns langsam nach einer Ausrede um, auf der »Gold Dust« zu bleiben, das heißt bis zu ihrer Endstation – Vicksburg. Wir fühlten uns so wohlig aufgehoben, daß wir kein Verlangen hatten, uns zu verändern. Ich hatte zwar in Napoleon in Arkansas einen ziemlich wichtigen Auftrag zu erledigen, aber vielleicht ließ sich das irgendwie einrichten, ohne die »Gold Dust« aufzugeben. Das sagte ich auch, und so beschlossen wir, zu bleiben, wo wir waren.

Für das Schiff war bis zum nächsten Morgen zehn Uhr ein Aufenthalt in Memphis vorgesehen. Es ist eine schöne Stadt, herrlich gelegen auf einem den Fluß überblickenden Steilufer. Die Straßen sind gerade und breit, wenn auch nicht so gepflastert, daß es übertriebene Bewunderung erregt. Nein, das Bewundern muß man sich für das Kanalisationssystem der Stadt aufheben, das vollkommen genannt wird. Eine allerdings noch recht junge Reform, denn vor ein paar Jahren ließ sich genau das Gegenteil behaupten – eine Reform, entstanden aus der Lehre, die man aus einem verheerenden Besuch des gelben Fiebers gezogen hat. In jenen schrecklichen Tagen wurden die Leute zu Hunderten, ja zu Tausenden dahingerafft, und die durch Flucht und durch Tod verursachte Dezimierung war so groß, daß die Bevölkerung um drei Viertel abnahm und eine Zeitlang so blieb. Handel und Wandel ruhten fast ganz, und über den Straßen lag sonntägliche Leere.

Hier ein Bild von Memphis zu jener unglücklichen Zeit, gezeichnet von einem deutschen Touristen, der diese Szenen mit eigenen Augen gesehen zu haben scheint. Es ist dem 7. Kapitel des soeben in Leipzig herausgekommenen Buches »Mississippifahrten« von Ernst von Hesse-Wartegg entnommen:

»Im August hatte das gelbe Fieber seinen Höhepunkt erreicht. Täglich fielen Hunderte der schrecklichen Seuche zum Opfer. Die Stadt war zu einem gewaltigen Friedhof geworden, zwei Drittel der Einwohner hatten den Ort verlassen, und nur die Armen, die Alten und die Kranken blieben zurück, dem heimtückischen Feind eine sichere Beute. Die Häuser waren geschlossen; vor vielen brannten kleine Laternen – ein Zeichen, daß der Tod hier Einkehr gehalten hatte. Oft lagen in einem einzigen Hause mehrere Tote: es hingen schwarze Trauerflore aus den Fenstern. Die Geschäfte hatten zugemacht, denn die Inhaber waren geflüchtet oder tot.

Grauenhafte Krankheit! In kürzester Zeit wirft sie selbst den Kräftigsten nieder und rafft ihn dahin. Eine leichte Unpäßlichkeit, dann eine Stunde Fieber, dann das gräßliche Delirium und dann – der Gelbe Tod! An den Straßenecken und auf den Plätzen lagen Kranke, die es plötzlich erwischt hatte, und sogar Leichen in starrer Verrenkung. Nahrungsmittel fehlten. Fleisch verdarb in der stinkenden und verpesteten Luft innerhalb weniger Stunden und wurde schwarz.

Aus vielen Häusern dringen furchtbare Schreie. Nach einer Weile hören sie auf, und alles ist still. Edelmütige, sich aufopfernde Männer kommen mit dem Sarg, nageln ihn zu und tragen ihn fort zum Friedhof. In der Nacht herrscht Totenstille. Nur die Ärzte und die Leichenwagen eilen durch die Straßen, und aus der Ferne kommt hin und wieder das dumpfe Donnern des Eisenbahnzuges, der wie von Furien gejagt mit Windeseile an der pestbefallenen Stadt vorbeibraust, ohne zu halten.«

Jetzt aber ist dort genug Leben. Die Bevölkerung übersteigt die Vierzigtausend und nimmt ständig zu, und Handel und Wandel gedeihen prächtig. Wir ließen uns in der Stadt herumfahren, besuchten den Park und die gesellige Herde von Erdhörnchen dort, sahen uns die feinen, von Rosen umrankten und auch sonst sehr anziehenden Wohnhäuser an und bekamen im Hotel ein gutes Frühstück vorgesetzt.

Kommt blendend voran, diese Samariterstadt des Mississippi; verfügt über einen ausgedehnten Maklereibetrieb en gros, hat Gießereien, Werkstätten für Maschinen-, Waggon- und Wagenbau sowie Baumwollsamenöl-Raffinerien und wird demnächst auch Baumwollfabriken und Elevatoren aufweisen können.

Der Eingang an Baumwolle erreichte im letzten Jahr fünfhunderttausend Ballen – sechzigtausend mehr als im Vorjahr. Vom gesunden wirtschaftlichen Herzen dieser Stadt gehen fünf größere Bahnlinien aus, und jetzt kommt eine sechste hinzu.

Das ist ein wesentlich anderes Memphis als das, welches die längst in der Versenkung verschwundene Prozession ausländischer Touristen vor langer Zeit in ihre Bücher aufnahm. In den Tagen der heute vergessenen, aber einst berühmten und aus vollstem Herzen gehaßten Mrs. Trollope scheint Memphis in der Hauptsache aus einer langen Straße von Blockhäusern bestanden zu haben mit ein paar nach hinten gegen die Wälder zu verstreuten Hütten und hier und da einem Schwein und Schlamm ohne Ende. Das war vor fünfundzwanzig Jahren. Mrs. Trollope hielt am Hotel. Offensichtlich nicht an dem, welches uns unser Frühstück serviert hatte. Sie sagt:

»Der für fünfzehn Personen gedeckte Tisch war nahezu besetzt. Sie aßen unter völligem Schweigen und mit so erstaunlicher Schnelligkeit, daß sie mit ihrem Dinner buchstäblich schon fertig waren, noch ehe wir angefangen hatten. Die einzigen zu hörenden Laute waren die, welche die

Messer und Gabeln verursachten, und dazu der ständige Refrain des Hustens usw.«

»Hustens usw.« Das »usw.« steht für ein weniger feines Wort, ein Wort, das sie nicht immer mildtätig verdeckt, sondern manchmal drucken läßt. Man findet es in der folgenden Beschreibung eines Dinners, das sie an Bord eines Dampfschiffes in Gesellschaft aristokratischer Pflanzer einnahm. Wohlhabende, aus situierten Familien stammende, unwissende Stutzer waren das, beflittert mit den üblichen harmlosen militärischen und richterlichen Titeln jener alten Zeit, wo den Leuten noch leicht etwas vorzumachen war:

»Der völlige Mangel all der üblichen Höflichkeiten bei Tisch, die gefräßige Geschwindigkeit, mit der nach den Speisen gelangt und dieselben verschlungen wurden, die seltsame, ungeschlachte Redeweise und Aussprache, das ekelhafte Spucken – unsere Kleider vor dieser Besudlung zu schützen, war völlig unmöglich –, die schreckliche Manier, mit dem Messer zu essen, bis die ganze Klinge im Mund zu verschwinden schien, und die noch schrecklichere Unsitte, sich danach mit einem Taschenmesser die Zähne zu reinigen, nötigten uns bald zu der Überzeugung, daß das keineswegs die Generale, Obersten und Majore der Alten Welt waren, in deren Gesellschaft wir uns befanden, und daß die Stunde des Dinners alles andere als erquicklich war.«

DREISSIGSTES KAPITEL

Unterwegs gesehen

Hinter Memphis machte sich der Fluß mächtig breit: die Ufer alle randvoll und sehr oft mehr als voll, daß die Fluten überschwappten und Wälder und Felder bis meilenweit ins Innere hinein unter Wasser setzten – stellenweise bis zu fünfzehn Fuß hoch –, und überall Spuren zunichte gemachter Arbeit von Menschen, die viel Schweiß gekostet hat und nun mit beschränkten Mitteln und geschwächtem

Mut von vorn begonnen werden muß. Ein trübseliges Bild, das sich für Hunderte von Meilen nicht wandelt. Mitunter standen die Baken mit den Laternen in drei Fuß hohem Wasser am Rande dichter Wälder, die sich ohne Farm, Holzplatz, Rodung oder sonstige Unterbrechung meilenweit hinzogen, das heißt also, der Leuchtfeuerwärter muß mit einem Boot von sehr weit herkommen, und das oft bei verzweifeltem Wetter. Doch hat man mir gesagt, die Arbeit werde bei jedem Wetter zuverlässig ausgeführt und gar nicht immer von Männern – manchmal auch von Frauen, wenn der Mann krank oder einmal nicht da ist. Die Regierung stellt das Öl zur Verfügung und zahlt für das Anzünden und Instandhalten zehn bis fünfzehn Dollar im Monat. Alle vier Wochen kommt ein Regierungsschiff und verteilt Öl und zahlt die Löhne aus.

Die Gegend um Ship Island war so waldig und unbewohnt wie schon immer. Die Insel selber hat das Inselsein an den Nagel gehängt und sich fest mit dem Land verbunden, und wo einst die Dampfschiffe fuhren, rattern heute Güterwagen. Vom Wrack der »Pennsylvania« nichts mehr zu sehen. Sicher wird eines Tages ein Farmer mit seinem Pflug auf ihre Gebeine stoßen und sich wundern.

Wir kamen jetzt runter in das Gebiet der umherziehenden Neger. Als sie noch Sklaven waren, konnten diese armen Leute niemals reisen, und das holen sie nun nach. Sie bleiben so lange auf einer Plantage, bis sie vom Reisefieber ergriffen werden. Dann packen sie, halten ein Dampfschiff an und ziehen ab. Nicht etwa nach einem bestimmten Ort, nein, beinahe jeder Flecken ist recht, sie wollen bloß umziehen. Wie weit die Fahrt ins Blaue geht, das beantwortet ihnen die Summe Geld, die sie haben. Reicht es für fünfzig Meilen, wunderbar, dann aber bitte alle fünfzig. Wenn nicht, genügt ein kürzerer Trip.

Ein paar Tage lang hatten wir viele solcher Anrufe vom Ufer und legten häufig an. Manchmal stand eine Gruppe baufälliger und vom Hochwasser schimmelig gewordener Hütten da, bevölkert mit Schwarzen, während Weiße nirgendwo zu sehen waren. In der Nähe hier und da graslose Flecken trockenen Bodens, ein paar gefällte Bäume und davor zum Skelett abgemagerte Kühe, Maultiere und Pferde, die die Blätter fraßen und an der Rinde nagten – anderes Futter gab es in dem flutverwüsteten Land für sie nicht. Mitunter auch nur ein einziges, einsames Blockhaus an der Landestelle und daneben die farbige Familie, die uns angehalten hatte. Groß und klein, alt und jung, hockten sie auf einem dürftigen Stapel Hausgerät, bestehend aus einem verrosteten Gewehr, ein paar alten Matratzen, Truhen, Zinngeschirr, Schemeln, einem beschädigten Spiegel, einem ehrwürdigen Sessel und sechs bis sieben dummen gelben Straßenkötern, die die Familie an der Strippe hielt. Sie müssen ihre Hunde haben, ohne die kommen sie nicht aus. Dabei wollen die Hunde nie. Also werden sie, und wenn sie sich auch mit allen vieren dagegenstemmen, einer nach dem andern in lächerlicher Prozession über die Gangway geschleift und an Bord gezerrt, daß ihnen dabei bald der Kopf abgerissen wird, aber der Neger, der am andern Ende zieht, hat sich die Strippe über die Schulter gelegt, um mehr Halt zu haben, und marschiert, ganz in seine Arbeit vertieft, entschlossen vorwärts. Ein Kind wird manchmal vergessen und auf dem Ufer zurückgelassen, nie aber ein Hund.

Im Steuerhaus der übliche Flußklatsch. Insel 63 – früher eine Insel mit einer reizvollen Stromschnelle oder Enge dahinter. Man erzählt sich, Jesse Jamieson hätte auf der »Skylark« einmal einen Besuchslotsen mitgehabt, einen armen alten zusammengeklappten, ausgedienten Burschen, und ihm am Fuß von 63 das Rad übergeben, damit er die Wache zu Ende mache. Und der alte Schipper fuhr durch die Enge rauf und außen rum wieder runter und wieder durch die Enge rauf und wieder außen rum runter und so immer weiter, und nach drei Stunden ehrlicher Anstrengung übergab er dem ablösenden Lotsen das Schiff am selben alten Fuß der Insel, wo er ursprünglich das Rad übernommen hatte! Sagte ein Neger auf dem Ufer, der das Schiff an die dreizehnmal vorbeifahren sah: »Allmächtiger! Tät mich nich verwundern, wenn das 'ne ganze Reihe von ›Skylarks‹ is!«

Eine Anekdote, die den Einfluß eines großen Namens auf

die Meinungsänderung zeigt: Die »Eclipse« war weit und breit berühmt für ihre Schnelligkeit. Eines Tages fuhr sie vorüber. Am Ufer ein alter Schwarzer, der, in Gedanken vertieft, nicht merkte, welcher Dampfer das war. Eine Weile später fragte jemand:
»Ein Schiff vorbeigekommen?«
»Ja, Sir.«
»Ist es schnell gefahren?«
»Nich direkt schnell, is bloß so entlanggezuckelt.«
»Weißt du, welches Schiff das war?«
»Nein, Sir.«
»Na hör mal, Onkelchen, das war die ›Eclipse‹.«
»Nein, is das die Möglichkeit? Ja, stimmt – denn die is eben *vorbeigefunkt wie ein Blitz!*«

Eine Geschichte, welche die heftige Art einiger Leute dort unten illustriert: In den ersten Wochen des Hochwassers wurden A.s Zaunriegel flußabwärts und auf das Land von B. gespült und B.s Riegel von der Gegenströmung nach oben mitgerissen und auf A.s Grund und Boden abgelegt. Meinte A.: »Lassen wir es so. Nehme ich eben deine Riegel und du meine.« B. aber war damit nicht einverstanden, dem paßte das nicht. Eines Tages kam A. auf B.s Land, seine Riegel holen. B. sagte: »Ich schieß dich zusammen!« und ging mit dem Revolver auf ihn los. »Bin unbewaffnet«, erwiderte A. Also warf B., der nicht unfair sein wollte, seinen Revolver hin, zog ein Messer hervor und begann, A. den Hals abzuschneiden, hielt sich aber zu lange mit der Vorderseite auf und kriegte die Gurgel nicht richtig durch. A. wehrte sich verzweifelt und bekam dabei den weggeworfenen Revolver zu fassen und schoß damit B. tot – und erholte sich von seinen Verletzungen.

Es wurde noch ein Weilchen weitergequatscht und dann gingen alle zum Nachmittagskaffee nach unten und ließen mich allein am Steuerrad zurück. Mit einem Mal rief mir etwas unsere letzte Stunde in St. Louis ins Gedächtnis zurück, von der ich einen Teil achtern auf dem Oberdeck verbracht hatte. Ein Fremder war da mit mir ins Gespräch gekommen, ein lebhafter junger Bursche, der sagte, er komme aus einer Stadt im Innern von Wisconsin und habe bis vor einer Woche noch nie ein Dampfschiff gesehen. Während der Fahrt von La Crosse an aber habe er sein Schiff so fleißig und mit so leidenschaftlichem Interesse inspiziert und untersucht, daß er vom Dampf bis zum Ruderblatt alles beherrsche. Fragte mich, wo ich her sei. »Neuengland«, antwortete ich. »Oh, ein Yank!« sagte er und schwätzte munter weiter, ohne auf Zustimmung oder Ablehnung zu warten. Sogleich bot er sich an, mich durch das ganze Schiff zu führen und mir zu erklären, wie die verschiedenen Teile alle heißen und wozu sie sind. Noch ehe ich Protest erheben oder mich entschuldigen konnte, war er in diesem Werk der Nächstenliebe schon mitten drin und plapperte zungenfertig drauflos, und als ich merkte, daß er alles verkehrt benannte und sich ungastlich auf Kosten eines ahnungslosen Fremden aus einem fernen Lande unterhielt, ließ ich ihn gewähren. Er gab mir einen ganzen Sack voll falscher Auskünfte, und je weiter er ging, desto elastischer wurde seine Phantasie und desto mehr Spaß bereitete ihm sein grausames Gaukelspiel. Manchmal, nachdem er mir einen besonders grotesken und hanebüchenen Schwindel vorgesetzt hatte, konnte er sich das Lachen kaum noch verbeißen; er mußte unter diesem oder jenem Vorwand eine Minute beiseite treten, damit ich nichts merkte. Ich blieb getreulich bei ihm, bis er mit seiner Komödie fertig war. Dann verkündete er, er hätte mir nun alles »gelernt«, was es über ein Dampfschiff zu wissen gebe, falls er aber etwas übersehen haben sollte, brauche ich ihn nur zu fragen und er würde das nachholen. »Wenn Sie von irgend etwas auf diesem Schiff hier nicht wissen, wie es heißt und wozu es ist, kommen Sie ruhig zu mir, ich erkläre es Ihnen.« Ich nahm dankend an und verabschiedete mich, verschwand und näherte mich ihm von einer anderen Seite, wo er mich nicht sehen konnte. Er saß da, ganz allein, und kringelte und krümmte sich vor Lachen. Er muß sich krank gelacht haben, denn danach war er tagelang nirgends zu sehen. Inzwischen hatte ich die Episode aus dem Gedächtnis verloren.

Was mich jetzt wieder daran erinnerte, als ich allein am Rad stand, war der Anblick eines jungen Burschen, der in der Tür vom Steuerhaus verharrte, die Klinke in der Hand, und mich streng und schweigend musterte. Ich wüßte nicht, schon mal jemand mit so verletzter Miene gesehen zu haben wie ihn. Er sagte kein Wort. Stand einfach da und schaute – schaute vorwurfsvoll drein und überlegte. Schließlich machte er die Tür zu und schob ab. Auf dem Texas hielt er einen Augenblick inne, kam langsam zurück, stellte sich wieder als gekränkte Leberwurst in den Türrahmen, starrte mich eine Weile an und sagte dann:

»Sie haben sich doch von mir alles über ein Dampfschiff lernen lassen?«

»Ja«, gestand ich.

»Nicht wahr, das haben Sie doch?«

»Ja.«

»*Sie* also sind dieser Kerl, der ... der...«

Die Sprache versagte ihm. Pause ... ohnmächtiges Ringen nach weiteren Worten ... dann gab er es auf, würgte einen kräftigen Fluch hervor und trollte sich. Später, während der Fahrt, sah ich ihn mehrere Male unten, aber er blieb kühl – schenkte mir keinen Blick. So ein Dummkopf! Wäre er nicht gleich zu Anfang so versessen gewesen, mich auf so einfältige Weise auf die Schippe zu nehmen, hätte ich seine Gedanken in eine andere Richtung gelenkt und ihn vor dieser übermütigen und dummen Ungezogenheit bewahrt.

Morgens ließ ich mich mit der Vier-Uhr-Wache wecken, denn im Sommer kann man gar nicht genug Sonnenaufgänge auf dem Mississippi sehen. Sie sind zauberhaft. Zuerst das beredte Schweigen, denn über allem lastet tiefe Stille. Dann das immer wiederkehrende Gefühl des Alleinseins, der Einsamkeit, fern sein von den Sorgen und Wirren der Welt. Verstohlen kriecht die Dämmerung heran, die dichten Wände schwarzen Waldes grau aufgehellt, und der Fluß öffnet und enthüllt sich auf weite Strecken, das Wasser ist spiegelglatt, und kleine weiße Gespensternebel steigen auf, kein Windhauch, kein Blatt regt sich, tiefe Stille, die unendlich wohl tut. Dann zwitschert ein Vogel, noch einer, und bald fügt sich all das Gezwitscher zu einem aufbrausenden Jubelchor. Du siehst die Vögel nicht, du gehst einfach durch diese Luft voll Gesang, die selber zu singen scheint. Wenn das Licht etwas höhergestiegen ist, hast du eins der denkbar schönsten und sanftesten Bilder vor dir. Da ist das leuchtende Grün des dichten Blätterdaches, es wird nach und nach blasser; auf der nächsten Landzunge, ungefähr eine Meile weiter, siehst du duftiges Frühlingsgrün; die nächste hat fast alle Farbe verloren und die weiteste, meilenweit weg am Horizont, schläft auf dem Wasser wie ein Dunst und ist kaum vom Himmel zu unterscheiden. Und der ganze Fluß ist wie ein Spiegel, mit dem Widerschein der Laubdächer, der schweifenden Ufer und der zurückweichenden Landzungen. Ja, das ist alles schön, mild, reich und schön, und wenn die Sonne dann richtig heraufkommt, hier einen rosa Hauch ausstreut, dort Staub von Gold und einen Purpurnebel, wo er den besten Effekt erzielt, dann meinst du, du hättest etwas gesehen, woran du dich immer erinnern wirst.

Am frühen Morgen erlebten wir Kentucky Bend – in alten Zeiten Schauplatz eines merkwürdigen und tragischen Unglückes. Kapitän Poe hatte einen kleinen Heckraddampfer, auf dem er und seine Frau jahrelang zu Hause waren. Eines Nachts lief das Schiff am Kopf der Kentucky Bend auf einen Snag und sank erstaunlich schnell. Als der Kapitän nach achtern kam, stand das Wasser bereits hoch über dem Kajütenboden. Er bahnte sich vom Deck her mit einer Axt den Weg zur Kajüte seiner Frau, die in der oberen Koje schlief. Das Dach war schwächer als erwartet, und gleich der erste Schlag krachte durch die angefaulten Bretter und spaltete ihr den Schädel.

Die Biegung ist jetzt ganz versandet – Folge eines Durchbruchs; und dieselbe Ursache hat die große und einst so häufig besuchte Walnut Bend wieder in die Einsamkeit und weit vom gewohnten Strom vorüberfahrender Dampfer zurückgeworfen.

Wir besuchten Helena und auch eine Stadt, von der ich vorher nie etwas gehört hatte, da sie erst vor kurzem das Licht der Welt erblickt hat: Arkansas City. Ihre Geburt verdankt sie der Eisenbahn, hier stößt die Linie Little Rock–Mississippi River–Texas auf den Fluß. Wir fragten einen Passagier, der dort zu Hause war, was für ein Ort das ist. »Hm«, machte er und überlegte mit der Miene eines Mannes, der Zeit gewinnen und sehr genau sein wollte, »die reinste Hölle.« Eine Beschreibung von photographischer Genauigkeit. Es gab dort ein paar Reihen und Haufen von schäbigen Holzhäusern und so viel Schlamm, daß er gereicht hätte, die Stadt hundert Jahre lang gegen jeden Mangel daran zu sichern, denn das Hochwasser war erst vor kurzem zurückgegangen. In den Straßen standen hier und dort Pfützen, und ein Dutzend roh zusammengehauene Kähne lagen da auf Grund, wo sie sich gerade befanden, als sich das Wasser verlief, und die Leute konnten ihre Besuche und Einkäufe wieder zu Fuß erledigen. Doch es ist ein Ort, der sich macht, mit einem reichen Land dahinter und einem Silo davor und auch einer feinen großen Fabrik zur Gewinnung von Baumwollsamenöl. So eine Fabrik hatte ich noch nie gesehen.

Baumwollsamen waren zu meiner Zeit so gut wie wertlos, doch jetzt, wo sie pro Tonne zwölf- bis dreizehn Dollar einbringen, werden keine mehr weggeworfen. Das daraus hergestellte Öl ist farblos, geschmacklos und fast, wenn auch nicht ganz, geruchlos. Es heißt, durch entsprechende Behandlung könne es so aussehen wie jedes x-beliebige Öl und auch dessen Aufgabe erfüllen und außerdem sei seine Herstellung billiger als die jedes anderen. Ganz Kluge haben es nach Italien verschifft, vermischt, mit Etiketten beklebt und als Olivenöl zurückgebracht. Dieser Handel nahm solche Ausmaße an, daß Italien Schutzzölle erlassen mußte, damit seine eigene Ölindustrie keinen ernstlichen Schaden nahm.

Helena ist unter den Mississippistädten mit am schönsten gelegen. Es thront auf der letzten, der südlichsten Hügelgruppe, die man auf dieser Seite des Flusses sieht. In normalem Zustand ist die Stadt hübsch, doch vor kurzem ist sie von der Flut (vielleicht auch vom Sickerwasser) verwüstet worden. Ganze Straßenzüge waren von dem schlammigen Wasser durchsetzt, und an den Häuserwänden stand von den Fundamenten aufwärts noch immer ein breiter Schmutzgürtel. Überall lagen gestrandete und aufgegebene Kähne herum, und noch standen Plankenstege auf vier Fuß hohen Pfählen; die breiten Bürgersteige unten waren zerfallen – gingen ein paar Männer auf dem lockeren Pflaster, konnte ein Blinder das für eine Kavallerieattacke halten. Allerorts häufte sich schwarzer Schlamm, und an vielen Stellen standen Malariatümpel. Eine Mississippiüberschwemmung ist eine beinahe ebenso verheerende Heimsuchung wie eine Feuersbrunst.

An diesem sonnigen Sonntag machten wir es uns zwei Stunden an Land gemütlich, während das Schiff Ladung löschte. In den Seitenstraßen waren nur wenig Weiße zu sehen, Schwarze aber gab es eine Menge, hauptsächlich Frauen und Mädchen, und fast ausnahmslos alle herausstaffiert in neuen hellen, ausgemacht flotten Kleidern – ein glänzender, fröhlicher Kontrast zu dem traurigen Schlamm und den trübseligen Pfützen.

Helena ist bevölkerungsmäßig die zweitgrößte Stadt in Arkansas; sie hat fünftausend Einwohner. Ihr Hinterland ist außergewöhnlich produktiv, und die Stadt selber ist ein großer Umschlagplatz für Baumwolle (jährlich vierzig- bis sechzigtausend Ballen) und hat einen umfangreichen Holz- und Getreidehandel, eine Gießerei, Ölraffinerien und Fabriken für Maschinen- und Waggonbau; kurz, es sind eine Million Dollar in der Industrie investiert. Seine zwei Bahnlinien machen Helena zum Handelszentrum einer ausgedehnten, wohlhabenden Gegend. Der jährliche Gesamtumsatz wird vom »New Orleans Times-Democrat« auf vier Millionen Dollar geschätzt.

EINUNDDREISSIGSTES KAPITEL

Ein Fingerabdruck und seine Folgen

Napoleon in Arkansas war nicht mehr weit. Ich machte mir also Gedanken über meinen Auftrag dort. Zeit: Mittag, dazu noch strahlender Sonnenschein – schon schlecht, denn für den Gang, den ich erledigen sollte, war Tageslicht wohl nicht die rechte Beleuchtung. Je länger ich darüber nachdachte, um so klarer wurde mir das, so oder so, bis sich die Frage herauskristallisierte: Läßt es sich vom gesunden Menschenverstand her verantworten, das bei hellichtem Tage zu machen, wenn man durch ein kleines Opfer an Bequemlichkeit die Nacht dafür haben kann und keine neugierigen Augen ringsum? Das entschied es. Klipp und klar gefragt und klipp und klar geantwortet ist für fast alle verworrenen Knoten noch immer das schnellste Lösungsmittel.

Ich holte meine Bekannten in meine Kabine und erklärte, es täte mir leid, ihnen eine ärgerliche Enttäuschung bereiten zu müssen, aber nach reiflicher Überlegung scheine es mir doch besser, unser Gepäck an Land zu schaffen und drüben in Napoleon haltzumachen. Ihr Mißfallen war prompt und laut, ihr Ton meuterisch. Als Hauptargument kamen sie mit dem an, was seit Adam und Eva in solchen Fällen immer vorgebracht wird: »Aber Sie haben doch zugesagt und *eingewilligt*, daß wir auf diesem Schiff bleiben« und so weiter, als ob man, wenn man sich zu etwas Törichtem entschlossen hat, deshalb gleich verpflichtet wäre, auch noch ein *zweites* Mal töricht zu handeln, indem man diesen Entschluß in die Tat umsetzt. Ich wendete verschiedene besänftigende Taktiken bei ihnen an und hatte leidlichen Erfolg, worauf ich mich noch mehr ins Zeug legte, und um ihnen zu beweisen, daß ich mir diesen lästigen Auftrag nicht aus der Luft gegriffen hatte und gar nichts dafür konnte, ging ich allmählich zu der damit verbundenen Geschichte über – im wesentlichen wie folgt:

Gegen Ende des letzten Jahres verbrachte ich ein paar Monate in München. Im November wohnte ich in Fräulein Dahlweiners Pension in der Karlstraße 1 a, mein Arbeitszimmer aber hatte ich eine Meile weiter im Hause einer Witwe, die davon lebte, Untermieter aufzunehmen. Sie und ihre beiden Kinder kamen jeden Morgen auf einen Sprung herein und unterhielten sich – auf meinen Wunsch – deutsch mit mir. Eines Tages besichtigte ich während eines Bummels durch die Stadt eins von den zwei staatlichen Instituten, wo Tote zur Beobachtung aufbewahrt werden, bis die

Ärzte entscheiden, daß sie wirklich tot sind und nicht bloß scheintot. Ein gräßlicher Ort, jener riesige Saal. In drei langen Reihen, auf leicht abfallende Bretter gebahrt, waren sechsunddreißig Leichen von Erwachsenen zu sehen – alle mit wächsernen, starren Gesichtern und alle eingehüllt in weiße Leichentücher. An den Seitenwänden zogen sich erkerähnliche tiefe Alkoven hin, und in jedem lagen mehrere marmorgesichtige Kinder, bis auf den Kopf und die gefalteten Händchen völlig unter Bergen von frischen Blumen verborgen und begraben. Jede dieser fünfzig regungslosen Gestalten, ob groß, ob klein, hatte auf einem Finger einen Ring, und von diesem Ring führte ein Draht hoch zur Decke und von dort zu einer Klingel in der Wärterloge, wo Tag und Nacht ein Wärter sitzt, ständig auf dem Sprung, jedem aus dieser bleichen Gesellschaft zu Hilfe zu eilen, der, vom Tode erwachend, sich rührt – denn schon die geringste Bewegung überträgt sich auf den Draht und setzt jene unheimliche Klingel in Gang. Ich stellte mir vor, wie ich mutterseelenallein dort als Totenwache in tiefer, sich endlos dahinschleppender Nacht, wenn es draußen stürmt und heult, einnicken und dann durch den plötzlichen Lärm jenes furchtbaren Signals wachgerissen, von Kopf bis Fuß wie Gelee schlottern würde. Also fragte ich einmal nach, was denn eigentlich passiert, wenn der Wächter vor Schreck stirbt, und ob der auferstandene Tote dann ankommt und ihm in seinen letzten Augenblicken beisteht? Doch ich wurde gerügt, an so ernster und trauriger Stätte so müßiger und frivoler Neugier Nahrung zu geben, und schlich mich beschämt von hinnen.

Als ich am nächsten Morgen der Witwe mein Erlebnis erzählte, rief sie aus: »Kommen Sie mit! Ich habe einen Mieter, der Ihnen alles sagen wird, was Sie wissen wollen. Er ist dort Nachtwächter.«

Es war ein Lebender, aber er sah nicht so aus. Er lag im Bett, den Kopf auf Kissen hochgestützt, mit ausgezehrtem und farblosem Gesicht, seine tief eingesunkenen Augen waren geschlossen, die auf der Brust liegende Hand war so knochig und langfingrig wie eine Kralle. Die Witwe machte sich daran, mich vorzustellen. Langsam öffneten sich die

Augen des Mannes und funkelten böse aus dem Zwielicht ihrer Höhlen hervor. Er runzelte düster die Stirn, hob die magere Hand und winkte entschieden ab. Doch die Witwe redete weiter, bis sie hervorgebracht hatte, ich sei Ausländer, Amerikaner. Sofort wechselte das Gesicht des Mannes den Ausdruck, es hellte sich auf und nahm sogar einen begierigen Zug an – und im nächsten Augenblick waren er und ich allein.

Ich begann in gußeisernem Deutsch, er antwortete in ziemlich geschmeidigem Englisch, und so ließen wir die deutsche Sprache dann für immer in Frieden.

Der Schwindsüchtige und ich wurden gut Freund. Ich besuchte ihn jeden Tag, und wir unterhielten uns über alles mögliche. Nur über eines nicht: Weib und Kind. Wurden die Frau oder die Kinder von irgend jemand erwähnt, folgte stets dreierlei: in den Augen des Mannes glühte einen Moment lang das gütigste und liebenswürdigste Licht auf, erlosch sofort wieder, und im nächsten trat an seine Stelle jener tödliche Blick, der dort geflammt hatte, als ich das erstemal sah, wie sich seine Lider öffneten, und drittens war dann am ganzen Tag kein Wort mehr aus ihm herauszukriegen; er lag schweigend da, zerstreut und mit den Gedanken woanders, hörte augenscheinlich nicht, was ich sagte, nahm keine Notiz von meiner Verabschiedung und merkte weder mit den Augen noch mit dem Gehör, wenn ich das Zimmer verließ.

Nachdem ich zwei Monate der tägliche und einzige Vertraute von diesem Karl Ritter war, sagte er eines Tages unvermittelt: »Ich will Ihnen meine Geschichte erzählen!«

Geständnis eines Sterbenden

Dann fuhr er wie folgt fort:
»Bisher habe ich nie aufgegeben. Jetzt aber ja. Ich sterbe doch. Letzte Nacht bin ich zu dem Entschluß gekommen, es muß sein, und zwar sehr bald. Sie sagen, Sie wollen bei Gelegenheit Ihren Fluß wieder aufsuchen. Sehr gut; das sowie ein bestimmtes merkwürdiges Erlebnis, das ich in

der letzten Nacht gehabt habe, bewegen mich, Ihnen meine Geschichte zu erzählen – denn Sie kommen nach Napoleon in Arkansas, und um meinetwillen werden Sie dort haltmachen und eine gewisse Sache für mich erledigen – eine Sache, die Sie bereitwillig übernehmen werden, nachdem Sie mich angehört haben.

Kürzen wir die Geschichte, wo es nur irgend geht; das wird nötig sein, sie ist lang. Wie ich dazu kam, nach Amerika zu gehen und mich in jener einsamen Gegend im Süden anzusiedeln, wissen Sie bereits. Was Sie aber nicht wissen, ist, daß ich verheiratet war. Meine Frau war jung, schön, liebevoll und ach, so unendlich gut und edel und ohne Fehl! Und unser Töchterchen war wie die Mutter in klein. Wir bildeten die glücklichste aller glücklichen Familien.

Eines Nachts – es war gegen Ende des Krieges – wachte ich aus tiefer Benebelung auf und merkte, daß ich gefesselt und geknebelt und die Luft voll Chloroform war! In der Stube sah ich zwei Männer, und der eine flüsterte dem anderen heiser zu: ›Hab ihr ja *gesagt*, wenn sie Radau schlägt, mach ich Ernst, und was den Balg betrifft...‹

Der andere unterbrach ihn mit leiser, weinerlicher Stimme: ›Du hast gesagt, bloß knebeln und ausrauben, ohne ihnen was zu tun, sonst wär ich nicht mitgekommen.‹

›Hör auf mit dem Gewimmer. Mußte den Plan eben ändern, als sie aufwachten. *Du* hast alles getan, was du konntest, sie zu schützen, das kann dir doch genügen. Komm, hilf mir durchsuchen.‹

Beide Männer waren maskiert und hatten grobes ›Nigger‹zeug an. Sie trugen eine Blendlaterne, und bei deren Schein bemerkte ich, daß dem edleren Räuber an der rechten Hand der Daumen fehlte. Sie durchstöberten ein Weilchen meine dürftige Hütte, dann sagte der Oberbandit mit seiner lauten Flüsterstimme:

›Ist Zeitverschwendung – *er* soll sagen, wo es versteckt ist. Nimm ihm den Knebel raus und mach ihn wieder ein bißchen lebendig.‹

Der andere erwiderte: ›Na, gut – aber nicht schlagen.‹

›Meinetwegen, aber nur, wenn er still bleibt.‹

Sie näherten sich mir. Gerade in diesem Moment wurde es draußen laut: Stimmen und Hufgetrappel. Die Räuber hielten den Atem an und lauschten. Die Laute kamen langsam näher und näher, dann ein Ruf:

›Heda, das Haus! Macht Licht, wir wollen Wasser haben.‹

›Die Stimme vom Captain, verflucht!‹ sagte der Bandit, der so laut flüsterte, und dann flohen beide durch die Hintertür und machten beim Rennen ihre Blendlaterne aus.

Der Fremde rief noch ein paarmal und ritt dann weiter – es schienen ein Dutzend Pferde zu sein – und dann hörte ich nichts mehr.

Sosehr ich auch zerrte, ich konnte mich nicht von meinen Fesseln befreien. Ich versuchte zu sprechen, doch der Knebel wirkte, und ich brachte keinen einzigen Ton hervor. Ich horchte nach den Stimmen meiner Frau und meines Kindes – horchte lange und angestrengt, vom anderen Ende der Stube aber, wo ihr Bett stand, kam kein Laut. Die Stille wurde immer schrecklicher, immer unheilkündender. Sie meinen, Sie hätten das keine Stunde ausgehalten? Dann bedauern Sie mich, der ich drei ertragen mußte. Drei Stunden? Drei Menschenalter! Jedesmal, wenn die Uhr schlug, kam es mir vor, als wären Jahre vergangen, seit ich sie das letztemal gehört hatte. Die ganze Zeit über würgte ich in meinen Fesseln, und endlich, als es schon graute, kriegte ich mich frei, erhob mich und reckte die steifen Glieder. Ich konnte alles recht gut erkennen. Der Boden lag voller Sachen, die die Räuber während ihrer Suche nach meinem Ersparten herumgeworfen hatten. Als erstes fiel mir ein Blatt von meinen Papieren ins Auge. Ich hatte gesehen, daß der Gemeinere von beiden es sich kurz angeguckt und dann weggeworfen hatte. Es war Blut daran! Ich taumelte zum anderen Ende des Zimmers. Ach, die armen, hilflosen Wesen, die keinem Menschen etwas getan hatten, da lagen sie, ihre Leiden waren vorüber, meine fingen an.

Ob ich das Gesetz anrief – ich? Löscht es dem Armen den Durst, wenn der König für ihn trinkt? O nein, nein, nein! Ich wollte keine zudringliche Einmischung des Gesetzes. Die Schuld, die zu begleichen war, konnten keine Gesetze und kein Galgen bezahlen. Sollten die Gerichte die

Sache nur mir überlassen und unbesorgt sein: ich würde den Schuldner schon finden und die Schuld eintreiben. Wie, fragen Sie? Und daß ich dabei noch so sicher war, obwohl ich von den Räubern weder die Gesichter gesehen noch ihre unverstellten Stimmen gehört und auch sonst keine Idee hatte, wer sie sein mochten? Und doch war ich sicher – ganz sicher, ganz zuversichtlich. Ich hatte einen Anhaltspunkt – einen Schlüssel, auf den Sie nichts gegeben hätten, einen Schlüssel, mit dem selbst ein Detektiv nicht viel anzufangen gewußt hätte, da ihm das Geheimnis seiner Anwendung fehlte. Ich komme gleich darauf – Sie werden sehen. Doch fahren wir der Reihe nach fort. Es war da ein Umstand, der mir für den Anfang eine bestimmte Richtung wies: bei jenen beiden Räubern handelte es sich offensichtlich um als Landstreicher verkleidete Soldaten, die aber nicht erst seit gestern beim Militär waren, sondern die schon lange, vielleicht sogar als Aktive dienten. Das Soldatenhafte ihres Auftretens, ihrer Gesten und ihrer Haltung hatten sie weder in einem Tag noch in einem Monat und auch nicht in einem Jahr erworben. Und der eine hatte gesagt: ›Die Stimme vom Captain, verflucht!‹ – und zwar der, dessen Leben ich haben wollte. Zwei Meilen ab hatten mehrere Regimenter Lager bezogen, außerdem zwei Schwadronen Kavallerie. Als ich erfuhr, Captain Blakely von Schwadron C sei in jener Nacht mit einer Eskorte bei uns vorbeigeritten, sagte ich nichts, beschloß aber, meinen Mann in eben dieser Schwadron zu suchen. In Unterhaltungen beschrieb ich die Räuber geflissentlich und immer wieder als Landstreicher, wie sie im Gefolge von Militärlagern auftauchten, und unter dieser Schicht wurden nutzlose Suchen veranstaltet, denn außer mir verdächtigte ja keiner die Soldaten.

In meinem verlassenen Heim machte ich mir in geduldiger Nachtarbeit aus allen möglichen alten Sachen eine Verkleidung zurecht, und im nächsten Ort kaufte ich mir eine blaue Brille. Schließlich wurde das Lager abgebrochen und Schwadron C hundert Meilen rauf nach Norden, nach Napoleon verlegt. Ich versteckte mein bißchen Geld im Gürtel und machte mich bei Nacht auf. Als Schwadron C in

Napoleon ankam, war ich bereits da. Ja, ich war da, und zwar mit einem neuen Beruf: Wahrsager. Um nicht parteiisch zu erscheinen, übte ich mein Gewerbe unter sämtlichen dort liegenden Einheiten aus und freundete mich mit allen an, aber in erster Linie widmete ich mich Schwadron C. Den Männern, die ihr angehörten, war ich grenzenlos gefällig, es gab nichts, was ich ihnen abgeschlagen hätte. Ich wurde zur willigen Zielscheibe ihrer Witze, was meine Popularität vollkommen machte; ich wurde ihr Liebling.

Sehr bald fand ich einen Gemeinen, dem ein Daumen fehlte – was für eine Freude das für mich war! Und als ich entdeckte, daß aus der ganzen Schwadron nur er einen Daumen verloren hatte, schwanden meine letzten Zweifel; ich war *sicher*, auf der richtigen Fährte zu sein. Dieser Mann hieß Krüger, ein Deutscher. In der Schwadron gab es neun Deutsche. Ich paßte auf, mit wem er sich hielt, aber er schien keine besonders engen Freunde zu haben. Und doch hatte er einen: *mich*, und ich sorgte dafür, die Vertraulichkeit zwischen uns größer werden zu lassen. Manchmal dürstete mich so nach Rache, daß ich mich kaum zurückhalten konnte, auf die Knie zu fallen und ihn anzuflehen, mir den Mann zu zeigen, der mein Weib und Kind ermordet hatte, doch es gelang mir, meine Zunge im Zaum zu halten. Ich wartete die Zeit ab und fuhr mit dem Wahrsagen fort, wie die Gelegenheit es ergab.

Meine Requisiten waren denkbar einfach: ein bißchen rote Farbe und ein Stück weißes Papier. Ich malte meinen Kunden den Daumen an, machte davon auf dem Papier einen Abdruck, studierte ihn über Nacht und enthüllte ihnen am nächsten Tag ihre Zukunft. Was ich mit diesem Unsinn bezweckte? Folgendes: Als junger Mann kannte ich einen alten Franzosen, der dreißig Jahre lang Gefängniswärter gewesen war, und der hatte mir gesagt, eine Sache würde sich bei einem Menschen zeit seines Lebens nicht verändern, nämlich die Linien auf dem Daumenballen, und diese Linien wären bei keinen zwei Leuten völlig gleich. Heutzutage photographieren wir den neuen Häftling und kleben sein Bild für spätere Nachfragen ins Verbrecheralbum, jener Franzose aber ließ seinerzeit von neueingelieferten Gefangenen Daumenabdrücke machen, die er dann aufbewahrte. Er meinte stets, Bilder taugten nichts – spätere Verkleidungen könnten sie unbrauchbar machen. ›Sicher ist nur der Daumen‹, sagte er, ›den kann man nicht verkleiden.‹ Er pflegte seine Theorie auch an meinen Freunden und Bekannten zu beweisen, und sie stimmte immer.

Ich markierte weiter den Wahrsager. Jede Nacht schloß ich mich ganz allein ein und untersuchte mit einem Vergrößerungsglas die Daumenabdrücke des Tages. Stellen Sie sich die verzehrende Begierde vor, mit der ich mich in das Labyrinth dieser roten Spiralen vertiefte, neben mir das Dokument, das Daumen- und Fingerabdrücke von der rechten Hand jenes unbekannten Mörders trug, gedruckt mit dem liebsten Blut, das – jedenfalls für mich – je auf dieser Erde vergossen worden ist! Und immer und immer wieder mußte ich denselben alten enttäuschten Satz wiederholen: ›Werden sie denn *nie* übereinstimmen?‹

Aber schließlich wurde ich doch belohnt. Es war der Daumenabdruck des dreiundvierzigsten Mannes von Schwadron C, bei dem ich herumexperimentiert hatte – der Gemeine Franz Adler. Eine Stunde zuvor hatte ich weder das Gesicht noch die Stimme, noch die Figur oder die Nationalität des Mörders gekannt, jetzt aber wußte ich das alles! Ich glaubte, sicher sein zu können; die wiederholten Demonstrationen des Franzosen waren eine gute Garantie. Doch ich konnte mich ja noch vergewissern. Ich hatte einen Abdruck von Krügers linkem Daumen.

Am Morgen nahm ich Krüger, als er dienstfrei war, beiseite, und sobald wir von keinem Dritten mehr gehört oder gesehen werden konnten, sagte ich mit Nachdruck: ›Ein Teil deiner Zukunft ist so ernst, daß ich dachte, es wäre besser für dich, wenn ich sie nicht vor aller Öffentlichkeit erzähle. Du und ein anderer, dessen Schicksal ich gestern nacht studierte – der Gemeine Adler –, ihr habt eine Frau und ein Kind umgebracht! Man ist euch auf den Fersen. Innerhalb von fünf Tagen werdet ihr beide ermordet.‹

Er fiel auf die Knie und verlor vor Angst fast den Verstand, und fünf Minuten lang stieß er wie ein Wahnsinniger und in derselben weinerlichen Art, die zu meinen Erinnerungen an jene Mordnacht in meiner Hütte gehörte, in einem fort hervor: ›Ich hab's nicht getan, bei meiner Seele, ich hab's nicht getan. Und ich hab versucht, ihn davon abzuhalten. Wirklich, das hab ich, Gott ist mein Zeuge. Er hat es allein getan!‹

Das war alles, was ich wissen wollte. Ich versuchte, den Dummkopf loszuwerden, aber nein, er klammerte sich an mich und flehte, ich möchte ihn doch vor dem Mörder retten.

Er sagte: ›Ich habe Geld versteckt – zehntausend Dollar –, die Beute von Plündereien und Diebstählen. Retten Sie mich, sagen Sie mir, was ich tun soll, und Sie sollen es haben, jeden Penny. Zwei Drittel gehören meinem Cousin Adler, aber Sie können alles nehmen. Wir haben es vergraben, gleich als wir herkamen. Aber ich habe es gestern an einer neuen Stelle versteckt und ihm nichts gesagt – und werde ihm auch nichts sagen. Ich wollte desertieren und mich mit allem davonmachen. Es ist Gold und, wenn man rennt und ausweichen muß, zu schwer zum Tragen, aber eine Frau, die vor zwei Tagen über den Fluß gegangen ist, mir den Weg vorzubereiten, sollte mir damit nachkommen, und falls ich keine Gelegenheit mehr gehabt hätte, ihr das Versteck zu beschreiben, wollte ich ihr meine silberne Uhr zustecken oder schicken, und sie hätte dann Bescheid gewußt. Hinten im Gehäuse ist ein Zettel, da steht alles drauf. Hier, nehmen Sie die Uhr – sagen Sie mir, was ich tun soll!‹

Er versuchte, mir seine Uhr aufzudrängen, und zeigte und erklärte mir gerade das Stückchen Papier, als ungefähr ein Dutzend Schritt weiter weg Adler auftauchte.

Ich sagte dem armen Krüger: ›Steck deine Uhr ein, ich will sie nicht. Dir soll nichts passieren. Geh jetzt. Ich muß Adler die Zukunft deuten. Ich sage dir schon noch, wie du deinem Mörder entgehen kannst. Inzwischen sehe ich mir noch einmal deine Daumenlinien an. Erzähle Adler nichts von dieser Sache – erzähle keinem Menschen ein Wort.‹

Voll Angst und Dankbarkeit schob er ab, der arme Kerl! Ich sagte Adler lange wahr – absichtlich so lange, daß ich nicht fertig wurde, und versprach, noch in derselben Nacht zu ihm auf Wache zu kommen und ihm dort, ohne daß wir

Lauscher dabei hätten, den wirklich wichtigen Teil seines Schicksals – den tragischen Teil, wie ich sagte – zu erzählen. Draußen vor der Stadt hatten sie nämlich immer eine Feldwache stehen – reine Formsache und bloß der Disziplin wegen –, war gar nicht nötig, kein Feind in der Nähe.

Gegen Mitternacht machte ich mich, mit der Parole ausgerüstet, auf und bahnte mir den Weg zu der einsamen Stelle, wo Adler Wache halten sollte. Es war so finster, daß ich, fast bevor ich ein schützendes Wort hervorbringen konnte, einer dunklen Gestalt direkt in die Arme lief. Der Posten rief mich an, und ich antwortete, beide zur gleichen Zeit. Ich fügte hinzu: ›Ich bin's nur, der Wahrsager.‹ Dann huschte ich dem armen Teufel an die Seite, und ohne jedes Wort stieß ich ihm meinen Dolch ins Herz! ›Jawohl‹, lachte ich, ›das ist der tragische Teil deines Schicksals!‹ Als er vom Pferd fiel, klammerte er sich an mich, und meine blaue Brille blieb in seiner Hand, und dann stürzte das Tier davon, ihn mit dem Fuß im Steigbügel hinter sich herschleifend.

Ich flüchtete durch die Wälder und hatte guten Grund dazu, denn die anklagende Brille war ja in der Hand des Toten geblieben.

Das war vor fünfzehn oder sechzehn Jahren. Seitdem wandere ich ziellos auf der Erde umher, manchmal arbeitend, manchmal nicht, manchmal mit Geld, manchmal ohne, doch ständig lebensmüde und mit dem Wunsch, es wäre vorüber, denn meine Mission hier war mit der Tat jener Nacht beendet, und das einzige Vergnügen, den einzigen Trost, die einzige Genugtuung, die ich in all diesen tristen Jahren hatte, bestand in der täglichen Reflexion: ›Ich habe ihn getötet!‹

Vor vier Jahren ließ meine Gesundheit nach. Auf meinem Weg ohne Sinn und Ziel war ich nach München gekommen. Da ich kein Geld mehr hatte, suchte ich Arbeit und bekam welche. Ich erfüllte ungefähr ein Jahr getreulich meine Pflicht und erhielt dann den Posten als Nachtwächter drüben in dem Leichenschauhaus, das Sie sich neulich angesehen haben. Die Stellung paßte zu meiner Stimmung. Es gefiel mir. Es gefiel mir, mit den Toten zusammen zu sein –

EINUNDDREISSIGSTES KAPITEL

mit ihnen allein zu sein. Stundenlang wanderte ich zwischen diesen starren Leichen umher und blickte in ihre ernsten Gesichter. Je später die Zeit, um so beeindruckender und um so lieber war es mir. Manchmal drehte ich die Lampen herunter, das gab Perspektive, wissen Sie, und die Phantasie konnte spielen; die dunklen, fliehenden Reihen der Toten inspirierten einen immer mit unheimlichen und faszinierenden Ideen. Vor zwei Jahren – ich war gerade ein Jahr dort – saß ich in einer stürmischen Winternacht ganz allein und starr vor Kälte in der trostlosen Wächterloge und döste allmählich hinüber ins Unbewußte, und das Schluchzen des Windes und das Klappern entfernter Fensterläden trafen mein ertaubendes Ohr schwächer und schwächer, als plötzlich die Totenglocke so schneidend über meinem Kopf anschlug, daß mir das Blut erstarrte! Der Schock lähmte mich fast, denn es war das erstemal, daß ich sie hörte.

Ich riß mich zusammen und stürzte in den Leichensaal. Ungefähr in der Mitte von der äußeren Reihe saß eine in Bahrtücher eingehüllte Figur aufrecht und wackelte langsam mit dem Kopf – ein grauenvoller Anblick! Mir war ihre Seite zugekehrt. Ich stürzte hin und sah ihr ins Gesicht. Himmel, es war Adler!

Können Sie erraten, was mein erster Gedanke war? In Worte gefaßt: ›Allem Anschein nach bist du mir also einmal entwischt, aber diesmal geht's anders aus!‹

Offensichtlich litt diese Kreatur unsägliche Schreckensqualen. Überlegen Sie, was es bedeuten muß, inmitten dieser lautlosen Stille aufzuwachen und ringsum jene furchtbare Versammlung der Toten zu sehen! Welche Dankbarkeit in seinem knochigen weißen Gesicht aufleuchtete, als er vor sich eine lebendige Gestalt sah! Und wie die Glut dieser stummen Dankbarkeit zunahm, als seine Augen auf die belebenden herzstärkenden Mittel fielen, die ich in meinen Händen trug! Und dann stellen Sie sich das Entsetzen vor, das sich auf seinem verhärmten Gesicht malte, als ich diese Mittel hinter den Rücken nahm und spöttisch sagte: ›Rede, Franz Adler – ruf doch diese Toten an! Sie werden dir bestimmt zuhören und Mitleid haben, sonst aber niemand hier.‹

Er wollte sprechen, doch das Stück von dem Leichentuch, mit dem sein Kinn hochgebunden war, saß fest und erlaubte ihm das nicht. Er versuchte, die Hände flehentlich zu erheben, aber die waren über seiner Brust gekreuzt und ebenfalls festgebunden.

Ich sagte: ›Nun schrei schon. Franz Adler, schreie, daß dich die Schläfer in den fernsten Straßen hören und dir zu Hilfe kommen. Schreie – und beeil dich, denn du hast wenig Zeit zu verlieren. Was, du kannst nicht? Das ist schade, macht aber nichts – es hilft sowieso nicht immer. Die wehrlose Frau und das wehrlose Kind, die du und dein Cousin in einer Hütte in Arkansas ermordeten – meine Frau war das und mein Kind! –, haben auch um Hilfe geschrien, wie du dich erinnern wirst, aber es hat nichts genutzt. Nicht wahr, du weißt doch noch, daß es nichts genutzt hat? Dir klappern die Zähne – warum kannst du da nicht schreien? Lockre dir die Binden mit den Händen – dann geht's. Oh, ich sehe, deine Hände sind gebunden, sie können dir nicht helfen. Wie merkwürdig sich nach langen Jahren alles wiederholt, denn meine Hände waren in jener Nacht auch gebunden, entsinnst du dich noch? Ja, genauso gebunden wie jetzt deine – wie seltsam! Ich konnte mich nicht befreien. Dir ist nicht eingefallen, meine Fesseln zu lösen, und mir fällt nicht ein, deine zu lösen. Pst! Ich höre Schritte. Sie kommen hier entlang. Horch, wie nahe sie sind! Man kann sie zählen: eins ... zwei ... drei. Da, jetzt sind sie gerade draußen. Schrei doch, Mann, schrei doch! Es ist die einzige Chance zwischen dir und der Ewigkeit! Ah, siehst du, nun hast du zu lange gewartet, sie sind vorbei. Da: sie verhallen. Jetzt sind sie weg! Bedenke und überlege, du hast zum letztenmal einen menschlichen Schritt gehört. Muß komisch sein, einem so gewöhnlichen Laut zu lauschen und zu wissen, es ist das letztemal, daß man ihn hört.‹

Ach, mein Freund, die Qual in diesem mit Leichentüchern umwickelten Gesicht zu sehen war eine Ekstase! Ich dachte mir eine neue Marter aus und wandte sie an – unter Nachhilfe von ein bißchen Schwindel: ›Der arme Krüger hat mein Weib und mein Kind retten wollen, und dafür habe ich mich ihm bei passender Gelegenheit dankbar gezeigt.

Ich habe ihn überredet, dich zu berauben, und zusammen mit einer Frau habe ich ihm geholfen, zu desertieren, und ihn sicher weggekriegt.‹

In der gequälten Miene meines Opfers schien ein erstaunter und triumphierender Blick aufzuleuchten. Das irritierte und beunruhigte mich.

Ich sagte: ›Was denn – ist er etwa nicht entkommen?‹
Kopfschütteln.
›Nein? Was ist dann geschehen?‹

Die Genugtuung in dem leichentuchumhüllten Gesicht zeigte sich immer klarer. Der Mann versuchte, ein paar Worte zu murmeln, es gelang ihm nicht; er strengte sich an, mit seinen gebundenen Händen etwas auszudrücken – gelang ihm auch nicht; er hielt einen Moment inne und deutete dann matt, aber vielsagend mit dem Kopf gegen die Leiche neben ihm.

›Tot?‹ fragte ich. ›Nicht geschafft, zu entkommen? Dabei erwischt und erschossen worden.‹
Kopfschütteln.
›Wie dann?‹

Wieder versuchte der Mann etwas mit seinen Händen zu machen. Obwohl ich ihn genau beobachtete, konnte ich nicht erraten, was er wollte. Ich beugte mich über ihn und beobachtete ihn noch angestrengter. Er hatte den einen Daumen verdreht und schlug sich damit schwach gegen die Brust.

›Ah – erdolcht, meinst du?‹

Bejahendes Nicken, begleitet von einem gespenstischen Lachen von solcher Teuflischkeit, daß meinem stumpfen Geiste ein Licht aufging und ich rief: ›Habe *ich* ihn etwa erdolcht, weil ich ihn für dich hielt? Denn jener Schlag galt niemand anders als dir.‹

Das bejahende Nicken des von neuem sterbenden Schurken war so voller Freude, wie es seine schwindenden Kräfte zum Ausdruck bringen konnten.

›O ich Unglückseliger! Die mitleidige Seele abzuschlachten, die sich für meine Lieblinge eingesetzt hat, als sie hilflos waren, und sie gerettet hätte, wenn sie konnte! O ich Elender, ich Unglückseliger!‹

Ich bildete mir ein, das gedämpfte Glucksen spöttischen Lachens zu hören. Ich nahm die Hände vom Gesicht und sah, wie mein Feind auf sein schräges Brett zurücksank...

Er brauchte befriedigend lange zum Sterben. Seine Vitalität war wunderbar, er hatte eine erstaunliche Konstitution. Ja, er brauchte köstlich lange dazu. Ich holte mir einen Stuhl und eine Zeitung und setzte mich neben ihn und fing an zu lesen. Ab und zu nahm ich einen Schluck Kognak. Das war nötig wegen der Kälte.

Aber ich machte es zum Teil, weil ich gleich zu Anfang gesehen hatte, daß er jedesmal, wenn ich nach der Flasche langte, dachte, ich würde ihm auch etwas geben. Ich las laut: hauptsächlich erfundene Berichte über Leute, die man mit ein paar Teelöffeln Schnaps und einem warmen Bad von der Schwelle des Grabes weggerissen und zu Leben und Kraft zurückgeführt hatte. Ja, er hatte einen langen, schweren Tod – drei Stunden und sechs Minuten, von der Zeit an gerechnet, wo er die Glocke gezogen hatte.

Es wird geglaubt, in den ganzen achtzehn Jahren seit Einführung der Leichenwache habe noch kein Insasse der bayrischen Leichenschauhäuser die Glocke in Bewegung gesetzt. Nun, das ist ein unschuldiger Glaube. Sollen sie dabei bleiben.

Die Kälte dieses Totensaales ging mir in die Knochen und verschlimmerte meine alte Krankheit, die bis zu jener Nacht aber ständig zurückgegangen war. Dieser Mann hat mein Weib und Kind ermordet, und in drei Tagen wird er auch mich auf die Liste seiner Opfer gesetzt haben. Das macht nichts – Gott, wie köstlich die Erinnerung daran! Ich habe ihn erwischt, wie er dem Grabe entfliehen wollte, und ihn wieder hineingestoßen!

Nach jener Nacht war ich eine Woche lang ans Bett gefesselt, doch sobald ich aufstehen konnte, verschaffte ich mir aus den Aufnahmebüchern des Leichenschauhauses Straße und Nummer von dem Haus, in der Adler gestorben war. Es war ein erbärmlich aussehendes Absteigequartier. Ich dachte mir, als Cousin von Krüger müssen ihm natürlich dessen Effekten zugefallen sein, und ich wollte, sofern es ging, Krügers Uhr haben. Aber während ich krank lag, waren Adlers sämtliche Sachen bis auf ein paar alte Briefe und wertlosen Krimskrams in alle Himmelsrichtungen verkauft worden. Durch diese Briefe konnte ich jedoch einen Sohn von Krüger ausfindig machen, den einzigen Verwandten, den er hinterlassen hat. Er ist jetzt ein Mann von dreißig, von Beruf Schuhmacher und wohnt in Mannheim, Königstraße 14 – Witwer mit mehreren kleinen Kindern. Ohne ihm zu erklären, warum, bestreite ich seitdem zwei Drittel seines Unterhalts.

Nun, was die Uhr betrifft – sehen Sie, wie seltsam es im Leben zugeht! Über ein Jahr lang spürte ich ihr in ganz Deutschland und auch im Ausland nach, was mich viel Geld und Mühe kostete, und schließlich bekam ich sie. Bekam sie und war unsagbar froh, und als ich sie aufmachte, war nichts drin! Ich hätte mir allerdings denken können, daß jenes Schnipselchen Papier nicht diese langen Jahre über da drin geblieben ist. Natürlich gab ich nun die zehntausend Dollar auf. Ja, ich gab sie auf und ließ den Gedanken daran fallen, und zwar sehr traurigen Herzens, denn ich hatte sie für Krügers Sohn haben wollen.

Gestern nacht, als ich zu dem Entschluß kam, daß ich sterben muß, begann ich, mich bereit zu machen. Ich wollte gerade alle nutzlosen Papiere verbrennen, da fiel auf einmal aus einem Stapel von Adlers Briefschaften, den ich vorher nicht gründlich genug untersucht hatte, der lang gesuchte Zettel! Ich erkannte ihn sogleich. Hier ist er – ich übersetzte ihn:

> Mietsstall, Steinfundament, Mitte der Stadt, Ecke Orleans und Markt. Ecke gegenüber Gericht. Dritter Stein, vierte Reihe. Dort Nachricht hinterlassen, wer alles kommt.

Hier nehmen Sie – und bewahren Sie ihn gut auf! Krüger hat erklärt, der Stein ist herausnehmbar, und es ist die Nordwand des Fundaments, vierte Reihe von oben und dritter Stein von Westen. Das Geld ist dahinter versteckt. Der Schlußsatz, sagte Krüger, ist nur zur Irreführung für den Fall, daß der Zettel in falsche Hände kommt. Diesen Dienst hat er wahrscheinlich bei Adler geleistet.

Nun möchte ich Sie bitten, wenn Sie auf Ihrer beabsichtigten Reise flußabwärts sind, dieses versteckte Geld aufzuspüren und an Krüger zu schicken, an die Mannheimer Adresse, die ich vorhin erwähnt habe. Es wird ihn zum reichen Manne machen, und ich werde in meinem Grabe mehr Ruhe haben, wenn ich weiß, daß ich alles, was ich konnte, für den Sohn des Mannes getan habe, der versuchte, mein Weib und Kind zu retten – den meine Hand aber unwissentlich erschlug, obwohl es mein Herzenstrieb war, ihn zu beschützen und zu retten.«

ZWEIUNDDREISSIGSTES KAPITEL

Uns geht eine Goldgrube flöten

»Das war Ritters Erzählung«, sagte ich zu meinen beiden Bekannten. Eine ziemliche Weile herrschte tiefes und eindrucksvolles Schweigen, dann aber ließen beide ein Schnellfeuer aufgeregter und bewundernder Ausrufe über die seltsamen Umstände der Geschichte los, das, von einer Kanonade von Fragen begleitet, so lange anhielt, bis ihnen der Atem knapp wurde. Allmählich beruhigten sie sich wieder und zogen sich unter dem Schutz von gelegentlichen Ausbrüchen in Schweigen und unergründliche Träumereien zurück. Zehn Minuten lang sprach keiner ein Wort. Dann sagte Rogers versonnen:

»Zehntausend Dollar!« Nach einer langen Pause wiederholte er:

»Zehntausend. Eine Menge Geld.«

Schließlich erkundigte sich unser Dichter: »Wollen Sie es ihm gleich schicken?«

»Ja«, sagte ich. »Merkwürdige Frage.«

Keine Antwort. Nach einer kleinen Weile fragte Rogers zögernd: »*Alles?* Das heißt ... ich meine ...«

»*Selbstverständlich* alles.«

Ich wollte noch mehr sagen, bremste aber – vielmehr ich wurde gebremst, denn mir kam plötzlich eine Folge von

Gedanken. Thompson redete, doch mein Geist war abwesend, und ich kriegte nicht mit, was er sagte. Aber ich hörte Rogers antworten:

»Ja, glaube ich auch. Müßte völlig genügen, denn ich sehe nicht, daß *er* etwas dazu getan hat.«

Dann sagte der Dichter: »Bei näherer Betrachtung ist das *mehr* als genug. Denken Sie bloß mal: fünftausend Dollar! Die kann der im ganzen Leben nicht ausgeben! Und sie würden ihm auch gar nicht guttun, ihn wahrscheinlich sogar ruinieren – man sollte das bedenken. Es wird gar nicht lange dauern, da hat er alles durchgebracht, macht seinen Laden zu, fängt vielleicht an zu trinken, mißhandelt seine mutterlosen Kinder, ergibt sich allen möglichen Lastern, sinkt immer tiefer...«

»Ja, ganz richtig«, unterbrach Rogers inbrünstig. »Hab das schon hundertmal erlebt, ach, mehr als hundertmal. Will man einen Mann wie den vernichten, braucht man ihm bloß Geld in die Finger zu geben. Mehr ist gar nicht nötig, ihm nur einfach Geld in die Finger geben, und wenn ihn das nicht fertigmacht und ihm alle Brauchbarkeit nimmt und alle Selbstachtung und überhaupt alles, kenne ich die Menschen nicht – ist doch so, nicht wahr, Thompson? Und selbst angenommen, wir zahlten ihm ein *Drittel* aus, dann paßt auf, in weniger als sechs Monaten...«

»In weniger als sechs *Wochen*, sollten Sie lieber sagen!« warf ich ein, mich ebenfalls ereifernd. »Wenn er diese dreitausend Dollar nicht sicher deponiert, wo er nicht heran kann, dann macht er genauso keine sechs Wochen mehr wie...«

»*Natürlich* nicht!« sagte Thompson. »Ich verlege für solche Leute Bücher, und sobald sie die Tantiemen in der Hand haben, ob es nun dreitausend sind oder zweitausend...«

»Möchte mal wissen, was dieser Schuster mit zweitausend Dollar zu tun hat?« fiel ihm Rogers ernst ins Wort. »Ein jetzt vielleicht völlig zufriedener Mann, dort in Mannheim, umgeben von seiner eigenen Klasse, sein Brot mit dem Appetit essend, den allein Mühe und Fleiß geben kann, ein Mann, der sich seines bescheidenen Lebens freut, ehrlich, rechtschaffen, reinen Herzens und *gesegnet* – jawohl, ich sage gesegnet! Gesegnet gegenüber all den Myriaden, die in Samt und Seide herumlaufen und sich im leeren, gekünstelten Reigen gesellschaftlicher Torheiten bewegen – aber stellen Sie ihn bloß einmal vor *diese* Versuchung, legen Sie so einem Manne fünfzehnhundert Dollar auf den Tisch und sagen...«

»Fünfzehnhundert Teufel!« rief ich. »Schon *fünf*hundert würden seine Grundsätze ins Wanken bringen, seinen Fleiß lähmen, ihn in die Kneipe treiben und von der Kneipe in die Gosse und von der Gosse ins Armenhaus und vom Armenhaus in...«

»Warum uns ein solches Verbrechen aufladen, meine Herren?« unterbrach der Dichter, eifrig appellierend. »Er ist glücklich, wo er sich und *wie* er sich befindet. Jedes Gefühl der Ehre, jedes Gefühl der Mildtätigkeit, jedes Gefühl hehrer und heiliger Nächstenliebe warnt uns, drängt uns, befiehlt uns, ihm seinen Frieden zu lassen. Das ist echte Freundschaft, das ist wahre Freundschaft. Wir könnten andere Wege einschlagen, die mehr hermachen, aber keinen, der so wahrhaft gütig und weise wäre, verlassen Sie sich darauf.«

Nach weiteren Reden zeigte sich, daß uns allen bei dieser Regelung im tiefsten Innern doch nicht ganz wohl war. *Etwas* müßten wir dem armen Schuhmacher schon zukommen lassen. Nach langer und erschöpfender Diskussion über diesen Punkt beschlossen wir zu guter Letzt, ihm einen Buntdruck zu schicken.

Doch jetzt, wo alles zur Zufriedenheit sämtlicher Parteien arrangiert schien, ergab sich eine neue Schwierigkeit: es stellte sich heraus, die beiden erwarteten, ich würde das Geld mit ihnen in drei gleiche Häufchen teilen. Was nun gar nicht meine Absicht war. Ich erklärte, wenn sie zusammen die Hälfte erhielten, könnten sie sich glücklich schätzen.

Rogers sagte: »Wer würde denn überhaupt was kriegen, wenn ich nicht gewesen wäre? Ich habe den ersten Wink gegeben – hätte ich das nicht getan, hätte der Schuster alles gekriegt.«

Thompson behauptete, im selben Moment, als Rogers die erste Andeutung machte, habe er selber daran gedacht.

In scharfem Ton erwiderte ich, daß ich auch ohne ihre gnädige Hilfe früh genug allein draufgekommen wäre. Ich möge vielleicht schwer von Begriff sein, aber ich sei da ganz sicher.

Die Angelegenheit erhitzte sich zu einem Streit und schließlich zu einer Prügelei, bei der wir uns nicht schlecht zurichteten. Sobald ich mich gewissermaßen wieder zusammengeflickt hatte, stieg ich reichlich schlechter Laune aufs Oberdeck. Dort fand ich Kapitän McCord und sagte so freundlich, wie das meine Stimmung zuließ:

»Ich komme mich verabschieden, Kapitän. Ich möchte in Napoleon an Land.«

»An Land, wo?«

»In Napoleon.«

Der Kapitän lachte. Doch als er sah, daß ich nicht zum Scherzen aufgelegt war, ließ er es gleich wieder sein und fragte: »Ist denn das Ihr Ernst?«

»Mein Ernst? Ja, natürlich.«

Der Kapitän blickte hinauf zum Steuerhaus und sagte: »Er will in Napoleon aussteigen!«

»*In Napoleon?*«

»Hm. Sagt er.«

»Beim Geist des großen Cäsar!«

Onkel Mumford kam das Deck entlang. Der Kapitän klärte ihn auf: »Onkel, hier ist ein Freund von dir, der in Napoleon an Land will!«

»Du heiliger Bimbam!«

Ich sagte: »Hören Sie mal, was soll das alles? Darf man nicht in Napoleon aussteigen, wenn man will?«

»Mann, verflucht und zugenäht, wissen Sie denn nicht? Es gibt kein Napoleon mehr. Schon seit ... zig Jahren nicht mehr. Der Arkansas ist mittendurch und hat es in Fetzen gerissen und mit in den Mississippi genommen!«

»Die *ganze* Stadt weggetragen? Ufer, Kirchen, Gefängnisse, Zeitungsbüros, Gericht, Theater, Feuerwehr, Mietstall – *alles?*«

»Alles! hat gerade fünfzehn Minuten gedauert oder so.

Ist weder Haut noch Haar, weder Roß noch Wagen übriggeblieben, abgesehen von den Stummeln einer Holzhütte und einem Ziegelschornstein. Unser Schiff plätschert jetzt gerade da entlang, wo einst genau das Zentrum dieser Stadt lag, und drüben ist auch der Schornstein – der einzige Rest von Napoleon. Die dichten Wälder da rechts lagen früher eine Meile hinter der Stadt. Drehen Sie sich mal um und gucken Sie stromaufwärts – jetzt erkennen Sie das Land langsam wieder, nicht wahr?«

»Ja, jetzt erkenne ich es. Toll, einfach toll – und äußerst unerwartet.«

Inzwischen waren Mr. Thompson und Mr. Rogers mit Reisetaschen und Regenschirmen angekommen und hatten schweigend die Neuigkeiten des Kapitäns mit angehört. Thompson drückte mir einen halben Dollar in die Hand und flötete: »Mein Anteil an dem Buntdruck.«

Rogers tat ein gleiches.

Ja, es war erstaunlich, den Mississippi zwischen unbevölkerten Ufern und direkt über der Stelle fließen zu sehen, wo ich vor zwanzig Jahren eine gute, große, selbstgefällige Stadt zu sehen gewohnt war, eine Stadt, die die Metropole eines ausgedehnten und bedeutenden Bezirkes war, eine Stadt mit einem großen Marinelazarett, eine Stadt unzähliger Schlägereien – jeden Tag eine Leichenschau –, die Stadt, wo ich das hübscheste und gebildetste Mädchen aus dem ganzen Mississippital kannte, die Stadt, wo wir vor einem Vierteljahrhundert die ersten gedruckten Nachrichten vom traurigen Unglück der »Pennsylvania« erhielten, eine Stadt, die nicht mehr ist – verschluckt, verschwunden, dahin, den Fischen zum Fraß vorgesetzt, und nichts mehr von ihr übrig als das Fragment einer Holzhütte und ein Schornstein, aus dem die Ziegel herausbröckeln!

DREIUNDDREISSIGSTES KAPITEL

Ethik und Schnäpschen

Mit Insel 74, die nicht weit entfernt vom ehemaligen Napoleon liegt, hat sich der Fluß etwas geleistet, was die Gesetze der Menschen gehörig in Verwirrung gebracht und zur Farce und zum Witz gemacht hat. Als Arkansas Bundesstaat wurde, erstreckte sich sein Hoheitsgebiet »bis zur Mitte vom Fluß« – eine äußerst unbeständige Linie. Der Staat Mississippi beanspruchte ihn »bis zur Fahrrinne« – ebenfalls eine Linie ohne übertriebenes Beharrungsvermögen. Nr. 74 gehörte zu Arkansas. Später schob eine Flußverkürzung diese große Insel aus Arkansas heraus und trotzdem nicht hinein nach Mississippi. Auf ihrer einen Seite also die »Flußmitte«, auf der anderen die »Fahrrinne«. So verstehe ich jedenfalls das Problem. Ob ich das nun im einzelnen richtig oder falsch mitgekriegt habe, als Tatsache bleibt, daß hier diese außerordentlich wertvolle Insel von viertausend Acres kaltgestellt ist und weder zu dem einen noch zu dem anderen Staat gehört; sie zahlt an keinen von beiden Steuern, ist keinem von beiden Untertanenpflicht schuldig. Die ganze Insel befindet sich im Besitz eines einzigen Mannes, der von Rechts wegen »der Mann ohne Vaterland« ist.

Insel 92 gehört zu Arkansas. Der Fluß hat sie hinübergetragen und mit Mississippi verbunden. Ein pfiffiger Bursche machte dort ohne Konzession vom Staat Mississippi einen Whiskyausschank auf und bereicherte sich unter dem Schutz von Arkansas – wo damals keine Genehmigung erforderlich war – an der Kundschaft aus Mississippi.

Wir glitten weiter den Fluß hinunter, immer in der üblichen Abgeschiedenheit – Dampfschiff oder etwas anderes sich Bewegendes selten zu sehen. Landschaft wie immer: zu beiden Seiten des Flusses Strecke auf Strecke fast ununterbrochenen Waldes; lautlose Einsamkeit. Hier und dort in schmalen Lichtungen auf den grauen und graslosen Ufern ein, zwei Hütten, die früher eine viertel oder halbe Meile weiter vorn gestanden hatten, mit dem Einstürzen der Ufer aber immer mehr zurückversetzt wurden. Wie zum Beispiel bei Pilcher's Point, wo die Hütten, wie uns gesagt wurde, innerhalb von drei Monaten dreihundert Yard zurückweichen mußten; jetzt aber waren sie von den sich unterhöhlenden Ufern schon wieder eingeholt, und sie werden von neuem zurückgesetzt.

Von Greenville in Mississippi hatte die Stadt Napoleon seinerzeit keine große Meinung, doch siehe da, Napoleon ist zu den Welsen gegangen, und hier ist Greenville, das von Leben und Aktivität strotzt und im Stromtal eine schöne Rosine abgibt. Es soll dreitausend Einwohner haben und einen Jahresumsatz von zwei Millionen fünfhunderttausend Dollar. Eine wachsende Stadt.

Auf dem Schiff wurde viel von der Calhoun Land Company gesprochen, einem Unternehmen, von dem man sich heilsame Ergebnisse verspricht. Oberst Calhoun, ein Enkel des Staatsmannes, ging nach Boston und gründete ein Syndikat, welches in Chicot County in Arkansas einen großen Landstrich am Fluß (zirka zehntausend Acres) für den Anbau von Baumwolle erwarb. Es geht hier darum, daß auf Bargrundlage gearbeitet wird, das heißt, aus erster Hand zu kaufen und die eigenen Erzeugnisse selber weiterzuleiten, die Negerarbeiter mit Lebensmitteln und allem Nötigen zu versorgen, und zwar bei einer geringen Gewinnspanne, sagen wir acht bis zehn Prozent, ihnen behagliche Unterkünfte und so weiter zu schaffen und sie dazu anzuhalten, daß sie Geld sparen und am Ort bleiben. Erweist sich das als finanzieller Erfolg, und es sieht ganz danach aus, ist beabsichtigt, in Greenville eine Bank zu gründen und Geld zu verleihen, wobei der Zinsfuß so niedrig gehalten werden soll, daß er nicht belastet – man spricht von sechs Prozent.

Bisher hat die Schwierigkeit darin gelegen – ich gebe die Bemerkungen von Pflanzern und Dampfschiffleuten wieder –, daß die Pflanzer, obwohl ihnen das Land gehört, ohne Barkapital dastehen; um den Betrieb weiterzuführen, sind sie gezwungen, sowohl Land wie Ernte zu verpfänden. Der Kommissionshändler, der das Geld beschafft, geht also ein gewisses Risiko ein und verlangt einen hohen Anteil – gewöhnlich zehn Prozent zuzüglich zweieinhalb Prozent für die Darlehensvermittlung. Außerdem muß der Pflanzer über denselben Händler seine Vorräte beziehen und somit Provisionen und Profite bezahlen. Wenn er dann seine Ernte verfrachtet, schlägt der Händler noch seine Provisions- und Versicherungsgebühren und so weiter auf. Im großen und ganzen und von Anfang bis Ende beträgt der Anteil des Händlers an dieser Ernte rund fünfundzwanzig Prozent*.

Eines Baumwollpflanzers Schätzung des durchschnittlichen Profits auf den Pflanzungen in seiner Gegend: Ein Mann und ein Maultier schaffen zehn Acres, die zehn Ballen Baumwolle im Werte von ungefähr fünfhundert Dollar ergeben; Produktionskosten schätzungsweise dreihundertfünfzig Dollar, Reingewinn also einhundertfünfzig Dollar beziehungsweise fünfzehn Dollar pro Acre. Neuerdings ergibt sich auch ein Profit aus den Baumwollsamen, die vorher nur wenig Wert hatten – sofern sie weit transportiert werden mußten, gar keinen. Von sechzehnhundert Pfund Rohbaumwolle sind vierhundert Faser, pro Pfund zirka zehn Cent wert, und zwölfhundert sind Samen, pro Tonne zwölf bis dreizehn Dollar wert. Vielleicht werden in Zukunft nicht einmal mehr die *Stengel* weggeworfen. Mr. Edward Atkinson sagt, auf jeden Ballen Baumwolle kommen fünfzehnhundert Pfund Stengel, und diese enthalten sehr viel Kalkphosphat und Pottasche und ergeben, gemahlen und vermischt mit konserviertem Grünfutter oder Baumwollsamenmehl – welches zu fett ist, um in großen Mengen verfüttert zu werden –, ein hervorragendes Viehfutter, das alle für die Erzeugung von Milch und Fleisch und für den Knochenaufbau wichtigen Stoffe in reichem Maße enthält. Bis jetzt hat man die Stengel nur als lästigen Abfall angesehen.

Es wird darüber geklagt, daß der Pflanzer seit dem

---

* »Doch was kann der Staat tun, wo die Leute Zinsfüßen unterworfen sind, die sich auf achtzehn bis dreißig Prozent belaufen, und wo sie sich vor die Notwendigkeit gestellt sehen, zu eben diesen Zinsfüßen ihre Ernten sogar schon vor der Aussaat für das Vorrecht zu verpfänden, ihren gesamten Bedarf bei einer Gewinnspanne von hundert Prozent zu kaufen?« – Edward Atkinson.

Kriege dem ehemaligen Sklaven gegenüber eine abweisende Haltung einnimmt, mit ihm nichts als ein frostiges geschäftliches Verhältnis haben will, in das sich kein Gefühl einmischen darf, und daß ihm nichts daran liegt, selber einen »Laden« zu unterhalten und den Neger mit dem zum Leben Notwendigen zu versorgen und somit dessen Tasche zu beschützen und ihn zu veranlassen, auch zu bleiben, was für den Pflanzer doch nur ein Vorteil wäre. Der aber überläßt dieses Recht irgendeinem sparsamen Israeliten, der den gedankenlosen Neger und dessen Frau ermuntert, alle möglichen Dinge zu kaufen, ohne die es auch ginge – auf Anschreiben natürlich und zu gepfefferten Preisen, und das Monat für Monat, wobei der Kredit durch den Anteil des Negers an der wachsenden Ernte gesichert ist. Am Ende der Saison gehört der Anteil des Negers dann dem Israeliten, und der Neger hat obendrein noch Schulden, ist entmutigt, unzufrieden, ruhelos, und er sowohl als sein Pflanzer sind geschädigt, denn er wird ein Dampfschiff nehmen und abwandern, und der Pflanzer muß an seiner Stelle einen Wildfremden einstellen, der ihn nicht kennt, dem er gleichgültig ist, der den Israeliten eine Saison lang fett macht und dann seinem Vorgänger per Dampfer folgt.

Man hofft, die Calhoun Land Company wird durch ihre humane und schützende Behandlung der Arbeiter beweisen, daß ihre Methode für Pflanzer wie Neger die einträglichste ist, und man nimmt an, es wird dann zu einer allgemeinen Übernahme dieser Methode kommen.

Und wo so viele sich aussprechen, sollte da nicht auch der Barkeeper zu Worte kommen? Er ist aufmerksam und beflissen, trinkt selber nie und bemüht sich, seine Heuer abzuarbeiten, und würde sie auch abarbeiten, wenn genug Kundschaft da wäre. Er sagt, die Leute hier in Mississippi und Louisiana ließen sich Gemüse lieber vom Oberlauf kommen, als es selber anzubauen, und Obst würden sie an den Anlegestellen vom Barkeeper kaufen. Sie hätten »bloß noch Baumwolle im Kopf«, und er glaube, sie wissen gar nicht, wie Obst und Gemüse angebaut werden – »wenigstens die meisten«. Sagt: »Ein Nigger läuft wegen einer

Wassermelone bis H.« (»H« ist alles, was ich in dem Bericht des Stenographen finde – heißt wahrscheinlich Hölle, obwohl das einer Melone wegen ganz schön weit wäre.) Barkeeper kauft Wassermelonen am Oberlauf für fünf Cent, bringt sie nach unten und verkauft sie für fünfzig. »Warum mixt er so kunstvolle und phantastische Drinks für die schwarzen Crewboys auf dem Schiff?« Weil sie keine anderen haben wollen. »Sie wollen einen Drink, der nach was *aussieht;* woraus, ist ihnen egal, die wollen eben was haben für ihr Geld. Geben Sie einem Nigger eine viertel Pinte reinen Halben-Dollar-Kognak für fünf Cent – meinen Sie, der rührt den an? Gar nicht dran zu denken. Ist ihm nicht wuchtig genug. Setzt man ihm aber eine Pinte von allem möglichen wertlosen Gesöff hin und gießt ein bißchen rotes Zeug rein, damit es schön aussieht – rot ist die Hauptsache –, da läßt er lieber eine Karte für den Zirkus verfallen, ehe er dieses Glas absetzt.« Sämtliche Bars auf der Anchor Line gehören einer einzigen Gesellschaft beziehungsweise seien von ihr gepachtet. Sie liefere die Spirituosen aus eigener Firma und nehme die Barkeeper »in Lohn«. Gute Spirituosen? Auf manchen Schiffen ja, wo es die dazugehörigen Passagiere gibt, die das verlangen und dafür zahlen können. Auf den anderen Dampfern? Nein. Niemand da zum Trinken außer den Schauerleuten und Heizern. »Kognak? Ja, hab ich da, eine ganze Menge, aber davon werden Sie nichts wollen, wenn Sie nicht schon Ihr Testament gemacht haben.« Es sei nicht mehr wie in alten Zeiten. Damals wäre alles per Dampfschiff gefahren, jeder hätte getrunken und jeder jeden freigehalten. »Jetzt fährt alles per Bahn und die paar andern trinken nicht.« Früher gehörte die Bar dem Barkeeper selber, und »er war flott und spritzig und redselig und brillantenschwer und der eleganteste Aristokrat auf dem Schiff; verdiente gewöhnlich zweitausend Dollar auf einer Fahrt. Ein Vater, der seinem Sohn eine Dampfschiffbar vermachte, hinterließ ihm ein Vermögen. Jetzt hinterläßt er ihm Kost und Logis, ja, und freie Wäsche, falls er mit einem Hemd pro Fahrt auskommt. Jaja, die Zeiten haben sich geändert. Und vielleicht wissen Sie's noch nicht, aber auf der Hauptlinie

auf dem oberen Mississippi haben sie überhaupt keine
Bars mehr! Klingt wie ein Roman, ist aber die wahrhaftige
Wahrheit!«

VIERUNDDREISSIGSTES KAPITEL

Seemannsgarn

Stack Island. Konnte mich noch daran erinnern, ebenso an
Lake Providence in Louisiana, die erste ausgesprochen südlich aussehende Stadt, an die man stromabwärts kommt;
liegt ganz eben und tief; die schattigen Bäume mit ehrwürdigen grauen Bärten von spanischem Moos behangen.
»Sieht hier nach beschaulicher Sonntagsruhe aus«, stellte
Onkel Mumford gefühlvoll – und treffend – fest.

Über Einzelheiten dieser Gegend setzte uns ein Mr. H.
ein Tatsachenmaterial vor, das ich nicht so ohne weiteres
geglaubt hätte, wäre mir nicht bekannt gewesen, daß er
Dampfschiffsmaat war. Er wohnte in Arkansas City und
war jetzt als Passagier bei uns auf dem Wege nach Vicksburg zu seinem Schiff, einem kleinen Paketboot aus Sunflower. Ein ernster Mensch, der im Rufe stand, für einen
Mann vom Fluß einmalig unweltlich zu sein. Unter anderem sagte er, Arkansas habe durch generationenlanges
Übertreiben hinsichtlich der Moskitos dort Schaden genommen und sei in seiner Entwicklung aufgehalten worden.
Man werde vielleicht lachen, sagte er, und die Sache als
Kleinigkeit abtun, aber wenn man sich einmal ansieht, wie
dadurch die Einwanderung immer mehr zurückgeht und der
Landbesitz an Wert verliert, sei es alles andere als eine
Kleinigkeit, die man spöttisch abtut. Diese Moskitos würden immer als wild und furchtbar hingestellt, in Wirklichkeit aber seien sie »schwach, winzig klein, geradezu übertrieben schüchtern, zartbesaitet« und so weiter und so fort;
man konnte annehmen, er spreche von seiner eigenen Familie. Setzte er sich aber für die Arkansas-Moskitos ein,
mußten dafür die von Lake Providence herhalten – »diese

Lake-Providence-Kolosse«, wie er sie schließlich nannte. Er sagte, zwei von ihnen könnten einem Hund das Fell gerben und vier könnten einen Menschen niederhalten und, sofern ihm keiner zu Hilfe kommt, töten oder, wie er sich ausdrückte, »abschlachten«. In seiner beiläufigen und doch so bezeichnenden Art wies er hin auf »die Tatsache, daß die einfache Lebensversicherung in Lake Providence unbekannt ist – die nehmen immer gleich Moskitoversicherungen mit auf«. Er erzählte erstaunliche Sachen über diese wilden Insekten. Zum Beispiel, daß er gesehen habe, wie sie versuchten zu *wählen*.

Als er merkte, daß diese Behauptung ein bißchen viel für uns war, milderte er sie etwas herab und sagte, er könne sich da geirrt haben, »auf Stimmenfang« bei den Wahlurnen habe ich sie aber ganz bestimmt beobachtet.

Ein anderer Passagier – Freund von H. – unterstützte die scharfen Aussagen gegen diese Moskitos und ließ sich lang und breit über seine aufregenden Abenteuer mit ihnen aus. Die Geschichten waren recht ansehnlich, mehr auch nicht, doch Mr. H. schaltete sich alle Augenblicke kalt und unerbittlich ein: »Warte – zieh fünfundzwanzig Prozent davon ab; so, jetzt fahre fort«, oder »Warte – hier trägst du zu stark auf; nimm was davon runter. Du kostümierst deine Geschichten zu sehr; Fakten darf man immer nur ein Trikot überziehen, niemals einen Ulster«, oder »Nochmals Pardon, aber wenn du auf diese Behauptung noch was rauflädst, wirst du dir ein paar Leichter besorgen und den Rest abschleppen müssen, denn die geht schon mit höchstem Tiefgang. Bleib bei den Tatsachen, bei den nackten Tatsachen; was diese Herren für ihr Buch brauchen, ist die ungeschminkte Wahrheit – stimmt doch, nicht wahr, Gentlemen?« Und insgeheim erklärte er uns, man müsse auf diesen Menschen ständig aufpassen und ihn in Schranken halten; diese Vorsichtsmaßnahme sei unbedingt nötig, wie er, Mr. H., »zu seinem Leidwesen erfahren habe«. Sagte er: »Ich will Ihnen reinen Wein einschenken. Er hat mir einmal etwas so Ungeheuerliches vorgesponnen, daß davon mein linkes Ohr angeschwollen und ganz, ganz groß geworden ist und ich sage und schreibe nicht mehr darumherumgucken konnte. Es ist monatelang so geblieben, und die Leute sind von meilenweit hergekommen, um zu sehen, wie ich mir damit Luft zufächelte.«

FÜNFUNDDREISSIGSTES KAPITEL

Vicksburg in der schweren Zeit

Flußabwärts pflegten wir früher an der hochgelegenen Hügelstadt Vicksburg vorbeizufahren, jetzt aber geht das nicht mehr. Ein Durchbruch hat sie zur Landstadt gemacht, genauso wie Osceola, St. Genevieve und verschiedene andere. Vor Vicksburg liegt jetzt Wasser ohne jede Strömung und außerdem eine große Insel. Man kommt den Fluß auf der anderen Seite der Insel herunter, wendet dann und fährt hinauf zur Stadt, das heißt bei hohem Wasserstand, bei niedrigem muß ein Stück weiter unten angelegt werden.

Die Wundmale und Narben, die Erinnerungen an Vicksburgs schreckliche Kriegserlebnisse, sind noch immer vorhanden: Erdstellungen, von Kanonenkugeln zerfetzte Bäume, höhlenartige Schutzlöcher in den Lehmabhängen und so weiter. Die Höhlen leisteten während der sechswöchigen Beschießung der Stadt – vom 18. Mai bis zum 4. Juli 1863 – gute Dienste. Sie wurden von der Zivilbevölkerung benutzt, hauptsächlich von den Frauen und Kindern, zwar nicht als ständiger Aufenthalt, doch als gelegentlich sichere Zufluchtsstätte. Es waren bloße Löcher, in das senkrechte Lehmufer hineingetriebene Tunnel, die innerhalb des Hügels gabelförmig auseinanderliefen.

Während der sechs Wochen war das Leben in Vicksburg wahrscheinlich – doch warten wir; hier einiges Material, aus dem es sich rekonstruieren läßt:

Siebenundzwanzigtausend Soldaten und eine Zivilbevölkerung von dreitausend; die Stadt völlig von der Welt abgeschnitten und wie mit Mauern eingeschlossen: vorn von Kanonenbooten, hinten von Soldaten und Batterien; folglich kein Handel und Wandel mit der Außenwelt, kein Kommen und Gehen, kein Begrüßen und Verabschieden von Gästen; morgens beim Frühstück keine bedruckten Morgen von Papier mit Nachrichten aus aller Herren Länder – all das fehlte, und die Tage schleppten sich träge dahin; natürlich auch kein Gerenne, um die sich stromauf oder stromab in der Ferne durch Rauchfahnen ankündigenden und auf die Stadt zupreschenden Dampfschiffe zu sehen – denn es kam keins, der Fluß lag leer und ungestört; kein Gedränge und Geschiebe am Bahnhof, keine lärmenden Droschkenkutscher, die sich um Schwärme verwirrter Passagiere zanken – alles wie ausgestorben; Mehl zweihundert Dollar das Barrel, Zucker dreißig, Mais zehn Dollar der Bushel, Speck fünf Dollar das Pfund, Rum hundert Dollar die Gallone, alles andere entsprechend; deshalb kein Krach und Lärm von durch die Straßen rumpelnden Karren und Wagen; jene Handvoll Zivilisten, deren Mittel erschöpft sind, hat für sie nichts zu tun; um drei Uhr früh Stille – solche Totenstille, daß die abgemessenen Schritte eines Wachtpostens aus unwahrscheinlicher Entfernung gehört werden können; außerhalb der Hörweite dieser einsamen Laute ist die Stille vielleicht absolut; plötzlich setzt das Krachen der Artillerie ein, der Boden erbebt, der Himmel überzieht sich mit einem Netz sich überschneidender roter Spuren von Granaten, und ein Hagel von Eisensplittern prasselt nieder auf die Stadt, prasselt auf die leeren Straßen – auf Straßen, die im nächsten Augenblick schon nicht mehr leer sind, sondern besprenkelt mit undeutlichen Gestalten von in wahnsinniger Hast getriebenen Frauen und Kinder, die aus Heim und Bett nach den Höhlenverliesen rennen – angefeuert von den Soldaten, die in grimmigem Humor rufen: »Alle Ratten in die Löcher!« und dabei lachen.

Der Kanonendonner wütet, über den Köpfen heulen und platzen die Granaten, der Eisenregen ergießt sich, eine Stunde, zwei Stunden, drei, wahrscheinlich sechs, hört dann auf; es folgt Stille, aber die Straßen bleiben noch leer; die Stille hält an: nach und nach taucht hier und dort und drüben aus einer Höhle ein Kopf auf, vorsichtig rekognoszierend; die Stille hält weiter an: den Köpfen folgen

Körper, und leichenblasse, halb erstickte Wesen finden sich in Gruppen zusammen, recken die verkrampften Glieder, atmen in tiefen Zügen dankbar die frische Luft ein, plauschen mit den Nachbarn aus der nächsten Höhle; gehen, wenn alles ruhig bleibt, vielleicht gleich nach Hause oder schlendern durch die Stadt, und sobald der Kriegssturm von neuem ausbricht, hasten sie wieder in die Löcher.

Die Zahl dieser Höhlenbewohner betrug nur dreitausend – nicht mehr als die Bevölkerung eines Dorfes. Sollten sie da nicht nach ein oder zwei Wochen insofern eine große Familie gebildet haben, da das, was dem einen an Glück oder Unglück zustieß, für alle von Interesse war?

Das wäre das von der Geschichte gelieferte Material. Kann sich daraus nicht beinahe jeder eine Vorstellung machen, wie es zu jener Zeit in Vicksburg zugegangen ist? Aber könnte man, ohne das selber miterlebt zu haben, anderen ein anschaulicheres Bild davon geben als ein Vicksburger, der aus eigener Erfahrung spricht? Das scheint unmöglich, muß es aber nicht unbedingt sein. Die erste Schiffsreise ist ein Erlebnis, überwältigend und übervoll des Neuen, und dieses Neue steht in so ausgeprägtem Gegensatz zu allem, was man bisher erlebt hat, daß es Phantasie und Gedächtnis scheinbar für immer im Bann hält. Mit Zunge oder Feder kann man eine Landratte diese wunderbare und aufregende Fahrt miterleben lassen, kann sie das alles sehen und empfinden lassen. Wenn man aber wartet? Wenn man zehn Schiffsreisen hintereinander macht – was dann? Nun, die Sache verliert Farbe, Schmiß, Überraschung und wird alltäglich. Man hätte nichts zu erzählen, was einer Landratte das Herz schneller schlagen ließe.

Vor Jahren sprach ich ein Vicksburger Ehepaar, das die Kämpfe miterlebt hatte. Sie erzählten ihre Geschichte auf ihre Art, erzählten sie ohne Feuer und fast ohne Interesse.

Eine Woche jenes wundervollen Lebens dort hätte ihre Zungen vielleicht für immer beflügelt, sie aber hatten sechs davon durchgemacht, und das hatte dem Neuen jeden Reiz genommen. Sie hatten sich daran gewöhnt, durch Bomben aus der Wohnung und in die Erdlöcher getrieben zu werden; die Sache war alltäglich geworden. Und von da an war es um jede Möglichkeit geschehen, daß ihre Unterhaltungen darüber jemals prickelnd interessant würden. Was der Mann erzählte, lautete so:

»Es war immerzu Sonntag. Sieben Sonntage in der Woche – jedenfalls für uns. Wir hatten nichts zu tun, und die Zeit wollte und wollte nicht vergehen. Sieben Sonntage, und alle irgendwann tags oder nachts für ein paar Stunden unterbrochen durch den schrecklichen Sturm von Feuer und Donner und Eisen. Zu Anfang flitzten wir nur so raus nach den Löchern, später hatten wir schon mehr die Ruhe weg. Das erstemal vergaß ich die Kinder, und Maria nahm sie beide mit. Als sie in der Höhle und in Sicherheit war, wurde sie ohnmächtig. Zwei oder drei Wochen später, als sie eines Morgens durch einen Hagel von Geschossen nach den Löchern rannte, platzte neben ihr eine große Granate und bedeckte sie über und über mit Dreck, und ein Eisensplitter riß ihr den falschen Dutt vom Kopf. Da hat sie glattweg angehalten, hat ihn sich wiedergeholt und ist dann erst weitergehastet! Hatte sich eben schon dran gewöhnt. Mit der Zeit wurden wir alle fast Experten für Granaten und gingen auch nicht immer in Deckung, wenn es bloß Streufeuer war. Wir Männer standen rum und redeten, und manchmal sagte einer: ›Da!‹ und nannte die Art der Granate, erkannte sie an ihrem Ton, und unterhielt sich dann weiter – wenn keine Gefahr von ihr drohte. Explodierte eine dicht über unsern Köpfen, hörten wir auf mit Reden und blieben still stehen. Wohl war uns nicht gerade dabei, aber sich bewegen wäre lebensgefährlich gewesen. Wenn es vorbei war und niemand verletzt, nahmen wir unser Gespräch wieder auf – vielleicht wurde auch vorher noch eine der üblichen Bemerkungen gemacht wie: ›Das war aber ein Riesending!‹, oder aber wir sahen hoch oben in der Luft eine neue Granate auf ihrer Bahn heranschweben. In diesem Fall stieß jeder ein abruptes ›Bis nachher, meine Herren!‹ hervor und drückte sich. Wer weiß wie oft habe ich beobachtet, wie Gruppen von Damen, die so vergnügt aussahen, wie Sie sich nur denken können, die Straßen entlangpromenierten, mit dem einen Auge nach den Granaten hochschielend, und wenn sie dann bei einer mal unsicher waren, warteten sie so lange und schlenderten dann weiter oder suchten Deckung, je nachdem was die Glocke geschlagen hatte. In den Straßen mancher Städte liegen Papierfetzen und allerlei Unrat rum. In unsern nicht; in unsern lagen Eisenfetzen rum. Manchmal sammelte jemand alle Granatsplitter und Blindgänger in seiner Gegend auf und häufte sie in seinem Vorgarten zu einer Art Denkmal – mitunter eine Tonne von dem Zeugs. Glas gab es nirgends mehr. So ein Bombardement konnte Glas nicht aushalten; ist alles zersplittert. Fenster in den Häusern leer – sahen aus wie Augenhöhlen in einem Totenschädel. *Ganze* Scheiben waren so selten wie Nachrichten.

Sonntags hatten wir Gottesdienst. Zuerst kamen ja bloß ein paar Figuren, aber später war ganz schöner Andrang. Habe mal erlebt, wie die Andacht eine Minute unterbrochen wurde und alles mucksmäuschenstill dasaß – keine Stimme zu hören, ganz wie bei einer Beerdigung –, um so mehr, weil es draußen und oben furchtbar bummerte und krachte, aber sobald wieder ein Wort zu verstehen war, ging der Gottesdienst weiter. Orgelmusik und Kirchenlieder vermischt mit Artilleriefeuer, das ist eine verdammt komische Zusammenstellung – jedenfalls zu Anfang. Als wir eines Morgens aus der Kirche kamen, passierte ein Unglück – das einzige, das ich an einem Sonntag erlebt habe. Ich schüttelte gerade einem Freund, den ich lange nicht gesehen hatte, herzlich die Hand und sagte: ›Komm heute abend nach dem Beschuß in unsere Höhle, wir haben was Gutes aufgetrieben, eine Pinte erstklassigen Wh...‹ Whisky wollte ich sagen, aber eine Granate unterbrach mich. Ein Brocken davon riß dem Mann den Arm ab, und er blieb baumelnd in meiner Hand hängen. Und wissen Sie, was mir wohl am längsten im Gedächtnis haftenbleiben und alles andere, Wichtiges wie Unwichtiges, überdauern wird? Der gemeine Gedanke, den ich dabei hatte: ›Der Whisky ist *gerettet.*‹ Doch Sie müssen verstehen, es war sozusagen verzeihlich, denn er war kaum mit Diamanten aufzuwiegen, und wir hatten doch bloß das bißchen; habe während der Belagerung keinen Schluck mehr bekommen.

In den Höhlen war es manchmal schrecklich überfüllt

und immer heiß und drückend. Mitunter beherbergte eine Höhle zwanzig bis fünfundzwanzig Leute, alle eng aneinandergedrückt wie die Heringe, ohne Platz zum Drehen und Wenden, und die Luft manchmal so schlecht, daß man keine Kerze zum Brennen kriegte. Eines Nachts wurde in einem dieser Löcher ein Kind geboren. Stellen Sie sich das mal vor, war ja, als ob man es in einem Koffer zur Welt gebracht hätte.

Zweimal hatten wir in unserer Höhle sechzehn Mann, und verschiedene Male hatten wir ein Dutzend. Ganz schön stickige Luft da drin. Acht waren wir immer, acht gehörten dorthin. Hunger und Elend und Krankheit und Angst und Sorge und was weiß ich noch alles machten sie mit der Zeit so fertig, daß nach der Belagerung keiner von ihnen mehr so richtig der alte war. Innerhalb von ein paar Jahren sind bis auf drei Mann alle von uns gestorben. Eines Abends platzte eine Granate direkt vor unserer Höhle und stürzte sie ein und verschüttete den Ausstieg. Hatten eine ganze Weile anständig zu tun, uns rauszubuddeln. Paar von uns wären beinahe erstickt. Danach haben wir dann zwei Öffnungen angelegt – hätten gleich zu Anfang dran denken sollen.

Maultierfleisch? Nein, so tief sind wir erst die letzten ein, zwei Tage gesunken. Hat natürlich gut geschmeckt; wenn man am Verhungern ist, schmeckt alles gut.«

Dieser Mann hatte Tagebuch geführt. Sechs Wochen? Nein, nur die ersten sechs Tage. Am ersten Tag acht engbeschriebene Seiten, am zweiten fünf, am dritten eine – flüchtig hingeworfen –, am vierten drei, vier Zeilen, ein, zwei am fünften und sechsten, am siebenten Tag Tagebuch aufgegeben; dieses Leben mit all seinen Schrecken war zur Routine geworden.

Die Kriegsgeschichte von Vicksburg bietet für den allgemeinen Leser mehr Interessantes als die aller anderen Mississippistädte. Sie ist voll Geschehen, voll Abwechslung, voll des Malerischen. Vicksburg hielt länger aus als jede andere bedeutende Stadt am Fluß und sah den Krieg in all seinen Phasen, zu Wasser wie zu Lande: die Belagerung, die Mine, den Angriff, den Ausfall, das Bombardement, Krankheit, Gefangenschaft, Hungersnot.

Der schönste aller Nationalfriedhöfe befindet sich hier. Über dem großen Portal die Inschrift:

HIER RUHEN IN FRIEDEN
16600,
DIE IN DEN JAHREN 1861–1865
FÜR IHR LAND
IHR LEBEN LIESSEN

Das Gelände des Friedhofs ist herrlich gelegen, sehr hoch und mit weiter Aussicht über Land und Fluß. Die Anlagen sind geschmackvoll zu breiten Terrassen angeordnet mit gewundenen Wegen und einer Fülle schmückender subtropischer Sträucher und Blumen, und einen Teil bildet ein Stück natürlicher Wald, den man einfach so gelassen hat und der folglich vollkommen in seinem Zauber ist. Alles an diesem Friedhof verrät die Hand der Bundesregierung. Was die Regierung macht, fällt stets dadurch auf, ausgezeichnet, solide, gründlich und ordentlich zu sein. Und sie läßt es nicht bei der gutgeleisteten Arbeit bewenden, sie kümmert sich auch weiterhin darum.

Auf gewundenen Landstraßen – oft so tief zwischen senkrechten Wänden liegend, daß es bloße Tunnel ohne Dach sind – fuhren wir ein, zwei Meilen hinaus und besichtigten das Denkmal, das an der Stelle steht, wo die Übergabe durch General Pemberton an General Grant erfolgte. Das Metall, aus dem es gemacht ist, wird es vom Abbröckeln und Absplittern bewahren, das seinen Vorgänger aus Marmor so verunstaltet hat, aber das gemauerte Fundament zerbröckelt bereits und wird mit der Zeit einfallen. Das Monument überblickt eine malerische Gegend bewaldeter Höhen und Schluchten und ist selber nicht unmalerisch, denn es erstickt geradezu unter blühendem Unkraut. Das arg mitgenommene Marmordenkmal ist auf den Nationalfriedhof gebracht worden.

An der Landstraße, eine viertel Meile zur Stadt zu, zeigte uns ein bejahrter Schwarzer voll Stolz einen Blindgänger, der seit dem Tage, wo er während der Belagerung niederging, bei ihm auf dem Hof liegt.

FÜNFUNDDREISSIGSTES KAPITEL

»Hier steh ich, und da steht Hund, und Hund geht los auf Bombe, will ihr anfallen, ich aber nix; ich sag: ›Fühl dir hier wie zu Hause. Bleib ruhig liegen, wo du liegst, oder mach alles kaputt, ganz wie du willst, *ich* aber muß im Wald, *ich* da zu tun!‹«

Vicksburg ist eine Stadt mit reichen Geschäftsstraßen und angenehmen Wohnvierteln, es beherrscht den Handel auf den Flüssen Yazoo und Sunflower, entsendet mehrere Bahnlinien durch reiche Agrargebiete und hat eine in puncto Prosperität und Bedeutung vielversprechende Zukunft.

Die Flußstädte scheinen überhaupt fast alle, ob groß oder klein, entschlossen zu sein, sich künftig zur Sicherung weiteren Aufbaus und Wohlstandes in erster Linie auf Eisenbahnen zu konzentrieren. Sie handeln dabei nach der Überlegung, daß die nächsten zwanzig Jahre – und darauf deutet alles hin – einige bemerkenswerte Veränderungen im Mississippital mit sich bringen werden, und zwar in Richtung auf größere Bevölkerungsdichte und wachsenden Reichtum sowie den damit natürlich Hand in Hand gehenden Fortschritten auf geistigem Gebiet und in der Meinungsfreiheit. Was aber, sofern man aus der Vergangenheit Schlüsse ziehen kann, nicht heißen muß, daß es den Flußstädten nicht mehr gelingen wird, hier und da eine Möglichkeit zu finden, ihrem eigenen Fortschritt einen Knüppel zwischen die Beine zu werfen. Hatten sie sich doch in den Tagen der Dampfschiffherrschaft durch ein so unklug abgestuftes Kaigeldsystem in der Entwicklung gehemmt, daß kein, wenn man das so nennen will, Kleinverkehr für Frachten und Passagiere aufkam. Die Schiffe mußten derart hohe Kaigelder entrichten, daß sie es sich nicht leisten konnten, wegen ein, zwei Passagieren oder einem kleinen Posten Fracht anzulegen. Anstatt es zu fördern, wenn Handel und Wandel vor ihre Tore getragen wurden, bemühten sich die Städte emsig und erfolgreich, das zu verhindern. Sie hätten viele Schiffe und niedrige Gebühren haben können, ihre Methode aber führte zwangsläufig zu wenig Schiffen und hohen Gebühren. Eine Methode, die von New Orleans bis St. Paul im Schwange war – und im Schwange ist.

Wir hätten sehr gern einen Abstecher den Yazoo und den Sunflower hinauf gemacht – eine Gegend, die stets interessant, jetzt aber noch interessanter war, weil man dort oben die große Überschwemmung noch in Aktion sehen konnte –, aber wir waren ziemlich sicher, bei der Rückkehr dann wenigstens einen Tag auf ein Schiff nach New Orleans warten zu müssen. So waren wir gezwungen, den Plan aufzugeben.

Hier eine Geschichte, die ich an jenem Abend auf unserem Schiff aufgeschnappt habe. Nicht, daß sie hiergehört, ich schalte sie bloß deshalb ein, weil sie gut ist. Erzählt wurde sie von einem Passagier – einem College-Professor –, und sie tauchte auf im Verlauf einer allgemeinen Unterhaltung, bei der erst über Pferde gesprochen wurde, dann über Astronomie, dann über das Lynchen der Spieler in Vicksburg vor einem halben Jahrhundert, dann über Aberglauben und Traumdeutung, und die nach Mitternacht in einem Disput über Freihandel und Schutzzölle endete.

SECHSUNDDREISSIGSTES KAPITEL

Das Garn des Professors

Es war noch in der ersten Zeit hier. Ich war damals nicht Professor, sondern ein bescheidener junger Landvermesser, mit der Welt vor mir – um sie zu vermessen, falls das jemand gemacht haben wollte. Ich hatte einen Vertrag, eine Straße für eine große Grube in Kalifornien zu vermessen, und ich befand mich auf dem Wege dorthin – zu Wasser eine Reise von drei, vier Wochen. Auf dem Schiff waren eine ganze Menge Passagiere, aber ich hatte ihnen sehr wenig zu sagen, meine Leidenschaft war Lesen und Träumen, und um mich dem hingeben zu können, wich ich Unterhaltungen aus. Wir hatten drei Berufsspieler an Bord, widerwärtige, ordinäre Burschen. Obwohl ich nie ein Wort mit ihnen wechselte, konnte ich nicht umhin, sie ziemlich oft zu sehen, denn sie spielten jeden Tag bis in die Nacht

SECHSUNDDREISSIGSTES KAPITEL

hinein in einer Kabine auf dem Oberdeck, und bei meinen Promenaden erhaschte ich häufig einen Blick durch ihre Tür, die immer ein wenig offenstand, um den Überschuß an Tabakrauch und Flüchen hinauszulassen. Eine unangenehme und verhaßte Gesellschaft, aber ich mußte mich natürlich damit abfinden.

Und dann war da noch ein Passagier, der mir wiederholt ins Auge fiel, denn er schien entschlossen, sich mit mir anzufreunden, und ich konnte ihn nicht loswerden, ohne Gefahr zu laufen, ihn zu verletzen, was mir fern lag. Außerdem hatten seine bäurische Einfachheit und sein strahlend gutmütiges Wesen etwas Gewinnendes. Als ich diesen Mr. John Backus das erstemal sah, schätzte ich auf Grund seiner Kleidung und seines Aussehens, er müsse Viehzüchter oder Farmer aus den Hinterwäldern irgendeines westlichen Staates sein – zweifellos Ohio –, und als ich später, als er von sich zu erzählen anfing, entdeckte, daß er wirklich Rinder züchtete und aus dem innern Ohio kam, war ich so über meinen eigenen Scharfsinn erfreut, daß ich mich für diesen Mr. Backus erwärmte, weil er meinen Instinkt bestätigt hatte.

Und so kreuzte er dann jeden Tag nach dem Frühstück an meiner Seite auf, mir bei der Promenade zu helfen, und mit der Zeit hatte mir sein gut geschmiertes Mundwerk alles über seine Geschäfte vorgeplappert, seine Vorhaben, seine Familie, seine Verwandten, seine politischen Ansichten – über alles, was einen Backus betraf, einen lebenden oder toten. Und ich glaube, gleichzeitig war es ihm gelungen, aus mir alles herauszupumpen, was ich über meinen Beruf, meine Familie, meine Pläne, meine Absichten und mich selber wußte. Er war ein Genie, Leute für sich zu gewinnen und zu überreden, was sich eben darin zeigt, daß ich nicht dazu neigte, über eigene Angelegenheiten zu sprechen. Einmal sagte ich etwas über Triangulation. Das stattliche Wort gefiel seinem Ohr, er fragte, was es bedeute, und ich erklärte es ihm. Von da ab ging er stillschweigend, aber ohne, daß es beleidigend wirkte, über meinen Namen hinweg und nannte mich nur noch Triangel.

Was der sich an Hornvieh begeistern konnte! Bei der

bloßen Erwähnung eines Bullen oder einer Kuh bekam er leuchtende Augen und fing an zu reden wie ein Buch. Solange ich spazierte und zuhörte, spazierte er mit und redete. Er kannte alle Rassen und schwärmte für alle Rassen, liebkoste alle mit zärtlichem Redeschwall. In stummer Verzweiflung trottete ich, während die Viehfrage dran war, neben ihm her. Konnte ich es nicht länger ertragen, schaltete ich geschickt ein wissenschaftliches Thema in das Gespräch ein, und dann fingen meine Augen Feuer und seine erloschen, meine Zunge kam auf Touren, seine erlahmte, für mich war das Leben voller Lust, für ihn ein Jammertal.

Eines Tages fragte er etwas zögernd und mit einer gewissen Schüchternheit: »Triangel, würde es Ihnen etwas ausmachen, eine Minute mit runter in meine Kabine zu kommen? Ich hab da eine bestimmte Sache, über die ich mal mit Ihnen reden möchte.«

Ich ging sofort mit. In seiner Kabine angelangt, steckte er den Kopf zur Tür hinaus, blickte vorsichtig den Salon hinauf und hinunter, machte dann die Tür zu und riegelte ab. Wir setzten uns aufs Sofa, und er sagte:

»Ich habe Ihnen einen kleinen Vorschlag zu machen, und wenn er Ihnen günstig erscheint, fahren wir beide nicht schlecht dabei. Sie gehen doch genauso wenig wie ich zum Spaß nach Kalifornien – ist doch geschäftlich, nicht wahr? Ja, also Sie könnten mir einen Gefallen tun, und ich Ihnen genauso, falls wir einig werden. Ich hab ein paar Jährchen gespart und alles zusammengekratzt und auf die hohe Kante gelegt, und ich habe es alles hier.« Er schloß einen alten Haarkoffer auf, wühlte in einem Durcheinander von Kleidungsstücken und ließ einen Augenblick lang eine pralle Geldbörse sehen, vergrub sie dann wieder und schloß den Koffer ab. Die Stimme zu vorsichtigem Flüstern abdämpfend, fuhr er fort: »Ist alles da – zehntausend Dollar in Gold. Nun hab ich mir da ein kleines Geschäft ausgedacht: Was ich über Kühe nicht weiß, das trägt die Katze auf dem Schwanz weg. In Kalifornien aber läßt sich mit Rinderzucht ein Haufen Geld machen. Nun weiß ich und wissen Sie, daß, wenn eine Strecke vermessen wird, überall kleine Stückchen Land abfallen, die man ›Zwickel‹ nennt und die der Vermesser umsonst geschenkt kriegt. Von Ihrer Seite wäre nichts weiter nötig, als so zu vermessen, daß die ›Zwickel‹ auf gutes fettes Land fallen, dann übergeben Sie sie mir, ich bringe Vieh rauf, und schon kommen die Dollarchens angerollt, ich lege Ihnen Ihren Anteil regelmäßig auf den Tisch, und...«

Es tat mir leid, seinen blühenden Enthusiasmus zum Welken zu bringen, aber es ging nicht anders. Ich unterbrach ihn und sagte streng: »Ich bin kein solcher Vermesser. Wechseln wir lieber das Thema, Mr. Backus.«

Es schnitt mir ins Herz, seine Verwirrung zu sehen und seine verlegenen und beschämten Entschuldigungen zu hören. Ich war genauso bekümmert wie er, besonders da er nicht im entferntesten angenommen zu haben schien, an seinem Vorschlag sei etwas Unrechtes. So beeilte ich mich, ihn zu trösten und ihn sein Unglück in einer Orgie von Unterhaltung über Viehzucht und Schlachterei vergessen zu lassen. Wir lagen in Acapulco, und als wir an Deck gingen, war zum Glück die Mannschaft gerade dabei, ein paar Rinder in Schlingen an Bord zu hieven. Sofort verflog Backus' Trübsal und mit ihr die Erinnerung an seinen eben begangenen Fehler.

»Nu sehen Sie sich das bloß mal an!« rief er. »Du meine Güte, Triangel, was würden sie in *Ohio* dazu sagen? Würden denen nicht die Haare zu Berge stehen, Vieh so behandelt zu sehen?«

Alle Passagiere waren an Deck und schauten zu – sogar die Spieler –, und Backus kannte sie alle, hatte sie alle mit seinem Lieblingsthema gequält. Als ich wegging, sah ich, wie einer der Spieler zu ihm trat und ihn ansprach, dann noch einer und schließlich auch der dritte. Ich hielt inne, wartete, beobachtete. Die Unterhaltung zwischen den vieren dauerte an. Es wurde ernst. Backus zog sich schrittweise zurück, die Spieler blieben an seiner Seite. Mir war gar nicht wohl dabei. Als sie dann an mir vorbeigingen, hörte ich jedoch Backus in belästigtem Ton erklären: »Hat gar keinen Zweck, meine Herren. Ich wiederhole nochmals, was ich Ihnen schon ein halbdutzendmal gesagt habe, ich kenn das von zu Hause nicht und laß mich in so was auch nicht ein.«

Mir fiel ein Stein vom Herzen. ›Sein klarer Kopf wird ihn schon genügend beschützen‹, sagte ich mir.

Während der vierzehn Tage von Acapulco bis San Francisco sah ich die Spieler mehrere Male ernsthaft mit Backus reden, und einmal ließ ich ihm gegenüber eine leise Warnung fallen. Er kicherte gemütlich vor sich hin und erwiderte: »Jaja, die laufen mir ganz schön nach, wollen, daß ich ein bißchen mitspiele, nur so zur Unterhaltung – aber bei mir nicht! Meine Leute haben mir gesagt, vor dieser Sorte Vieh soll ich mich in acht nehmen, und daran halte ich mich ein für allemal.«

Schließlich näherten wir uns San Francisco. Es war eine häßliche schwarze Nacht mit stürmischem Wind, aber ohne hohen Seegang. Ich war allein an Deck. Gegen zehn ging ich nach unten. Aus der Spielhölle tauchte eine Gestalt auf und verschwand in der Finsternis. Ich bekam einen Schreck, denn ich war überzeugt, es war Backus. Ich raste die Kajütentreppe hinunter, suchte überall nach ihm, konnte ihn nirgends finden, kehrte an Deck zurück und sah gerade noch, wie er wieder dieses verwünschte Ganovennest betrat. Hatte er am Ende doch nachgegeben? Ich fürchtete, ja. Warum war er nach unten gegangen? Seine Geldbörse holen? Wahrscheinlich. Voll schlechter Ahnungen schlich ich an die Tür. Sie stand einen Spalt offen, ich blickte hinein, und was ich dort sah, ließ mich bitterlich wünschen, mich mehr der Rettung meines armen Viehfreundes gewidmet zu haben, anstatt meine Zeit mit Lesen und Träumen zu vertun. Er spielte. Schlimmer noch, ihm wurde mit Champagner zugesetzt, und den merkte man ihm bereits an. Er lobte den »Apfelmost«, wie er ihn nannte, und sagte, jetzt, wo er ihn gekostet hätte, glaube er beinahe, er würde ihn auch trinken, wenn er wüßte, daß es Alkohol sei, so gut schmecke er und so viel besser als alles, was er je kennengelernt habe. Die Schurken wechselten dabei verstohlene Blicke und füllten die Gläser nach, und während Backus seins ehrlich bis zur Neige austrank, markierten sie nur und gossen ihren Wein über die Schulter.

Ich konnte dieses Bild nicht ertragen, und so ging ich nach vorn und versuchte mich mit dem Meer und den Stimmen des Windes zu beschäftigen. Doch das Gefühl der Unruhe trieb mich alle Viertelstunden zurück, und jedesmal beobachtete ich, daß Backus treu und brav seinen Wein trank, die anderen ihren aber wegschütteten. Es war die qualvollste Nacht, die ich je zugebracht habe.

Meine einzige Hoffnung bestand darin, daß wir schnell unseren Ankerplatz erreichten – das würde das Spiel abbrechen. So gut ich konnte, half ich dem Schiff mit Stoßgebeten voran. Endlich brausten wir durch das Goldene Tor. Mein Herz hüpfte vor Freude. Ich eilte zurück zu jener Tür und sah hinein. Ach, da gab es nicht mehr viel zu hoffen: Backus' Augen waren müde und blutunterlaufen, sein verschwitztes Gesicht war krebsrot, seine Rede lallend und rührselig, und sein Körper schaukelte trunken in der schwankenden Bewegung des Schiffes. Während Karten gegeben wurden, leerte er ein weiteres Glas bis zur Neige. Er nahm sein Blatt, warf einen Blick darauf, und seine trüben Augen leuchteten für eine Sekunde auf. Die Spieler bemerkten es und äußerten ihre Befriedigung durch kaum wahrnehmbare Zeichen.

»Wieviel Karten?«

»Keine!« sagte Backus.

Einer der drei, ein gewisser Hank Wiley, legte eine Karte ab, die anderen je drei. Das Wetten begann. Bisher waren die Einsätze nur gering gewesen – ein bis zwei Dollar, doch jetzt fing Backus gleich mit einem Zehndollarstück an. Wiley zögerte einen Augenblick, »hielt« dann und »ging zehn Dollar drüber«. Die anderen beiden paßten.

Backus ging zwanzig drüber.

Wiley sagte: »Ich halte mit und gehe *hundert* drüber!« dann griente er und langte nach dem Geld.

»Liegenlassen«, rief Backus mit trunkener Schwere.

»Was! Soll das heißen, daß Sie mithalten wollen?«

»Und ob ich mithalte – ich lege sogar noch mal hundert drauf.«

Er faßte in die Innentasche seines Mantels und brachte die erforderliche Summe zum Vorschein.

»Sie wollen wohl das Rennen machen, wie? Aber ich halte mit und überbiete mit fünfhundert!« sagte Wiley.

»Fünfhundert *drüber!*« sagte der verblendete Ochsentreiber und zog den Betrag hervor und schüttete ihn auf den Stapel. Die drei Komplicen bemühten sich kaum noch, ihr Frohlocken zu verbergen.

Jede Diplomatie und alles Getue wurden jetzt fallengelassen, und die scharfen Ausrufe hagelten immer schneller, und die gelbe Pyramide wurde höher und höher. Schließlich lagen zehntausend Dollar da. Wiley warf einen Beutel Geld auf den Tisch und sagte mit spöttischer Leutseligkeit:

»Fünftausend Dollar drüber, mein lieber Freund vom Lande – was sagst du *nun*?«

»*Aufdecken!*« rief Backus und hievte seine Börse mit dem Gold auf den Stapel. »Was hast du?«

»Vier Könige, du dämliches Landei!« und Wiley warf seine Karten hin und legte die Arme um die Einsätze.

»Vier *Asse*, du Idiot!« donnerte Backus, einen entsicherten Revolver auf Wiley richtend. »*Bin selber Professioneller und hab euch Gimpeln schon die ganze Fahrt über aufgelauert!*«

Runter rasselte der Anker, rumpeldi-dum-dum!, und die Reise war zu Ende.

Tja, die Welt ist schlecht. Einer von den drei Spielern war Backus' »Partner«. Er war es, der die verhängnisvollen Karten verteilt hatte. Nach einer Abmachung mit den beiden Opfern sollte er Backus vier Damen geben, aber ach! tat es nicht.

Eine Woche später traf ich Backus – nach allerneuester Mode ausstaffiert – in der Montgomery Street. Als wir uns verabschiedeten, sagte er aufgeräumt: »Übrigens dieser Zwickel wegen machen Sie sich keine Sorgen. Ich verstehe gar nichts von Vieh, abgesehen von dem bißchen, was ich in einer einwöchigen Lehre drüben in Jersey habe aufschnappen können, kurz bevor wir in See gegangen sind. Mein Rinderkult und meine Rinderbegeisterung haben ihre Schuldigkeit getan – die brauche ich nicht mehr.«

Am nächsten Tag schieden wir von der »Gold Dust« und ihren Offizieren. Wir taten es ungern und in der Hoffnung,

Schiff und Offiziere eines Tages wiederzusehen. Was vom Schicksal aber auf tragische Weise unmöglich gemacht werden sollte!

SIEBENUNDDREISSIGSTES KAPITEL

Das Ende der »Gold Dust«

Denn drei Monate später, am 8. August, während ich an einem der obigen Kapitel schrieb, brachten die New-Yorker Zeitungen folgendes Telegramm:

SCHRECKLICHES UNGLÜCK
SIEBZEHN TOTE BEI EXPLOSION AUF DEM
DAMPFSCHIFF »GOLD DUST«

Nashville, 7. August. – Eine Depesche aus Hickman, Kentucky, meldet:

Auf dem Dampfer »Gold Dust« kam es heute um drei Uhr kurz nach dem Verlassen von Hickman zu einer Kesselexplosion. Siebenundvierzig Personen erlitten Verbrennungen und siebzehn fanden den Tod. Das Schiff wurde gleich oberhalb der Stadt in der Gegenströmung zum Landen gebracht, und durch die Anstrengungen der Einwohner konnten die Kajütenpassagiere, die Offiziere und ein Teil der Mannschaft an Land und in Hotels und Privathäuser geschafft werden. Allein in Holcombs Schnittwarenhandlung lagen vierundzwanzig Verletzte, denen bis zu ihrer Überführung in bequemere Quartiere jede Pflege zuteil wurde.

Es folgte eine Liste mit Namen, aus der hervorging, daß einer der siebzehn Toten der Barkeeper war und daß sich unter den siebenundvierzig Verwundeten der Kapitän, der Erste Maat, der Zweite Maat, der Zweite und dritte Zahlmeister sowie der Lotse Mr. Lem. Gray und verschiedene Angehörige der Mannschaft befanden. Aus der Antwort auf unser sofortiges Telegramm erfuhren wir, mit Ausnahme von Mr. Gray sei keiner von ihnen lebensgefährlich verletzt. Die Briefe, die wir danach erhielten, bestätigten das und teilten uns mit, Mr. Gray befinde sich auf dem Wege der Besserung. Spätere Briefe sprachen weniger hoffnungsvoll von seinem Fall, und schließlich kam einer mit der Nachricht von seinem Tode. Ein guter Mensch, ein äußerst geselliger und tapferer Mensch, der ein gütigeres Schicksal verdient hätte.

ACHTUNDDREISSIGSTES KAPITEL

Das feinste Haus am Ort

Wir nahmen auf einem Cincinnati-Schiff Plätze nach New Orleans – oder *in* einem Cincinnati-Schiff; beides ist richtig, das erstere sagt man im Westen, das letztere im Osten.

Mr. Dickens hatte sich geweigert, die Mississippischiffe als »großartig« oder gar als »schwimmende Paläste« anzuerkennen – Ausdrücke, die seit jeher auf sie angewendet wurden und die in Anbetracht der Bewunderung, die die Leute den Dampfern zollten, keineswegs übertrieben waren.

Mr. Dickens' Standpunkt mag berechtigt gewesen sein, der der Leute aber war das auf jeden Fall. Wenn Mr. Dickens diese Schiffe mit den englischen Kronjuwelen verglich oder mit dem Tadsch Mahal oder dem Matterhorn oder etwas anderem Unschätzbaren oder Wundervollen, das er gesehen hatte, so waren sie nicht großartig – da hatte er nicht unrecht. Die Leute aber stellten Vergleiche mit dem an, was *sie* gesehen hatten, und so gemessen und beurteilt, waren die Schiffe großartig – das war der richtige und durchaus nicht überspitzte Ausdruck dafür. Die Leute hatten genauso recht wie der gute Dickens. Die Dampfschiffe waren feiner als alles zu Lande. Verglichen mit den besseren Wohnhäusern und erstklassigen Hotels im Mississippital, waren sie ohne Zweifel großartig, waren sie »Paläste«. Für ein paar Leute aus New Orleans und St. Louis vielleicht nicht, für die große Mehrheit der Einwohner jener Städte und für die gesamte Bevölkerung an beiden Ufern zwischen Baton Rouge und St. Louis aber doch. Sie entsprachen dem, was sich der Bürger unter Großartigkeit vorstellte.

Jede Stadt und jedes Nest längs dieser riesigen Strecke der beiden Ufer hatte ein bestes, feinstes, hochherrschaftlichstes Haus – das Heim des reichsten und hervorragendsten Bürgers am Ort. Es zu beschreiben ist leicht: Großer grasbestandener Vorhof mit weißgetünchtem Bretterzaun – in leidlichem Zustand, ziegelgepflasterter Weg vom Tor zur Haustür; großes, quadratisches, einstöckiges Holzhaus, weiß angestrichen und mit einem Portikus wie ein griechischer Tempel – bloß mit dem Unterschied, daß die imposanten kannelierten Säulen und korinthischen Kapitelle eine rührende Nachahmung aus bemalter Weißkiefer waren; eiserner Türklopfer; Messingklinke – mit Grünspan, weil sie mal hätte geputzt werden müssen. Innen eine Diele mit Fußboden aus gehobelten Brettern und ohne Läufer; anschließend ein Wohnzimmer von fünfzehn mal fünfzehn Fuß – in manchen Fällen fünf bis zehn Fuß größer; gefärbter Wollteppich; Mahagoni-Mitteltisch; darauf eine Lampe mit Schirm aus grünem Papier – auf einer Art Gitter stehend, von den jungen Damen des Hauses aus grellbunter Wolle hergestellt und Lampendeckchen genannt; verschiedene Bücher, mit eherner Genauigkeit nach einem ererbten und unveränderlichen Schema aufgebaut, darunter Tupper, mit vielen Randbemerkungen versehen, außerdem »Angebinde der Freundschaft« und »Kranz der Liebe«, ihre dummen Plattheiten mit verblaßten Mezzotintos illustriert, dann Ossian, »Alonzo und Melissa«, vielleicht auch »Ivanhoe«, dazu ein »Poesiealbum« voller Originalgedichte von der Sorte: »Verletzet hast Du die Seele, die Dir in Liebe zugetan«, zwei, drei frömmelnde Werke wie »Schäfer von Salisbury Plain« und so weiter, ferner die letzte Nummer vom harmlos keuschen »Godeys Buch für die Dame« mit kolorierter Modeseite, auf der die Frauen wie Wachsfiguren aussehen und alle den gleichen Mund haben – Lippen und Augenlider von derselben Größe –, jede fünf Fuß hohe Frau mit einem zwei Zoll langen Keil, der unter ihrem Kleid hervorragt und sich als Hälfte von ihrem Fuß ausgibt. Polierter, luftdichter Kanonenofen (neue und tödliche Erfindung), dessen Rohr durch ein Brett geht, welches den nicht mehr benutzten guten alten Kamin abdeckt. Auf jedem Ende des hölzernen Kaminsimses ein Korb mit Pfirsischen und anderen Früchten in natürlicher Größe, alle aus Gips oder Wachs und angemalt, damit sie wie echt aussehen – was sie aber nicht tun. Über der Mitte vom Kamin eine Radierung: »Washington überquert den Delaware«; an der Wand neben der Tür eine Kopie davon in knalligem Plattstich, angefertigt von einer der jungen Damen – ein Kunstwerk, daß sich Washington die Überquerung überlegt haben würde, hätte er ahnen können, wozu das einmal herhalten sollte. Klavier – verkleidete Kesselpauke – und darauf sowie auf einen danebenstehenden Ständer gehäuft Noten, lose und in Alben: »Schlacht von Prag«, »Vogelwalzer«, »Arkansas-Wanderer«, »Streich die Fiedel«, »Marseillaise«, »Verbannt auf einsamer Insel« (St. Helena), »Zerbrochen ist, was uns verband«, »Einen Rosenkranz trug sie im Haar, als wir das letztemal beisammen«, »Geh und vergesse mein, was soll die Sorge jene Stirn umwölken?«, »Stunden, die der Erinn'rung lieb«, »Lang, lang ist's her«, »Tage, wo fern du weilst«, »Im Sturmgebraus auf hoher See bin ich zu Haus«, »Vogel über dem Meer« und aufgeschlagen auf dem Notenpult, von der klagenden Sängerin dort liegengelassen: »Zie-hie-he weiter, silberner Mo-ho-hond, weise dem Wa-ha-han-derer den Weg« und so fort. Nachdenklich gegen das Klavier gelehnt eine Gitarre – eine, die imstande ist, den spanischen Fandango von selber zu spielen, wenn man sie nur anpackt. An der Wand ein tolles Kunstwerk: frommes Motto, im Hause hergestellt, manchmal aus buntem Garn, manchmal aus verwelktem Gras, Vorfahre des »Gott segne unser Heim« unseres modernen Handels. In schwarzen Rahmen weitere Kunstwerke, ersonnen und fabriziert von den jungen Damen, nämlich düstere Bleistiftzeichnungen, Landschaften, meist: See, einsames Segelboot, versteinte Wolken, vorsintflutliche Bäume am Ufer, anthrazitfarbener Abgrund, unten in der Ecke deutlich der Name der

Verbrecherin. Lithographie »Napoleon überquert die Alpen«. Lithographie »Das Grab auf St. Helena«. Stahlstiche: Trumbulls »Schlacht am Bunker Hill« und die »Sally aus Gibraltar«. Kupferstiche: »Moses schlägt an den Felsen« und »Rückkehr des verlorenen Sohnes«. In protzigem Goldrahmen eine Verleumdung der Familie in Öl: Papa, ein Buch haltend (»Die Verfassung der Vereinigten Staaten«), Mama mit dagegengelehnter Gitarre, von deren Hals blaue Bänder flattern, die jungen Damen als Kinder in Slippern und ausgezackten Pantalons, die eine ein Spielzeugpferd umarmend, die andere die Katze mit einem Garnknäuel neckend und beide einfältig zu Mama hochlächelnd, die ebenso einfältig zurücklächelt. Alle frisch, roh und rot – anscheinend enthäutet. Gegenüber, in Gold gerahmt, Großpapa und Großmama mit dreißig und zweiundzwanzig, steif, altmodisch, mit hohem Kragen und Puffärmeln und aus einem Hintergrund finsterster ägyptischer Nacht bleich hervorstarrend. Unter einer gläsernen Uhrglocke ein großes Bukett leichenblasser Wachsblumen. In der Ecke eine pyramidenförmige Etagere, die Fächer in der Hauptsache mit zeitgenössischen Nippes angefüllt, so aufgebaut, daß sie die beste Wirkung abgeben: Muschel mit eingeritztem Vaterunser; noch eine Muschel – von der länglich-ovalen Sorte mit schmalem, geradem, von einem bis zum anderen Ende reichenden, drei Zoll langen Schlitz –, auf die ein Porträt von Washington geschnitzt ist; nicht gut gemacht; die Muschel hatte von Natur aus Washingtons Mund – der Künstler hätte sich daran halten sollen. Beides sind Andenken an die längst vergangene Hochzeitsreise nach New Orleans mit dem Französischen Markt. Weitere Nippsachen: »Proben« aus Kalifornien – Quarz mit anhaftenden Goldstäubchen; altes Medaillon aus Dukatengold mit der Locke irgendeines Ahnen darin; indianische Pfeilspitzen aus Feuerstein; ein Paar Perlenmokassins vom Onkel, der die großen Prärien durchzogen hat; drei verschiedenfarbige »Alaun«körbe – mit kristallisiertem Alaun im Zuckergußstil überzogene Drahtgestelle –, Kunstwerke, die von den jungen Damen geschaffen wurden und deren Doublees und Duplikate auf sämtlichen Etageren im Lande zu finden sind; aufgespießt auf ein Stück Karton eine Kollektion vertrockneter Käfer und Schmetterlinge; bemalter Spielzeughund, auf einem Blasebalg stehend – läßt auf Drücken den Unterkiefer hängen und quietscht; Zucker-Osterhase – Körper und Glieder zu fast formloser Masse zusammengeschmolzen; Zinnmedaille vom Präsidentschaftswahlkampf; Miniatur-Holzsäger aus Pappmaché, der ans Ofenrohr anzuschließen ist und durch die Hitze betrieben wird; kleiner Napoleon aus Wachs; aufgestellte unscharfe Daguerreotypien von Kindern, Eltern, Vettern, Basen, Tanten und Bekannten in allen möglichen Stellungen, nur keinen normalen, Hintergrund noch ohne Säulentempel und sich in der Ferne verlierende fabrikgemachte Landschaft – das kam erst später mit der Photographie auf; alle diese undeutlichen Figuren mit Ketten und Ringen besät – das Metall durch Streifen und Tupfen lebhafter Goldbronze angezeigt und gegen Zweifel gesichert –, alle zu sehr gekämmt, zu sehr feingemacht und alle in unbequemen Sonntagskleidern von einem Schnitt, von dem sich der Betrachter einfach nicht vorstellen kann, daß er jemals modern gewesen sein soll; Mann und Frau im allgemeinen als Gruppe: der Mann sitzend, die Frau stehend, mit der Hand auf seiner Schulter – und beiden nach all den Jahren des Vergilbens noch irgendwie das »Bitte recht freundlich« des Daguerreotypisten anzumerken. Über der Etagere – Stätte besonderer Heiligkeit – ein Attentat auf die Kunst in Aquarell, begangen von der jungen Nichte, die vor langer Zeit zu Besuch kam und jetzt tot ist. Leider, denn inzwischen hätte sie das hier vielleicht bereut. Roßhaarstühle, Roßhaarsofa, die ständig unter einem wegrutschen. Fenstervorhänge aus Wachstuch mit schablonengemalten Milchmädchen und Burgruinen in schreienden Farben; Übergardinen an gewaltigen Jalousiekästen aus gehämmertem und vergoldetem Blech. Schlafzimmer mit Flickenvorlegern; Bettstellen von der Sorte mit »Cordfederung«, in der Mitte durchgesackt, denn die Schnüre müßten mal straffgezogen werden; nach Schnupftabak riechendes Federbett – nicht oft genug gelüftet; Rohrgeflechtstühle, Schaukelstuhl mit holzgeflochtenem Sitz; an der Wand ein Spiegel in Schultafelgröße mit furniertem Rahmen; geerbte Kommode; Waschschüssel und Wasserkrug – nicht unbedingt vorhanden; Kerzenhalter aus Messing, Talglicht, Lichtschere. Sonst nichts weiter im Raum. Kein Badezimmer im Haus, und auch kaum ein Gast zu erwarten, der schon mal eins gesehen hat.

Das war die Residenz des tonangebenden Bürgers von den Vororten von New Orleans bis zur Stadtgrenze von St. Louis. Ging er an Bord eines großen, feinen Dampfschiffes, betrat er eine neue, wunderbare Welt: die Schornsteine oben ausgezackt, um wippende Federbüsche vorzutäuschen – vielleicht auch noch rot angepinselt; die weißen hölzernen Relings vom Steuerhaus, vom Ober- und Maschinendeck mit Phantasiemustern verziert, zart wie feinste Laubsägearbeit; oben auf den Ladebäumen vergoldete Eicheln; über der großen Glocke bronzierte Geweihe; auf dem Radkasten wahrscheinlich ein buntes symbolisches Bild; großes geräumiges Maschinendeck, blau angestrichen und mit Windsorsesseln ausgestattet; innen ein weit nach hinten gehender schneeweißer »Salon«; Porzellangriff und Ölgemälde an jeder Kajütentür; oben an der Decke, die ganze Flucht hinunter, geschwungene, filigranartige Ornamente mit Vergoldung; alle paar Schritte ein großer Kronleuchter, ein Aprilschauer glitzernder Glastropfen; überall schillerndes Regenbogenlicht, durch die bunten Scheiben der Oberlichter herabflutend; das Ganze ein langer, gleißender Tunnel, ein frappierender und bestrickender Anblick! Im Damensalon ein rosa und weißer Wiltonteppich, weich wie Moos und mit hinreißendem, gigantischem Blumenmuster. Dann das Brautgemach – das Untier, das diese Idee ausgeheckt hatte, lebte noch und war bis dato nicht gehängt –, das Brautgemach, dessen pompöser Firlefanz auf den bereits erschütterten Verstand des jubilierenden Bürgers eine unvermeidlich einschüchternde Wirkung haben mußte. Jede Kabine hatte ihre ein, zwei gemütlichen, sauberen Kojen und vielleicht auch einen Spiegel und ein Schränkchen, und manchmal gab es sogar eine Waschschüssel mit Wasserkanne und einem Stück Handtuch, das ein Experte von einem Moskitonetz unterscheiden konnte –

obwohl diese Dinge gewöhnlich fehlten und die hemdsärmligen Passagiere sich beim Barbier an einer langen Reihe von Schüsseln säuberten, wo es auch gemeinsame Handtücher, gemeinsame Kämme und gemeinsame Seife gab.

Man nehme das Dampfschiff, das ich eben beschrieben habe, und man hat es in seinem besten und schönsten und angenehmsten und komfortabelsten und zufriedenstellendsten Zustand. Jetzt schmiere man eine Schicht alten, über und über vertrockneten Dreck rauf, und man hat den vorhin erwähnten Cincinnati-Dampfer. Nicht überall – nur von innen; denn er war abgesehen von den Stewards mit fähigen Leuten besetzt.

Doch wenn man dieses Schiff abwaschen und neu anstreichen würde, ergäbe es ungefähr das Gegenstück zum meistgelobten Dampfer der alten Blütezeit, denn die Dampfschiffarchitektur des Westens hat keinen Veränderungen unterlegen, und genauso wenig hat das die Inneneinrichtung der Dampfboote.

NEUNUNDDREISSIGSTES KAPITEL

Waren und Warenimitationen

Wo sich der Fluß in der Vicksburger Gegend einst wie ein Korkenzieher wand, ist er jetzt verhältnismäßig gerade – die Folge eines Durchbruchs, der ein Stück von ehemals siebzig Meilen auf fünfunddreißig verkürzte. Vicksburgs Nachbarstadt, Delta in Louisiana, wurde dadurch ins Hinterland abgeschoben, und mit ihrer Karriere als Flußstadt ist es aus. Ihre gesamte Uferfront wird jetzt eingenommen von einer riesigen Sandbank, eng bestanden mit jungen Bäumen – die sich mit der Zeit zu einem dichten Wald auswachsen und die verbannte Stadt völlig verbergen werden.

Fahrplanmäßig passierten wir Grand Gulf und Rodney, berühmt vom Kriege her, und erreichten Natchez, die letzte der schönen Hügelstädte – denn Baton Rouge, ein Stück weiter, liegt auf keinem Hügel, sondern nur auf hohem Grund. Das berühmte untere Natchez hat sich in zwanzig Jahren nicht sonderlich verändert; äußerlich hat es sich – beurteilt nach den Beschreibungen jener alten Prozession ausländischer Touristen – nicht einmal in sechzig verändert, denn es ist noch immer klein, verstreut und schäbig. Als die alte Kielbooterei noch in Blüte stand und in der ersten Zeit der Dampfer hatte es in moralischer Hinsicht einen mehr als schlechten Ruf: unter dem Pöbel des Flusses gab es seinerzeit dort große Saufgelage, viel Prügeleien und Mord und Totschlag. Das obere Natchez dagegen ist anziehend, ist es immer gewesen. Selbst Mrs. Trollope (1827) mußte seinen Zauber zugeben:

»An ein, zwei Stellen wird die ermüdende ebene Linie durch ›Bluffs‹ unterbrochen, wie die kurzen bergigen Zwischenstücke und Steilufer hier heißen. Natchez ist wunderschön auf einer dieser Anhöhen gelegen. Der Kontrast seiner leuchtend grünen Hügel gegenüber den sich zu beiden Seiten hinziehenden düsteren Reihen schwarzer Wälder, der üppige Wuchs an Papaubäumen, Fächerpalmen und Orangenbäumen, die verschwenderische Vielfalt der süß duftenden Blumen, die dort gedeihen, das alles läßt diesen Ort wie eine Oase in der Wüste erscheinen. Natchez ist der am weitesten nördlich gelegene Punkt, wo Orangen im Freien reifen und überwintern. Mit Ausnahme dieses lieblichen Fleckchens machten mir all die kleinen Städte und Dörfer, an denen wir vorbeikamen, einen äußerst erbärmlichen Eindruck.«

Wie seine engen und entfernten Flußnachbarn, verfügt Natchez über mehrere Bahnlinien und baut sie weiter aus – schiebt sie nach allen Richtungen in umliegende reiche Gebiete vor, die ihm von Natur aus tributpflichtig sind. Und ebenso wie Vicksburg und New Orleans hat es seine Eisfabrik; es stellt täglich dreißig Tonnen Eis her. Zu meiner Zeit war Eis in Vicksburg und Natchez ein Luxus, den sich nur die Reichen erlauben konnten. Jetzt aber ist es für all und jeden erschwinglich. Ich besichtigte eine der Eisfabriken in New Orleans, um mal zu sehen, wie sich Polarregionen am Rande der Tropen ausnehmen. Doch da war gar nichts

Auffallendes dran. Es war bloß ein geräumiges Haus mit einer harmlosen Dampfmaschinerie an dem einen Ende und ein paar hier- und dorthin laufenden großen Porzellanröhren. Nein, nicht Porzellan – das schien nur so –, sondern Eisen, aber das Ammoniak, das da durchgeleitet wurde, hatte sie mit einem handdicken Mantel von milchweißem festem Eis umkleidet. Das Eis hätte schmelzen müssen, denn in jener Atmosphäre brauchte man keine Wintersachen, aber es schmolz nicht, das Innere der Röhren war zu kalt.

In den Boden waren zahllose Zinnbehälter eingelassen, einen Fuß lang, einen Fuß breit, zwei Fuß hoch und oben offen. Sie enthielten klares Wasser, und um jeden dieser Kästen waren Salz und die notwendigen Chemikalien herumgepackt, außerdem wurde das Wasser der Wirkung der Ammoniakgase ausgesetzt; wie, wird mir ewig ein Geheimnis bleiben, weil ich den Prozeß sowieso nicht verstanden habe. Während das Wasser allmählich gefror, wurde es von Männern hin und wieder mit einem Stock umgerührt, ich glaube, um es von Luftblasen zu befreien. Andere Arbeiter hoben ununterbrochen Kästen heraus, deren Inhalt hartgefroren war. Sie tauchten den Behälter kurz in einen Kübel mit kochendem Wasser, um den Eisblock von seinem Zinnsarg loszuschmelzen, dann stürzten sie den Block auf einen Plattenwagen, und er war marktfertig. Die Blöcke waren hart und fest und kristallklar. In manche hatte man große Buketts frischer tropischer Blumen mit einfrieren lassen, in andere allerliebst in Seide gekleidete Püppchen und andere hübsche Sachen. Diese Blöcke waren dazu bestimmt, in Schüsseln in die Mitte von Speisetafeln gestellt zu werden, um die tropische Luft zu kühlen und auch um als Schmuck zu dienen, denn die darin eingefrorenen Blumen und Gegenstände waren wie durch Fensterglas zu sehen. Mir wurde gesagt, diese Fabrik könne ihr Eis bei einem Preis von sechs bis sieben Dollar die Tonne im Einzelhandel per Wagen in ganz New Orleans in den bescheidensten Haushaltsquantitäten verkaufen und dabei genügend Profit machen. Im Norden würden Eisfabriken also auf ihre Kosten kommen; wir kriegen Eis dort nicht zu einem solchen Preis, es sei denn, man nimmt gleich dreihundertfünfzig Pfund auf einmal.

Die Rosalie Garnspinnerei in Natchez verfügt über 6000 Spindeln und 160 Webstühle und hat 100 Arbeiter in Lohn. Die Natchez Baumwoll-Weberei A. G. begann ihren Betrieb vor vier Jahren in einem einstöckigen Haus von 50 mal 190 Fuß; Anfangskapazität 4000 Spindeln und 128 Webstühle, Kapital 105 000 Dollar, alles gezeichnet durch Beteiligte aus der Stadt. Zwei Jahre später erhöhten dieselben Aktionäre ihr Kapital auf 225 000 Dollar, bauten ein zweites Stockwerk auf, verlängerten das Gebäude auf 317 Fuß und erweiterten den Maschinenbestand auf 10 300 Spindeln und 304 Webstühle. Die Gesellschaft beschäftigt jetzt 250 Arbeiter, meist Einwohner von Natchez. »Die Fabrik verarbeitet jährlich 5000 Ballen Baumwolle zu 5000 Yard braunem Schirting, Leinwand und Drell von bester Standardqualität.«* Eine festgeschlossene Gesellschaft: die Aktien stehen auf 5000 Dollar pro Anteil, aber keine zu verkaufen.

Am Mississippi hat sich vieles verändert und merkwürdig verändert, doch das war zu erwarten. Eines aber hatte ich nicht erwartet: zu erleben, daß Natchez und diese anderen Flußstädte Bollwerke der Industrie und Eisenbahnzentren werden.

Da wir gerade bei Warenfabrikation sind, muß ich an ein Gespräch darüber denken, das ich an Bord des Cincinnati-Dampfers zufällig mit anhörte. Dumpfes Stimmengewirr im Ohr, war ich aus unruhigem Schlaf erwacht. Ich lauschte: zwei Männer unterhielten sich und allem Anschein nach über die große Überschwemmung. Ich blickte durch das offene Oberfenster hinaus. Die beiden saßen sich bei einem späten Frühstück gegenüber, sonst niemand in der Nähe. Das Thema Überschwemmung taten sie mit ein paar Worten ab – hatten es offensichtlich nur benutzt, um das Eis zu brechen und miteinander bekannt zu werden –, und dann fingen sie an zu fachsimpeln. Es stellte sich bald heraus, sie waren Vertreter: der eine aus Cincinnati, der

---

* »New Orleans Times-Democrat«, 26. August 1882.

andere aus New Orleans. Muntere Leute, energisch in Bewegung und Sprache; der Dollar ihr Gott, ihn zu ergattern ihre Religion.

»Nun, dieser Artikel hier«, sagte Cincinnati und haute mit dem Messer in die vermeintliche Butter und hielt New Orleans einen Klumpen davon unter die Nase, »der ist von uns. Sehen Sie sich den mal an, riechen Sie, kosten Sie. Stellen Sie damit alle Proben an, die Sie wollen. Lassen Sie sich Zeit – hat keine Eile – machen Sie es gründlich. Na, was meinen Sie? Butter, nicht wahr? Pustekuchen – ist Margarine! Jawoll, Margarine! Aber von Butter nicht zu unterscheiden. Kann nicht mal ein *Fachmann!* Ist aus unserm Haus. Wir versorgen fast alle Schiffe im Westen; gibt auf kaum einem noch ein Pfund Butter. Wir kommen ganz schön voran – man kann sagen mit *Riesenschritten*. Und bald werden wir sämtliche Dampfer haben. Ja, und die Hotels auch. Wird gar nicht mehr lange dauern, und Sie finden im Mississippi- und Ohiotal in keinem Hotel außerhalb der Großstädte mehr ein Gramm Butter. Wir liefern ja jetzt schon Tausende von Tonnen aus. Und wir sind in der Lage, unsere Margarine so spottbillig zu verkaufen, daß das ganze Land sie nehmen *muß* – daß es einfach nicht drum rumkommt. Butter kann da nicht mithalten, hat als Konkurrenz überhaupt keine Aussichten. Mit Butter ist es *vorbei* – die kann ihren Konkurs anmelden. Mit Margarine dagegen... Sie können sich einfach nicht vorstellen, wie bei uns das Geschäft geht. Von Cincinnati bis Natchez habe ich in jeder Stadt haltgemacht, und aus jeder habe ich große Aufträge nach Hause geschickt.«

Und so ging das noch zehn Minuten in demselben inbrünstigen Ton weiter. Dann drehte New Orleans auf und sagte:

»Allerdings, eine erstklassige Imitation, muß man schon sagen, aber nicht die einzige, die erstklassig ist. Zum Beispiel machen sie heute aus Baumwollsamenöl ein Olivenöl, das vom echten nicht zu unterscheiden ist.«

»Ja, stimmt«, erwiderte Cincinnati. »Und der Job war 'ne Zeitlang sogar tipptopp. Sie haben es rübergeschickt und dann von Frankreich und Italien zurückgebracht, mit dem Zollvermerk der Vereinigten Staaten drauf, um es als echt zu bestätigen, und da war schönes Geld zu machen, aber Frankreich und Italien haben dann einen Riegel vorgeschoben – war ja vorauszusehen. Bei einem so enormen Steuerzuschlag konnte sich dieses Baumwollsamen-Olivenöl natürlich einsargen lassen.«

»So, meinen Sie? Warten Sie mal einen Augenblick.«

Geht in seine Kabine, kommt zurück mit ein paar länglichen Flaschen, entkorkt sie und sagt: »Hier, riechen Sie mal, kosten Sie mal, gucken Sie sich die Flaschen und die Etiketten richtig an. Die eine ist aus Europa, die andere ist nie aus Amerika rausgewesen. Eins ist europäisches Olivenöl, das andere amerikanisches Baumwollsamen-Olivenöl. Die auseinanderhalten? Wetten, daß Sie das nicht können? Kann keiner. Sollen sich andre ruhig die Mühe und Ausgabe machen, ihr Öl nach Europa und zurück zu verschiffen – steht ihnen völlig frei. Unsere Firma aber kennt einen Trick, der sechsmal soviel wert ist. Wir stellen in unserer Fabrik in New Orleans alles von A bis Z selber her: Etiketten, Flaschen, Öl und alles. Das heißt, die Etiketten nicht, *die* kaufen wir im Ausland – kriegen sie da halb geschenkt. Sehen Sie, in einer Gallone Baumwollsamenöl ist ein winziges Tröpfchen Essenz oder so was drin, das ihm einen bestimmten Geruch oder Geschmack oder was es auch ist gibt – wenn man das rauskriegt, hat man gewonnen – aus dem Öl läßt sich dann spielend leicht jedes x-beliebige Öl machen, das man haben will, und es ist vom echten einfach nicht mehr zu unterscheiden. Ja, und wir wissen eben, wie dieses eine Partikelchen rauszukriegen ist – sind da die einzige Firma. Wir liefern ein Olivenöl, das schlechterdings vollkommen ist – dem kein Mensch was anmerkt! Und das Geschäft, das flutscht bei uns nur so – was ich Ihnen durch mein Bestellbuch für diese Tour leicht beweisen kann. Daß ihr kurz über lang jedermanns Brot bebuttert, will ich gerne glauben, aber daß wir vom Golf bis Kanada jedermanns Salat beölen werden, ist so sicher wie das Amen in der Kirche.«

Cincinnati glühte und strahlte vor Bewunderung. Die beiden Halunken wechselten ihre Firmenkarten und er-

hoben sich. Als sie den Tisch verließen, sagte Cincinnati:
»Aber ihr müßt doch den Stempel vom Zoll haben? Wie
macht ihr das?

Die Antwort kriegte ich nicht mehr mit.

Wir passierten Port Hudson, wo sich zwei der schrecklichsten Kämpfe des Krieges abgespielt haben: das Nachtgefecht zwischen Farraguts Flotte und den Landbatterien der Konföderierten am 14. April 1863 und die denkwürdige Feldschlacht zwei Monate später, die acht Stunden anhielt – acht Stunden außerordentlich heftigen und hartnäckigen Kampfes – und nach großem Blutvergießen mit der Zurückschlagung der Unionstruppen endete.

VIERZIGSTES KAPITEL

Protzgotik und Pardauzkultur

Baton Rouge war blumengeschmückt wie eine Braut – nein mehr noch, wie ein Gewächshaus. Denn wir befanden uns jetzt im absoluten Süden: keine Einschränkungen mehr, keine Kompromisse, keine halben Sachen. In den Anlagen des Capitols wunderschöne wohlriechende Magnolienbäume mit dichtem, reichem Laub und riesigen Schneeballblüten. Der Duft der Blüten ist sehr lieblich, aber man muß sich in einiger Entfernung halten, weil er so stark ist. Es sind keine Blumen fürs Schlafzimmer – sie könnten einen in der Nacht ersticken lassen. Ja, wir waren endlich im Süden, denn hier beginnt die Zuckergegend, und die Plantagen – unermeßliche grüne Flächen mit im Mittelpunkt sich zusammendrängenden Zuckersiedereien und Negerhütten – kamen in Sicht. Und über uns tropische Sonne und um uns tropische Glut.

Außerdem fängt dort das Paradies des Lotsen an: ein breiter Fluß bis hinunter nach New Orleans, reichlich Wasser von Ufer zu Ufer und keine Barren, keine Bäume, die teils unter Wasser festliegen, teils sich mit der Strömung hin und her bewegen oder Wracks im Wege.

VIERZIGSTES KAPITEL

Für das Capitolsgebäude ist wahrscheinlich Sir Walter Scott verantwortlich zu machen; undenkbar, daß diese unechte kleine Burg je gebaut worden wäre, wenn er nicht vor ein paar Generationen den Leuten mit seinen mittelalterlichen Romanen den Kopf verdreht hätte. Der Süden hat sich vom lähmenden Einfluß seiner Bücher noch nicht frei gemacht. Hier – in einer Atmosphäre, in der sich bereits der heilsame Geruch des praktischen neunzehnten Jahrhunderts nach Baumwollfabriken und Eisenbahnen bemerkbar macht – herrscht nach wie vor Bewunderung für seine überspannten Helden und ihre grotesken »Ritter«taten und romantischen Kindereien und finden sich noch immer Spuren jener schwülstigen Sprache und anderen aufgeblasenen Humbugs. Daß an diesem ansonsten redlichen Ort überhaupt eine Burg gebaut worden ist, eine weißgetünchte Burg mit Türmchen und Zinnen und allem Drum und Dran – innen wie außen nur unechtes, auf echt gequältes Material –, ist traurig genug; noch trauriger aber ist, mit ansehen zu müssen, wie diese architektonische Lüge heute restauriert und verewigt wird, und dabei wäre es doch so einfach, das, womit ein mildtätiges Feuer den Anfang gemacht hat, mit Dynamit zu beenden und von dem Geld für die Restaurierung dann etwas Echtes zu bauen.

Baton Rouge hat jedoch weder Patent noch Monopol für imitierte Burgen.

Die folgende Bemerkung stammt aus einem Inserat des »Höheren Töchterinstituts« von Columbia in Tennessee:

»Unser Anstaltsgebäude ist seit langem als Muster trefflicher und schöner Architektur berühmt. Besucher sind bezaubert von seiner Ähnlichkeit mit den alten Burgen der Lieder und Sagen, seinen Türmen, seinen zinnengeschmückten Mauern und seinen efeuumrankten Säulengängen.«

In einer Burg Schule zu halten, ist eine romantische Sache, so romantisch, wie in einer Burg Hotel zu halten.

Die imitierte Burg an sich ist unzweifelhaft harmlos und wäre zu ertragen, aber als Symbol der Züchtung und Erhaltung rührseliger Mittelalterromantik hier inmitten des nüchternsten und kraftvollsten und unendlich größten und würdigsten Jahrhunderts, das die Welt gesehen hat, muß sie schädlich sein und ein Mißgriff bleiben.

Hier ein Auszug aus dem Prospekt einer »Höheren Töchterbildungsanstalt« in Kentucky. Höhere Töchterbildungsanstalt klingt nicht schlecht, da diese Benennung aber, wenn auch auf unverantwortliche Art und Weise, rein aus Gründen der Kürze gewählt worden ist, scheint mir, Mädchencollege wäre noch besser gewesen; es ist kürzer und bedeutet dasselbe – das heißt, sofern einer der beiden Ausdrücke überhaupt etwas bedeutet:

»Der Präsident ist Südstaatler gemäß Geburt, Erziehung, Bildung und Gesinnung; die Lehrer sind alle südlicher Denkungsart, und mit Ausnahme der in Europa geborenen stammen sie aus dem Süden und wurden auch dort erzogen. Da wir die südliche für die höchste Form der Kultur halten, die es auf diesem Kontinent gibt*, erfolgt die Aus-

---

* Vom Verfasser des Prospektes gedankenlos weggelassene Erläuterungen dazu:

»Knoxville, Tennessee, 19. Oktober. – Heute morgen, ein paar Minuten nach zehn Uhr, sind General Joseph A. Mabry, Thomas O'Connor und Joseph A. Mabry jun. bei einer Schießerei ums Leben gekommen. Seinen Anfang nahm der Streit gestern nachmittag, als General Mabry Major O'Connor angriff und ihm drohte, er würde ihn töten. Das war auf dem Jahrmarktsgelände, und O'Connor erklärte Mabry, dies sei nicht der geeignete Ort für ihre Auseinandersetzung. Mabry sagte dann zu O'Connor, er müsse ihm mit dem Leben büßen. Mabry scheint bewaffnet gewesen zu sein, O'Connor jedoch nicht. Dem Streit lag eine alte Fehde um die Abtretung eines Grundstückes von Mabry an O'Connor zugrunde. Am Spätnachmittag ließ Mabry O'Connor mitteilen, er werde ihn, sobald er ihm unter die Augen komme, über den Haufen schießen. Heute morgen stand Major O'Connor in der Tür der von ihm geleiteten Mechanics' National Bank. General Mabry und ein anderer Gentleman gingen auf der der Bank gegenüberliegenden Seite der Gay Street hinunter. O'Connor trat in die Bank, holte eine Schrotflinte, legte bedächtig auf General Mabry an und drückte ab. Mabry brach, in die linke Seite getroffen, sofort tot zusammen. Während er fiel, feuerte O'Connor von neuem und traf Mabry in den Schenkel. Dann holte er ein zweites Gewehr aus der Bank. Um diese Zeit kam Joseph A. Mabry jun., ein Sohn General Mabrys, die Straße heruntergerannt. O'Connor sah ihn erst, als er schon bis auf vierzig Fuß heran war. Der junge Mann feuerte eine Pistole ab, und der Schuß ging O'Connor in die rechte Brustseite, und zwar in die Nähe vom Herzen. In dem Moment, wo Mabry schoß, drehte sich O'Connor um, drückte ab und traf den jungen Mabry rechts in Brust und Seite. Von zwanzig Körnern Rehposten durchlöchert, ging Mabry zu Boden, und fast im selben Augenblick sank auch O'Connor tot um. Mabry versuchte noch, sich zu erheben, fiel aber tot zurück. Die ganze Tragödie spielte sich innerhalb von zwei Minuten ab, und keiner von den dreien sprach nach den Schüssen noch ein Wort.

VIERZIGSTES KAPITEL 281

bildung der jungen Damen ganz im Einklang mit den südlichen Ideen von feiner Lebensart, Vornehmheit, Fraulichkeit, Religion und Sitte. Demzufolge bieten wir eine erstklassige höhere Töchterbildungsanstalt für den Süden und ersuchen um südliche Gönnerschaft.«

General Mabry hatte ungefähr dreißig Körner Rehposten im Körper. Ein Passant trug eine schmerzhafte Schenkelverletzung durch ein Schrotkorn davon, ein anderer wurde am Arm verwundet. Vier weiteren Männern wurde die Kleidung durchlöchert. Die Affäre rief eine große Aufregung hervor, und in der Gay Street drängten sich Tausende von Leuten. General Mabry und sein Sohn Joe waren erst vor ein paar Tagen von dem Mord an Moses und Don Lusby – Vater und Sohn – freigesprochen worden, die sie vor ein paar Wochen getötet hatten. Will Mabry war letzte Weihnacht von Don Lusby erschossen worden. Major O'Connor war Präsident der hiesigen Mechanics' National Bank und der wohlhabendste Mann im Staat.« – Telegramm der Associated Press.

»An einem Tag im vergangenen Monat erfuhr Professor Sharpe vom Höheren Töchtercollege in Somerville in Tennessee, ein ›ruhiger und gesitteter Mann‹, sein Schwager Hauptmann Burton habe gedroht, ihn zu töten. Wie es scheint, hatte Burton bereits einen Menschen erschossen und einen anderen erstochen. Der Professor bewaffnete sich mit einem doppelläufigen Gewehr, machte sich auf die Suche nach seinem Schwager, fand ihn in einem Lokal beim Billard und jagte ihm eine Kugel durch den Kopf. Die ›Avalanche‹ aus Memphis berichtet, die Sache des Professors sei bei der Bevölkerung auf ziemlich allgemeine Billigung gestoßen; die öffentliche Meinung gehe dahin, daß Recht und Gesetz doch machtlos gewesen wären, ihn zu schützen, und da er das gewußt habe, sei er eben zum Selbstschutz gezwungen gewesen.«

»Ungefähr zur gleichen Zeit stritten sich in North Carolina zwei Jünglinge um ein Mädchen und ›forderten‹ sich. Freunde versuchten, eine Aussöhnung herbeizuführen, doch ihre Bemühungen waren umsonst. Am 24. dieses Monats trafen sich die jungen Männer auf der öffentlichen Landstraße. Der eine war mit einem schweren Knüttel bewaffnet, der andere mit einer Axt. Der mit dem Knüttel kämpfte verzweifelt um sein Leben, doch es war von Anfang an ein hoffnungsloses Beginnen. Ein wohlgezielter Schlag schleuderte ihm den Knüttel aus der Hand, und im nächsten Augenblick brach er tot zusammen.«

»In Virginia wurden ungefähr zur selben Zeit zwei junge Männer ›mit einflußreicher Verwandtschaft‹, die als Kommis in einer Schnittwarenhandlung in Charlottesville arbeiteten, beim ›Herumtollen‹ handgemein. Peter Dick streute Charles Roads Pfeffer in die Augen. Roads verlangte eine Entschuldigung, was Dick ablehnte, und so erklärten beide, die Angelegenheit könne nur durch ein Duell bereinigt werden. Es ergab sich jedoch ein Hindernis: die Parteien hatten keine Pistolen, und zu so später Abendstunde konnten sie sich auch keine mehr beschaffen. Einer von beiden schlug Schlächtermesser vor, und der andere nahm an. Der Ausgang des Duells war, daß Roads mit einer klaffenden Wunde im Unterleib zusammenbrach, die unter Umständen tödlich sein kann. Eine Nachricht von Dicks Verhaftung hat uns noch nicht erreicht. Er drückte ›tiefes Bedauern‹ aus, und wie wir aus Staunton vom dortigen Korrespondenten der ›Philadelphia Press‹ erfahren haben, ›wird alles unternommen, die Sache zu vertuschen‹.« – Auszüge aus der Tagespresse.

He, Wächter, ho! Wer so selbstzufrieden ins Horn stoßen kann, der wird wohl von einer Burg aus tuten.

Von Baton Rouge bis New Orleans, den ganzen Weg entlang, begrenzen große Zuckerplantagen beide Seiten des Flusses und erstrecken ihre meilenweiten ebenen Felder bis hin zu den verschwommenen Wäldern bärtiger Zypressen vor dem Horizont. Keine einsamen Ufer mehr. Zu beiden Seiten viele Wohnhäuser – auf lange Strecken hin so dicht nebeneinanderstehend, daß der breite, zwischen den beiden Häuserreihen liegende Fluß zu einer Art geräumiger Straße wird. Eine äußerst anheimelnd und glücklich aussehende Gegend. Und ab und zu erblickt man ein von Bäumen überdachtes großes Herrenhaus mit Säulen und Pfeilern. Hier die Aussagen von zweien aus der Prozession ausländischer Touristen, die vor einem halben Jahrhundert dort vorbeidefilierte. Mrs. Trollope schreibt:

»Die ununterbrochene Flachheit der Mississippiufer blieb bis viele Meilen oberhalb von New Orleans unverändert, aber überall waren die anmutige und üppige Fächerpalme, die dunkle und edle Stechpalme und der leuchtend helle Orangenbaum zu sehen, und es dauerte viele Tage, ehe es uns über wurde, sie anzuschauen.«

Captain Basil Hall:

»Das in den unteren Teilen von Louisiana an den Mississippi grenzende Land ist überall dicht mit Zuckerpflanzern bevölkert, deren prunkvolle Häuser, graue Säulenveranden, schmucke Gärten und zahlreiche Sklavendörfer, alle sauber und ordentlich, der Flußlandschaft ein äußerst gedeihliches Aussehen geben.«

Auch die anderen aus der Prozession malen das anziehende Bild alle auf die gleiche Art. Die Beschreibungen von vor fünfzig Jahren brauchen mit keinem Wort verändert zu werden, um dieselbe Gegend haargenau so zu schildern, wie sie heute ist – abgesehen von der »Schmuckheit« der Häuser. Von den Negerhütten ist jetzt die Tünche runter, und viele – wahrscheinlich die meisten – der großen Herrenhäuser haben ihre einst so strahlendweiße Farbe verloren und machen einen heruntergekommenen und ungepflegten Eindruck. Das ist der Gifthauch des Krieges. Vor einundzwanzig Jahren, da war alles schmuck und hell und freundlich entlang der »Küste« und noch genauso, wie es nach den Schilderungen jener Touristen im Jahre 1827 war.

Sie waren zu bedauern, die Touristen. Die Leute setzten ihnen dumme und alberne Ammenmärchen vor und lachten sie dann aus, weil sie die glaubten und obendrein drucken ließen. Mrs. Trollope erklärten sie, die Alligatoren – oder wie sie sie nennt, die Krokodile – wären blutrünstige Bestien, und als Beweis tischten sie ihr eine gruslige Mär auf, wie eins dieser verleumdeten Reptilien eines Nachts in die Hütte eines Siedlers gekrochen sei und dessen Frau und fünf Kinder aufgefressen habe. Jedem normalen unmöglichen Alligator hätte die Frau allein genügt, aber nein, jene Aufschneider mußten ihn auch noch die fünf Kinder verschlingen lassen. Man würde sich nicht vorstellen, daß Witzbolde dieses robusten Schlages sentimental sind – aber sie waren es.

Heutzutage ist es schwer, die Aufnahme, die das Buch des ernsten, ehrlichen, intelligenten, sanftmütigen, braven, gütigen, wohlmeinenden Captain Basil Hall fand, zu verstehen, und unmöglich, sie zu rechtfertigen. Mrs. Trollopes Bericht darüber mag den Leser vielleicht unterhalten, ich habe ihn deshalb in den Anhang mit aufgenommen*.

EINUNDVIERZIGSTES KAPITEL

Die Metropole des Südens

Die Einfahrt nach New Orleans war vertraut; am allgemeinen Bild hatte sich nichts verändert. Wenn man durch London mit einer Bahn braust, die auf hohe Bogen in die Luft gesetzt ist, kann man meilenlang den Leuten durch die offenen Fenster in die oberen Schlafzimmer gucken; die untere Hälfte der Häuser aber liegt niedriger als die Geleise und ist nicht mehr zu sehen. Bei vollem Fluß ist es in der

* Siehe Anhang C.

Gegend von New Orleans ähnlich: das Wasser geht bis an den äußersten Rand des einfriedenden Uferdammes, das flache Land dahinter liegt tief – den Boden einer Schüssel bildend –, und wenn man mit dem Schiff hoch oben auf dem Strom vorbeischwimmt, sieht man auf die Häuser hinunter und in die oberen Fenster hinein. Nichts als die schwache Brustwehr aus Erde liegt zwischen den Menschen und der Vernichtung.

Die alten Salzspeicher aus Backstein am vorderen Ende der Stadt sahen noch so aus wie damals, obwohl es ihrem Besitzer inzwischen damit ergangen war wie Aladin mit seiner Wunderlampe, denn bei Kriegsausbruch hatte er sich – seine Speicher bis obenhin voll mit Tausenden von Säcken gewöhnlichen Salzes, pro Sack zwei bis drei Dollar wert – eines Abends schlafen gelegt, und als er am nächsten Morgen aufstand, fand er seinen Berg Salz sozusagen in einen Berg Gold verwandelt, so plötzlich und zu so schwindelerregender Höhe hatte die Nachricht vom Kriege den Preis des Artikels ansteigen lassen.

Die riesige Strecke aus Bohlen gebauter Piers war unverändert geblieben, und es gab dort so viele Schiffe wie immer; doch die lange Reihe von Dampfern war verschwunden, natürlich nicht ganz, aber viel war nicht mehr davon übrig.

Die Stadt selbst hatte sich nicht verändert – jedenfalls nicht äußerlich. An Ausdehnung und Bevölkerung hatte sie sehr zugenommen, ihr Gesicht aber war noch das alte. In den Straßen noch immer Berge von Schmutz und Papier, die tiefen trogartigen Gossen längs der Randsteine noch immer halb voll stehenden Wassers mit einer Staubschicht darauf, die Bürgersteige noch immer – wenigstens in der Speck- und Zuckergegend – durch Kübel und Fässer und Tonnen verstellt und die großen Blocks unfreundlich schmuckloser Geschäftshäuser noch immer so düster aussehend wie damals.

Die Canal Street war feiner und anziehender und mehr voller Leben als früher, mit ihren treibenden Menschenmassen, ihren vielen Zügen hastender Straßenbahnen und ihren breiten Balkons in den ersten Stockwerken – gegen

Abend dicht besetzt mit eleganten Damen und Herren. Nicht daß es in der Canal Street irgendwelche »Baukunst« gäbe: allgemein gesprochen, gibt es in ganz New Orleans keine, außer auf den Friedhöfen. Es mutet merkwürdig an, das von einer wohlhabenden, weitsichtigen und tatkräftigen Stadt mit einer viertel Million Einwohnern zu behaupten, aber es ist die Wahrheit. Sie haben da zwar ein riesiges Bundes-Zollhaus aus Granit – teuer genug, echt genug, was aber die Verzierung anbelangt, jedem Gasometer unterlegen. Sieht aus wie ein Gefängnis. Allerdings stammt es aus der Vorkriegszeit. Architektur, kann man sagen, existiert in Amerika erst seit nach dem Krieg. Ich glaube, New Orleans hat das Glück – und in gewissem Sinne das Pech –, während der letzten Jahre keine Feuersbrunst gehabt zu haben. Anders kann es gar nicht sein. Wäre das Gegenteil der Fall, könnte man das »abgebrannte Viertel« sicher leicht an seiner gegenüber den alten Formen radikal verbesserten Architektur erkennen. In Boston und Chicago kann man das. Das »abgebrannte Viertel« von Boston war vor dem Feuer reizlos, jetzt aber gibt es in keiner Stadt der Welt ein Geschäftsviertel, das es an Schönheit, Eleganz und Geschmack übertreffen – ja, selbst mit ihm konkurrieren – könnte.

Den Anfang hat New Orleans jedoch gemacht – sozusagen in diesem Augenblick. Wenn die neue Baumwollbörse fertig ist, wird sie ein schönes und stattliches Gebäude abgeben: massiv, gediegen, voll architektonischem Reiz; ohne Kinkerlitzchen, ohne unechten Pomp, ohne Häßlichkeit. Der Stadt wird sie dreimal ihre Kosten wert sein, denn sie wird für die Weiterzüchtung ihrer Rasse sorgen. Was bisher gefehlt hat, ist ein Vorbild, dem man beim Bauen nacheifern kann, etwas, das Auge und Geschmack erzieht, etwas, das *anregt*.

Die Stadt ist wohlversorgt mit fortschrittlichen Männern – denkenden, gescheiten, klugen Männern. Der Gegensatz zwischen dem Geist der Stadt und der Architektur der Stadt ist wie der Gegensatz zwischen Wachen und Schlafen. Offensichtlich herrscht in allem eine Hochkonjunktur, nur eben auf diesem einen toten Gleis nicht.

Früher stand das Wasser in den Gossen still und war schleimig und ein starker Krankheitsherd, doch jetzt werden die Gossen zwei- bis dreimal am Tage durch einen gewaltigen Mechanismus ausgespült. In vielen steht das Wasser niemals, sondern ist ständig im Fluß. Man hat auch andere sanitäre Verbesserungen vorgenommen und mit solchem Erfolg, daß New Orleans von sich behaupten kann, eine der gesündesten Städte der Union zu sein (zumindest während der langen Perioden zwischen den gelegentlichen Attacken des gelben Fiebers). Eis ist jetzt in jeder Menge zu haben, hergestellt in der Stadt. Handel und Wandel blühen und gedeihen, denn New Orleans hat einen großen Fluß-, See- und Bahnverkehr. Zur Zeit unseres Besuches war es die bestbeleuchtete Stadt in der Union und konnte mehr und weitaus bessere elektrische Laternen aufweisen als New York. Und man hatte diesen gedämpften hellichten Tag nicht nur in der Canal Street und einigen benachbarten Hauptstraßen, sondern auch auf einer Strecke von fünf Meilen am Ufer entlang. Es gibt jetzt gute Klubs in der Stadt – zum Teil erst vor kurzem gegründet – und einladende moderne Vergnügungsstätten in West End und Spanish Fort. Telefon gibt es überall. Einer der bemerkenswertesten Fortschritte findet sich im Zeitungswesen. Mit den Zeitungen war es, so wie ich mich an sie erinnere, nicht besonders weit her. Jetzt aber doch. Dafür wird mit vollen Händen Geld ausgegeben. Sie kriegen ihre Nachrichten, koste es, was es wolle. Die Redakteure fabrizieren keine Lohnschreibereien mehr, sondern machen Literatur. Als Beispiel der journalistischen Errungenschaften von New Orleans sei erwähnt, daß der »Times Democrat« vom 26. August 1882 einen Jahresbericht über die Geschäfte aller Städte am Mississippi von New Orleans bis hinauf nach St. Paul – zweitausend Meilen – enthielt. Jene Ausgabe bestand aus *vierzig* Seiten, die Seite sieben Spalten; insgesamt also zweihundertachtzig Spalten, pro Spalte fünfzehnhundert Wörter – eine Anhäufung von vierhundertzwanzigtausend Wörtern. Das heißt fast dreimal so viele Wörter wie in diesem Buch. Voller Sorgen mag man das mit der Architektur von New Orleans vergleichen.

Ich habe nur von der öffentlichen Architektur gesprochen; die private in New Orleans ist ohne Tadel, wenn sie auch geblieben ist wie immer. Die Wohnhäuser sind alle aus Holz – im amerikanischen Teil der Stadt, meine ich – und haben alle ein behagliches Aussehen. Die im wohlhabenden Viertel sind geräumig, gewöhnlich schneeweiß angestrichen und haben im allgemeinen breite Balkons oder Doppelbalkons auf Ziersäulen. Diese stattlichen Häuser stehen inmitten großer Anlagen und ragen rosenumrankt aus schwellenden Massen leuchtend grünen Laubwerkes und vielfarbiger Blüten hervor. Häuser können wohl kaum in besserer Harmonie zur Umgebung stehen oder dem Auge gefälliger sein oder anheimelnder und behaglicher aussehen.

Man söhnt sich schließlich sogar mit der Zisterne aus. Das ist ein gewaltiges, auf Pfählen gegen die Hausecke gestütztes Faß, grün angestrichen und manchmal ein paar Stockwerke hoch. Im ersten Moment denkt man an eine Verbindung von Herrenhaus mit Brauereibetrieb, was einem ziemlich ungereimt vorkommt. Aber die Leute können keine Brunnen anlegen, und da nehmen sie eben Regenwasser. Genauso wenig läßt es sich einrichten, daß sie Keller oder Gräber* ausheben, denn die Stadt ist auf »gemachtem« Boden erbaut. So kommen sie ohne beides aus, und von den Lebenden beklagen sich wenige und von den anderen niemand.

ZWEIUNDVIERZIGSTES KAPITEL

Pietät und Hygiene

Sie setzen ihre Toten in Grüften über der Erde bei. Diese Gewölbe haben Ähnlichkeit mit Häusern – manchmal mit

---

* Die Israeliten werden in Gräbern beigesetzt – ich nehme an, auf Wunsch, nicht auf Vorschrift –, sonst aber niemand, mit Ausnahme der Armen, die auf öffentliche Kosten beerdigt werden. Die Gräber sind nur drei bis vier Fuß tief.

Tempeln; im allgemeinen sind sie aus Marmor, architektonisch anmutig und formvollendet und frontieren die Wege und Fahrwege des Friedhofes, und wenn man sich inmitten ihrer Tausend bewegt und ihre sich zu beiden Seiten in die Ferne erstreckenden weißen Dächer oder Giebel sieht, erhält die Redensart »Stadt der Toten« auf einmal Bedeutung. Viele der Friedhöfe sind schön und werden mustergültig in Ordnung gehalten. Geht man von den in seiner Nähe gelegenen Uferdämmen oder den Geschäftsstraßen auf einen Friedhof, sagt man sich, wenn jene Menschen dort unten es im Leben so sauber und kultiviert hätten, wie dann, wenn sie tot sind, würden sie viele Vorteile darin entdecken, und außerdem wäre ihr Viertel das Staunen und die Bewunderung der Geschäftswelt.

An den Portalen vieler Grüfte sind frische Blumen in wassergefüllten Vasen zu sehen, von den frommen Händen hinterbliebener Eltern und Kinder und Ehegatten dort hingestellt und täglich erneuert. Eine mildere Form der Sorge findet ihren billigen und dauerhaften Mahner in der gemeinen und häßlichen, aber unzerstörbaren »Immortelle«: einem Kranz oder Kreuz oder ähnlichem Emblem aus lauter Rosetten von schwarzem Leinen, manchmal noch mit einer gelben in der Mitte, da, wo die Balken des Kreuzes zusammenstoßen – eine klägliche Trauerbrosche sozusagen. Die Immortelle braucht keine Pflege: man hängt sie einfach hin, und damit hat es sich, sie nimmt uns unseren Gram ab und bewahrt ihn länger, als wir das könnten, trotz dem Wetter erstklassig und hält wie Eisen.

An sonnigen Tagen kriechen hübsche kleine Chamäleons – die anmutigsten aller bebeinten Kriechtiere – an den Marmorfronten der Grüfte herum und fangen Fliegen. Ihr Wechseln der Farbe – was die Vielfalt betrifft – entspricht nicht dem Ruf dieses Wesens. Sie wechseln die Farbe, wenn jemand ankommt und eine Immortelle aufhängt, aber das will nichts heißen, das würde jedes feinfühlige Reptil tun.

Ich lasse dieses Friedhofsthema nach und nach wieder fallen. Ich versuche alles, was ich kann, um hinter seine sentimentale Seite zu kommen, aber es will mir nicht gelingen. Meiner Meinung nach hat es gar keine echte sentimentale Seite. Es ist alles grotesk, gräßlich, schrecklich. In vergangenen Zeiten, als niemand wußte, daß für jede Leiche, die in die Erde gebracht wird, um den Boden und die Pflanzenwurzeln und die Luft mit Krankheitskeimen zu übersättigen, fünf bis fünfzig, vielleicht auch hundert Menschen vor der Zeit sterben müssen, mögen Friedhöfe ihre Berechtigung gehabt haben, heute aber, wo jedes kleine Kind weiß, daß ein toter Heiliger mit dem Moment, wo sich die Erde über seinem Leichnam schließt, eine jahrhundertelange Mörderlaufbahn antritt, läßt sich ihre Existenz kaum noch rechtfertigen. Ein furchtbarer Gedanke.

Die Gebeine der heiligen Anna oben in Kanada fangen jetzt, nach neunzehnhundert Jahren, an, dutzendweise Kranke zu heilen. Daß eben dieselben Reliquien schon innerhalb einer Generation nach dem Tode und der Grablegung der heiligen Anna mehrere Tausend Leute *krank* gemacht haben, ist doch einfach Tatsache. Die jetzigen Wundervorstellungen sind also bloß der Ausgleich dafür, weiter nichts. Für eine Heilige ist die gute Anna eine reichlich säumige Zahlerin, muß man schon sagen, aber immer noch besser, eine unter Verjährungsfrist fallende Schuld nach neunzehnhundert Jahren beglichen als überhaupt nicht bezahlt, und die meisten der Ritter vom Heiligenschein berappen eben überhaupt nicht. Findet man mal einen, der das doch tut – wie die Anna –, so stehen ihm hundertfünfzig gegenüber, die sich auf das Verjährungsgesetz berufen. Und mehr als das Kapital, was er schuldet, erstattet sowieso keiner zurück – sie zahlen weder Zins noch Zinseszins. *Ganz* kann ein Heiliger das Kapital jedoch niemals zurückgeben, denn sein Leichnam *tötet* Menschen, während seine Reliquien nur *heilen* – nie erwecken sie Tote zum Leben. Dieser Teil der Rechnung bleibt stets unbeglichen.

»Dr. F. Julius le Moyne schrieb nach fünfzig Jahren medizinischer Praxis: ›Die Beerdigung menschlicher Leichen, die an ansteckenden Krankheiten gestorben sind, führt zu ständiger Verpestung von Luft und Wasser nicht nur mit den Keimen, die sich bei der einfachen Verwesung bilden, sondern auch mit den *bestimmten* Keimen jener Krankheiten, die die Todesursache waren.‹

Die Gase (von begrabenen Leichen) steigen durch acht bis zehn Fuß Kies genauso an die Oberfläche wie Kohlengas, und der Macht ihres Entweichens sind praktisch keine Grenzen gesetzt.

Während der Epidemie in New Orleans im Jahre 1853 berichtete Dr. E. H. Barton, daß im Vierten Distrikt die Sterblichkeit vierhundertzweiundfünfzig pro Tausend betragen habe – mehr als das Doppelte von jedem anderen Distrikt. In diesem Distrikt befanden sich zwei große Kirchhöfe, auf denen während des vergangenen Jahres über dreitausend Leichen beigesetzt worden waren. In anderen Distrikten schien die Nähe von Kirchhöfen die Krankheit zu verschlimmern.

Im Jahre 1828 legte Professor Bianchi dar, wie das furchtbare Wiederauftauchen der Pest in Modena durch Ausgrabungen in einem Gelände verursacht wurde, wo *dreihundert Jahre vorher* die Opfer der Pest begraben worden waren. Bei der Erklärung der Ursachen für einige Epidemien bemerkt Mr. Cooper, daß die Öffnung der Beerdigungsstätte der Pestopfer in Eyam einen sofortigen Ausbruch dieser Krankheit zur Folge hatte.« – »North American Review«, Bd. 3, Nr. 135.

In einer zur Verteidigung der Verbrennung vor der Chicagoer Medizinischen Gesellschaft gehaltenen Rede führte Dr. Charles W. Purdy einige bemerkenswerte Vergleiche an, um zu zeigen, was die Beerdigung von Toten der Gesellschaft für eine Last auferlegt:

»In den Vereinigten Staaten wird jährlich eineinviertelmal soviel Geld für Beerdigungen ausgegeben, wie die Regierung für Volksschulen aufwendet. Was im Jahre 1880 die Beerdigungen diesem Lande gekostet haben, würde ausreichen, die Verpflichtungen aller kommerziellen Zusammenbrüche zu begleichen, die in jenem Jahr in den Vereinigten Staaten vorgekommen sind, und jedem bankrotten Geschäftsmann zur Wiederaufnahme des Betriebes ein Kapital von achttausendsechshundertdreißig Dollar zu geben. Beerdigungen verschlingen jährlich mehr Geld als der Silber- und Goldertrag der Vereinigten Staaten vom Jahr 1880 zusammengenommen ausmacht. In diese Zahlen sind weder die in Friedhöfen investierten und für Gräber und Monumente ausgegebenen Summen mit einbegriffen noch die Wertminderung von Grundbesitz in der Nähe von Friedhöfen.«

Für die Reichen würde die Einäscherung genauso genügen wie Beerdigung, denn die damit verbundenen Zeremonien lassen sich ebenso kostspielig und prunkhaft gestalten wie eine Hindu-Witwenverbrennung, während für die Armen Einäscherung besser wäre als Beerdigung, weil sie so billig ist* – so billig, bis die Armen dazu übergehen, es den Reichen nachzuahmen, was sie mit der Zeit schon tun werden. Die Übernahme der Verbrennung würde uns von einem Müllhaufen abgedroschener Beerdigungswitzeleien befreien, andererseits aber würden eine Menge verschimmelter alter Verbrennungswitze, die zweitausend Jahre geruht haben, fröhliche Urständ feiern.

Ich habe einen farbigen Bekannten, der sich sein Brot durch schwere körperliche Arbeit verdient. Er kommt nie auf mehr als vierhundert Dollar im Jahr, und da er verheiratet ist und mehrere kleine Kinder hat, muß er an allen Ecken und Enden sehr knapsen, um ohne Schulden ans Ende der zwölf Monate zu kommen. Für so einen Mann ist eine Beerdigung eine finanzielle Katastrophe.

Während ich eins der vorangegangenen Kapitel schrieb, verlor dieser Mann ein Kind. Mit einem Bekannten klapperte er die ganze Stadt ab auf der Suche nach einem Sarg, der innerhalb seiner Mittel lag. Er kaufte den allerbilligsten, den er auftreiben konnte, einfaches Holz, gebeizt. Kostenpunkt: *sechsundzwanzig* Dollar. Er hätte wahrscheinlich nicht einmal vier gekostet, wenn er dazu gebaut worden wäre, etwas Nützliches hineinzupacken. Dieser Mann und seine Familie werden jene Ausgabe noch viele Monate zu spüren haben.

---

* Vier bis fünf Dollar Minimalkosten.

DREIUNDVIERZIGSTES KAPITEL

Die Kunst der Leichenbestattung

Um diese Zeit begegnete ich auf der Straße einem Mann, den ich sechs oder sieben Jahre nicht mehr gesehen hatte, und es entspann sich ungefähr folgendes Gespräch zwischen uns. Ich sagte: »Sie sahen doch immer so verdrießlich und schon ziemlich alt aus, jetzt aber gar nicht mehr. Wo haben Sie nur all diese Jugend und überschäumende Munterkeit her? Diese Adresse müssen Sie mir auch mal geben.« Aufgeräumt kicherte er vor sich hin. Er nahm seine glänzende Angströhre ab, zeigte auf ein in den Deckel geklebtes kleines rosa Etikett mit Einprägung und feixte weiter, während ich las: »J. B., Leichenbestatter.« Dann stülpte er sich den Zylinder wieder auf, schob ihn ohne jede Würde ins Genick und legte los:

»Hier, das ist es! Ja, das waren schlechte Zeiten für mich, als Sie mich damals kennenlernten – Versicherungsbranche, mächtig unregelmäßige Sache, na, Sie wissen ja. Bei Großfeuer ging's noch: zehn Tage lebhafte Abschlüsse, während den Leuten der Schreck noch in den Gliedern saß; danach: flaues Policengeschäft bis zum nächsten Brand. Eine Stadt wie die hier hat eben nicht oft genug eine Feuersbrunst – man muß sich mit so vielen flauen Wochen hintereinander rumschlagen, daß man den Mut verliert. Aber das hier, darauf können Sie Gift nehmen, ist *das* Geschäft! Beim Sterben wartet nämlich kein Mensch erst auf ein Exempel. Nein, mein Lieber, die Leute kratzen ganz einfach ab – Flauten kennt die Beerdigungsbranche überhaupt nicht. Mit lumpigen zwei, drei alten Särgen und einem einzigen Mietpferd hab ich angefangen, und sehen Sie mich jetzt an! Ich habe hier ein Unternehmen aufgezogen, das jeden, ganz egal wen, zufriedenstellen würde. Vor fünf Jahren habe ich noch in einer Dachkammer gehaust, heute bewohne ich ein elegantes Haus mit Mansardendach und all den andern modernen Unbequemlichkeiten.«

»Bringen denn Särge so viel ein? Ist der Verdienst bei einem Sarg sehr groß?«

DREIUNDVIERZIGSTES KAPITEL

»Aber! Was Sie für blöde Fragen stellen!« Er zwinkerte mir vertraulich zu, senkte die Stimme und legte die Hand fest auf meinen Arm. »Ich werde Ihnen mal was verraten. Es gibt nur eine Sache auf der Welt, die niemals billig ist. Das ist ein Sarg. Es gibt nur eine Sache auf der Welt, bei der kein Mensch versucht, den Preis zu drücken. Das ist ein Sarg. Es gibt nur eine Sache auf der Welt, wo keiner sagt: ›Ich will mich erst mal ein bißchen umgucken, und wenn ich nichts Besseres finde, dann komme ich wieder und nehm's‹: das ist ein Sarg. Es gibt nur eine Sache auf der Welt, die kein Mensch in Kiefer nehmen wird, wenn er sie in Nußbaum haben kann, die er nicht in Nußbaum nimmt, wenn er sie in Mahagoni haben kann, und die er nicht mal in Mahagoni nimmt, wenn er sich einen eisernen Sarkophag mit silbernem Namensschild und Bronzegriffen leisten kann: das ist ein Sarg. Und es gibt nur eine Sache auf der Welt, wo man sich nicht mit den Leuten rumzuplagen braucht, um sein Geld zu kriegen: das ist eben ein Sarg. Beerdigungsinstitut? Mann, ich sage Ihnen, das ist das bombensicherste Geschäft unter Gottes Sonne und das nobelste dazu.

Sie brauchen es sich doch bloß mal näher anzusehen. Ein Reicher will natürlich nur das Allerbeste, was da ist; man kann sich ruhig die teuersten Sachen auf Lager halten – und sie ihm dann andrehen, er wird keine Miene verziehen. Und nehmen Sie sogar so ein armes Luder: wenn Sie den richtig bearbeiten, macht er sich auf einen Schlag bankrott. Und nun erst eine Frau. Zum Beispiel: Mrs. O'Flaherty kommt rein – Witwe –, wischt sich die Augen und jammert, nimmt das Taschentuch von einem Auge, plinkert tränenvoll über mein Lager hin und sagt:

›Und dürft ich fragen, was dieser Sarg da kostet?‹

›Neununddreißig Dollar, Gnädigste.‹

›Das scheint mir aber sehr teuer, doch Pat soll wie 'n Gentleman beerdigt wern, denn das war er, und wenn ich mit mein eignen Händen dafür schuften muß. Diesen Sarg will ich.‹

›Bitte schön, Gnädigste‹, antworte ich. ›Es ist wirklich ein schönes Stück, wenn auch nicht gerade kostspielig, aber schließlich muß man sich in diesem Leben eben nach der Decke strecken, wie man so sagt.‹ Und wenn sie gehen will, laß ich ganz beiläufig fallen: ›Übrigens dieser da, der mit dem weißen Satinfutter, das ist ein wahres Gedicht. Ich fürchte allerdings – nun, immerhin, fünfundsechzig Dollar sind keine ..., keine ... – aber macht nichts, ich muß schon sagen: Alle Achtung vor Mrs. O'Shaughnessy ...‹

›Woll'n Sie damit sag'n, daß Bridget O'Shaughnessy so einen Schmuckkasten wie den da gekauft hat, um ihrn besoffenen Kerl ins Fegefeuer zu befördern?‹

›Ja, meine Gnädigste.‹

›Dann soll auch Pat in so eim in den Himmel kommen, und wenn's die O'Flahertys den letzten Heller kostet, den sie lockermachen können. Und wenn ich bitten dürf, daß alles noch ein bißchen extra ausgeschmückt wird. Dafür zahle ich Ihnen auch einen Dollar drüber.‹

Komme ich dann auf den Leichenwagen zu sprechen, vergesse ich natürlich nicht zu erwähnen, daß Mrs. O'Shaughnessy für vierundfünfzig Dollar Pferde gemietet hat und daß sie in Dennis' Beerdigung so viel reingesteckt hat, als ob er ein Herzog oder Mörder gewesen wär. Selbstverständlich läßt sie sich nicht lumpen und übertrumpft die O'Shaughnessy mit vier Pferden und einer besseren Wagenklasse. Aber die Zeiten sind vorbei. Das hat sich jetzt alles totgelaufen, hier jedenfalls. Die Iren haben bei ihren Beerdigungen so viele Pferde voreinandergespannt, daß sie hinterher zwei Jahre hungrig und abgerissen rumliefen, und da hat dann der Priester dazwischengefunkt und das ganze Geschäft vermasselt. Jetzt erlaubt er ihnen bloß noch zwei Pferde und manchmal nur eins.«

»Ja, aber«, warf ich ein, »wenn Sie in normalen Zeiten schon so heiter und vergnügt sind, was machen Sie da erst in einer Epidemie?«

Er schüttelte den Kopf.

»Nein, da sind Sie auf dem Holzweg. Epidemien wollen wir nicht. Eine Epidemie zahlt sich nicht aus. Na ja, so meine ich das, genaugenommen, nun auch wieder nicht, aber im Verhältnis zu sonst springt nichts dabei raus. Können Sie sich nicht vorstellen, wieso?«

»Nein.«
»Denken Sie mal nach.«
»Keine Ahnung. Was denn?«
»Es handelt sich bloß um zwei Dinge.«
»Und um welche?«
»Na, einmal das Einbalsamieren.«
»Und dann?«
»Das Eis.«
»Wieso?«
»Nun, in normalen Zeiten sieht das so aus: wenn da jemand stirbt, legen wir ihn zwei, drei Tage auf Eis, damit seine Bekannten ihn sich angucken können. Man braucht dazu eine Menge – es schmilzt zu schnell. Für dieses Eis fordern wir Luxuspreise und Kriegspreise für die Leichenwache. Wissen Sie denn nicht: wenn eine Epidemie ist, dann werden die Leute im selben Augenblick, wo ihnen der Atem ausgeht, auf den Friedhof geschafft. Bei einer Epidemie können wir kein Eis loswerden. Da gibt's auch kein Einbalsamieren. Nehmen Sie eine Familie, die sich das leisten kann, und Sie haben leichtes Spiel. Man kann sechzehn verschiedene Arten aufzählen – obwohl, wenn man den Dingen auf den Grund geht, gibt es nur eine oder zwei –, und sie wird in jedem Fall die teuerste davon bestellen. Das liegt nun einmal in der Natur des Menschen – das heißt in der des trauernden Menschen. Die Vernunft scheidet da völlig aus, müssen Sie wissen. Wenn es soweit ist, schert sie sich den Teufel drum. Sie wollen alle nicht, daß der Körper verfault. Unsereiner braucht da nichts weiter zu tun, als sich ganz still verhalten und das Geld zu stapeln – die Angehörigen kommen schon für alles auf. Mann, nehmen Sie einen Toten, den Sie sich einfach nicht entgehen lassen wollen: Sie suchen sich ihre Siebensachen zum Einbalsamieren zusammen, machen sich an die Arbeit, und in ein paar Stunden ist er glatte sechshundert wert. Ja, mein Lieber, damit läßt sich nichts vergleichen, höchstens Handel mit Ratten gegen Diamanten bei einer Hungersnot. Begreifen Sie denn nicht: wenn eine Epidemie herrscht, läßt sich doch kein Mensch mehr Zeit zum Einbalsamieren. Nein, das ruiniert das ganze Geschäft. Jetzt muß ich aber

gehen. Lassen Sie mir Bescheid zukommen, wenn Sie selbst mal in Verlegenheit sein sollten – ich will sagen, wenn Sie mal vorbeikommen.«

Wenn hier übertrieben worden ist, so hat er es in seiner heiteren und guten Laune selbst getan. Ich habe nicht das geringste hinzugefügt.

Mit den obigen kurzen Bemerkungen über Erdbestattung wollen wir nun dieses Thema verlassen. Was mich betrifft, so hoffe ich, eingeäschert zu werden. Ich habe das einmal vor meinem Pfarrer erwähnt, und er gab mir eine Antwort, die ihm sehr imponierend erschien: »Ich an Ihrer Stelle würde mir darüber keine grauen Haare wachsen lassen – bei *Ihren* Aussichten.«

Der muß es ja wissen – aber die Familie ist dagegen.

VIERUNDVIERZIGSTES KAPITEL

Stadtbilder

Das alte französische – ursprünglich spanische – Viertel von New Orleans hat keine Ähnlichkeit mit dem amerikanischen Teil der Stadt jenseits des dazwischenliegenden Geschäftszentrums aus Backstein. Die Häuser drängen sich in Blocks zusammen, einfach und würdevoll und von einheitlichem Stil, mit hier und da einer angenehm wirkenden Abweichung; alle sind mit Stuckfassaden versehen, und fast alle haben lange, um die verschiedenen Stockwerke herumgehende Balkons mit Eisengittern. Ihre größte Schönheit liegt in den dunklen, warmen, vielfarbigen Flecken, um die Wetter und Zeit den Putz bereichert haben und die mit der ganzen Umgebung harmonieren und so natürlich aussehen wie die Röte auf den Wolken bei Sonnenuntergang. Dieser bezaubernde Schmuck läßt sich nicht nachahmen und ist auch sonst nirgendwo in Amerika zu finden.

Die Eisengitter sind ebenfalls eine Spezialität. Das Muster ist oft außergewöhnlich fein und zierlich und duftig und anmutig – mit einem großen Buchstaben oder Monogramm in der Mitte; ein zartes Spinnengewebe sich durchkreuzender und verschlungener Formen in Schmiedeeisen. Die alten Gitter sind handgearbeitet und jetzt verhältnismäßig selten und entsprechend wertvoll. Sie sind zu Kuriositäten geworden.

Unsere Gesellschaft genoß das Vorrecht, mit dem feinsten literarischen Genie des Südens, dem Verfasser der »Grandissimes« durch dieses alte Viertel von New Orleans zu bummeln. In ihm hat der Süden einen meisterhaften Schilderer seines Innenlebens und seiner Geschichte bekommen. Weiß ich doch aus eigener Erfahrung, daß das ungeschulte Auge und mangelnder Geist den Süden aus seinen Büchern besser kennenlernen und mit mehr Gewinn betrachten und beurteilen können als persönliche Begegnung.

Mit Mr. Cable dabei, der für uns sieht und beschreibt und erklärt und beleuchtet, ist ein gemächlicher Trab durch dieses alte Viertel ein lebhaftes Vergnügen. Und man hat das Gefühl, Dinge, die gar nicht oder nur undeutlich zu sehen sind, wirklich zu sehen – real und doch verschwimmend und dunkel; man erblickt hervortretende Züge, verliert aber die feinen Schattierungen oder kriegt sie nur unvollkommen mit durch die Vision der Einbildung, so, als ob ein unwissender kurzsichtiger Fremder zusammen mit einem aufgekratzten und wissenden weitsich gen Einheimischen den Rand weiter, undeutlicher Alpei horizonte durchwandert.

Wir besuchten das alte »St. Louis Hotel«, das jetzt städtische Ämter beherbergt. Es ist nicht sonderlich bemerkenswert, doch genau wie von der Musikakademie in New York kann man von ihm sagen, sollten darin jemals Schaufel oder Besen gebraucht worden sein, so liegen dafür keinerlei Indizienbeweise vor. Merkwürdig, daß in der Musikakademie kein Kohl und Heu und so was wächst, aber das liegt sicher nur daran, daß die Bänke das Licht wegnehmen und es, außer in den Gängen, unmöglich ist, die Ernte zu hacken. Die Tatsache, daß die Platzanweiser ihre Kno f-lochbuketts im Hause anbauen, zeigt, was erreicht werden könnte, wenn sie den richtigen landwirtschaftlichen Leiter für das Institut hätten.

Wir besichtigten auch die ehrwürdige Kathedrale und den hübschen Platz davor, die eine düster mit religiösem Licht, der andere strahlend hell mit dem der weltlichen Sorte und lieblich mit Orangenbäumen und Sträuchern voller Blüten. Dann fuhren wir in der heißen Sonne durch die Häuserwildnis und hinaus in die weite Ebene dahinter mit den Villen und den Wasserrädern zur Dränierung der Stadt und den von Kühen und Kindern bevölkerten Gemeindewiesen. Wir kamen an einem alten Friedhof vorbei, wo, wie uns gesagt wurde, die sterblichen Überreste eines Piraten aus der Frühzeit liegen, aber wir glaubten ihm auch so, ohne ihm einen Besuch abzustatten. Es war ein Pirat mit einer ungeheuren und blutrünstigen Geschichte, und solange er sich zurückgezogen und unentdeckt hielt, konnte er sich der Würde seines Namens und des Glanzes seines ehrwürdigen Berufes erfreuen sowie der Huldigung und Ehrerbietung durch hoch und niedrig, doch als er schließlich in die Politik einstieg und armseliger Ratsherr wurde, wollte die Öffentlichkeit nichts mehr von ihm wissen und wandte sich ab und weinte. Nach seinem Tode errichteten sie über ihm ein Denkmal, und langsam kommt er wieder zu Achtung und Ehren; aber es ist die Achtung für den Piraten, nicht für den Ratsherrn. Heute erinnern sich die Treuen und Großmütigen nur noch daran, was er war, und vergessen wohlmeinend, was er wurde.

Von dort fuhren wir auf einer hochgelegenen Chaussee mit Muscheldecke ein paar Meilen durch einen Sumpf, zur einen Hand einen Kanal und zur anderen einen dichten Wald und in der Ferne hier und dort ein ragender zackiger Zypressenwipfel mit Moosbart und verzweigten Ästen, scharf abgesetzt gegen den Himmel und von so putziger Form wie die Apfelbäume auf japanischen Bildern – das war unser Weg und seine Umgebung. Ab und zu ein gemütlich den Kanal entlangschwimmender Alligator und gelegentlich ein malerischer Farbiger am Ufer, der starr wie ein Standbild sinnierend auf das stille Wasser starrte und darauf wartete, daß die Fische anbissen.

VIERUNDVIERZIGSTES KAPITEL

Nach einiger Zeit erreichten wir West End, eine Ansammlung von Hotels im üblichen leichten Stil der Sommerfrischen, mit breiten, ganz herumlaufenden Balkons und den gegen die Türschwellen plätschernden Wellen des weiten und blauen Lake Pontchartrain. Das Dinner nahmen wir auf einem Parterrebalkon über dem Wasser ein – Hauptgang war der berühmte Fisch Pompano, köstlich wie die weniger kriminellen Formen der Sünde.

Nach West End und Spanish Fort kommen jeden Abend per Wagen oder Bahn Tausende von Menschen, speisen zu Abend, hören den Kapellen zu und lustwandeln im Freien unter den elektrischen Laternen, segeln auf den See hinaus und vergnügen sich auf verschiedene andere Arten.

Auch später und anderswo hatten wir Gelegenheit, den Pompano zu kosten. Besonders bei einem Zeitungsdinner in einem der Klubs der Stadt. Es gab ihn dort in der letztmöglichen Vollendung, und er rechtfertigte seinen Ruf. In seinem Gefolge befand sich eine Pyramide dunkelroter Krebse – große, so groß wie der Daumen, appetitlich, schmackhaft, delikat. Außerdem stark gepfefferten, gerösteten Breitling sowie Garnelen ausgesuchter Qualität und eine Schüssel kleiner, weichschaliger Krabben von überlegenster Rasse. Die anderen Gänge waren das, was man bei Delmonico oder im Buckingham Palast kriegen kann; die eben erwähnten sind, glaube ich, in ähnlicher Vollkommenheit nur in New Orleans zu haben.

Im Westen und Süden haben sie jetzt eine neue Einrichtung: die Besengarde. Sie besteht aus jungen Damen in einheitlicher Kleidung, die eine Infanterieausbildung erhalten, nur mit einem Besen an Stelle der Muskete. Bei einer Privatbesichtigung gaben sie ein sehr hübsches Bild ab. Wenn sie auf der Bühne eines Theaters im Schein bunter Feuer eine Vorstellung geben, muß das ein feines und faszinierendes Schauspiel sein. Ich habe gesehen, wie sie mit Anmut, Geist und bewundernswerter Akkuratesse sämtliche Griffe gekloppt haben. Ich habe sie alles mögliche tun sehen, was ein Mensch mit einem Besen anstellen kann, außer Fegen. Fegen habe ich sie nicht gesehen. Aber sicher können sie das noch lernen. Was sie bereits gelernt haben, beweist das. Und falls sie es je lernen sollten und Tchoupituolas oder eine der anderen Straßen dort auf dem Kriegspfad hinunterziehen sollten, würden diese Boulevards innerhalb sehr weniger Minuten einen äußerst verbesserten Anblick bieten. Die Mädchen selber aber weniger, und so wäre letzten Endes doch nichts gewonnen.

Der Drill fand im Gebäude der Washington-Artillerie statt. In diesem Haus sahen wir viele interessante Erinnerungen an den Krieg. Außerdem ein feines Ölgemälde, Stonewall Jacksons letzte Unterredung mit General Lee darstellend. Beide Männer sind zu Pferde. Jackson ist gerade herangeritten gekommen und spricht Lee an. Das Bild ist sehr kostbar, denn die Porträts sind authentisch. Aber wie so viele andere historische Bilder sagt es ohne Unterschrift gar nichts. Und eine paßt so gut wie die andere:

Erste Unterredung zwischen Lee und Jackson.
Letzte Unterredung zwischen Lee und Jackson.
Jackson stellt sich Lee vor.
Jackson nimmt Lees Einladung zum Dinner an.
Jackson lehnt Lees Einladung zum Dinner dankend ab.
Jackson entschuldigt sich für die schwere Niederlage.
Jackson meldet einen großen Sieg.
Jackson bittet Lee um Feuer.

Es erzählt *eine* Geschichte, und zwar eine ausreichende, denn es sagt ganz klar: »Hier sind Jackson und Lee zusammen.« Der Künstler würde das Bild haben aussagen lassen, daß das hier Lees und Jacksons letzte Unterredung ist, wenn er das gekonnt hätte. Er konnte es aber nicht, denn es gab keine Möglichkeit, das zu tun. Bei einem historischen Bild ist ein gut leserliches Schildchen gewöhnlich, was die Auskunft betrifft, eine Tonne an Haltung und Ausdruck wert. In Rom stehen Leute mit zarten, mitfühlenden Naturen und weinen vor dem gefeierten »Beatrice Cenci am Tage vor ihrer Hinrichtung«. Das zeigt, was die Unterschrift ausmacht. Wäre ihnen das Bild nicht bekannt, würden sie es ungerührt betrachten und sagen: »Junges Mädchen mit Heuschnupfen; junges Mädchen mit Kaffeewärmer auf dem Kopf.«

Den halbvergessenen südlichen Tonfall und die Auslas-

VIERUNDVIERZIGSTES KAPITEL

sungen fand ich noch genauso angenehm klingend wie früher. Ein Südstaatler redet wie Musik. Wenigstens für mich, aber ich bin ja auch im Süden geboren. Der gebildete Südstaatler hat gar keine Verwendung für ein r, es sei denn am Anfang eines Wortes. Er sagt »honah« und »dinnah« und »Gove'nuh« und »befo' the waw« und so weiter. Gedruckt mögen die Wörter für das Auge keinen Charme haben, für das Ohr aber haben sie ihn. Wann ist das r aus der Sprache des Südens verschwunden, und wie mag es dazu gekommen sein? Die Sitte, es auszulassen, ist weder vom Norden geborgt noch von England geerbt. Viele Südstaatler – ja die meisten – flechten hier und da ein y in Wörter ein, die mit einem K-Laut anfangen. Zum Beispiel sagen sie Mr. K'yahtah (Carter) und reden von »playing k'yahds« oder von »riding in the k'yahs«. Und sie haben die – im Norden längst in Verfall geratene – angenehme Sitte, häufig das respektvolle »Sir« anzuwenden. An Stelle des barschen Ja oder Nein sagen sie »Yes, suh«; »No, suh«.

Aber es gibt einige Fehler wie »like« für »as« und die Einfügung eines »at«, wo es nicht nötig ist. Ich hörte einen gebildeten Herrn sagen: »Like the flag-officer did.« Seine Köchin oder sein Diener hätten gesagt: »Like the flag-officer done.« Man hört Gentlemen sagen: »Where have you been at?« Und hier die verschlimmerte Form – hörte das einen zerlumpten Straßenjungen zu seinem Kameraden sagen: »I was a-ask'n Tom whah you was a-sett'n at.« Die allerfeinsten Leute sagen achtlos »will«, wenn sie »shall« meinen, und viele von ihnen sagen: »I didn't go to do it« für »I didn't mean to do it«. Das nördliche Wort »guess« – importiert aus England, wo es sehr verbreitet war, und jetzt von satirischen Engländern als echte Yankee-Erfindung angesehen – wird unter Südstaatlern nur selten gebraucht. Sie sagen »reckon«. Ein »doesn't« existiert in ihrer Sprache nicht; sie kennen nur »don't«. Die Ungebildeten gebrauchen oft »went« für »gone«. Das ist beinahe so übel wie das nördliche »hadn't ought«. Das erinnert mich an eine Bemerkung sehr merkwürdiger Art, die vor ein paar Tagen hier in meiner Nachbarschaft (im Norden) gemacht wurde: »He hadn't ought to have went.« Wie kommt das?

Ist das nicht schon ein Triumph? Nach den Komponenten dieses Mischlings braucht man nicht erst zu fragen, die erkennt man gleich: ein Elternteil nördlich, ein Elternteil südlich. Heute hörte ich eine Lehrerin fragen: »Where is John gone?« Diese Form ist so verbreitet – ja so gang und gäbe –, daß es affektiert geklungen hätte, wenn sie »whither« statt »where« gebraucht hätte.

Wir schnappten ein ausgezeichnetes Wort auf – ein Wort, um das sich die Reise nach New Orleans lohnt, ein nettes, geschmeidiges, ausdrucksvolles, handliches Wort: »Lagniappe«. Sie sprechen es »lanny-yap« aus. Es ist spanisch – sagte man uns jedenfalls. Wir entdeckten es am ersten Tage in einer Überschrift im Lokalteil der »Picayune«, hörten es am zweiten zwanzig Leute gebrauchen, erkundigten uns am dritten, was es hieß, und am vierten hatten wir den Bogen raus, es selber anzuwenden. Es hat eine begrenzte Bedeutung, aber ich glaube, die Leute dehnen es nach Belieben etwas aus. Es ist das Äquivalent des dreizehnten Brötchens im »Bäckerdutzend«. Eine Zugabe, gratis, für gutes Maß. Die Sitte hat ihren Ursprung im spanischen Viertel der Stadt. Wenn ein Kind oder ein Dienstbote etwas in einem Geschäft kauft – oder sogar der Bürgermeister oder der Gouverneur, soweit ich weiß – wird der Handel mit den Worten abgeschlossen:

»Geben Sie mir was als Lagniappe.«

Der Ladenbesitzer geht immer darauf ein, gibt dem Kind ein Stück Lakritze, dem Dienstboten eine billige Zigarre oder eine Rolle Zwirn und dem Gouverneur – ich weiß nicht, was er dem Gouverneur gibt, wahrscheinlich Wahlunterstützung.

Wird man zum Trinken eingeladen – und das kommt in New Orleans hin und wieder vor – und sagt man: »Was, schon wieder? – Nein, ich habe genug«, erwidert der andere: »Bloß noch einen – als Lagniappe.« Wenn der Liebhaber merkt, daß er seine Komplimente etwas zu hoch aufgetürmt hat, und an der Miene der jungen Dame sieht, das Gebäude hätte ohne das oberste Kompliment sicherer gestanden, kleidet er sein »Verzeihung, es war nicht so gemeint« in die kürzere Form: »Ach, das ist als Lagniappe.«

Stolpert der Kellner im Restaurant und gießt einem eine Viertelpinte Kaffee ins Genick, sagt er: »Als Lagniappe, Sir«, und bringt einem eine neue Tasse Kaffee, ohne sie extra zu berechnen.

FÜNFUNDVIERZIGSTES KAPITEL

Sport im Süden

Im Norden wird in geselliger Unterhaltung der Krieg einmal im Monat erwähnt, manchmal auch einmal in der Woche, aber als ausgesprochenes Gesprächsthema hat er längst ausgedient. Das hat seine guten Gründe. Angenommen, eine Dinnergesellschaft besteht heute aus sechs Herren, da kann es leicht passieren, daß vier – wahrscheinlich sogar fünf – davon überhaupt nicht Soldat waren. Die Chancen stehen also vier zu zwei oder fünf zu eins, daß der Krieg an dem Abend keine Minute Gegenstand der Unterhaltung wird. Sollte er es aber doch werden, so sind die Aussichten noch größer, daß er das nur eine kleine Weile bleibt. Fügt man der Gesellschaft sechs Damen hinzu, so hat man fünf Leute hinzugefügt, die von der furchtbaren Wirklichkeit des Krieges so wenig gesehen haben, daß ihnen der Gesprächsstoff darüber schon vor Jahren ausgegangen ist und sie jetzt des Kriegsthemas bald überdrüssig würden, wenn man damit ankäme.

Ganz anders liegen die Dinge im Süden. Dort ist jeder Mann, den man trifft, im Krieg gewesen, und jede Dame, mit der man zusammenkommt, hat den Krieg miterlebt. Der Krieg ist Gesprächsthema Nummer ein. Das Interesse daran ist lebhaft und anhaltend, das an anderen Themen vorübergehend. Die Erwähnung des Krieges weckt eine schlafmützige Gesellschaft sofort auf und setzt ihre Zungen in Bewegung, wenn nahezu jedes andere Thema versagt. Im Süden ist der Krieg das, was anderswo A. D. ist, er bestimmt ihre Zeitrechnung. Den ganzen Tag über hört man Dinge, die nach dem Krieg datiert werden: seit dem Krieg oder während dem Krieg oder vorm Krieg oder gleich nach dem Krieg oder zirka zwei Jahre oder fünf Jahre oder zehn Jahre vorm Krieg oder nach dem Krieg. Das zeigt, wie tief dieses ungeheuerliche Ereignis in das persönliche Leben jedes einzelnen eingegriffen hat, und gibt dem unerfahrenen Fremden eine bessere Vorstellung davon, was für ein gewaltiges und umfassendes Unglück eine Invasion ist, als er jemals durch Bücherlesen am Kamin erhalten kann.

In einem Klub wandte sich eines Abends ein Herr an mich und sagte leise: »Sie werden natürlich bemerkt haben, daß wir fast immerzu vom Krieg reden. Das liegt nicht etwa daran, daß wir nichts anderes hätten, über das wir uns unterhalten können, sondern daran, daß uns nichts anderes so stark interessiert. Und es hat noch einen Grund: im Kriege scheint jeder von uns von all dem, was ein Mensch erleben kann, etwas am eigenen Leibe erlebt zu haben, und so können Sie keine noch so abseitige Sache erwähnen, die nicht doch irgendeinen Zuhörer an etwas erinnert, was während des Krieges geschah – und gleich kommt er damit an. Natürlich bringt das das Gespräch wieder auf den Krieg. Sie können versuchen, was Sie wollen, um andere Themen warmzuhalten, und wir mögen alle mitmachen und mithelfen, es führt doch nur zu dem einen: das abgelegenste Thema lädt jeden mit Kriegserinnerungen auf und verschließt ihm außerdem den Mund, und die Unterhaltung versiegt wahrscheinlich bald ganz, denn man kann nicht über blutleere Belanglosigkeiten reden, wenn man eine lebenstrotzende Tatsache oder Vorstellung im Kopf hat und darauf brennt, sie anzubringen.«

Der Dichter saß ein kleines Stück weg und fing plötzlich an zu sprechen – über den Mond.

Der Herr, der sich mit mir unterhalten hatte, flüsterte mir zu: »Da, der Mond ist vom Schauplatz des Krieges weit genug entfernt, und doch werden Sie erleben, daß dabei einem etwas über den Krieg einfällt. Zehn Minuten, und der Mond hat als Thema ausgedient.«

Der Dichter sagte, ihm sei etwas Merkwürdiges aufgefallen. Er habe den Eindruck, das Mondlicht wäre hier unten am Äquator bedeutend kräftiger und heller als oben

FÜNFUNDVIERZIGSTES KAPITEL

im Norden, und als er vor vielen Jahren in New Orleans gewesen sei, hätte der Mond...

Unterbrechung vom anderen Ende des Zimmers: »Kann ich Ihnen erklären. Mir fällt da eine Anekdote ein. Seit dem Krieg hat sich alles verändert, zum Schlechten wie zum Guten, aber Sie werden feststellen, die Leute hier sind geborene Meckerer und sehen bloß immer, was sich verschlechtert hat. Von der Sorte gab es eine alte Negerin. Ein junger New Yorker sagte in ihrem Beisein: ›Was für einen wundervollen Mond ihr hier unten habt!‹ Da seufzte sie und meinte: ›Ach du guter Himmel, den hätten Sie mal vorm Krieg sehen sollen, mein Lieber!‹«

Das neue Thema war bereits tot. Der Dichter erweckte es aber wieder zum Leben und kurbelte es von neuem an.

Es folgte ein kurzer Disput darüber, ob zwischen nördlichem und südlichem Mondschein wirklich ein Unterschied besteht oder ob man sich das nur einbildet. Vom Mondlicht wechselte das Gespräch bald über zu künstlichen Methoden zur Vertreibung der Dunkelheit. Dann erinnerte sich jemand daran, daß Farragut, als er in dunkler Nacht auf Port Hudson vorrückte – und den konföderierten Kanonieren nicht als Zielscheibe dienen wollte –, keine Geschützlaternen führte, sondern die Decks seiner Schiffe weiß anstreichen ließ und so ein dunkles, aber wertvolles Licht schuf, das seine Leute befähigte, sich ziemlich leicht zurechtzufinden. An diesem Punkt erhielt der Krieg wieder das Wort – und noch keine zehn Minuten um.

Mir tat das nicht leid, denn wenn sich Männer über den Krieg unterhalten, die selber im Krieg gewesen sind, ist das stets interessant, während dagegen Reden über den Mond von einem Dichter, der nie auf dem Mond gewesen ist, meist langweilig sind.

An einem Sonnabendnachmittag gingen wir zu einem Hahnenkampf. Ich hatte noch nie einen gesehen. Es waren Jungen und Männer jeden Alters und jeder Hautfarbe und vieler Sprachen und Nationalitäten dort. Jedoch bemerkte ich nirgends die traditionellen brutalen Visagen. Die fehlten auffälliger- und überraschenderweise. Einem Fremden gegenüber hätte man das Ganze, solange der Hahnenkampf noch nicht im Gange war, als eine zum gemeinsamen Gebet versammelte Gemeinde ausgeben können und später, nachdem er angefangen hatte – und vorausgesetzt, man hätte dem Fremden die Augen verbunden –, als öffentliche Bußversammlung in höchster Ekstase, so ein Heidenspektakel war das.

Ein Neger und ein Weißer standen im Ring, alle anderen drum herum. Die Hähne wurden in Säcken hereingebracht und beim Schlagen des Gongs von den beiden Sekundanten herausgenommen, zärtlich gestreichelt, gegeneinandergestoßen und schließlich losgelassen. Der große schwarze Hahn stürzte sich sofort auf den kleinen grauen und schlug ihm seine Spore auf den Kopf. Der Graue gab das temperamentvoll zurück. Dann brach das Babel vielsprachiger Rufe aus und hörte von nun an nicht mehr auf. Nachdem die Hähne eine Weile gekämpft hatten, rechnete ich damit, daß sie jeden Augenblick tot umfallen würden, denn beide waren blind, blutüberströmt und so erschöpft, daß sie immer wieder hinschlugen. Und doch gaben sie weder auf noch starben sie. Der Neger und der Weiße hoben sie alle paar Sekunden hoch, wischten sie ab, besprühten sie mit kaltem Wasser und nahmen einen Augenblick lang ihre Köpfe in den Mund – wohl um das schwindende Leben wieder zu erwärmen, ich weiß es nicht. Wieder heruntergesetzt, wankten und tasteten die sterbenden Tiere dann mit hängenden Flügeln umher, fanden sich, teilten ein, zwei blindgezielte Schläge aus und fielen von neuem erschöpft um.

Das Ende der Schlacht habe ich nicht gesehen. Ich zwang mich, es so lange zu ertragen, wie ich konnte, doch der Anblick war zu jämmerlich. Ich gab das auch offen zu, und wir gingen. Später hörten wir, der schwarze Hahn sei, bis zum letzten kämpfend, im Ring gestorben.

Offensichtlich hat dieser »Sport« für die, die damit vertraut sind, etwas äußerst Faszinierendes. Nie habe ich Menschen sich mehr an etwas begeistern sehen, als sich diese Versammlung an diesem Kampf begeisterte. Das war bei alten Grauköpfen genauso der Fall wie bei zehnjährigen Jungen. Sie waren außer sich und rasten vor Verzükkung. Der Hahnenkampf ist ein unmenschliches Vergnügen, darüber besteht kein Zweifel, doch scheint er ein bei weitem anständigerer und weniger grausamer Sport als die Fuchsjagd – denn die Hähne lieben ihn, sie übertragen nur die eigene Freude daran, was sich vom Fuchs nicht gut sagen läßt.

Eines Tages machten wir ein Maultierrennen mit – als Zuschauer natürlich. Ich glaube, mir hat dieser Wettstreit mehr Spaß gemacht als jedem anderen Maultier dort. Ich habe mehr Freude daran gehabt als an allen Tierrennen, die ich je sah. Die Haupttribüne war besetzt mit der Schönheit und Ritterschaft von New Orleans. Diese Phrase ist nicht von mir. Sie stammt vom Reporter des Südens. Der benutzt sie schon seit zwei Generationen. Er wendet sie am Tage zwanzigmal an oder zwanzigtausendmal oder eine Million mal – ganz nach Bedarf. Er ist gezwungen, sie eine Million mal am Tag anzuwenden, falls er so oft von angesehenen Männern und Frauen sprechen muß, denn einen anderen Ausdruck als den einen hat er dafür nicht. Und diese Floskel wird ihm nie über, ist für ihn immer klangvoll. Sie hat etwas Hochtrabendes, etwas mittelalterlich Pompöses und Talmihaftes, das seiner flitterbedürftigen Banausenseele wohltut. Wäre er damals in Palästina gewesen, würde es nicht heißen »viel Volks«, nein, er hätte geschrieben: »Die Schönheit und die Ritterschaft von Galiläa« versammelte sich, um die Bergpredigt zu hören. Wahrscheinlich hängt den Männern und Frauen des Südens diese Phrase schon zum Halse heraus und sie würden einen Wechsel sehr begrüßen, aber darauf besteht keine unmittelbare Aussicht.

Der New Orleans-Redakteur hat eine starke, kompakte direkte, unblumige Ausdrucksweise, er verschwendet keine Wörter und wird nicht schwülstig. Was sich von seinem durchschnittlichen Korrespondenten aber nicht sagen läßt. Im Anhang zitiere ich einen guten Brief, geschrieben von geübter Hand; der durchschnittliche Korrespondent dagegen haut einen Stil hin, der ganz anders aussieht. Zum Beispiel:

Im April schickte der »Times-Democrat« einen Rettungsdampfer einen der Bayous hinauf. Dieser Dampfer legte dort in einem Nest an, und der Kapitän lud einige Damen aus dem Dorf zu einer kurzen Fahrt stromaufwärts ein. Sie nahmen an und kamen an Bord, und der Dampfer machte sich das Flüßchen hinauf. Das war alles, was »drin« war. Und mehr hätte der Redakteur des »Times-Democrat« daraus auch nicht gemacht. Die Sache enthielt nichts als Statistiken, und dabei wäre er eben geblieben. Er hätte sie wahrscheinlich sogar in Tabellenform gebracht, einesteils damit der Bericht völlig klar wird, und andererseits, um Platz zu sparen. Sein Sonderkorrespondent aber weiß mit Statistiken anders umzugehen. Er wirft alle Zurückhaltung einfach über Bord und schwelgt los:

»Am Sonnabend, in der Morgenfrühe, beehrte die Schönheit des Ortes unsere Kabinen mit ihrem Liebreiz, und voller Stolz auf seine holde Fracht dampfte unser tapferes kleines Schiff den Bayou hinauf.«

Dreißig Wörter, um zu sagen, die Damen kamen an Bord und das Schiff stieß bayouaufwärts ab. Das ist eine glatte Verschwendung von neunzehn guten Wörtern und außerdem der Gedrängtheit der Aussage sehr abträglich.

Das Kreuz mit dem Reporter aus dem Süden – das sind die Frauen. Sie bringen ihn durcheinander, sie werfen ihn aus dem Gleichgewicht. Er ist klar und vernünftig und ganz in Ordnung, bis Frauen auftauchen. Dann ist es um ihn geschehen, er fängt an zu stottern und wird blumig und idiotisch.

Nach dem Lesen obigen Auszuges möchte man annehmen, dieser Schüler von Sir Walter Scott sei noch Lehrling und verstehe so gut wie nichts von der Handhabung der Feder. Doch im Gegenteil, in seinem langen Brief beweist er zur Genüge, daß er recht gut damit umzugehen weiß, wenn keine Frauen in der Nähe sind, ihn den Papierblumenkoller kriegen zu lassen. Als Beweis:

»Um vier Uhr zogen im Südosten unheilvolle Wolken auf, und bald darauf kam vom Golf her eine Brise, die von Minute zu Minute heftiger wurde. Den Anlegeplatz bei diesem Wetter zu verlassen wäre unsicher gewesen, und so warteten wir. Der Wind zerrte den Eichen lange

FÜNFUNDVIERZIGSTES KAPITEL

Flechten aus ihren Moosbärten, und der Bayou in seinem Eifer, weit größere Wasser nachzuäffen, bedeckte sich mit Miniaturwellen. Eine kurze Windstille gestattete unsere Abfahrt, und wir dampften los in Richtung Heimat. Über uns hing ein tintenschwarzer Himmel, und es kam ein neuer starker Wind auf. Als es dunkler und dunkler wurde, gab es nur wenige an Bord, die nicht wünschten, wir wären schon zu Hause.«

Dagegen ist nichts einzuwenden. Eine gute, in gedrängter Form hingesetzte Beschreibung. Dabei war die Versuchung hier groß, in schaurig-düsteres Geschreibe zu verfallen.

Doch kehren wir zurück zu den Maultieren. Ich habe inzwischen mal nachgesucht und bin dabei auf einen ausführlichen Bericht über das Rennen gestoßen. Darin finde ich die Theorie bestätigt, von der ich eben sprach, nämlich, daß das Kreuz mit dem südlichen Reporter Frauen sind: Frauen und dazu Walter Scott und seine Kämpen und holden Schönheiten und sein ganzes Rittergewese. Diese Reportage ist ausgezeichnet, solange die Frauen nicht darin vorkommen. Wenn sie dann aber auftauchen, kommt so was dabei heraus:

»Es wird wahrscheinlich lange dauern, bis die Damentribüne wieder ein solches Meer schaumhafter Lieblichkeit bietet wie gestern. Sie sind immer bezaubernd, die Frauen von New Orleans, aber nie so sehr wie zu dieser Jahreszeit, wenn sie in ihren eleganten Frühjahrskostümen einen Hauch balsamischer Frische mitbringen und einen unbeschreiblichen Duft der Heiligkeit. Es waren ihrer so viele auf der Tribüne, daß so mancher zu ihren Füßen wandelnde und keine Annäherungsmöglichkeit sehende Mann mehr denn je nachempfand, was die Peri vor der Paradiesespforte durchgemacht hat, und daß er sich fragte, welche unschätzbare Gunst erlangt werden müsse, der hehren Gegenwart der Damen teilhaft zu werden. Auf ihren weißgekleideten Busen oder Schultern funkelten die Farben ihrer bevorzugten Ritter, und wären die wackeren Recken nicht auf unromantischen Maultieren erschienen, man hätte glauben können, König Artus halte einen seiner Galatage.«

Am ersten Lauf nahmen dreizehn Mulis teil; dreizehn Mulis aller Sorten, aller Farben, Gangarten, Temperamente und Typen. Manche waren rassige Schönheiten, manche nicht; manche waren gestriegelt und gebügelt, manche hatten schon lange keine Kardätsche mehr gesehen; manche waren kindlich heiter und ausgelassen, manche voller Bosheit und durch und durch niederträchtig. Ihren Mienen nach zu schließen, dachten einige, es handle sich um Kampf auf Leben und Tod, andere, das Ganze sei ein Mordsgaudium, und die übrigen, es gehe um eine sakrale Handlung. Und entsprechend benahmen sich auch alle. Die Folge war, daß jede Harmonie fehlte, was aber durch bemerkenswerte Vielfalt – durch eine malerische und ergötzliche Vielfalt – wettgemacht wurde.

Die Reiter waren alle junge Herren aus der mondänen Gesellschaft. Sollte sich der Leser gefragt haben, wie es kommt, daß die Damen von New Orleans einem so bescheidenen Amüsement wie einem Maultierrennen beiwohnen, ist das jetzt beantwortet. Das Ganze ist eine Modelaune; alle, die damit zu tun haben, gehören der eleganten Welt an.

Es ist ein Hauptspaß und ungeheuer beliebt. Das Maultierrennen ist eines der bedeutenden Ereignisse des Jahres. Es hat einige beachtlich schnelle Mulis hervorgebracht. Eins davon mußte mit Startverbot belegt werden, denn es war so schnell, daß es die Sache zu einem Solokampf ausarten ließ und sie eines ihrer besten Merkmale beraubte – eben der Vielfalt. Doch von Zeit zu Zeit tarnt es jemand mit einem neuen Namen und einem neuen Anstrich und bringt es wieder ins Rennen.

Die Reiter tragen richtigen Jockeidreß aus Samt und glänzender Seide in leuchtenden Farben.

Nach mehreren Fehlstarts sausten die dreizehn Maultiere dann im Pulk und mit erstaunlicher Lebhaftigkeit los. Da jedes Maultier und jeder Reiter seine eigene Auffassung hatte, wie das Rennen zu laufen sei und welche Seite des Feldes unter bestimmten Umständen günstiger wäre und wie oft die Bahn gekreuzt werden müsse und wann ein Zusammenstoß herbeizuführen und wann zu vermeiden sei, schufen diese sechsundzwanzig miteinander in Konflikt liegenden Meinungen ein phantastisches und malerisches Durcheinander, und das Bild, das sich dabei ergab, war zum Totlachen.

Meilenlauf; Zeit: 2:22. Acht der dreizehn Maultiere auf der Strecke geblieben. Ich hatte auf eins gewettet, und wenn die Reihenfolge umgekehrt gewesen wäre, hätte es sogar gewonnen. Der zweite Lauf war ebenfalls ein Gaudium, desgleichen das zum Schluß ausgetragene »Trostrennen für die Verlierer«; das Beste in dieser Hinsicht aber blieb der erste Lauf.

Am meisten von allen Rennen gibt einem meiner Meinung nach ein Dampfschiffrennen, doch gleich danach rangiert bei mir die lustige und fröhliche Maultierhetzjagd. Zwei feurige Dampfschiffe, die schnaubend dahinbrausen, Kopf an Kopf, jeder Nerv – will sagen, jede Niete in den Kesseln – unter Druck, zwei Dampfschiffe, die vom Bug bis zum Achtersteven zittern und beben und ächzen, aus deren Ventilen weißer Dampf schießt, aus deren Schornsteinen schwarzer Rauch quillt, die Funken niederregnen lassen und den Fluß in lange Bahnen mit zischendem Schaum teilen – das ist ein Sport, bei dem einem das Herz im Leibe lacht. Ein Pferderennen ist im Vergleich ziemlich bieder und farblos. Dabei wäre es auf seine Art vielleicht gar nicht schlecht, wenn sich die langweiligen Fehlstarts vermeiden ließen. Aber dafür gibt es nie Tote. Wenigstens hat es nie welche gegeben, wenn ich auf einem Pferderennen war. Höchstens Krüppel, aber das gehört nicht hierher.

SECHSUNDVIERZIGSTES KAPITEL

Bunter Zauber und fauler Zauber

Zum größten jährlichen Ereignis in New Orleans kamen wir zu spät, um noch etwas davon zu sehen, dem Karneval. Ich hatte den Umzug der Mystischen Gilde des Comus dort vor vierundzwanzig Jahren miterlebt – mit Rittern und Edelleuten und so weiter in seidener und goldener, in Paris geschneiderter und nur für diese eine Nacht gekaufter Pracht, und in ihrem Gefolge alle Arten von Riesen, Zwergen, Ungeheuern und sonstiger grotesker Mummenschanz – eine erschröckliche und wundervolle Schau, wie sie im Schein ihrer flackernden und rauchenden Fackeln ernst und schweigend die Straße hinunterzog. Jetzt soll es aber mit noch mehr Aufwand zugehen und noch viel prachtvoller und bunter sein. Es gibt eine Hauptperson: »Rex«; und wenn ich mich recht entsinne, ist weder dieser König noch jemand aus seinem großen Hofstaat einem Außenstehenden bekannt. Es sind alles Herren von Rang und Stand, und der Karnevalsgesellschaft anzugehören ist eine stolze Sache. Das mit dem Geheimnis um ihre Person machen sie also bloß wegen der Romantik und nicht wegen der Polizei.

Der Karneval stellt natürlich noch ein Überbleibsel aus der Zeit der spanischen und französischen Besetzung dar. Der religiöse Grundzug aber ist, wie mir scheint, inzwischen ziemlich restlos ausgebootet worden. Sir Walter Scott hat sich den Herren mit Rosenkranz und Kutte überlegen gezeigt und wird sich das nicht wieder streitig machen lassen. Sein mittelalterlicher Klimbim, erweitert durch die Ungeheuer und Wunderlichkeiten und die holden Gestalten aus dem Märchenland, ist schöner anzusehen als die armseligen Phantasiegebilde und Schaustellungen des lärmenden, ausgelassenen Pöbels der Priesterzeit und erfüllen vielleicht genauso gut den Zweck, den Tag zu betonen und die Menschen an die Gnadenfrist zwischen der weltlichen und der heiligen Jahreszeit zu erinnern.

Das Schaugepränge des Karneval war bis vor kurzem alleiniges Eigentum von New Orleans. Jetzt aber hat es sich nach Memphis und St. Louis und Baltimore verbreitet. Seine Grenze dürfte es damit erreicht haben. Es ist eine Sache, die im praktischen Norden kaum bestehen könnte; würde sich sicher nur eine sehr kurze Zeit halten, nicht länger, als es sich in London halten würde. Denn die Seele des Ganzen ist nicht das Ulkige und das Groteske, sondern das Romantische. Nimmt man ihm das romantisch Geheimnisvolle und die Könige und Ritter und die pompös klingenden Titel, geht der Karneval unten im Süden ein. Gerade der Zug, der es im Süden am Leben erhält – backfischhafte Schwärmerei –, würde im Norden oder in London sein Schicksal besiegeln. »Puck« und »Punch« und die Weltpresse würden mit erbarmungslosem Spott darüber herfallen, und sein erstes Auftreten wäre sein letztes.

Gegen die Verbrechen der Französischen Revolution und Bonapartes lassen sich zwei ausgleichende Wohltaten setzen: die Revolution zerbrach die Ketten des Ancien régime und der Kirche und machte aus einer Nation kriecherischer Sklaven eine Nation freier Menschen, und Bonaparte führte ein, das Verdienst über die Geburt zu setzen, und beraubte das Königtum so gründlich seiner Göttlichkeit, daß die gekrönten Häupter Europas, während sie vorher Götter waren, seitdem nur noch Menschen sind und nie wieder Götter sein können, sondern bloß noch Dekorationsstücke und für ihre Handlungen so haftbar wie gewöhnliche Erdenklöße. Solche Wohltaten machen den zeitweiligen Schaden wieder gut, den Bonaparte und die Französische Revolution angerichtet hatten, und die Welt wird für diese großen und bleibenden Dienste an der Freiheit, der Humanität und dem Fortschritt immer in ihrer Schuld stehen.

Dann kommt Sir Walter Scott mit seinem betörenden Zauber und hält durch seine Macht ganz allein diese Welle des Fortschritts auf und treibt sie sogar zurück, versetzt alle Welt in Schwärmerei für Träume und Phantome, für verderbte und gen Himmel stinkende Religionsformen, für verderbte und entartete Regierungssysteme, für die Dummheit und die Hohlheit, die Scheinpracht, den Scheinglanz und das Scheinrittertum einer einfältigen und wertlosen Gesellschaft, die längst in der Versenkung verschwunden ist. Er hat unermeßlichen Schaden angerichtet, mehr wirklichen und dauerhaften vielleicht, als je von einem Menschen mit der Feder angerichtet worden ist. Der größte Teil der Welt hat diesen Schaden jetzt überstanden, wenn auch keineswegs alles davon, in unserem Süden aber gedeiht er nach wie vor recht prächtig. Vielleicht nicht mehr so prächtig wie vor einem halben Menschenalter, doch immerhin noch prächtig genug. Die echte und gesunde Kultur des neunzehnten Jahrhunderts ist dort merkwürdig vermengt und vermischt mit der Scottschen Talmikultur des Mittelalters, und so findet man praktischen gesunden Menschenverstand, fortschrittliche Ideen und fortschrittliche Taten durchsetzt mit dem Duell, der geschraubten Sprache und dem abgeschmackten Romantizismus einer absurden Vergangenheit, die tot ist und aus Mildtätigkeit begraben werden sollte. Ohne den Sir-Walter-Fimmel wäre der Südstaatler – oder nach Sir Walters steiferer Ausdrucksweise, der Southron – im Wesen völlig modern anstatt halb modern und halb mittelalterlich, und der Süden eine ganze Generation weiter. Es war Sir Walter, der vor dem Krieg jeden halbwegs besseren Herrn im Süden zu einem Major oder Oberst oder zu einem General oder Richter gemacht hat, und er war es auch, der diese Gentlemen dahin gebracht hat, solchen unechten Auszeichnungen Wert beizumessen. Denn er war es, der dort unten Rang und Kaste geschaffen hat und dazu die Hochachtung vor Rang und Kaste und den Stolz darauf und die Freude daran. Der Sklaverei wird schon genug zur Last gelegt; man braucht ihr nicht auch noch diese Schöpfungen und Beiträge Sir Walters in die Schuhe zu schieben.

Sir Walter hatte bei der Formung der südlichen Mentalität, wie sie vor dem Krieg existierte, so entscheidend seine Hand im Spiel, daß er in großem Maße für den Krieg verantwortlich ist. Nun, zu sagen, ohne Sir Walter wäre es bei uns nicht zum Kriege gekommen, scheint ein wenig hart gegen einen toten Mann, und doch ist diese überspannte Behauptung vielleicht gar nicht einmal so abwegig und unplausibel. Der Südstaatler der amerikanischen Revolution besaß Sklaven, der Südstaatler des Bürgerkrieges auch, aber zwischen beiden besteht ein Unterschied wie zwischen einem Engländer und einem Franzosen. Der Wandel in der Mentalität läßt sich viel leichter auf den Einfluß Sir Walters zurückführen als auf den von jemand anders oder etwas anderem.

Man sehe sich einmal an ein paar Beispielen an, wie weit dieser Einfluß gegangen ist und wie intensiv er anhält. Nimmt man eine literarische Zeitschrift aus dem Norden oder aus dem Süden von vor vierzig oder fünfzig Jahren zur Hand, wird man darin lauter wortreiche, schwülstige, blumige »Beredsamkeit«, Romantik und Sentimentalität finden – alles imitiert nach Sir Walter und obendrein noch reichlich schlecht gemacht: unbeabsichtigte Travestien seines Stils und seiner Methode. Da diese Art von Literatur in beiden Teilen des Landes Mode war, bestand Gelegenheit für den fairsten Wettstreit, und folglich konnte der Süden im Verhältnis zur Bevölkerung ebenso viele berühmte literarische Namen aufweisen wie der Norden.

Doch das hat sich geändert, und daß Norden und Süden auf fairer Basis miteinander wetteifern, ist nicht mehr möglich. Denn der Norden hat diesen alten aufgedonnerten Stil längst über Bord geworfen, während der südliche Schriftsteller noch immer daran festhält – und infolgedessen einen beschränkten Absatzmarkt hat. Natürlich gibt es im Süden heute noch genausoviel literarisches Talent wie sonst, sein Werk aber kann unter den jetzigen Umständen nur geringe Verbreitung finden; die Schriftsteller schreiben für die Vergangenheit anstatt für die Gegenwart, sie bedienen sich veralteter Formen und einer toten Sprache. Schreibt ein Südstaatler von Genie aber modernes Englisch, geht sein Buch nicht mehr an Krücken, sondern auf Flügeln, und die tragen es schnell in ganz Amerika und England herum und durch die großen deutschen Verlage für englischsprachige Ausgaben: als Beweis die Erfolge von Mr. Cable und »Onkel Remus«, zwei der wenigen südlichen Schriftsteller, die nicht im Stil des Südens schreiben. An Stelle von drei oder vier weitberühmten literarischen Namen sollte der Süden ein bis zwei Dutzend haben – und er wird sie auch haben, wenn Sir Walter einmal nicht mehr dran ist.

Ein krasses Beispiel für die Macht eines einzigen Buches zum Guten oder Schlechten zeigt sich in dem, was »Don Quijote« und was »Ivanhoe« bewirkt haben. »Don Quijote« machte der in aller Welt herrschenden Bewunderung für den mittelalterlichen Ritterunsinn den Garaus, und »Ivanhoe« hob sie wieder auf den Thron. Was unseren Süden betrifft, ist die gute Tat von Cervantes ein beinahe toter Buchstabe, so wirksam hat Scotts schädliches Werk sie untergraben.

SIEBENUNDVIERZIGSTES KAPITEL

»Onkel Remus« und Mr. Cable

Sonntag früh um sieben Uhr sollte Mr. Joel Chandler Harris (»Onkel Remus«) aus Atlanta eintreffen. Also standen wir auf und empfingen ihn. Wir fanden ihn unter der Menge der Neuankömmlinge am Hotelschalter bald heraus, denn er stimmte mit der Beschreibung überein, die uns aus zuverlässiger Quelle zugegangen war. Man hatte uns gesagt, er sei klein, rothaarig und etwas sommersprossig. Er war der einzige in der Gruppe, dessen Äußeres zu diesem Steckbrief paßte. Er sollte sehr schüchtern sein. Das ist er, allerdings. Darüber gibt es gar keinen Zweifel. Es zeigt sich vielleicht nicht an der Oberfläche, aber die Schüchternheit ist da. Nach Tagen vertrauten Umgangs stellte man verwundert fest, daß sie noch immer in fast unverminderter Stärke anhält. Dahinter verbirgt sich eine subtile und schöne Natur, wie jeder weiß, der das Onkel-Remus-Buch gelesen hat, und außerdem ein feines Genie, wie alle aus derselben Quelle wissen. Ich scheine ziemlich frei über diesen Nachbar zu reden, aber da ich zur Öffentlichkeit rede, rede ich ja nur zu seinen persönlichen Freunden, und unter Freunden ist so etwas erlaubt.

Eine Schar Kinder, die begierig vor Mr. Cables Haus zusammengelaufen waren, um von dem berühmten Weisen, dem Orakel aller Kinderzimmer des Landes, einen Blick zu erhaschen, enttäuschte er tief. Sie sagten:

»Ooooh, der ist ja weiß!«

Sie waren ganz geknickt. Um sie zu trösten, wurde das Buch geholt, damit sie Onkel Remus' Teerbaby-Geschichte von Onkel Remus selber – beziehungsweise von dem, was in ihren beleidigten Augen noch von ihm übriggeblieben war – hören konnten. Doch es erwies sich, daß er noch nie vor Publikum vorgelesen hatte und zu schüchtern war, jetzt den ersten Versuch zu machen. Mr. Cable und ich lasen aus unseren eigenen Büchern vor, um ihm zu zeigen, daß gar nichts dabei ist, aber gegen seine unüberwindliche Schüchternheit kam selbst diese scharfsinnige Strategie nicht an, und so mußten wir vom Bruder Langohr selber vorlesen.

Mr. Harris müßte den Negerdialekt besser vorlesen können als jeder andere, denn ihn zu schreiben, ist er der einzige Meister, den das Land hervorgebracht hat. Im Schreiben französischer Dialekte aber ist Mr. Cable unser einziger Meister, und er liest sie vollendet vor. Ihn von Jean-ah Poquelin und von Innerarity und seinem berühmten Bild »Louisihanna verweigert den Eintritt in die Union« und dazu Abschnitte in fein nuanciertem deutschem Dialekt aus einem erst im Manuskript vorliegenden Roman lesen zu hören, war ein Genuß.

In der Unterhaltung stellte sich heraus, daß Mr. Cable in zwei verschiedenen Fällen in groteske Schwulitäten geraten war, weil er in seinen Büchern nahezu unmögliche französische Namen benutzt hatte, die nichtsdestotrotz zufällig von lebenden und überempfindlichen Bürgern aus New Orleans getragen wurden. Ob er seine Namen nun frei erfunden oder aus altehrwürdiger Zopfzeit entlehnt hatte, weiß ich nicht mehr, jedenfalls waren Träger davon aufgetaucht und hatten sich reichlich pikiert gezeigt, ein solches Übermaß von öffentlicher Aufmerksamkeit auf sich und ihre Angelegenheiten gerichtet zu sehen.

Genauso war es Mr. Warner und mir ergangen, als wir »Das vergoldete Zeitalter« schrieben. Es kommt darin eine Figur vor, die »Sellers« heißt. Wie der ursprüngliche Vorname war, darauf besinne ich mich nicht mehr, ich weiß nur noch, Warner gefiel er nicht und er wollte einen besseren haben. Er fragte mich, ob ich mir eine Person namens »Eschol Sellers« vorstellen könnte. Natürlich sagte ich, ohne alkoholische Anregung nicht. Er erzählte, er habe draußen im Westen einmal mit eigenen Augen einen Mann gesehen und ihm sogar die Hand gegeben, der diesen unmöglichen Namen trug: »Eschol Sellers«. Er fügte hinzu: »Das ist zwanzig Jahre her, inzwischen dürfte ihn sein Name längst dahingerafft haben, und wenn nicht, er wird das Buch sowieso nie zu Gesicht bekommen. Beschlagnahmen wir seinen Namen. Der, den Sie da haben, ist sehr verbreitet und deshalb gefährlich; den tragen wahrscheinlich tausend Sellerse, und nachher kommt uns die ganze Sippschaft auf den Kopf. Eschol Sellers aber ist ein sicherer Name – er ist ein Fels.«

Wir liehen uns also diesen Namen, und als das Buch eine Woche heraus war, sprach einer der vornehmsten und stattlichsten und am aristokratischsten aussehenden Weißen, die es je gegeben hat, mit der furchtbarsten Beleidigungsklage in der Tasche bei uns vor, die es je – kurz, wir erhielten seine Erlaubnis, zehn Millionen* Exemplare des Buches zurückzuziehen und in künftigen Auflagen den Namen in »Beriah Sellers« umzuändern.

ACHTUNDVIERZIGSTES KAPITEL

Zucker und Porto

Eines Tages begegnete ich auf der Straße dem Mann, den ich von allen am meisten zu sehen gewünscht hatte: Horace Bixby, ehemals Lotse unter mir – vielmehr über mir –, jetzt Kapitän des großen Dampfers »City of Baton Rouge«, des neuesten und schnellsten Schiffes der Anchor Line. Dieselbe schlanke Figur, dieselben dichten Locken, derselbe federnde Schritt, dasselbe Aufdrahtsein, dasselbe entschlossene Auge und die entsprechend entschlossene Hand, dieselbe militärisch gerade Haltung, keinen Zoll Umfang und kein Gramm Gewicht zu- oder abgenommen, kein Haar ergraut. Merkwürdige Sache, einen Fünfunddreißigjährigen

---

* Zahlenangabe nach dem Gedächtnis und wahrscheinlich unrichtig. Glaube, es waren mehr.

ACHTUNDVIERZIGSTES KAPITEL

zu verlassen und nach einundzwanzig Jahren wiederzukommen und festzustellen, daß er immer noch erst fünfunddreißig ist. Soweit ich mich entsinnen kann, habe ich so etwas noch nicht erlebt. Es waren ein paar Krähenfüße da, aber sie zählten kaum, da sie nicht auffielen.

Sein Schiff war eben erst eingelaufen. Ich hatte seit Tagen darauf gewartet, denn ich wollte damit zurück nach St. Louis. Zusammen mit dem Kapitän schloß ich mich einer Gesellschaft von Damen und Herren an, Gästen von Major Wood, mit denen wir auf einem schnellen Schleppdampfer vierundfünfzig Meilen stromab zur Zuckerplantage von Exgouverneur Warmoth fuhren. Unterhalb der Stadt lag eine Anzahl invalider, morscher, zerfallener alter Dampfschiffe aneinandergereiht, von denen ich vorher noch keins gesehen hatte. Sie waren alle gebaut, abgenutzt und ausrangiert worden, seit ich das letztemal hier war. Das gibt einem eine Vorstellung, wie zerbrechlich ein Mississippischiff ist und von welch kurzer Lebensdauer.

Sechs Meilen hinter der Stadt wurden wir auf einen dikken und ramponierten Schornstein aufmerksam gemacht, der aus den Magnolien und Lebenseichen hervorragte: das von einer dankbaren Nation errichtete Denkmal zur Würdigung der Schlacht von New Orleans – dem Sieg Jacksons über die englischen Truppen am 8. Januar 1815. Der Krieg war beendet, die beiden Länder hatten Frieden geschlossen, doch die Nachricht davon war noch nicht bis New Orleans gedrungen. Hätten wir damals schon den Fernschreiber gehabt, wäre dieses Blut nicht vergossen, wären diese Leben nicht vergeudet worden, und noch besser, wäre Jackson wahrscheinlich nie Präsident geworden. Über den Schaden, den uns der Krieg von 1812 zugefügt hat, sind wir hinweg, aber an dem, was uns Jacksons Präsidentschaft eingebrockt hat, haben wir zum Teil heute noch zu löffeln.

Die Warmoth-Plantage erstreckt sich über ein riesiges Stück Land, und die Gastfreundschaft des Warmoth-Hauses hält sich an einen nicht minder großen Maßstab. Wir sahen hier zum erstenmal Dampfpflüge bei der Arbeit. Die Lokomobile bewegt sich auf eigenen Rädern bis an die gewünschte Stelle, bleibt dann stehen und zieht mit Hilfe eines Drahtseils den gewaltigen Pflug zwei- bis dreihundert Yard quer über das Feld zwischen den Zuckerrohrreihen zu sich heran. Dieses Ding von Pflug schneidet anderthalb Fuß tief in die schwarze Erde und sieht aus wie eine auf den Kopf gestellte Längsbrasse eines Hudsondampfers. Wenn der Negersteuermann auf dem einen Ende davon sitzt, neigt sich dieses Ende bis fast auf den Boden, während das andere hoch in die Luft ragt. Diese große Wippe stampft und schlingert wie ein Schiff auf hoher See, und ein Zirkusreiter hätte zu tun, sich darauf zu halten.

Zu der Plantage gehören zweitausendsechshundert Acres; sechshundertfünfzig sind mit Zuckerrohr bepflanzt, und dann ist da noch ein ertragreicher Orangenhain von fünftausend Bäumen. Das Zuckerrohr wird nach einer modernen und komplizierten wissenschaftlichen Methode angebaut, zu knifflig und verwickelt für mich, um erst den Versuch zu machen, sie zu beschreiben. An Einzelheiten habe ich nur behalten, daß sie im letzten Jahr einen Verlust von vierzigtausend Dollar gebracht hat. Die diesjährige Ernte jedoch wird tausend bis tausendzweihundert Tonnen Zucker ergeben, und der Verlust vom Vorjahr spielt dann keine Rolle mehr. Mit diesen beschwerlichen und nicht billigen wissenschaftlichen Methoden lassen sich Erträge von anderthalb bis zwei Tonnen je Acre erzielen. Das ist drei- bis viermal soviel wie zu meiner Zeit.

In den Entwässerungsgräben wimmelte es von kleinen Krabben, den sogenannten »Fiddlers«. Wenn sie ein störendes Geräusch hörten, sah man sie nach allen Richtungen seitwärts ausreißen. Teure Plage, diese Krabben, denn sie bohren sich in die Uferdämme und zerstören sie.

Die große Zuckersiederei war ein Durcheinander von Kübeln und Becken und Fässern und Filtern, Pumpen, Röhren und Maschinen. Der Herstellungsprozeß des Zuckers ist äußerst interessant. Zuerst kippt man das Rohr in die Zentrifugen und mahlt den Saft heraus, und diesen läßt man zunächst durch die Verdampfungspfanne laufen, um ihn von Faserresten zu reinigen, dann durch das Filter aus Knochenkohle, um den Alkohol zu entfernen, dann durch die Klärtanks, um die Melasse abzutrennen, dann durch

ACHTUNDVIERZIGSTES KAPITEL

das Granulationsrohr, um ihn zu kristallisieren, und schließlich noch durch den Vakuumapparat – wohl um auch noch das Vakuum auszuscheiden –, und fertig ist der Zucker. Ich habe das alles nach dem Gedächtnis niedergeschrieben. Die Sache sieht kinderleicht aus. Man gebe sich aber keinen Illusionen hin. Zucker zu machen ist eine der schwierigsten Sachen der Welt. Und ihn richtig zu machen, ist so gut wie unmöglich. Wenn man sich ein paar Jahre lang ab und zu mal seinen eigenen Vorrat näher anguckt und das Ergebnis in einer Liste zusammenfaßt, wird man feststellen, daß von zwanzig Menschen keine zwei Zucker machen können, ohne Sand mit reinzukriegen.

Wir hätten zur Mündung des Flusses hinunterfahren und uns Captain Eads großes Werk ansehen können, die Schutzdämme, wo der Fluß zwischen Mauern gezwängt worden ist und sich dadurch auf sechsundvierzig Fuß vertieft hat, aber es wurde beschlossen, daß ein Abstecher dorthin wenig Zweck hätte, da bei diesem Wasserstand doch alles bedeckt und nichts davon zu sehen wäre.

Wir hätten die alte und einmalige »Lotsenstadt« besuchen können, die auf Pfählen im Wasser steht und in der fast der gesamte Verkehr per Kahn und Kanu erledigt wird, selbst der Besuch von Hochzeiten und Beerdigungen, und wo die kleinsten Jungen und Mädchen so geschickt mit dem Ruder umzugehen wissen wie weniger amphibienhafte Kinder mit dem Veloziped.

Es hätte sich auch sonst noch allerlei unternehmen lassen, doch die Zeit drängte, und wir machten uns auf den Heimweg. Die Fahrt den luftigen, funkelnden Fluß hinauf war ein bezauberndes Erlebnis und wäre genügend romantisch und sentimental gewesen, wenn der auf dem Schlepper gehaltene Papagei nicht in einem fort sehr irdische und meist lästerliche Kommentare über die Landschaft und die Gäste abgegeben hätte. Außerdem steckte in ihm ein Überfluß an mißtönender, ohrenzerreißender, metallischer Lache, die für seine Sippschaft typisch ist – eine maschinell hergestellte Lache, eine Frankenstein-Lache, eine Lache, an der die Seele unbeteiligt ist. Er ließ sie nach jeder gefühlvollen Bemerkung und jedem schwermütigen Lied ertönen.

Er krakeelte sie mit widerlicher Anstrengung heraus nach »Aus fernen Gestaden in der Heimat nun wieder« und erklärte, er »gebe keinen Dr...eier auf solche Fracht«. Wenn ihnen so das Wasser abgegraben wird, können sich Romantik und sentimentale Stimmung nicht lange halten, und so hörte das Singen und Reden bald auf, worüber der Papagei derart entzückt war, daß er sich vor lauter Freude heiser fluchte.

Dann begaben sich die männlichen Mitglieder unserer Gesellschaft zum Vorderdeck, um zu rauchen und zu plauschen. Es waren mehrere alte Dampfschiffer dabei, und von ihnen erfuhr ich viel darüber, was während meiner langen Abwesenheit aus meinen ehemaligen Freunden vom Fluß so geworden war. Ich hörte, daß ein Lotse, für den ich gesteuert hatte, unter die Spiritisten gegangen sei und seit über fünfzehn Jahren jede Woche von einem verstorbenen Verwandten einen Brief empfange, und zwar über ein New Yorker Medium namens Manchester – Porto gestuft nach der Entfernung: vom Ortspostamt im Paradies nach New York fünf Dollar, von New York nach St. Louis drei Cent. An diesen Mr. Manchester kann ich mich noch sehr gut erinnern. Vor zehn Jahren hatte ich ihm einmal mit ein paar Bekannten, von denen sich einer nach einem verstorbenen Onkel erkundigen wollte, einen Besuch abgestattet. Jener Onkel war vor einem halben Dutzend Jahren auf besonders gewaltsame und ungewöhnliche Weise ums Leben gekommen: ein Wirbelsturm hatte ihn gut drei Meilen weit mitgerissen und mit ihm einen Baum von vier Fuß Durchmesser und fünfundsechzig Fuß Höhe umgeknickt. Der Onkel hatte seinen Triumph nicht überlebt. Bei der erwähnten Séance stellte mein Bekannter seinem Onkel über Mr. Manchester Fragen, und der selige Onkel beantwortete sie schriftlich, wozu er sich Mr. Manchesters Hand und Bleistift bediente. Das Folgende ist ein nicht übertriebenes Beispiel für die gestellten Fragen und auch für das sabbrige Geschwätz in den von Mr. Manchester gelieferten Antworten, die angeblich von dem Geist kamen. Wenn dieser Mann nicht der erbärmlichste aller Betrüger ist, bin ich ihm Abbitte schuldig:

ACHTUNDVIERZIGSTES KAPITEL

Frage: Wo bist du?
Antwort: In der Welt der Geister.
Frage: Bist du glücklich?
Antwort: Ja, restlos.
Frage: Was treibt ihr so?
Antwort: Wir unterhalten uns mit Freunden und anderen Geistern.
Frage: Was sonst noch?
Antwort: Sonst nichts. Wir brauchen nichts weiter.
Frage: Worüber unterhaltet ihr euch denn?
Antwort: Darüber, wie glücklich wir sind, und über Freunde, die wir auf Erden zurückgelassen haben, und wie wir sie zu ihrem Guten beeinflussen können.
Frage: Wenn eure Freunde auf der Erde alle im Land der Geister sind, worüber werdet ihr euch dann unterhalten? Nur darüber, wie glücklich ihr seid?
Keine Antwort. Es wird erklärt, Geister beantworten keine nichtigen Fragen.
Frage: Wie kommt es, daß Geister, die sich damit begnügen, eine Ewigkeit mit nichtigen Beschäftigungen zu verbringen und das als Glücklichsein auffassen, bei nichtigen Fragen darüber so heikel sind?
Keine Antwort.
Frage: Würdest du gern zurückkommen?
Antwort: Nein.
Frage: Kannst du das beschwören?
Antwort: Ja.
Frage: Was eßt ihr dort?
Antwort: Wir essen nicht.
Frage: Was trinkt ihr?
Antwort: Wir trinken nicht.
Frage: Was raucht ihr?
Antwort: Wir rauchen nicht.
Frage: Was lest ihr?
Antwort: Wir lesen nicht.
Frage: Kommen alle guten Menschen dahin, wo ihr seid?
Antwort: Ja.
Frage: Du kennst meinen jetzigen Lebenswandel. Kannst du mir noch was dazu vorschlagen, ein Verbrechen oder so

was, das mir eine gewisse Garantie gibt, woandershin zu kommen?

Keine Antwort.

Frage: Wann bist du gestorben?

Antwort: Ich bin nicht gestorben, sondern verschieden.

Frage: Na schön, und wann bist du verschieden? Wie lange weilst du schon im Reich der Geister?

Antwort: Wir leben hier zeitlos glücklich.

Frage: In deiner jetzigen Lage und Umgebung magst du zwar, was Daten und Zeiten anbelangt, gleichgültig und unsicher sein, das hat aber nichts mit früher zu tun. Du bist doch an einem bestimmten Tag in einem bestimmten Jahr verschieden? Oder etwa nicht?

Antwort: Doch.

Frage: Dann nenne mir Monat und Tag.

(Auf seiten des Mediums viel Gefummle mit dem Bleistift, begleitet von heftigen krampfartigen Zuckungen des Kopfes und Körpers. Schließlich Erklärung, daß Geister oft Daten vergessen, da solche Dinge für sie nicht wichtig seien.)

Frage: Dann hat der hier also nicht mal behalten, wann er ins Reich der Geister eingegangen ist?

Das wurde bestätigt.

Frage: Merkwürdig. Sehr merkwürdig. Aber das Jahr wird er doch noch wissen?

(Wieder Gefummle, Zuckungen und idiotische Krämpfe auf seiten des Mediums. Schließlich Erklärung, der Geist habe das Jahr vergessen.)

Frage: Das wird ja immer gediegener. Laß mich noch eine Frage an dich stellen, die letzte, ehe wir uns auf Nimmerwiedersehn trennen, denn selbst wenn es mir nicht gelingen sollte, deinem Tollhaus zu entgehen, wird ein Wiedersehen dort nicht als Wiedersehen zählen, da du mich und meinen Namen bis dahin längst vergessen hast. Bist du eines natürlichen oder eines gewaltsamen Todes gestorben?

Antwort (nach langem Zögern und vielen Wehen und Krämpfen): *Eines natürlichen Todes.*

Das setzte dem Interview ein Ende. Mein Bekannter erzählte dem Medium, sein Onkel sei, als er noch in dieser armen Welt weilte, mit einem außergewöhnlichen Verstand und einem völlig intakten Gedächtnis begabt gewesen, und es wäre doch jammerschade, daß er kein Quentchen davon habe behalten dürfen, um sich im Reich der ewigen Zufriedenheit damit die Zeit zu vertreiben und seine dortigen Mitbürger in Staunen und Bewunderung zu versetzen.

Dieser Mann hatte sehr viel Zuspruch – hat ihn noch heute. Er empfängt Briefe von in allen Teilen des Jenseits ansässigen Geistern und läßt sie durch die Bundespost in ganz Amerika zustellen. Die Briefe sind voller Ratschläge – Ratschläge von »Geistern«, die nicht einmal so viel Geist haben wie eine Kaulquappe –, und dieser Rat wird von den Empfängern befolgt wie das Evangelium. Unter den Kunden befand sich ein Mann, den die Geister (wenn man den geschäftstüchtigen Mr. Manchester so im Plural beschreiben darf) lehrten, ein verbessertes Eisenbahnrad zu erfinden. Das ist zwar kein standesgemäßer Zeitvertreib für einen Geist, immerhin aber eine höhere und dienlichere Betätigung, als sich ewig darüber zu unterhalten, »wie glücklich wir sind«.

NEUNUNDVIERZIGSTES KAPITEL

Episoden aus dem Lotsendasein

Im Verlauf der Unterhaltung auf dem Schlepper stellte sich heraus, daß von je fünfen meiner früheren Bekannten, die den Schifferberuf an den Nagel gehängt haben, vier Farmer geworden sind. Natürlich nicht auf Grund irgendwelchen besonderen Talentes und somit größerer Erfolgsaussichten als in anderen Branchen; nein, die Ursachen zu ihrer Wahl sind anderswo zu suchen. Zweifellos haben sie sich deshalb fürs Farmen entschieden, weil es ein freies Leben ist und Abgeschlossenheit gegenüber unerwünschten Eindringlingen gewährt – genau wie die Steuerhausklause. Und zweifellos auch deshalb, weil sie in tausend Nächten düsterer Stürme und Gefahren, wenn sie mit dem Schiff vorbeirauschten, die blinkenden Lichter einsamer Farmhäuser gesehen und sich die Geborgenheit und Ruhe und Behaglichkeit ausgemalt hatten, die ein solcher Zufluchtsort in solchen Zeiten bietet, und weil sie mit der Zeit angefangen hatten, von diesem zurückgezogenen und friedvollen Leben zu träumen, das ihnen immer mehr als der Inbegriff dessen erschienen war, was sie ersehnten und erstrebten, was sie sich schaffen und was sie einmal genießen wollten.

Mir ist aber nie zu Ohren gekommen, daß einer dieser Lotsenfarmer mit seinen Erfolgen jemand in Erstaunen versetzt hätte. Ihre Klitschen ernähren sie nicht; sie ernähren ihre Klitschen. Der Lotsenfarmer verschwindet in jedem Jahr gegen Frühlingsanfang vom Fluß und wird bis zum nächsten Frost nicht mehr gesehen. Dann kreuzt er wieder auf, in ramponiertem Homespun, kämmt sich die Heusaat aus den Haaren und heuert für den Winter im Steuerhaus an. Auf diese Weise bezahlt er die Schulden, die seine Farmerei während der landwirtschaftlichen Jahreszeit eingebracht hat. Die Fesseln, die ihn an den Fluß ketten, sind also nur halb abgestreift; die schwerere Hälfte des Jahres über bleibt er nach wie vor Sklave des Stromes.

Einer dieser Männer kaufte sich eine Farm, zog sich aber nicht darauf zurück. Er wußte einen Dreh, der zweimal soviel wert war. Er hatte mitnichten die Absicht, seine Farm runterzuwirtschaften, indem er sie mit der eigenen Unwissenheit beackerte. Nein, er übergab sie einem, der landwirtschaftlich besser beschlagen war als er, übergab sie ihm auf Anteilbasis: von je drei Fuhren Mais sollte der Experte zwei haben und der Lotse die dritte. Am Ende des Sommers aber erhielt der Lotse kein Korn. Der Experte erklärte, *sein* Anteil sei nicht erreicht worden. Die Farm produzierte nur zwei Fuhren.

Einige von den Lotsen, die ich kannte, hatten Abenteuer erlebt – manchmal mit glücklichem Ausgang, jedoch nicht immer. Kapitän Montgomery, für den ich gesteuert hatte, als er noch Lotse war, hatte in der großen Schlacht vor

Memphis die Flotte, der Konföderierten befehligt. Nach dem Absinken seines Schiffes war er an Land geschwommen, hatte sich tapfer durch einen Zug Soldaten geschlagen und war mit knapper Not davongekommen. Er behielt immer ruhig Blut, nichts konnte ihn erschüttern. Einmal, als er Kapitän der »Crescent City« war, brachte ich das Schiff in New Orleans in den Hafen und erwartete jeden Augenblick vom Oberdeck her Kommandos, erhielt aber keine. Ich hatte die Räder gestoppt, womit meine Autorität und Verantwortlichkeit aufhörte. Es war Abend und trübes Zwielicht; der Hut des Kapitäns saß oben auf der großen Glocke, und ich nahm an, das geistige Ende vom Kapitän stecke darunter, was jedoch nicht der Fall war. Der Kapitän war sehr streng, folglich hütete ich mich, ohne Befehl eine Glocke anzuschlagen. Meine Pflicht war, das Schiff stetig auf seinem unheilvollen Kurs zu halten, ohne Rücksicht auf die Folgen – was ich auch tat. So trieben wir an den Dampfschiffhecks entlang und rückten ihnen näher und näher – jeden Moment mußte es krachen –, und dieser Hut rührte sich noch immer nicht, denn ach!, der Kapitän machte im Texas ein Nickerchen... Die Sache wurde äußerst mulmig und ungemütlich. Der Kapitän würde wohl nicht mehr rechtzeitig kommen, das Vergnügen mit anzusehen. Er kam aber doch. Gerade, als wir in das Heck eines Dampfers hineinspazierten, trat er heraus aufs Deck und sagte mit himmlischer Ruhe: »Setze beide Maschinen auf volle Kraft zurück« – was ich dann tat, allerdings eine Winzigkeit zu spät, denn im nächsten Augenblick knallten wir unter mächtigem Getöse gegen die dünne Außenverschalung eines Schiffes. Der Kapitän sagte dieser Sache wegen kein Wort, bemerkte nur, ich hätte recht getan und er hoffe, ich würde nicht zögern, unter gleichen Umständen wieder so zu handeln.

Einer der Lotsen, die ich kennengelernt hatte, als ich noch auf dem Fluß war, ist eines sehr ehrenvollen Todes gestorben. Sein Schiff fing Feuer, und er blieb so lange am Steuer, bis er es sicher ans Ufer gebracht hatte. Erst dann stieg er aus, über das Brustbrett und mit in Flammen stehenden Kleidern, kam er als letzter an Land. Ein paar

Stunden danach erlag er seinen Verletzungen, und er war das einzige Todesopfer.

In der Geschichte der Mississippischiffahrt finden sich sechs oder sieben Beispiele eines solchen Märtyrertums von Lotsen und gut fünfzig Fälle, wo einem ähnlichen Schicksal nur um ein paar Sekunden entgangen wurde, *aber es ist nie vorgekommen, daß ein Lotse seinen Posten verlassen hat, um sein Leben zu retten, während er, wenn er ausgeharrt und es geopfert hätte, andere Menschenleben vor dem Tode hätte bewahren können.* Diese edle Tatsache verdient es sehr wohl, festgehalten zu werden, und zwar in Kursivschrift.

Der »Stöps« wird früh genug ermahnt, allen mit dem Lotsenberuf verbundenen Gefahren zu trotzen und jeden Tod der Schande vorzuziehen, seinen Posten verlassen zu haben, solange er darauf noch irgendwie nützlich sein kann. Und diese Ermahnungen sitzen so, daß man sich selbst bei jungen Lotsen, denen erst wenig Wind um die Nase geweht ist, darauf verlassen kann, sie bleiben am Steuer und sterben dort, wenn es sein muß. Auf einem Friedhof in Memphis liegt ein junger Bursche begraben, der vor sehr vielen Jahren auf dem White River am Steuerrad sein Leben ließ, um andere zu retten. Er sagte dem Kapitän, wenn das Feuer ihm genügend Zeit gebe, eine ein Stück weiter liegende Sandbank zu erreichen, könnten alle mit dem Leben davonkommen, ein Landen gegen das steile Ufer des Flusses aber bedeute für viele sicheren Tod. Er erreichte die Sandbank und setzte das Schiff in seichtem Wasser auf Grund, aber inzwischen hatten sich die Flammen um ihn geschlossen, und bei dem Versuch, sich durchzuarbeiten, verbrannte er. Man hatte ihn gedrängt, eher zu fliehen, doch er hatte geantwortet, wie es sich für einen Lotsen ziemt: »Ich gehe nicht. Wenn ich gehe, wird niemand gerettet. Bleibe ich, kommt außer mir keiner um. Ich bleibe.«

Es hatten sich zweihundert Menschen an Bord befunden, und der Lotse war das einzige Todesopfer. Auf jenem Friedhof in Memphis steht ein Denkmal für diesen jungen Burschen. Als wir auf der Herfahrt in Memphis hielten, hatte ich es aufsuchen wollen, unsere Zeit war aber so knapp bemessen, daß ich umkehren mußte, ehe ich es gefunden hatte.

In der Unterhaltung auf dem Schlepper hörte ich, daß Dick Kennet tot ist – umgekommen bei einer Schiffsexplosion kurz vor Memphis; daß verschiedene andere, die ich kannte, im Krieg gefallen sind – ein oder zwei davon direkt am Steuer; daß ein weiterer und ganz besonderer Freund von mir, für den ich viele Fahrten gesteuert habe, vor Jahren eines Nachts sein Haus in New Orleans verließ, um in einem abgelegenen Teil der Stadt Geld einzutreiben, und nie wiedergesehen wurde – man nimmt an, er ist ermordet und in den Fluß geworfen worden; daß Ben Thornburg schon lange tot ist und ebenso sein wilder Stift, mit dem ich mich immer die ganzen Tagwachen lang herumstritt. Er war ein unbedachtes, leichtsinniges Huhn und ewig irgendwo reinverwickelt, ewig in der Patsche. Eines Tages hatte ein Passagier aus Arkansas einen gewaltigen Bären mit an Bord gebracht und auf dem Oberdeck an ein Rettungsboot gekettet. Thornburgs Stift hatte keine Ruhe, bis er hingegangen war und den Bären losgebunden hatte, »mal sehen, was er macht«. Seine Neugier wurde sogleich befriedigt. Der Bär jagte ihn immer im Kreis auf dem Deck herum, Meile für Meile, mit einem Publikum von zweihundert gespannt durch die Reling grinsenden Gesichtern, und riß ihm schließlich den Rockschoß ab und lief damit in den Texas, ihn zu zerkauen. Die Freiwache räumte dem Bären bereitwilligst das Feld. Dem wurde es bald zu einsam, und er machte sich auf die Suche nach ein bißchen Zerstreuung. Er unternahm einen Rundgang durch das ganze Schiff – inspizierte alle Teile, vor ihm eine Vorhut fliehender Menschen und lautlose Leere hinter ihm; und als sein Besitzer ihn endlich einfing, waren diese beiden die einzigen in weiter Runde zu sehenden Lebewesen, alle anderen hatten sich versteckt, und das Schiff war wie ausgestorben.

Ich erfuhr, daß einer meiner Lotsenfreunde 1869 am Steuer einen Herzschlag erlitten hat. Der Kapitän befand sich gerade auf dem Dach. Er sah das Schiff aufs Ufer zusteuern, und als er auf sein Rufen keine Antwort erhielt, rannte er hinauf und fand den Lotsen tot am Boden liegen.

Mr. Bixby waren in Madrid Bend die Kessel explodiert; er blieb unverletzt, aber sein Partner kam nicht mit dem Leben davon.

Georgie Ritchie hatte in der Nähe von Memphis eine Explosion gehabt – war vom Steuer in den Fluß geschleudert und gelähmt worden. Das Wasser war eiskalt, er klammerte sich – fast nur mit den Zähnen – an einen Baumwollballen und trieb dahin, bis er, nahezu erschöpft, von ein paar Schauerleuten gerettet wurde, die sich auf einem Stück von dem Wrack befanden. Sie rissen den Ballen auf, packten Ritchie in die Baumwolle, erwärmten ihn wieder zum Leben und brachten ihn sicher nach Memphis. Er ist jetzt einer von Bixbys Lotsen auf der »Baton Rouge«.

Im Leben eines nun schon toten Dampfschiffzahlmeisters war etwas Romantisches passiert – etwas grotesk Romantisches zwar, aber immerhin etwas Romantisches. Als ich ihn kennenlernte, war er ein lässiger junger Verschwender, laut, gutmütig, voll unbesonnener Freigebigkeit und versprach recht auffällig, seine Möglichkeiten früh zu vertun und es mal zu nichts zu bringen. In einer Stadt im Westen lebten ein reicher und kinderloser alter Ausländer und seine Frau, die in ihre Familie ein hübsches junges Mädchen aufgenommen hatten, eine Art Haustochter. Der junge Zahlmeister, von dem ich spreche – der zwar nicht George Johnson hieß, den wir hier aber so nennen wollen –, lernte dieses Mädchen kennen, und sie sündigten. Der alte Ausländer kam dahinter und machte ihnen Vorhaltungen. Da sie sich schämten, schwindelten sie und sagten, sie wären verheiratet, hätten sich insgeheim trauen lassen. Das war Balsam für das Herz des alten Ausländers, und er vergab ihnen und schenkte ihnen seinen Segen. Von nun an konnten sie weitersündigen, ohne es verheimlichen zu müssen. Schließlich starb die Frau des Ausländers, und er folgte ihr bald nach. Freunde der Familie versammelten sich zur Trauerfeier, und unter den Leidtragenden saßen die beiden Sünder. Das Testament wurde geöffnet und feierlich verlesen. Es vermachte jeden Penny von dem großen Reichtum des alten Mannes *Mrs. George Johnson!*

Und die gab es gar nicht. Die jungen Sünder machten sich in aller Hast auf und taten etwas sehr Törichtes: sie ließen sich von einem zweifelhaften Friedensrichter trauen und kriegten ihn dazu herum, die Sache vorzudatieren. Da kam nichts Gutes bei heraus. Die entfernten Verwandten strömten herbei, deckten äußerst schnell und überraschend leicht den Betrug mit dem Datum auf und schleppten das Vermögen davon. Zurück ließen sie die Johnsons, sehr legitim und rechtmäßig und unwiderruflich in ehrenwerter Ehe zusammengekettet, aber mit noch nicht mal einem Penny, zu dem sie sich hätten beglückwünschen können. Das ist eine »wahre Geschichte«, und nicht alle Romane haben als Grundlage eine so wirkungsvolle Situation.

FÜNFZIGSTES KAPITEL

Der wahre Jakob

Wir kamen auch auf Kapitän Isaiah Sellers zu sprechen, der schon viele Jahre tot ist. Er war ein feiner Mann, ein hochherziger Mann und genoß auf dem Fluß wie auch auf dem Lande große Achtung. Er war von stattlicher Figur, sah gut aus, und noch im hohen Alter hatte er – wie ich mich erinnere – so schwarze Haare wie ein Indianer und sein Auge und seine Hand waren so ruhig und sicher und seine Entschlossenheit und sein Urteil so fest und klar wie die jedes anderen aus der Bruderschaft der Lotsen, ob jung oder alt. Er war der Patriarch der Zunft, war vor den Tagen der Dampfschiffe Kielbootlotse gewesen und schon Dampfschifflotse, bevor einer der Dampfschifflotsen, die zu der Zeit, von der ich spreche, noch lebten, je ein Steuerrad gedreht hatten. Folglich brachten ihm seine Zunftbrüder jene Ehrfurcht entgegen, die berühmten Überlebenden vergangener Zeiten stets von ihren Kollegen entgegengebracht wird. Er war sich dessen wohl bewußt, und vielleicht hat gerade das seiner natürlichen Würde eine Prise Steifheit zugefügt, obwohl die an sich schon steif genug war.

Er hat ein Tagebuch hinterlassen, das aber anscheinend nicht bis auf seine erste Fahrt auf einem Dampfschiff zurückgeht, die er im Jahre 1811 gemacht haben soll, dem Jahr, in dem das erste Dampfboot die Wasser des Mississippi aufrührte. Zur Zeit seines Todes stellte ein Korrespondent des »St. Louis Republican« folgende Notizen aus diesem Tagebuch zusammen:

»Im Februar 1825 heuerte er in Florence in Alabama auf dem Dampfer ›Rambler‹ an. Außerdem machte er in diesem Jahr auf der ›General Carrol‹ drei Fahrten von Nashville nach New Orleans und zurück. Während er auf diesem Schiff war, führte er das Schlagen der Glocke als Signal zum Auswerfen der Lote ein. Bis dahin hatte der Lotse den Leuten unten mündliche Kommandos gegeben, wenn gelotet werden mußte; infolge der Nähe der Back zum Steuerhaus war das zweifellos einfach; wie anders aber ist das auf einem unserer heutigen Paläste!

1827 finden wir ihn an Bord der ›President‹, einem 285-Tonnen-Dampfer, der zwischen Smithland und New Orleans verkehrte. 1828 wechselte er über auf die ›Jubilee‹, und auf diesem Schiff arbeitete er zum erstenmal als Lotse auf der Strecke nach St. Louis, wobei seine erste Wache von Herculaneum bis St. Genevieve ging. Am 26. Mai 1836 lotste er den Dampfer ›Prairie‹ nach Pittsburgh und zurück; dieser Vierhunderttonner war das Schiff mit der ersten *Luxuskabine*, die man in St. Louis sah. 1857 führte er das Signal für sich begegnende Schiffe ein, das mit geringen Änderungen heute noch allgemein üblich, ja sogar gesetzlich vorgeschrieben ist.

Zur allgemeinen Flußgeschichte zitieren wir folgende Randbemerkungen aus seinem Lebens-Logbuch:

Im März 1825 verließ General Lafayette auf dem Niederdruckdampfer ›Natchez‹ New Orleans.

Im Januar 1828 liefen anläßlich der Feierlichkeiten zu General Jacksons Besuch der Stadt einundzwanzig Dampfer vom Kai in New Orleans aus.

1830 schaffte die ›North American‹ die Strecke von New

Orleans nach Memphis in sechs Tagen – die bis dahin beste Zeit. Jetziger Rekord: zwei Tage und zehn Stunden.

1831 Bildung der Red-River-Verkürzung.

1832 erreichte der Dampfer ›Hudson‹ auf der fünfundsiebzig Meilen langen Strecke vom White River bis Helena die Zeit von zwölf Stunden, was in interessierten Kreisen zu vielen Gesprächen und Spekulationen Anlaß gab.

1839 Durchbruch bei Great Horseshoe.

Wir stellten an Hand des Tagebuches fest, daß er in seinen letzten fünfunddreißig Jahren vierhundertundsechzig Fahrten nach New Orleans und zurück gemacht hat, was eine Gesamtstrecke von einer Million einhundertviertausend Meilen beziehungsweise einen Tagesdurchschnitt von sechsundachtzig Meilen ergibt.«

Immer wenn Kapitän Sellers zu einem Trupp Lotsen trat, entstand dort eine frostige Atmosphäre, und jede Unterhaltung brach ab. Und zwar deshalb: Waren sechs Lotsen zusammen, befanden sich darunter immer ein, zwei, die noch nicht lange flügge waren, und die älteren taten vor diesen armen Burschen dann immer sehr groß. Sie ließen sie kläglich fühlen, wie grün sie noch waren und von wie jungem Adel und bescheidenem Rang, indem sie lang und breit und verschwommen von früheren Erlebnissen auf dem Fluß sprachen und dabei immer alles so weit wie möglich zurückdatierten, damit die Neuen ihre Neuheit auch ja spürten und die alten Hasen entsprechend beneideten. Und *wie* diese selbstgefälligen Kahlköpfe dann renommierten und herumprotzten und aufschnitten und zurückdatierten, zehn, fünfzehn, zwanzig Jahre, und wie sie sich an der Wirkung freuten, die das bei den staunenden und neidischen Jünglingen hervorrief!

Und vielleicht trat gerade in dem Moment, wo dieser glückliche Zustand erreicht war, die stattliche Gestalt Kapitän Isaiah Sellers', dieses wirklichen und echten Sohnes der Vorzeit, ernst und würdig in ihre Mitte. Man stelle sich vor, welch Stillschweigen da sofort eintrat! Und die Empfindungen dieser Glatzköpfe und das Frohlocken ihrer Zuhörer, wenn der ehrwürdige Kapitän so ganz nebenbei und gleichgültig Bemerkungen erinnernder Art fallenließ –

über Inseln, die verschwunden, und über Durchbrüche, die sich gebildet, ein Menschenalter, bevor der allerälteste Lotse aus der Gruppe je seinen Fuß in ein Steuerhaus gesetzt hatte!

In der obigen Art und Weise erschien dieser alte Schiffer unzählige Male auf der Bildfläche und streute Unglück und Demütigung um sich aus. Wenn man den Lotsen glauben kann, datierte er seine Inseln immer bis in die neblige Dämmerung der Flußgeschichte zurück und benutzte nie zweimal dieselbe Insel und nahm auch nie eine, die noch existierte, oder gab einer einen Namen, den einer der Anwesenden auf Grund seines hohen Alters schon mal gehört haben konnte. Wenn man den Lotsen glauben soll, war er in den kleinen Einzelheiten stets sehr penibel; er sprach zum Beispiel nie vom »Staat Mississippi« – nein, er sagte: »Als der Staat Mississippi da war, wo jetzt Arkansas ist«, und sprach auch nie allgemein von Louisiana oder Missouri und ließ dabei einen unkorrekten Eindruck zurück – nein, er drückte sich anders aus: »Als Louisiana weiter stromauf war« oder »Als Missouri noch auf der Illinois-Seite lag«.

Der alte Herr hatte keine literarischen Ambitionen oder Fähigkeiten, aber er verfaßte kurze Notizen mit einfachen, praktischen Informationen über den Fluß, unterzeichnete sie mit »Mark Twain« und gab sie an die in New Orleans erscheinende »Picayune«. Sie bezogen sich auf den Zustand und die Beschaffenheit des Flusses und waren exakt und wertvoll, und soweit enthielten sie kein Gift. Doch wenn der Kapitän davon sprach, wie der Fluß heute an einer bestimmten Bake stand, konnte er sich nur selten enthalten, eine kleine Bemerkung mit einzuflechten, daß es seit neunundvierzig Jahren das erstemal sei, wo er das Wasser an diesem besonderen Point so hoch oder so niedrig gesehen habe, und der Erwähnung von Insel Soundso ließ er meist eine Parenthese folgen wie »verschwand im Jahre 1807, wenn ich mich recht entsinne«. In diesen antiquierenden Einschaltungen lag Gift und Bitterkeit für die anderen Lotsen, und sie pflegten sich über die »Mark-Twain«-Notizen weidlich zu mokieren.

Zufällig wurde einer dieser Aufsätze* Thema meines ersten Zeitungsartikels. Ich spottete lang und breit darüber, sehr lang und breit sogar, verfaßte eine überspannte Parodie von nicht weniger als achthundert oder tausend Wörtern. Zu jener Zeit war ich noch Stift. Ich zeigte mein Elaborat einigen Lotsen, und die waren Feuer und Flamme und ließen es gleich in New Orleans im »True Delta« drucken.

Leider, denn es leistete niemand wertvolle Dienste und versetzte einem guten Menschen einen tiefen Stich ins Herz. Mein Geschreibsel war nicht boshaft, aber es machte sich über den Kapitän lustig. Es machte sich über einen Mann lustig, dem so etwas neu und fremd und furchtbar war. Ich wußte damals nicht, weiß es aber jetzt, daß kein Schmerz mit dem zu vergleichen ist, den ein Privatmensch fühlt, wenn er sich zum erstenmal gedruckt an den Pranger gestellt sieht.

Kapitän Sellers erwies mir die Ehre, mich von jenem Tage an aus tiefster Seele zu verabscheuen. Wenn ich sage, er erwies mir die Ehre, so ist das keine leere Phrase. In den Gedanken eines so großen Mannes wie Kapitän Sellers einen Platz zu haben, war durchaus eine Ehre, und ich besaß Grips genug, sie zu schätzen und stolz auf sie zu sein. Wenn man von solch einem Mann geliebt wurde, konnte man sich etwas einbilden, eine wieviel größere Auszeichnung aber war es, von ihm gehaßt zu werden, denn er liebte Dutzende von Leuten, aber nachts aufsitzen und Haß brüten, das tat er nur meinetwegen.

Er veröffentlichte zeit seines Lebens keine Notiz mehr, und er unterschrieb nie wieder etwas mit »Mark Twain«. Als der Fernschreiber die Nachricht von seinem Tode brachte, befand ich mich an der Pazifikküste. Ich war frisch-

---

* Das Originalmanuskript von des Kapitäns eigener Hand ist mir aus New Orleans geschickt worden. Es lautet:

Vicksburg, den 4. Mai 1859

Meine Meinung zum Wohle der Bürger von New Orleans: Das Wasser ist jetzt höher, als es seit 1815 je gestanden hat. Meiner Ansicht nach wird es noch vor dem ersten Juni in der Canal Street bis auf vier Fuß steigen. Mrs. Turners Plantage am Kopf von Big Black Island steht ganz unter Wasser, und das ist seit 1815 nicht mehr der Fall gewesen.   I. Sellers

gebackener Journalist, und da ich einen Nom de guerre brauchte, eignete ich mir den abgelegten des alten Schiffers an und tue seither mein Bestes, damit er das bleibt, was er in seinen Händen war: Zeichen und Symbol und Garantie dafür, daß alles, was in seiner Gesellschaft angetroffen wird, als die allerreinste Wahrheit gesetzt werden kann. Zu sagen, wie sehr mir das gelungen ist, wäre unbescheiden von mir.

Auf seinen Beruf hatte der Kapitän einen ehrenhaften Stolz, und er liebte ihn, solange er lebte. Sein Denkmal ließ er sich schon bei Lebzeiten anfertigen und bewahrte es bis zu seinem Tode auf. Jetzt befindet es sich auf seinem Grab auf dem Bellefontaine-Friedhof in St. Louis. Es zeigt ihn in Marmor, im Dienst vorm Rad stehend, und kann jeder Kritik standhalten, denn es stellt einen Mann dar, der im Leben dort ausgeharrt hätte, bis er zu Asche verbrannt wäre, wenn es seine Pflicht erfordert hätte.

Das Schönste, was wir auf unserer ganzen Mississippifahrt zu sehen bekamen, erblickten wir, als sich der Schleppdampfer New Orleans näherte. Es war die geschwungene Front der »Crescent City«, der halbmondförmigen Stadt, getaucht in den weißen Glanz von fünf Millionen elektrischer Lichter. Ein großartiges und wunderschönes Bild.

EINUNDFÜNFZIGSTES KAPITEL

Erinnerungen

An einem köstlich heißen Tage schifften wir uns auf der »City of Baton Rouge« nach St. Louis ein. Der Hauptzweck meines Besuches war allerdings nur dürftig erfüllt. Ich hatte gehofft, hundert Dampfschiffleute aufzuspüren und mich mit ihnen unterhalten zu können, war aber auf so angenehme Weise in das gesellschaftliche Treiben der Stadt verwickelt worden, daß ich zu nichts mehr gekommen war als zu bloßen Fünf-Minuten-Gesprächen mit ein paar Dutzend Männern vom Fluß.

EINUNDFÜNFZIGSTES KAPITEL

Ich saß im Steuerhaus auf der Bank, als wir über den Achtersteven abstießen und für den Start »hochdrehten« – das Schiff hielt, um sich auf die altmodische Art bereit zu machen, und auf ebenso altmodische Art häufelte sich der schwarze Rauch aus den Schornsteinen. Dann fingen wir an, Kraft zu sammeln, legten Dampf vor und brausten los. Alles – auch das Aussehen des Ufers – war so selbstverständlich und vertraut, als ob es in meinem Leben auf dem Fluß keine Unterbrechung gegeben hätte. Es war ein Stöps da, und ich schätzte, daß er jetzt das Steuer übernehmen würde, was er auch tat. Kapitän Bixby trat ins Steuerhaus. Der Stöps ging nun dicht an die Reihe der Dampfschiffe heran. Er machte mich nervös, denn er ließ zwischen uns und den anderen Schiffen zuviel Wasser sehen. Ich wußte recht gut, was jetzt kam, ich brauchte bloß in meinem eigenen Leben zurückzublättern und in der Vergangenheit nachzulesen. Der Kapitän sah sich das eine Minute schweigend mit an, nahm dann selber das Rad und brachte das Schiff ganz dicht heran, bis es sich auf Handbreite an den Dampfern vorbeischob. Also haargenau die gleiche Hilfestellung, die er vor einem Vierteljahrhundert und an derselben Stelle mir geleistet hatte, als ich zum allererstenmal aus dem Hafen von New Orleans herausdampfte. Es war mir ein sehr großes und aufrichtiges Vergnügen zu sehen, wie sich das wiederholte – mit einem anderen Opfer.

Bis Natchez (dreihundert Meilen) brauchten wir zweiundzwanzigeinhalb Stunden – bei weitem die schnellste Fahrt, die ich auf diesem Stück Wasser gemacht habe.

Am nächsten Morgen kam ich mit der Vier-Uhr-Wache herauf und sah Ritchie erfolgreich ein halbes Dutzend Kreuzungen im Nebel nehmen, wobei er sich nur nach der von Bixby ausgearbeiteten und patentierten Karte mit den Markierungen richtete. Was den großen Wert dieser Karte zur Genüge beweist.

Als sich der Nebel dann allmählich verzog, bemerkte ich, daß das Spiegelbild eines Baumes in dem glatten Wasser eines überfluteten Ufers sechshundert Yard weg stärker und schwärzer war als der gespenstige Baum selber. Die undeutlich zwischen dem Nebel hindurchschimmernden Bäume waren ein hübscher Anblick.

Bei Natchez hatten wir ein schweres Gewitter, bei Vicksburg ebenfalls und fünfzig Meilen vor Memphis noch eins. Sie hatten eine altmodische Energie, die ich schon seit langem nicht mehr gewohnt war. Dieses dritte Gewitter war von einem wütenden Wind begleitet. Als wir den Sturm kommen sahen, machten wir am Ufer fest, und alle verließen das Steuerhaus. Nur ich blieb oben. Der Wind bog die jungen Bäume nach unten und zeigte die helle Unterseite der Blätter, und dann kam Windstoß auf Windstoß in rascher Folge, und die Blätter wurden wild hoch- und runtergepeitscht und nach rechts und nach links, und es entstanden schnelle Wellen von wechselndem Grün und Weiß, je nach der Seite des Blattes, die gerade zu sehen war, und diese Wellen jagten einander wie die Wellen in einem windgepeitschten Haferfeld. Nichts hatte mehr ganz seine natürliche Farbe – die massive Wolkenbank oben gab allem einen bleiernen Anstrich. Der Fluß war bleifarben, ebenso der Hintergrund nach allen Richtungen hin, und sogar die sich weithin erstreckenden Reihen der Schaumkämme erhielten durch die satte, finstere Atmosphäre, durch die ihre schwärmenden Legionen marschierten, eine dunkle Schattierung. Die Donnerschläge hielten unter ohrenbetäubendem Lärm an, mit nur unbedeutenden Pausen folgte Entladung auf Entladung unter immer schärferem und höherem und ohrenbetäubenderem Knallen. Und so fleißig wie der Donner waren auch die Blitze. Sie schufen Effekte, die das Auge bezauberten und eine ununterbrochene Folge elektrisierender Schauer des Entzückens und zugleich der Angst durch jeden Nerv des Körpers jagten. Dazu goß es in Strömen, die ohrenzerreißenden Donnerschläge kamen näher und näher, der Wind nahm an Wut zu und begann Äste und Baumspitzen abzureißen und durch den Raum segeln zu lassen, das Steuerhaus fing an zu schwanken und zu krachen und zu wogen, und ich ging hinunter in den Kielraum nachzusehen, wie spät es war.

EINUNDFÜNFZIGSTES KAPITEL

Es wird immer so viel Gewese von den Alpengewittern gemacht, doch die Stürme, die ich in den Alpen zu sehen das Glück hatte, kommen mit einigen, von mir im Mississippital erlebten nicht mit. Sehr gut möglich, daß ich die Alpen nicht in Hochform erlebt habe, und wenn sie den Mississippi schlagen können, habe ich auch gar kein Verlangen danach.

Auf dieser Fahrt flußauf bemerkte ich ein kleines Towhead (ein neues Inselchen), eine halbe Meile lang, das sich in den letzten neunzehn Jahren gebildet hatte. Wenn so viel Zeit war, daß neunzehn Jahre der Schaffung eines bloßen Towheads gewidmet werden konnten, wozu ist dann damals der ganze Globus in sechs Tagen zusammengehauen worden? Hätte man sich gleich zu Anfang mehr Zeit gelassen, wäre, so scheint mir, die Welt richtig gemacht worden und dieses ewige Verbessern und Reparieren jetzt nicht nötig. Wenn man eine Welt oder ein Haus aber überstürzt, entdeckt man mit der Zeit bestimmt, daß man hier und da ein Towhead oder einen Besenschrank oder irgendeine andere kleine Bequemlichkeit vergessen hat, die nachgeholt werden muß, und wenn das mit noch soviel Kosten und Plackerei verbunden ist.

Wir hatten eine Folge schwarzer Nächte, und immer, wenn wir anlegten und die Bäume plötzlich in den intensiven Glanz des elektrischen Lichtes tauchten, war eine merkwürdige Wirkung zu bemerken: aus den Massen glänzenden Laubes flogen sofort Hunderte von Vögeln auf und flitzten hierhin und dorthin durch die weißen Strahlen, und oft stimmte ein Singvogel ein Lied an. Wir schätzten, daß sie diesen superben künstlichen Tag für echt hielten.

Die Fahrt auf diesem wohlbestallten Dampfer war herrlich, und wir bedauerten nur, daß es so schnell ging. Mit Fleiß und Aktivität gelang es uns, fast alle alten Bekannten aufzuspüren. Einer aber fehlte; er war vor zwei Jahren in eine bessere oder schlechtere Welt gegangen. Doch ich brachte alles über ihn in Erfahrung. An seinem Fall wurde mir deutlich gemacht, wie anhaltend die Wirkung einer sehr unbedeutenden Begebenheit sein kann.

Als er Schmiedelehrling in unserem Nest war und ich noch zur Schule ging, kamen zwei junge Engländer in den Ort, und eines Tages warfen sie sich in billigen königlichen Staat und führten mit wahnsinnigem Feuereifer und unter riesigem Spektakel vor den Dorfjungen den Zweikampf aus »Richard III.« auf. Jener Schmiedelehrling war da, und das schauspielerische Gift ging ihm in die Knochen. Dieser riesige, schwerfällige, einfältige, schwachköpfige Tölpel war auf einmal theaterbesessen, und zwar unheilbar. Er verschwand und tauchte nach einiger Zeit in St. Louis auf. Dort stieß ich einmal auf ihn. Er stand sinnierend an einer Straßenecke, die rechte Hand in die Hüfte gestemmt, das Kinn auf den linken Daumen gestützt, das Gesicht gesenkt, die Stirn in Falten gelegt, den Schlapphut tief in die Augen gezogen – und bildete sich ein, Othello oder eine ähnliche Rollengestalt vorzustellen und daß die Vorübergehenden seine tragische Pose bemerkten und von Ehrfurcht ergriffen wären.

Ich trat zu ihm und versuchte, ihn aus den Wolken herunterzuholen, aber ohne Erfolg. Er setzte mich jedoch beiläufig davon in Kenntnis, daß er zum Ensemble des Walnut Street Theater gehöre – und er versuchte, das ganz gleichgültig zu sagen, doch die Gleichgültigkeit war dünn, und darunter lugte eine mächtige Genugtuung hervor. Er sagte, an diesem Abend habe er eine Rolle im »Julius Cäsar«, und ob ich mir ihn nicht ansehen wolle. Und ob ich wollte! Ich erklärte ihm, das würde ich mir nicht einmal entgehen lassen, wenn ich tot wäre.

Vor Verwunderung wie vor den Kopf geschlagen, ging ich unter folgenden Gedanken davon: ›Merkwürdig! *Wir* haben diesen Kerl immer für bekloppt gehalten, und kaum kommt er in eine große Stadt, wo Intelligenz und Würdigung im Überfluß da sind, wird das in diesem Trottel steckende Talent sofort entdeckt und prompt willkommen geheißen und geehrt.‹

Doch ich kam an jenem Abend enttäuscht und beleidigt aus dem Theater, denn von meinem Helden hatte ich nichts zu sehen bekommen, und sein Name stand auch nicht im Programm. Am nächsten Morgen begegnete ich ihm auf der Straße, und noch ehe ich etwas sagen konnte, fragte er:

»Na, hast du mich gesehen?«

»Nein, du warst ja nicht da.«

Er blickte erstaunt und enttäuscht drein und sagte: »Aber ja. Ich war ein römischer Soldat.«

»Welcher denn?«

»Hast du nicht die römischen Soldaten gesehen, die hinten in einer Reihe standen und manchmal um die Bühne rummarschiert sind?«

»Meinst du etwa das römische Heer? Diese sechs Schauerleute in Nachthemden und Sandalen und mit Blechschilden und Blechhelmen, die da rumgetrottet sind und sich gegenseitig in die Hacken getrampelt haben und unter dem Kommando eines spinnbeinigen Schwindsüchtigen standen, der genauso angezogen war wie sie selber?«

»Ja, richtig, die meine ich! Von diesen römischen Soldaten war ich einer. Der vorletzte. Vor einem halben Jahr war ich noch der letzte, doch ich bin aufgerückt.«

Ja, und nun erzählte man mir, der arme Kerl sei bis zuletzt römischer Soldat geblieben – ganze vierunddreißig Jahre lang. Manchmal gaben sie ihm eine »Sprechrolle«, jedoch keine große. Man konnte ihm anvertrauen, aufzutreten und zu sagen: »Herr Graf, die Rösser sind gesattelt«, wenn sie aber wagten, noch einen oder zwei Sätze zuzufügen, strengte das sein Gedächtnis zu sehr an, und man mußte damit rechnen, daß er steckenblieb. Und doch hatte er, der arme Teufel, mehr als dreißig Jahre lang geduldig die Rolle des Hamlet einstudiert und in dem Glauben gelebt und war darin auch gestorben, daß man ihn eines Tages auffordern würde, sie zu spielen!

Und das kam alles nur von dem flüchtigen Besuch jener jungen Engländer in unserem Nest vor so vielen Menschenaltern! Was für prächtige Hufeisen hätte dieser Mann machen können, wenn diese Briten nicht gekommen wären, und was für einen unzulänglichen römischen Soldaten hat er in Wirklichkeit abgegeben!

Ein paar Tage nach unserer Ankunft in St. Louis spazierte ich die Fourth Street entlang, als ein grauhaariger

Mann an mir vorüberging, stutzte, dann anhielt, zurückkam, mich eingehend und mit finsterer Stirn musterte und schließlich in sehr scharfem Ton sagte: »Hör mal, *hast du nun endlich was zu trinken gekriegt?*«

Ein Verrückter, nahm ich zuerst an. Auf einmal aber erkannte ich ihn. Ich gab mir solche Mühe, rot zu werden, daß ich mir beinahe die Muskeln verrenkte, und antwortete so liebenswürdig und gewinnend, wie ich nur konnte: »Hat ein bißchen lange gedauert, will aber gerade da rein, wo es was gibt. Komm mit und hilf mir.«

Er besänftigte sich und erklärte, bei einer Flasche Champagner ließe er mit sich reden. Er sagte, er habe meinen Namen in den Zeitungen gesehen und alles stehen- und liegenlassen und sich aufgemacht, entschlossen, mich entweder aufzutreiben oder zu sterben und mich zur zufriedenstellenden Beantwortung jener Frage zu kriegen oder mich zu töten. Sein scharfer Ton aber war mehr Mache als echt.

Dieses Wiedersehen rief mir die Unruhen in St. Louis vor ungefähr dreißig Jahren ins Gedächtnis. Ich brachte damals eine Woche in einer Pension dort zu und hatte diesen jungen Burschen zum Flurnachbarn. Wir erlebten ein paar von den Kämpfen und Gemetzeln mit, und nach einiger Zeit gingen wir eines Abends in ein Arsenal, wo sich zweihundert junge Leute nach Aufruf versammelt hatten, um bewaffnet und unter dem Kommando eines Berufsoffiziers gegen die Unruhestifter eingesetzt zu werden. Wir exerzierten bis zehn Uhr abends, dann kam die Nachricht, daß der Mob in großer Stärke am unteren Ende der Stadt sei und alles vor sich herfege. Unsere Kolonne setzte sich sofort in Marsch. Der Abend war sehr heiß und mein Gewehr sehr schwer. Wir marschierten und marschierten, und je näher wir dem Kriegsschauplatz kamen, um so heißer wurde mir und um so größeren Durst kriegte ich. Mein Vordermann war mein Bekannter, und schließlich bat ich ihn, mein Gewehr zu halten, ich wollte nur schnell mal aus der Reihe treten und was trinken gehen. Dann zweigte ich ab und trollte mich nach Hause. *Seinetwegen* machte ich mir natürlich keine Sorgen, denn ich wußte ihn jetzt so gut

EINUNDFÜNFZIGSTES KAPITEL

bewaffnet, daß er sich ohne Schwierigkeiten allein behelfen konnte. Ich hatte darüber gar keine Zweifel, sonst hätte ich mir nämlich noch eine Knarre für ihn geliehen. Am nächsten Tag verließ ich dann in aller Herrgottsfrühe die Stadt, und wenn dieser grauhaarige Mann nicht zufällig neulich in St. Louis bei der Zeitungslektüre auf meinen Namen gestoßen und so hinterher gewesen wäre, mich aufzuspüren, müßte ich bis zum Grabe eine quälende Ungewißheit mit mir herumtragen, ob er aus den Unruhen nun gut herausgekommen ist oder nicht. Ich weiß, ich hätte mich schon vor dreißig Jahren erkundigen sollen. Hätte ich auch, wenn ich die Gewehre gehabt hätte, aber so wie die Dinge lagen, schien er mir besser geeignet, die Nachforschungen anzustellen, als ich.

Eines Montags, kurz vor unserem Besuch in St. Louis, brachte der »Globe-Democrat« ein paar Seiten mit Sonntagsstatistiken, aus denen hervorging, daß am Vortage 119 448 Einwohner von St. Louis die Früh- und Spätgottesdienste und 23 102 Kinder die Sonntagsschule besucht hatten. Das heißt also, von 400 000 Menschen Gesamtbevölkerung ehrten 142 550 den Tag auf religiöse Weise. Ich fand diese Angaben in gedrängter Form in einem Telegramm der Associated Press und habe sie mir aufgehoben. Allem Anschein nach führte St. Louis also ein viel gottgefälligeres Leben, als es zu meiner Zeit von sich hätte behaupten können. Doch jetzt, wo ich mir die Zahlen näher ansehe, kommt mir der Verdacht, daß der Fernschreiber sie verstümmelt hat. Mehr als 150 000 Katholiken dürfte es in der Stadt nicht geben, die anderen 250 000 müssen als Protestanten gerechnet werden. Und von diesen 250 000 sind, nach jenem fragwürdigen Telegramm, nur 26 362 zur Kirche und Sonntagsschule gegangen, von den 150 000 Katholiken dagegen 116 188.

ZWEIUNDFÜNFZIGSTES KAPITEL

Eine markige Marke

Plötzlich fiel mir ein: ›Du hast ja Mr. Brown noch nicht ausfindig gemacht.‹

An dieser Stelle möchte ich die direkte Linie meines Themas verlassen und einen kleinen Abstecher machen. Ich will ein Geheimnis enthüllen, das ich neun Jahre mit mir herumschleppe und das mir langsam zur Last wird.

Bei einer bestimmten Gelegenheit hatte ich vor neun Jahren mit starker Rührung gesagt: »Sollte ich jemals wieder nach St. Louis kommen, dann suche ich Mr. Brown auf, den großen Getreidehändler, und bitte ihn darum, ihm die Hand schütteln zu dürfen.«

Gelegenheit und Umstände waren folgende: Eines Abends kam ein Bekannter, ein Geistlicher, zu mir und sagte:

»Ich habe hier einen äußerst bemerkenswerten Brief, den ich Ihnen gern vorlesen möchte, falls mir das gelingt, ohne in Tränen auszubrechen. Ich muß allerdings ein paar Erklärungen vorausschicken. Den Brief hat ein ehemaliger Dieb und Vagabund von niedrigster Abstammung und gemeinster Herkunft geschrieben, ein über und über mit Verbrechen besudelter und in Unwissenheit versunkener Mensch, in dem aber, Gott sei's gedankt!, eine Ader reinen Goldes steckt, wie Sie gleich sehen werden. Sein Brief ist an einen Einbrecher namens Williams gerichtet, der in einem bestimmten Staatsgefängnis eine neunjährige Strafe absitzt.

Dieser Williams war ein besonders dreister Einbrecher und betrieb sein Handwerk eine Reihe von Jahren, schließlich aber wurde er doch erwischt und eingesperrt, um seiner Gerichtsverhandlung in einer Stadt entgegenzusehen, wo er nachts in ein Haus eingebrochen war und den Eigentümer mit vorgehaltener Pistole gezwungen hatte, ihm achttausend Dollar in Regierungsanleihen auszuhändigen. Williams kommt keineswegs aus zweifelhaften Kreisen; er hat Harvard absolviert und stammt aus guter

Neuenglandfamilie. Sein Vater war Geistlicher. Während Williams im Gefängnis saß, ging es mit seiner Gesundheit bergab, und er zog sich die Schwindsucht zu. Das sowie die durch die Einzelhaft gebotene Gelegenheit zum Nachdenken tat seine Wirkung – seine natürliche Wirkung. Er ging in sich; seine frühere Erziehung machte sich geltend und übte einen starken Einfluß auf sein Herz und Gemüt aus. Er zog einen Schlußstrich unter sein altes Leben und wurde ein ernster Christ. Einige Damen aus der Stadt hörten davon, besuchten ihn und unterstützten ihn durch ermutigende Worte in seinen guten Vorsätzen und bestärkten ihn, in seinem neuen Leben fortzufahren. Der Prozeß endete, wie schon gesagt, damit, daß er überführt und zu neun Jahren verurteilt wurde. Im Gefängnis lernte er den anfangs von mir erwähnten armen Teufel kennen, Jack Hunt, den Schreiber des Briefes, den ich vorlesen will. Sie werden sehen, daß diese Bekanntschaft für Hunt Früchte trug. Als seine Zeit um war, ging Hunt nach St. Louis, und von dort schrieb er seinen Brief an Williams. Der Brief kam natürlich nicht weiter als bis ins Gefängnisbüro, denn Häftlinge dürfen nur selten Post von draußen empfangen. Die Anstaltsbeamten lasen diesen Brief, vernichteten ihn aber nicht. Das brachten sie nicht übers Herz. Sie lasen ihn verschiedenen Leuten vor, und schließlich fiel er den Damen, von denen ich eben sprach, in die Hände. Neulich lief mir ein alter Bekannter über den Weg, ein Geistlicher. Der hatte diesen Brief gesehen und war völlig gerührt. Die bloße Erinnerung daran bewegte ihn so sehr, daß er nicht davon sprechen konnte, ohne daß ihm die Stimme versagte. Er versprach, mir eine Abschrift zu besorgen, und hier ist sie – eine genaue Kopie, die all die Unvollkommenheiten des Originals wahrt. Es sind viele Ausdrücke aus der Gaunersprache darin, die Gefängnisbeamten haben aber in Klammern dazwischengeschrieben, was sie bedeuten:

St. Louis dem 9. Juni 1872.

Lieber Mr. W... Freund Charlie, wenn ich so zu dir sagen dürf, du wirst bestimmt staunen von mir ein Brief zu krigen aber ich hofe du bist nicht böse darum das ich dir schreibe. Ich möchte dir vielmalz danken da für wie du mit mir geredet hast wie ich ins Gefängniß war denn dadurch bin ich ein beßrer Mensch geworden, du hast warscheinlig gedacht ich neme mir nicht zu hertzen was du sagst + zu anfang habe ich auch nicht aber ich wuste das du ein man bist, der zusamen mit gute Menschen großes Volbracht hat + kein dummer junge + auch kein lehres gerede redest, das haben ja alle gesagt.

Nachts habe ich immer darüber Nachgedacht was du gesagt hast + derwegen auch 5 Monate bevor ich meine zeit runterhatte mits fluchen aufgehört weil ich eingesehen habe das man damit nicht weiterkomt, und wie denn meine zeit Rum war hast du an letzten Tag gefragt ob ich nicht das Kreutz schüteln will (*aufhören zu stehlen*) + 3 Monate lang ein erlich Leben füren es wäre die beste tat von mein gantzes Leben. Der Beamte gab mir 1 farkarte nach hier und wie ich in dem Zug war habe ich mir weiter durch dem Kopf gehen laßen was du zu mir gesagt hast, bin aber zu keine entscheidung gekomen. Wie wir mit den Zug von da nach hier in Chicago ankamen stauchte ich eine alte Frau ihr leder (*stahl ihr die Geldbörse*) + wie ich es kaum habe da wünschte ich schon ich hätte es nicht getahn denn eine weile davor hatte ich mir auf deine Ermanung hin vorgenomen 3 Monate lang nichts mehr anzufaßen, aber das habe ich vergeßen als ich sah was für ein griff (*leichte Diebesbeute*) das leder war, doch denn bin ich in ihre nähe geblieben und als sie Unterwegens ausstieg sage ich zu ihr, Madamm haben sie was verlohren? + sie roch lunte (*entdeckte*) das ihr leder flöten (*weg*) war. Meinen Sie das hier sage ich und geb es ihr. Mein Gott sind sie aber erlich sagt sie, aber es war mir peinlig sowas zu hören + ich lief schnel weg. Wie ich hier ankam hatte ich noch 1 Dollar und 25 Cents und 3 Tage lang keine Arbeit gekrigt weil ich nicht stark genug war als Schauermann (*Hafen- und Deckarbeiter*) auf ein Dampfschiff zu gehen. Am Nachmittag vom 3. Tag gab ich meine letzten 10 Cent aus für 2 Monds (*großer runder Schiffszwieback*) + käse + mir war hundeelend zu Mute + ich dachte schon ich muß wider kaftern gehen (*Taschendiebstähle verüben*) als mir einviel was du

ZWEIUNDFÜNFZIGSTES KAPITEL

einmal gesagt hast, wenn Mann in not ist soll Mann den Herrgott anrufen + da hab ich mir gesagt ich kann es ja mal probiren aber wie ich es machen wolte kam ich gleich zu anfang ins stocken + habe nicht mehr raus gekricht als wie: liber Gott gieb ein armen Kerl eine Changse drei Monate erlich zu leben um Christus Willen, Amen + ich dachte immerzu drüber nach wie ich weiter ging. Eine Stunde später war ich in der 4. Str. und nun will ich dir erzählen was da gescheen ist + das ist auch der grundt warum ich da bin wo ich jetzt bin + du solst alles erfaren bevor ich mit schreiben fertich bin. Wie ich da so lang ging hörte ich ein großen Lerm + sah ein Ferd mit ein Wagen durch gehen und 2 Kinder drin und ich nahm ein Brett von ein Kastendeckel wo auf den Bürgersteig lag und bin mitten auf den Damm + als das Ferd ankam habe ich ihm damit über den Kopf gehaun so doll ich konte, das brett ist zersplittert + das Ferd blieb ein Moment stehen + ich faste in die zügel und zog ihm den Kopf runter bis es stillestand. Der Feine Herr dem es gehörte kam angerennt + wie er sah das die Kinder nichts passiert ist schütelte er mir die Hand und gab mir ein 50 Dollarschein + mir viel ein, das ich ja den Liben Gott gebeten hab mir zu helfen + ich war wie vom donnergerührt + konnte weder die Zügel loslaßen noch ein wort rausbringen. Der Feine Herr sah das was nicht in ordnung war und kommt wider zurück zu mir und sagt, hast du dich verletzt mein Junge? und da kam mir der Gedanke ihn nach arbeit zu fragen und ich bat ihn den schein zurück zu nehmen und mir eine Stelle zu geben. Steig ein, sagte er, darüber läst sich reden aber behalte das Geld, er fragte mich ob ich mit Ferde umgehen kann + ich sagte ja, denn ich bin doch immer viel in die Ausspanns gewesen + habe oft sauber machen geholfen + auch beis Fahren. Für solche arbeit kann er einen gebrauchen sagte er + würde mir 16 Dollars per Monat geben und kost + Logie. Da habe ich natürlich gleich zugefast. An den abend habe ich lange in meine kleine Kamer über den Stall aufgesessen + über mein vergangen leben nachgedacht + was gerade gescheen war + da bin ich denn auf die Kniee gefallen und dankte dem liben Gott für die Stelle + das er mir helfen soll ein ehrlicher Mensch zu werden + das er dich segnet dafür das du mich dazu angehalten hast + am näxten morgen habe ich das nochmal gemacht + mir ein Paar neue Plünnen (*Kleidungsstücke*) besorgt + eine Bibel denn nachdem der Herrgott das für mich getan hatte nahm ich mir Fest vor jeden abend und morgen in die Bibel zu lesen + ihn zu bitten daß er auf mir aufpast. Ich war schon ungefär 1 Woche hier, da kam Mr Brown, so heist er nämlich an ein abend in meine Kamer und sah wie ich in die Bibel las, er hat gefragt ob ich Christ bin, und da habe ich Nein gesagt + wie es komt das ich die Bibel lese Anstatt von Zeitungen und Büchers. Weist du Charlie, da dachte ich es ist beßer ihm gleich die Wahrheit zu sagen + so habe ich ihm alles erzählt daß ich ins Gefängniß gewesen war + von dir + wie ich schon beinahe aufgegeben hatte nach arbeit zu Suchen + wie der Libe Gott mir zu der Stelle verholfen hat als ich ihn dadrum angeflet habe + das ich ihm blos dadurch danken kann in dem ich die Bibel lese und erlich bleibe, + er möchte mir doch eine Changse von 3 Monate laßen. Da redete er lange mit mir + hat gesagt ich kann bleiben + denn war mir wohler wie in mein ganzes leben vorher weil ich Mr Brown gleich rein Wein eingeschenkt habe + jetzt habe ich keine angst meer das einer verklawastert (*verrät*) das ich früher fichtegegangen bin (*ein Dieb war*) + mich aus der Stelle verjagt. Am näxten morgen muste ich in die Bibilotek + da hat er wieder ofen mit mir geredet + mir gerahten an jeden Tag ein Bißchen zu lernen + er will mir abends immer ein bis 2 Stunden helfen + hat mir 1 rechenbuch und 1 lesebuch gegeben und 1 Geografi und 1 Schreibheft + hört jeden abend ab, morgends läßt er mich immer ins Haus komen zu Gebet + hat mich in ein Bibelkurses in die Sontagsschule unter gebracht, wo es mir gut gefält denn das hilft mir das ich meine Bibel beßer verstehe.

Lieber Charlie, die 3 Monate nichts meer anfaßen sind nun schon acht wochen rum + wie du gesagt hast es ist das beßte werk daß ich je im leben getan habe + ich habe gleich noch mal angefangen + widerhole es jetzt aber ob

ZWEIUNDFÜNFZIGSTES KAPITEL

ich es das ganze leben lang durchhalte liegt allein in Gotteshand. Charlie ich schreibe Dir diesen Brief weil ich dir sagen will, ich glaube Gott hat mir meine sünden vergeben + deine Gebete erhört denn du sagtest doch das du für mich beten wirst. Weist du es macht mir freude Sein wort zu lesen und ihm alle meine Sorgen anzutrauen + er hilft mir, das weis ich genau denn ich habe viel gelegenheit zu Stehlen aber ich bin nicht meer so wie früer + jetz macht es mir größeren spaß zur Kirche zu gehen als ins Teater und das war früer umgekehrt. Unsere prediger und auch andre leute unterhalten sich öfters mit mir + vor 1 Monat wollten sie ich soll in die Kirche eintreten, aber ich sagte Nein noch nicht, ich kann mich in meine Gefühle irren ich will noch etwas warten aber jetzt spühre ich das Gott mich ruft + am 1. Sonntag im Juli trete ich in die Kirche rein. Lieber Freund wenn ich Dir so schreiben könnte wie ich fühle, ich kann das aber noch nicht, Du weist ja ich habe lesen und schreiben ins Gefängniß gelernt + bin noch nicht soweit das ich so Schreiben kann wie Reden, ich weis ich habe in diesen Brief nicht alles richtig geschrieben + eine menge andre Fehler gemacht aber das wirst du sicher enschuldigen du weist ich bin in Armenhaus aufgewacksen bis ich ausgerükt bin + das ich nie gewust habe wer mein Vater und meine Mutter war + nicht mal meinen richtigen Namen weis + hoffendlich bist Du mir nicht böse, aber ich habe schlieslich genauso viel recht auf ein Namen wie Jeder andre + da habe ich deinen Namen angenommen, denn du hast doch gesagt das du den nicht meer benutzen willst wenn du rauskommst + du bist der Einzige von den ich auf der gantzen Welt am Meisten halte. Ich hofe du bist also nicht böse. Mir geht es gut ich trage jeden Monat 10 Dollars auf die Bank, 25 Dollars von die Fünfzig sind nun schon drauf, wenn du was davon haben willst oder alles must du es mir schreiben denn kannst du es krigen. Es wär schön wenn du einverstanden wärst das ich dir schon jetzt etwas davon schike. Mit den Brief zusamen schike ich dir ein Abonemendt auf 1 Jahr für »Der Gute Hirte«, ich wuste nicht was dir gefallen würde + fragte Mr Brown + der sagte das wäre das Richtige für Dich. Ich wünschte ich wäre nicht so Weit von dir weg damit ich dir zu den Feiertagen Pickus (*Lebensmittel*) zukomen lassen kann, bei dies Wetter aber tut von hier bis zu dir doch nur allens verderben aber ich schike dir jedenfalls näxten Danksagungstag ein Päkchen. Näxte Woche nimmt Mr Brown mich in sein Gescheft als Boote + sobald ich meer weis soll ich aufsteigen, er hat ein großes Getreidegescheft eng groh. Ich habe gans vergeßen dir von meine Missionsschule zu berichten. Es ist eine Sonntagsschulklasse. Die Schule findet Sontagsnachmittags statt + an zwei sontagnachmittage bin ich losgezogen + habe sieben Stratzen (*kleine Jungens*) dazu gekrigt, auch zu komen. Zweie davon wusten so viel als wie ich + ich habe sie in ein Kurses unter gebracht wo sie was lernen können, ich weiß selber nicht viel aber weil diese kleinen nicht Lesen können komme ich gans gut mit ihn voran. Ich Sorge dafür das sie auch wirklich komen, ich gehe jeden Sontag ½ Stunde bevor die Schule anfängt zu ihnen, ich habe auch 4 Mädel geworben. Erzähle Mack und Harry von mir, emfall sie herkomen wollen wenn ihre zeit rum ist tu ich ihnen gleich arbeit besorgen. Ich hofe du wirst diesen langen Brief enschuldigen und alle Feler, ich wünsche nur ich könnte dich sehen weil ich mich bei das schreiben doch noch nicht so ausdrücken kann wie beis sprechen. Hoffentlich tut das warme Wetter deine Lunge gut, als du geblutet hast hatte ich angst du stirbst. Grüße alle von mir und erzähle ihnen wie es mir geht. Es geht mir gut und jeder hier ist so nett zu mir wie er nur kann. Mr Brown will dir einmal schreiben, ich hoffe eines tages von dir Post zu krigen. Diesen Brief schrieb dir dein sehr treuer Freund

C...W...
den du als Jack Hunt kennst.

Ich lege Dir Mr. Browns Karte bei. Schicke deinen Brief an ihn.«

Hier war Beredsamkeit, echte, unwiderstehliche Beredsamkeit, und ohne die geringste Ausschmückung. Selten hat mich etwas Geschriebenes so tief bewegt. Während des

Vorlesens versagte meinem Bekannten alle paar Augenblicke die Stimme, und dabei hatte er, um sich gegen die eigene Rührung zu wappnen, das schon mehrere Male für sich allein geübt, ehe er sich mit dem Brief in Gesellschaft wagte. An mir wollte er sehen, ob Hoffnung bestand, daß er in der Lage wäre, das Dokument mit halbwegs schicklicher Gefühlsbeherrschung seinem Gebetskreis vorzulesen. Das Ergebnis war nicht sehr versprechend. Er beschloß es dennoch zu riskieren, und als es soweit war, kam er auch leidlich gut durch, um seine Zuhörer aber war es früh geschehen, und sie standen bis zum Schluß unter Tränen.

Der Ruf des Briefes verbreitete sich durch die Stadt. Ein anderer Geistlicher kam und lieh sich das Manuskript, nahm es wörtlich in eine Predigt auf, hielt diese an einem Sonntagmorgen vor zwölfhundert Menschen, und der Brief ertränkte sie in ihren eigenen Tränen. Dann verarbeitete ihn auch mein Bekannter zu einer Predigt und trat damit vor seine Sonntagsgemeinde. Er erzielte einen weiteren Triumph. Es gab ein einziges Geschluchze.

Mein Bekannter fuhr auf Sommerurlaub hoch in die Angelgründe unserer britischen Nachbarn im Norden und nahm diese Predigt mit für den Fall, daß er dort eine brauchte. Eines Tages wurde er gebeten, die Kanzel zu besteigen. Die kleine Kirche war voll. Unter den Anwesenden befanden sich der verstorbene Dr. J. G. Holland, der verstorbene Mr. Seymour von der »New York Times«, der Philanthrop und Temperenzler Mr. Page und ich glaube auch Senator Frye aus Maine. Der wunderbare Brief tat seine gewohnte Arbeit, alle waren gerührt, alle weinten, Dr. Holland rannen in unaufhörlichem Strom die Tränen über die Wangen, und man kann sagen, allen anderen ging es fast genauso. Mr. Page war von dem Brief so begeistert, daß er erklärte, er wolle nicht eher ruhen, als bis er zu jenem Gefängnis gewallfahrtet sei und den Mann gesprochen habe, der einen Leidensgenossen inspirieren konnte, ein so unschätzbares Traktat zu schreiben.

Ach, dieser unglückselige Page! – er und noch einer. Wären sie bloß in Jericho gewesen, denn dann wäre die Kunde von diesem Brief durch die Welt gehallt und hätte für die nächsten tausend Jahre die Herzen aller Völker in Rührung versetzt, und es wäre wohl nie jemand dahintergekommen, daß es sich um das verdammteste, unverschämteste, raffinierteste Gaunerstück handelte, das je ausgeheckt wurde, arme vertrauensselige Sterbliche auf den Leim zu locken!

Ja, es stimmt, der Brief war reiner Schwindel. Und im ganzen genommen ein Schwindel, der nicht so leicht seinesgleichen finden dürfte. Er war vollkommen, war abgerundet, symmetrisch, komplett, kolossal!

Der Leser kriegt es schon hier zu wissen, wir dagegen erfuhren es erst ein paar Meilen und Wochen später. Mein Bekannter kam aus den Wäldern zurück, und er sowie andere Geistliche und Laienmissionare gingen wieder daran, Zuhörer mit Tränen – mit den eigenen und denen besagter Zuhörer – unter Wasser zu setzen, ich bat und bettelte, den Brief in einer Zeitschrift abdrucken und die wäßrige Geschichte seiner Triumphe erzählen zu dürfen, wer weiß wie viele Leute verschafften sich Abschriften des Briefes mit der Erlaubnis, sie handschriftlich herumgehen zu lassen, und es wurden Kopien nach Hawaii und anderen fernen Regionen geschickt.

Eines Tages war Charles Dudley Warner in der Kirche, als der abgegriffene Brief vorgelesen und durchgeschluchzt wurde. Nachher, an der Kirchentür, ließ Mr. Warner dem Pfarrer einen besonders kalten Eisberg den Rücken hinunterrutschen, indem er fragte:

»Wissen Sie eigentlich, ob dieser Brief echt ist?«

Es war der erste Verdacht, der geäußert wurde, und er hatte jene häßliche Wirkung, die ein erster Verdacht gegen jemandes Idol immer hat.

»Wieso – was veranlaßt Sie, anzunehmen, daß er nicht echt ist?«

»An sich nichts, außer daß er zu gewandt ist und zu bündig und fließend und zu hübsch zusammengesetzt für einen unwissenden Menschen und eine ungeübte Hand. Schätze, den hat ein Gebildeter geschrieben.«

Der literarische Künstler hatte die literarische Maschinerie entdeckt. Wenn man sich den Brief jetzt ansieht, wird man es selber sehen – es ist in jeder Zeile zu merken.

Der Geistliche, mit der aufschießenden Saat des Verdachts im Herzen, ging fort und setzte sich sogleich hin und schrieb an einen Amtsbruder, der in jener Stadt lebte, in der Williams eingesperrt und bekehrt worden war, und bat um Aufklärung und fragte gleichzeitig an, ob jemand von der Literatur (damit war ich gemeint) den Brief abdrucken und seine Geschichte erzählen dürfe. Bald darauf erhielt er folgende Antwort:

Hochwürden...

Mein lieber Freund, was jenen »Häftlingsbrief« anbetrifft, so kann kein Zweifel an seiner Echtheit bestehen. Williams, an den er gerichtet ist, hat in unserem Gefängnis gesessen und zugegeben, bekehrt worden zu sein, und der dortige Seelsorger, Hochwürden Mr...., hatte großen Glauben an die Echtheit seines Wandels – soviel man in einem solchen Falle nur haben kann.

Der Brief ist einer unserer Damen, sie ist Lehrerin an der Sonntagsschule, zugeschickt worden – vielleicht von Williams selber, wahrscheinlich aber vom Kaplan des Staatsgefängnisses. Es ist ihr sehr unangenehm, so bekannt geworden zu sein, denn es könnte als Vertrauensbruch ausgelegt werden oder Williams verletzen. Was die Veröffentlichung anbetrifft, so kann ich dazu keine Erlaubnis erteilen, denke aber, daß Sie, sofern Sie Namen und Orte auslassen und besonders wenn der Brief außer Landes geschickt wird, es auf Ihre Verantwortung ruhig tun können.

Es ist ein wundervoller Brief, den kein christlicher Geist geschweige denn ein ungeweihter geschrieben haben kann. Offenbart er doch das Werk der göttlichen Gnade in einer Menschenseele, und zwar in einer sehr heruntergekommenen und verdorbenen, und beweist damit seinen Ursprung und rügt unseren schwachen Glauben an ihre Macht, es mit jeder Form des Bösen aufzunehmen.

»Mr. Brown« aus St. Louis soll aus Hartford stammen.

Dienen alle, die ihr aus Hartford schickt, ihrem Herrn so gut?

PS, Williams befindet sich noch im Staatsgefängnis und verbüßt eine lange Strafe – neun Jahre, glaube ich. Er ist krank und leidet an Schwindsucht, allerdings habe ich mich in der letzten Zeit nicht nach ihm erkundigt. Ich nehme an, die betreffende Dame steht mit ihm in Briefwechsel und wird sich sicher um ihn kümmern.

Dieser Brief traf ein paar Tage nach seiner Niederschrift ein, und Mr. Williams' Aktien stiegen wieder. Mr. Warners entlarvender Verdacht kam ins kühle, kühle Grab, wo er offensichtlich hingehörte. Er stützte sich sowieso bloß auf innere Beweise, und innere Beweise, das ist ein weites Feld und ein Spiel, bei dem zwei mitmachen können: als Zeuge jener andere innere Beweis, entdeckt von dem Schreiber der oben zitierten Zeilen: »Es ist ein wundervoller Brief, den kein christlicher Geist geschweige denn ein ungeweihter geschrieben haben kann.«

Ich hatte nun die Druckerlaubnis – vorausgesetzt, daß ich die Namen und Orte wegließ und meine Erzählung außer Landes schickte. Und so wählte ich dafür dann eine australische Zeitschrift, weil die weit genug außer Landes war, und machte mich an meinen Artikel. Und die Pfarrer ließen die Brünnlein wieder fließen und den Brief die Pumpenschwengel bedienen.

Doch inzwischen war Bruder Page nicht müßig gewesen. Er hatte zwar nicht das Gefängnis besucht, dafür aber eine Kopie des berühmten Briefes an den Seelsorger jenes Instituts geschickt – allem Anschein nach mit ein paar Nachfragen. Er erhielt eine Antwort, deren Datum vier Tage älter war als die versichernde Epistel jenes anderen Bruders, und noch ehe ich meinen Artikel fertig hatte, gelangte sie in meine Hände. Ich habe das Original gerade vor mir, und ich hänge es hier an. Es steckt schön voller innerer Beweise unumstößlicher Art:

ZWEIUNDFÜNFZIGSTES KAPITEL

Staatsgefängnis, Kaplansbüro, 11. Juli 1873

Lieber Bruder Page!
Schicke Ihnen hiermit höflichst den Brief zurück, den Sie mir freundlicherweise geliehen haben. Ich fürchte, seine Echtheit kann nicht bestätigt werden. Er ist angeblich an einen Häftling hier gerichtet. Keiner unserer Anstaltsinsassen hat einen solchen Brief erhalten. Alle eingehende Post wird von den Gefängnisbeamten sorgfältig durchgelesen, ehe sie in die Hände der Häftlinge kommt, und einen solchen Brief kann man doch nicht vergessen. Außerdem ist Charles Williams kein Christ, sondern ein abgefeimter Mensch von lockerer Moral, dessen Vater Diener des Evangeliums ist. Den Namen hat er nur angenommen. Es freut mich, Ihre Bekanntschaft gemacht zu haben. Ich bereite einen Vortrag vor über das Leben, durch Gefängnisgitter gesehen, und würde denselben gern in Ihrer Gegend halten.

Und so endete dieses kleine Drama. Mein armer Artikel wanderte ins Feuer, denn obgleich jetzt viel mehr und weitaus reichhaltigeres Material vorhanden war als vorher, gab es rings um mich her Parteien, die sich zwar, als das Spielchen noch anders stand, nach der Veröffentlichung gesehnt hatten, nun aber geschlossen für seine Verheimlichung eintraten. Sie sagten: »Warten Sie – die Wunde ist noch zu frisch.« Plötzlich verschwanden sämtliche Kopien des berühmten Briefes außer meiner, und von da an setzte in den Kirchen wieder die alte Dürre ein. In der Stadt wurde eine Zeitlang nicht schlecht gegrinst, doch es gab darin auch Orte, wo kein Grinsen aufkam und wo es gefährlich war, den Brief des ehemaligen Zuchthäuslers zu erwähnen.

Ein Wort der Erklärung: »Jack Hunt«, den vorgeblichen Schreiber des Briefes, gab es gar nicht. Der Einbrecher Williams – Absolvent von Harvard und Sohn eines Geistlichen – hatte den Brief selber geschrieben, *an sich selber*, ihn aus dem Gefängnis geschmuggelt und an Personen weiterleiten lassen, die ihn bei seiner Bekehrung unterstützt und ermutigt hatten, Personen, bei denen er wußte, daß erstens die Echtheit des Briefes nicht bezweifelt oder untersucht und zweitens der Kern des Briefes bemerkt werden und wertvolle Wirkung zeitigen würde – nämlich eine Bewegung zur Begnadigung von Mr. Williams einleiten.

Dieser Kern ist so geschickt, so beiläufig eingeflochten und unmittelbar dort in den Schluß des Schreibens gesetzt, ohne weitere Erklärung, daß ein gleichgültiger Leser, sofern ihm das überhaupt auffällt, darin niemals das A und O des Briefes vermuten würde. Das hier ist der Kern:

»Hoffentlich tut das warme Wetter deine Lunge gut, *als du geblutet hast hatte ich angst du stirbst.* Grüße alle usw.«

Das ist alles – ein bloßes Andeuten, mehr nicht. Trotzdem war es für ein Auge bestimmt, das es sogleich entdecken würde, und es zielte darauf hinaus, eine mitleidige Seele zu rühren, damit sie versuchte, die Befreiung eines armen bekehrten und geläuterten Burschen zu bewirken, den die Schwindsucht in ihren grausamen Klauen hielt.

Als mir vor neun Jahren dieser Brief zum erstenmal vorgelesen wurde, hatte ich das Gefühl, es sei der bemerkenswerteste, der mir je begegnet war. Er erwärmte mich so für Mr. Brown aus St. Louis, daß ich erklärte, falls ich noch mal in jene Stadt käme, würde ich diesen hervorragenden Mann aufsuchen und ihm den Saum des Gewandes küssen, wenn es ein neues ist. Und nun war ich in St. Louis, auf die Suche nach Mr. Brown aber machte ich mich nicht, denn ach!, die Nachforschungen seinerzeit hatten ja ergeben, daß der edeldenkende Mr. Brown genausowenig existierte wie »Jack Hunt« und bloß erfunden war, erfunden von jenem talentierten Hochstapler Williams – Einbrecher, Absolvent von Harvard, Sohn eines Geistlichen.

DREIUNDFÜNFZIGSTES KAPITEL

Mein Heimatort

Wir schifften uns auf einem der schnellen Dampfer der St. Louis und St. Paul Packet Company ein und fuhren stromauf los.

DREIUNDFÜNFZIGSTES KAPITEL

Als ich noch ein Junge war und zum erstenmal die Mündung des Missouri sah, lag sie nach Schätzung der Lotsen zweiundzwanzig bis dreiundzwanzig Meilen oberhalb von St. Louis. Die Abtragung der Ufer hat sie inzwischen acht Meilen stromab verlegt, und die Lotsen sind der Meinung, daß der Fluß innerhalb von fünf Jahren durchbrechen und die Mündung weitere fünf Meilen verschieben und somit bis auf zehn Meilen an St. Louis heranbringen wird.

Gegen Einbruch der Nacht passierten wir den großen und blühenden Ort Alton in Illinois und am nächsten Morgen noch vor Tageslicht die Stadt Louisiana in Missouri, zu meiner Zeit ein verschlafenes Dorf, heute aber ein munterer Eisenbahnknotenpunkt, doch das sind die Städte da draußen ja jetzt alle. Ich konnte den Ort nicht so ohne weiteres wiedererkennen. Das wunderte mich, denn Anno 61 hatte ich mich aus der Rebellenarmee doch nach Louisiana zurückgezogen, und zwar geordnet zurückgezogen, zumindest geordnet genug für jemand, der noch nicht gelernt hatte, wie man so was vorschriftsmäßig macht, und sich auf sein bißchen mitgebrachtes Talent verlassen mußte. Für einen ersten Versuch im Rückzug schien mir das gar nicht schlecht gelungen. Während jenes ganzen Feldzuges hatte ich keinen Vormarsch gemacht, der da auch nur halbwegs mitgekommen wäre.

Eine Eisenbahnbrücke spannte sich hier über den Fluß, über und über betupft mit schimmernden Lichtern. Ein wunderschöner Anblick.

Um sieben Uhr früh erreichten wir Hannibal in Missouri, wo ich meine Kindheit verbracht habe. Ich hatte es vor fünfzehn Jahren einmal kurz wiedergesehen und sechs Jahre davor ebenfalls, aber beide Male so flüchtig, daß es kaum zählte. Die einzige Vorstellung, die ich von der Stadt noch hatte, war die Erinnerung an sie, wie ich sie kannte, als ich sie vor neunundzwanzig Jahren zum erstenmal verließ. Dieses Bild schwebte mir noch so deutlich und lebendig vor Augen wie eine Photographie. Ich stieg an Land mit den Empfindungen von jemand, der aus einer längst in der Versenkung verschwundenen Generation wiederkehrt. Ich konnte mir jetzt gut vorstellen, was die Gefangenen der Bastille gefühlt haben müssen, als sie herauskamen und nach Jahren der Einkerkerung auf Paris blickten und feststellten, wie seltsam sich vor ihnen Vertrautes und Fremdes vermischte. Ich sah die neuen Häuser – sah sie deutlich genug –, doch sie beeinträchtigten nicht die älteren Bilder in meinem Kopf, denn noch deutlicher sah ich durch ihre massiven Mauern aus Mörtel und Stein hindurch die verschwundenen Häuser, die früher dort gestanden hatten.

Es war Sonntagmorgen, und alles schlief noch. Ich ging durch die leeren Straßen und sah die Stadt immer noch so, wie sie war und nicht wie sie ist, und erkannte hundert vertraute Dinge, die nicht mehr existierten, und schüttelte ihnen im Geiste die Hand und stieg zum Schluß den Holiday's Hill hinauf, um eine weite Aussicht zu haben. Da lag dann die ganze Stadt unten vor mir ausgebreitet, und ich konnte jede Stelle, jede Einzelheit ausmachen und bestimmen. Natürlich war ich ziemlich gerührt. »Von den Leuten, die ich einst in dieser ruhigen und geborgenen Stätte meiner Kindheit kannte«, so sagte ich, »sind viele jetzt im Himmel und manche – nun, ich nehme stark an, die sind woandershin gekommen.«

Die Dinge um mich herum und vor mir gaben mir das Gefühl, wieder ein Junge zu sein, ja, sie überzeugten mich, daß ich wieder ein Junge war und bloß einen ungewöhnlich langen Traum geträumt hatte, doch meine Überlegungen verdarben das alles, denn sie zwangen mich zu sagen: »Ich sehe dort unten fünfzig alte Häuser, und in jedes davon könnte ich eintreten und würde einen Mann oder eine Frau finden, die Säuglinge oder noch gar nicht auf der Welt waren, als ich diese Häuser das letztemal sah, oder eine Großmutter, die zu jener Zeit eine dralle junge Braut war.«

Von dieser überlegenen Warte aus ist die umfassende Aussicht stromauf und stromab und über die bewaldeten Weiten von Illinois sehr schön – wohl eine der schönsten am Mississippi, was eine gewagte Behauptung ist, denn die achthundert Meilen Fluß zwischen St. Louis und St. Paul bieten eine ununterbrochene Folge lieblicher Bilder. Möglich, daß meine Liebe zu dem eben erwähnten mein Urteil zu seinen Gunsten beeinflußt, dazu kann ich nichts sagen. Wie dem auch sei, für mich war es ausreichend schön und hatte gegenüber all den anderen Bekannten, die ich wieder begrüßen wollte, den Vorteil, daß es sich nicht verändert hatte: es war so jung und frisch und anmutig wie je, während die Gesichter der anderen alt sein würden und voller Narben aus den Feldzügen des Lebens und gezeichnet von ihren Sorgen und Niederlagen und mir keine innere Erbauung geben könnten.

Ein alter Herr auf seinem frühen Morgenspaziergang kam heran, und wir unterhielten uns über das Wetter und kamen dann auf andere Dinge zu sprechen. An sein Gesicht konnte ich mich nicht erinnern. Er sagte, er lebte hier schon achtundzwanzig Jahre. Also war er erst nach meiner Zeit gekommen, und ich hatte ihn nie zuvor gesehen. Ich stellte ihm verschiedene Fragen, zuerst über einen meiner Kameraden aus der Sonntagsschule: Was war aus ihm geworden?

»Der ist auf ein College im Osten gegangen, hat sein Examen mit Auszeichnung bestanden und ist irgendwohin in die Welt gewandert, hat jedoch mit nichts Erfolg gehabt. Schon seit Jahren hat kein Mensch mehr was von ihm gehört, und man nimmt an, er ist vor die Hunde gegangen.«

»Als Junge war er ein heller Kopf, aus dem mal was zu werden versprach.«

»Tja, aber wie Sie sehen...«

Ich fragte nach einem anderen, dem allerklügsten in unserer Dorfschule, als ich ein Junge war.

»Auch der hat ein College im Osten mit Auszeichnung absolviert, aber das Leben hat ihn in jeder Schlacht immer gleich Prügel beziehen lassen, und er ist vor Jahren als geschlagener Mann in einem der Territorien gestorben.«

Ich fragte nach noch einem von den klugen Jungen.

»Der hat Erfolg, hat immer welchen gehabt und wird wohl immer welchen haben.«

Ich erkundigte mich nach einem jungen Burschen, der während meiner Kindheit in die Stadt gekommen war, um sich aufs Studium vorzubereiten.

»Der wechselte, ehe er fertig war, zu was anderem über

– von der Medizin zur Jura oder von der Jura zur Medizin – und dann wieder zu irgendwas Neuem, ging ein Jahr lang weg, heiratete, kam mit seiner jungen Frau zurück, ergab sich erst dem Trunk, dann dem Spiel hinter der Tür, brachte seine Frau mit den beiden Kindern kurzerhand zu ihrem Vater und verschwand nach Mexiko, wo er vom Regen in die Traufe kam und schließlich gestorben ist – ohne einen Cent für ein Leichentuch und ohne einen Freund für das letzte Geleit.«

»Schade, denn er war der gutmütigste und vergnügteste und hoffnungsvollste junge Bursche, den es je gegeben hat.«

Ich nannte einen anderen Jungen.

»Ach, dem geht's gut. Wohnt noch hier, hat Frau und Kinder und steht blendend da.«

Ähnliche Urteile über andere Jungen.

Ich erwähnte drei Schulmädchen.

»Die beiden ersten leben hier, sind verheiratet und haben Kinder, die andere ist schon lange tot – hat nie geheiratet.«

Ich nannte, mit Bewegung, eine meiner ersten Flammen.

»Der geht's gut. Ist dreimal verheiratet gewesen. Zwei Männer hat sie begraben, vom dritten ist sie geschieden, und wie ich höre, trifft sie Anstalten, einen alten Kerl irgendwo draußen in Colorado zu heiraten. Sie hat hier ringsum so gut wie überall Kinder.«

Die Antworten auf ein paar andere Fragen waren kurz und bündig: »Im Krieg gefallen.«

Ich nannte einen weiteren Jungen.

»Also mit dem, das ist ein Ding! Es gab keinen Menschen in der Stadt, der nicht wußte, daß dieser Junge ein ausgemachter Strohkopf und Einfaltspinsel war, ein richtiggehender Blödian. Jeder hat es gewußt, und jeder hat es gesagt. Ja, und wenn eben dieser Junge heute nicht der Erste Anwalt im Staate Missouri ist, will ich Demokrat sein!«

»Wirklich?«

»Ja, das ist die reine Wahrheit.«

»Wie erklären Sie sich das?«

»Erklären? Da gibt's nichts zu erklären. Man braucht

einen Dummkopf bloß nach St. Louis schicken und denen da nicht sagen, daß er geistig zurückgeblieben ist, rausfinden tun die das nie! Eins steht bombenfest: wenn ich so einen blöden Dummkopf hätte, wüßte ich, was ich mit dem machte: auf ein Schiff setzen und ab nach St. Louis – für solche Immobilien ist das der beste Markt der Welt. Ja, und wenn Sie's richtig nehmen und genau betrachten und sich durch den Kopf gehen lassen, übertrifft das da nicht alles, was Sie je gehört haben?«

»Das schon, aber meinen Sie nicht, daß es die Leute aus Hannibal sein könnten, die sich bei dem Jungen getäuscht haben, und nicht die aus St. Louis?«

»Ach, Unsinn! Die hier kennen ihn doch von der Wiege an, kennen ihn hundertmal besser als die Idioten in St. Louis ihn je kennenlernen konnten. Nein, wenn Sie irgendwelche blöden Dummköpfe haben, die Sie zu Geld machen wollen, nehmen Sie meinen Rat an: schicken Sie die nach St. Louis.«

Ich erwähnte eine große Anzahl früherer Bekannter. Einige waren tot, einige weggezogen, manche waren zu Wohlstand gekommen, manche zu nichts, bei rund einem Dutzend aber war die Antwort tröstlich: »Wohlhabend – wohnen noch hier – ihre Kinder über die Stadt verteilt.«

Ich fragte nach Miss...

»Vor drei oder vier Jahren in der Irrenanstalt gestorben – ist nach ihrer Einlieferung nie wieder rausgekommen und hat immer sehr gelitten, hat nicht das geringste bißchen Verstand mehr zurückgekriegt.«

Wenn das stimmte, was er sagte, handelte es sich hier um ein tragisches Schicksal. Sechsunddreißig Jahre in einem Irrenhaus, damit ein paar dumme junge Dinger ihren Spaß haben konnten! Als kleiner Knirps hatte ich jene unbesonnenen jungen Damen auf Zehenspitzen in das Zimmer kommen sehen, wo Miss... um Mitternacht bei einer Lampe saß und las. Das vorderste Mädchen trug ein Leichentuch und eine Teigmaske. Sie schlich von hinten auf ihr Opfer zu, tippte ihm auf die Schulter, und Miss... sah hoch und kreischte auf und fiel dann in Krämpfe. Sie erholte sich nie wieder von dem Schreck und wurde verrückt.

Heute will es einem kaum in den Kopf, daß die Menschen vor so kurzer Zeit noch an Geister glaubten. Taten sie aber.

Nach einigen Fragen über weitere Leute, die mir einfielen, erkundigte ich mich schließlich nach mir selber.

»Der? Der hat's weit genug gebracht – noch so ein Fall von verdammtem Dummkopf. Wenn sie den nach St. Louis geschickt hätten, wäre noch schneller was aus ihm geworden.«

Mit großer Befriedigung erkannte ich, wie weise es von mir war, mich diesem offenherzigen Herrn gleich zu Anfang als Smith vorgestellt zu haben.

VIERUNDFÜNFZIGSTES KAPITEL

Einst und jetzt

Wieder allein dort oben, fuhr ich fort, mir alte Häuser in der untenliegenden Stadt herauszupicken und ihre einstigen Bewohner aus der modrigen Vergangenheit zurückzurufen. Darunter erkannte ich schließlich auch das Haus des Vaters von Lem Hackett (fiktiver Name). In Sekundenschnelle trug es mich mehr als eine Generation zurück und ließ mich inmitten einer Zeit landen, in der die Ereignisse des Lebens nicht die natürliche und logische Folge großer, allgemeiner Gesetze, sondern besondere Gebote waren und von sehr genauen und bestimmten Absichten getragen wurden – teils um zu strafen, teils um zu ermahnen und gewöhnlich um handgreiflich mitgeteilt zu werden.

Als ich ein kleiner Junge war, ertrank Lem Hackett – und das an einem Sonntag. Er fiel aus einem leeren Prahm, in dem er gespielt hatte. Da er mit Sünde beladen war, sank er ab wie ein Klumpen Blei. Er war der einzige Junge im Dorf, der in dieser Nacht schlief. Wir anderen lagen alle wach und bereuten. Die an jenem Abend von der Kanzel verkündete Mitteilung, daß es sich bei Lem um ein besonderes Strafgericht handelte, wäre gar nicht nötig ge-

VIERUNDFÜNFZIGSTES KAPITEL

wesen – das wußten wir auch so. In der Nacht gab es ein schreckliches Gewitter, das unaufhörlich bis fast zum Morgengrauen wütete. Der Wind heulte, die Fenster klapperten, der Regen lief in Strömen über das Dach, und alle paar Augenblicke teilte sich die pechschwarze Finsternis der Nacht, leuchteten die Häuser gegenüber einen flackernden Moment lang weiß und blendend auf, und dann schloß sich die dichte Dunkelheit wieder, und es folgte ein krachender Donnerschlag, der alles in der Umgebung in Fetzen und Stücke zu reißen schien. Ich saß aufrecht im Bett, bebend und schaudernd, und wartete auf den Weltuntergang, mit dem ich fest rechnete. Daß sich der Himmel Lem Hacketts wegen so in Aufregung versetzte, darin lag für mich nichts Merkwürdiges und Ungereimtes. Das schien nur richtig und durchaus in Ordnung. Mir kamen keinerlei Zweifel, daß sämtliche Engel zusammengetreten waren und den Fall dieses Jungen besprachen und voller Billigung und Genugtuung das schreckliche Bombardement auf unser armseliges Nest zur Kenntnis nahmen. Ein Gedanke beunruhigte mich aufs äußerste: daß diese Konzentrierung des himmlischen Interesses auf unser Dorf unweigerlich die Aufmerksamkeit der Beobachter auf Leute unter uns lenken mußte, die sonst jahrelang unbemerkt geblieben wären. Ich hatte das Gefühl, nicht nur zu diesen Leuten zu gehören, sondern gerade der zu sein, den man ganz bestimmt entdecken würde. Das könnte dann nur eins zur Folge haben: ich würde zusammen mit Lem im Feuer schmoren, noch ehe der sich nach dem kühlen Bade einigermaßen aufgewärmt hatte. Ich wußte, daß das nicht mehr als recht und billig wäre. Und ich vergrößerte die Chancen gegen mich immer mehr, indem ich eine geheime Bitterkeit gegen Lem hegte, weil er diese verhängnisvolle Aufmerksamkeit auf mich gelenkt hatte, doch ich konnte nicht dagegen an – dieser sündige Gedanke wollte und wollte mir nicht aus dem Kopfe. Jedesmal, wenn der Blitz aufleuchtete, hielt ich den Atem an und meinte schon, es sei aus mit mir. Aus lauter Not und Angst wurde ich gemein und begann andere Jungen vorzuschlagen und Taten von ihnen zu erwähnen, die gottloser waren als meine und in besonderem Maße Bestrafung verdienten – und ich versuchte mir vorzumachen, ich täte das bloß beiläufig und nicht etwa, um die himmlische Aufmerksamkeit von mir ab- und auf sie hinzulenken. Ich kleidete diese Hinweise sehr scharfsinnig in die Form bekümmerter Erinnerungen und scheinheiliger Bitten, die Sünden der Jungen doch unbemerkt durchgehen zu lassen: »Kann ja sein, daß sie's bereuen.« – »Es stimmt zwar, Jim Smith hat eine Fensterscheibe zerbrochen und es hinterher abgeleugnet – aber wahrscheinlich hat er sich dabei nichts Böses gedacht. Und wenn Tom Holmes auch mehr gemeine Ausdrücke gebraucht als jeder andre Junge im Dorf, hat er möglicherweise doch die Absicht, sich zu bessern – obwohl er es nie gesagt hat. Und John Jones hat zwar an einem Sonntag ein bißchen geangelt, in Wirklichkeit aber nichts gefangen, bloß einen kleinen Zwergwels, mit dem er nichts anfangen konnte, und das wäre vielleicht gar nicht so schlimm, wenn er ihn dann wieder reingeworfen hätte – wie er gesagt hat, was jedoch nicht stimmt. Es ist ein Jammer, aber sie würden diese schrecklichen Dinge ja bereuen – und vielleicht tun sie's noch.«

Während ich schändlich versuchte, auf diese armen Kerle aufmerksam zu machen – die sicher im selben Augenblick die himmlische Aufmerksamkeit auf mich lenkten, obwohl mir dieser Verdacht nicht ein einziges Mal kam –, hatte ich jedoch unbedacht meine Kerze brennen lassen. Die Zeit war nicht danach angetan, auch nur die geringsten Vorsichtsmaßnahmen außer acht zu lassen. Warum sollte ich mich noch bemerkbarer machen? Also machte ich das Licht aus.

Das war eine lange Nacht für mich und vielleicht die jämmerlichste, die ich je verbracht habe. Ich stand Qualen der Reue aus, der Reue um Sünden, von denen ich wußte, daß ich sie begangen hatte, und um andere, bei denen ich Zweifel hatte, aber doch sicher war, daß sie gegen mich zu Protokoll gesetzt waren von einem Engel, der weiser war als ich und so wichtige Angelegenheiten nicht dem Gedächtnis anvertraute. Mit der Zeit kam mir zu Bewußtsein, daß mir in einer Hinsicht ein äußerst törichter und

VIERUNDFÜNFZIGSTES KAPITEL

unglücklicher Fehler unterlaufen war: Zweifellos hatte ich mit dem Aufmerksammachen auf die anderen Jungen nicht nur meine eigene Vernichtung gesichert, sondern deren bereits herbeigeführt! Bestimmt waren sie inzwischen schon alle in ihren Betten vom Blitz erschlagen worden! Im Vergleich zu der Angst und Qual, die mir dieser Gedanke bereitete, schien mir, was ich vorher ausgestanden hatte, geradezu unbedeutend.

Die Lage war nun wirklich ernst. Ich beschloß, sofort ein neues Leben anzufangen, und ich nahm mir vor, mich gleich am nächsten Tage – falls es mir vergönnt sein sollte, dessen Sonne zu schauen – der Kirche anzuschließen. Ich gelobte, mich von der Sünde in all ihren Formen fernzuhalten und mich von nun an stets eines makellosen und edlen Lebenswandels zu befleißigen. Ich wollte immer pünktlich in der Kirche und in der Sonntagsschule sein, Kranke besuchen und den Armen Körbe mit Lebensmitteln bringen (lediglich um die vorgeschriebenen Bedingungen zu erfüllen, obgleich ich wußte, daß wir niemand unter uns hatten, der so arm gewesen wäre, daß er mir für meine Mühe nicht den Korb um die Ohren gehauen hätte), ich wollte andere Jungen auf den rechten Weg führen und die damit verbundenen Prügel geduldig hinnnehmen, ich wollte ausschließlich von Traktaten leben, ich wollte ins Wirtshaus eindringen und den Trunkenbold warnen – und schließlich wollte ich, falls ich dem Schicksal derer entging, die schon früh zu gut für diese Welt werden, als Missionar hinausziehen.

Gegen Tagesanbruch verzog sich das Unwetter, und ich schlummerte allmählich ein, mit einem Gefühl der Verpflichtung gegenüber Lem Hackett, weil er auf diese jähe Weise ins ewige Leiden gegangen war und so ein viel schrecklicheres Unglück verhindert hatte – meinen eigenen Tod.

Doch als ich dann erfrischt aufwachte und feststellte, daß die anderen Jungen noch am Leben waren, kam mir eine dunkle Ahnung, daß es vielleicht falscher Alarm gewesen und der ganze Wirbel bloß wegen Lem inszeniert worden sei und wegen niemand weiter. Die Welt sah so hell und sicher aus, daß eigentlich keine Veranlassung mehr bestand, ein neues Leben anzufangen. Ich war während jenes Tages etwas kleinlaut und vielleicht auch noch am nächsten, dann aber geriet mein Vorsatz der Besserung langsam in Vergessenheit, und ich verbrachte wieder friedliche, behagliche Zeiten – bis zum nächsten Gewitter.

Das kam ungefähr drei Wochen später und war für mich das unerklärlichste, das ich je erlebt hatte, denn am Nachmittag jenes Tages war »Dutchy« ertrunken. Dutchy gehörte zu unserer Sonntagsschule. Er war ein deutscher Junge, dem das Stroh zwischen den Haaren durchwuchs, der aber auf die Nerven gehend brav war und über ein enormes Gedächtnis verfügte. Eines Sonntags machte er sich zum Gegenstand des Neides der ganzen Jugend und zum Gesprächsthema des bewundernden Dorfes, denn er sagte dreitausend Bibelverse auf, ohne ein einziges Wort auszulassen, und gleich am Tage darauf ging er hin und ertrank.

Die Umstände verliehen seinem Tode etwas besonders Eindrucksvolles. Wir badeten alle in einem schlammigen Bach, in dem sich eine tiefe Stelle befand, wo die Böttcher einen Stapel grüner Hickorystäbe für Faßreifen zum Einweichen versenkt hatten, ungefähr zwölf Fuß unter Wasser. Wir tauchten und spielten »wer am längsten unten bleiben kann«. Wir konnten so lange unten bleiben, indem wir uns an den Hölzern festhielten. Dutchys Leistungen waren dabei so kläglich, daß er beim Hochkommen jedesmal mit Gelächter und Spott begrüßt wurde. Schließlich schien ihn unser Hänseln zu kränken, und er bat uns, auf dem Ufer stehenzubleiben und fair zu sein und ehrlich zu zählen – »nur dies eine Mal nett zu ihm zu sein und nicht falsch zu zählen, bloß um ihn auslachen zu können«. Verräterisches Augenzwinkern wurde ausgetauscht, und alle sagten: »Gut, Dutchy, fang an, wir schummeln nicht.«

Dutchy sprang hinein, doch die Jungen, anstatt mit dem Zählen anzufangen, folgten einem der Ihren und rannten schnell zu einer Reihe Brombeerbüsche in der Nähe und versteckten sich dahinter. Sie malten sich Dutchys Demütigung aus, wenn er nach übermenschlicher Anstrengung auftauchen und den Ort leer und schweigend vorfinden würde und ohne einen Menschen zum Applaudieren. Das schien ihnen so urkomisch, daß sie in einem fort losglucksten.

Die Zeit verging, und schließlich sagte einer, der durch die Dornbüsche linste, erstaunt: »Er ist ja immer noch nicht hochgekommen!«

Das Lachen hörte auf.

»Mann, kann der tauchen!« entfuhr es einem.

»Schadet nichts«, erklärte ein anderer, »um so schöner legen wir ihn rein.«

Einer oder zwei sagten noch etwas, und dann wurde kein Wort mehr gesprochen. Alle guckten durch die Ranken. Es dauerte nicht lange, und auf den Gesichtern der Jungen malte sich erst Unbehagen, dann Angst und schließlich Schrecken. Noch immer zeigte sich auf dem ruhigen Wasser keine Bewegung. Herzen begannen zu pochen und Gesichter blaß zu werden. Schweigend glitten alle hinaus und blieben auf dem Ufer stehen, und mit angstgeweiteten Augen sahen wir abwechselnd uns und das Wasser an.

»Einer muß runter und nachsehen!«

Ja, das war klar, aber niemand wollte diese gräßliche Aufgabe übernehmen.

»Strohhalme ziehen!«

Wir taten es – mit so zitternden Händen, daß wir kaum wußten, was wir machten. Das Los fiel auf mich, und ich tauchte hinunter. Das Wasser war schlammig, und ich konnte nichts sehen, doch ich tastete zwischen den Hölzern herum, und bald kriegte ich ein schlaffes Handgelenk zu fassen, das auf meinen Griff nicht reagierte – und wenn es reagiert hätte, ich hätte es nicht bemerkt, ich war so erschrocken, daß ich sofort losließ.

Dutchy hatte sich zwischen den Stäben verfangen und war dort hilflos eingeklemmt. Ich floh an die Oberfläche und berichtete die Schreckensbotschaft. Einige von uns wußten, daß der Junge, wenn man ihn sofort herausholte, unter Umständen wiederbelebt werden könnte, aber keiner dachte daran. Wir dachten an überhaupt nichts, und da wir weder aus noch ein wußten, taten wir auch nichts – außer daß die Kleineren erbärmlich heulten und wir alle wie wahnsinnig in unsere Sachen fuhren, wobei wir anzogen, was uns gerade in die Hände kam, und meist noch verkehrt rum. Dann rannten wir davon und schlugen Alarm. Zurückgehen und das Ende der Tragödie mit ansehen, tat keiner von uns. Wir hatten uns um Wichtigeres zu kümmern: Wir flüchteten alle nach Hause und verloren keinen Augenblick, uns darauf vorzubereiten, ein besseres Leben zu führen.

Schließlich brach die Nacht herein. Dann zog jenes gewaltige und ganz und gar unerklärliche Gewitter auf. Ich war wie vor den Kopf geschlagen, mir war das völlig unbegreiflich. Irgendwo mußte ein Fehler vorliegen. Die entfesselten Elemente bummerten und knallten und schossen in blinder Wut drauflos. Ich verlor jeden Mut und jede Hoffnung und wurde den trostlosen Gedanken nicht los: ›Wenn nicht mal ein Junge den Ansprüchen genügt, der dreitausend Verse auswendig kann, hat da jemand anders überhaupt Aussichten?‹

Ich zweifelte natürlich keinen Augenblick daran, daß das Gewitter Dutchys wegen inszeniert worden sei beziehungsweise daß unbedeutende Kreaturen wie er einer so majestätischen Demonstration von oben würdig wären. Sorgen bereitete mir nur die Lehre daraus, denn wenn nicht mal Dutchy mit all seinen Tugenden entzückte, hatte es für mich sicher gar keinen Zweck, ein neues Leben anzufangen; an diesen Jungen käme ich ja doch nie heran, und wenn ich mir noch soviel Mühe geben würde. Das neue Leben begann ich trotzdem – eingebleute Furcht zwang mich dazu –, aber dann kamen Tage voll Heiterkeit und Sonnenschein, und innerhalb eines Monats war ich wieder in meinem alten Trott und so verloren und unbeschwert wie eh und je.

Während ich diesem Gedanken nachhing und mir jene alten Geschehnisse ins Gedächtnis rief, war es Zeit zum Frühstücken geworden. Ich brachte mich also wieder in die Gegenwart zurück und stieg den Hügel hinunter.

Auf meinem Wege durch die Stadt zum Hotel sah ich das Haus, in dem ich meine Kindheit verbracht habe. Die Leute, die jetzt darin wohnen, sind nach heutigen Preisen nicht wertvoller als ich, zu meiner Zeit aber hätten sie pro Kopf nicht unter fünfhundert Dollar gebracht. Es sind Farbige.

Nach dem Frühstück zog ich wieder allein los. Ich wollte ein paar von den Sonntagsschulen aufsuchen und einmal sehen, wie sich die jetzige Generation von Schülern im Vergleich zu ihren Vorgängern ausnehmen würde, die mit mir dort gesessen und mich wahrscheinlich als Vorbild genommen haben – obwohl ich mich an letzteres jetzt nicht mehr erinnern kann. Am Gemeindeplatz stand seinerzeit eine dürftige kleine Backsteinkirche, die das »Alte Schiff Zions« hieß und in die ich als Sonntagsschüler gegangen war, und ich fand auch leicht wieder hin, doch die alte Kirche war weg, und an ihrer Stelle stand ein schmuckes und ziemlich heiteres neues Gebäude. Die Schüler waren besser gekleidet und sahen besser aus als die zu meiner Zeit, hatten also mit ihren Vorfahren wenig gemein und in ihren Gesichtern für mich nichts Vertrautes. Und doch betrachtete ich sie mit großem Interesse und wehmutsvoller Sehnsucht, und wenn ich ein Mädchen gewesen wäre, hätte ich geweint, denn sie waren die Nachkommen und Platznachfolger von Jungen und Mädchen, von denen ich vor vielen Jahren manche gern geliebt und manche gern gehaßt habe, die mir aber eben deshalb alle lieb und teuer gewesen sind – mein Gott, wo mochten sie jetzt sein!

Ich war mächtig bewegt und wäre dankbar gewesen, ungestört bleiben und mich satt sehen zu dürfen, doch ein Kirchenaufseher mit Glatze, der als Wuschelkopf mit mir dort die Sonntagsschulbank gedrückt hat, erkannte mich, und ich stotterte jenen Kindern irgendwelchen wüsten Unsinn vor, um die Gedanken zu verbergen, die ich in der Brust trug und die nicht hätten ausgesprochen werden können, ohne meine Rührung zu verraten, und dann hätte es geheißen, so was paßt nicht zu mir.

Ohne Vorbereitung Reden zu halten, gehört nicht zu meinen Begabungen, und ich war entschlossen, jede weitere Gelegenheit zu meiden. Als ich in der nächsten und größeren Sonntagsschule ganz hinten saß und bloß lauter Rücken vor mir hatte, juckte es mich aber doch, einen Moment aufs Podium zu steigen, um mir die Schüler richtig angucken zu können. In der Eile fiel mir keine der schwachsinnigen Tiraden ein, mit denen Besucher mich zu beleidigen pflegten, als ich dort Schüler war, und das war schade, denn ich hätte dadurch Zeit und einen Vorwand gewonnen, länger vorn zu bleiben und mir nach Herzenslust das anzusehen, von dem ich sagen darf, daß es lauter frische, junge Anmut war, wie sie wohl keine andere Sonntagsschule dieser Größe aufweisen kann. Da ich bloß redete, um gucken zu können, und das abseitige Gefasel einzig deswegen auswalzte, um die Inspektion zu verlängern, hielt ich es für nur anständig, diese niedrigen Motive zu bekennen, und tat es dann auch.

Sollte der Musterknabe in einer dieser Sonntagsschulen gewesen sein, so habe ich ihn nicht gesehen. Der Musterknabe meiner Zeit – wir hatten bloß den einen – war vollkommen: vollkommen in den Manieren, vollkommen in der Kleidung, vollkommen im Benehmen, vollkommen in Ehrfurcht vor den Eltern, vollkommen in äußerer Frömmigkeit; im Grunde aber war er ein affektierter Kerl, und was die Füllung seines Schädels anbelangte, so hätte die gut und gerne gegen die eines Pfannkuchens ausgewechselt werden können, und außer dem Pfannkuchen wäre dabei niemand schlecht gefahren. Die Tadellosigkeit dieses Tugendboldes war für jeden Jungen im Dorf ein stehender Vorwurf. Er wurde von allen Müttern bewundert und von all deren Söhnen verabscheut. Ich habe erfahren, was aus ihm geworden ist, aber da es eine Enttäuschung für mich war, will ich da gar nicht erst ins Detail gehen. Er hat Erfolg im Leben gehabt.

FÜNFUNDFÜNFZIGSTES KAPITEL

Eine Blutrache und anderes

Während meines dreitägigen Aufenthaltes in der Stadt wachte ich jeden Morgen mit dem Eindruck auf, ich wäre

FÜNFUNDFÜNFZIGSTES KAPITEL

ein Junge – denn in meinen Träumen waren die Gesichter alle wieder jung und sahen noch genauso aus wie damals. Doch wenn ich abends zu Bett ging, war ich immer hundert Jahre alt – inzwischen hatte ich nämlich jene Gesichter so gesehen, wie sie jetzt sind.

Natürlich erlebte ich zu Anfang, ehe ich mich an die veränderte Lage gewöhnt hatte, einige Überraschungen. Ich traf zwei junge Damen, die sich überhaupt nicht verändert zu haben schienen, aber dann stellte sich heraus, daß es die Töchter – manchmal auch die Enkelinnen – der jungen Damen waren, die ich im Kopf hatte. Wenn man hört, daß eine fünfzigjährige Fremde Großmutter ist, findet man nichts weiter dabei, handelt es sich dagegen um eine Frau, die man als kleines Mädchen gekannt hat, kommt einem das unmöglich vor. Man fragt sich: ›Wie kann ein kleines Mädchen Großmutter sein?‹ Es dauert sein Weilchen, bis man sich damit abfindet und sich vergegenwärtigt, daß, während wir selber alt geworden sind, unsere Bekannten ja auch nicht stehengeblieben sind.

Am auffallendsten, fand ich, hatten sich die Frauen verändert. Ich sah Männer, denen dreißig Jahre nur wenig angehabt hatten. Ihre Frauen aber waren alt geworden. Es handelte sich dabei um gute Frauen; gut sein zehrt.

Da war ein Sattler, den ich gern wiedergesehen hätte, doch ich traf ihn nicht mehr an. Schon lange Jahre tot, sagte man mir. Ein- bis zweimal am Tage stürmte dieser Sattler die Straße hinunter und zog sich beim Rennen den Rock über, und dann wußte jeder, ein Dampfschiff kam. Und jeder wußte auch, daß John Stavely mit dem Schiff niemand, ja nicht einmal irgendwelche Fracht erwartete, und es muß Stavely bekannt gewesen sein, daß jeder das wußte, aber das machte ihm nichts aus. Es gefiel ihm, sich so vorzukommen, als erwartete er mit diesem Schiff hunderttausend Tonnen Sättel, und das hielt er sein ganzes Leben lang so und hatte Freude daran, getreu zur Stelle zu sein, um diese Sättel in Empfang zu nehmen und zu quittieren, falls sie durch irgendein Wunder doch noch kämen. Unser Nest wurde von einer bissigen Zeitung aus Quincy immer spöttisch »Stavelys Anlegestelle« genannt. Stavely war eins meiner frühesten Idole. Ich beneidete ihn um seinen eingebildeten Hochbetrieb und die Wichtigkeit, mit der er ihn vor Fremden zur Schau tragen konnte, wenn er die Straßen hinunterraste und nicht schnell genug in seinen flatternden Rock kam.

Mein Hauptheld jedoch war ein Tischler. Daß er bloß ein Maulheld war, wußte ich nicht; ich glaubte alles, was er sagte. Er war ein romantischer, sentimentaler und rührseliger Schwadroneur, und sein Gebaren erfüllte mich mit Ehrfurcht. Ich erinnere mich noch lebhaft an das erstemal, als er mich ins Vertrauen zog. Er hobelte gerade ein Brett, und hin und wieder hielt er inne und stieß einen tiefen Seufzer aus und murmelte ein paar abgebrochene Sätze, verworren und unverständlich, doch mitten drin entfuhr ihm manchmal ein Ausruf, der mir einen Schauer über den Rücken jagte und mir guttat. Einer lautete: »O Gott, es ist sein Blut!« Ich saß auf dem Werkzeugkasten und bewunderte den Tischler ergeben und schaudernd, denn ich meinte, er müsse voller Verbrechen stecken. Schließlich fragte er mit leiser Stimme:

»Mein kleiner Freund, kannst du ein Geheimnis bewahren?«

Eifrig sagte ich ja.

»Ein düsteres und furchtbares?«

Ich überzeugte ihn davon.

»Dann will ich dir etwas aus meinem Leben erzählen. Ich *muß* mein beladenes Gewissen erleichtern, sonst sterbe ich!«

Er warnte mich noch einmal, »verschwiegen wie ein Grab« zu sein. Dann erzählte er mir, er sei ein »Mörder mit vor Blut triefenden Händen«. Er setzte den Hobel ab, streckte seine Hände aus, betrachtete sie traurig und sagte: »Sieh – mit diesen Händen habe ich dreißig Menschen umgebracht!«

Die Wirkung, die das auf mich machte, war eine Inspiration für ihn, und nun drehte er auf. Er blieb nicht im Allgemeinen stecken, sondern ging ins Detail – begann mit seinem ersten Mord, beschrieb ihn, erzählte, was er für Maßnahmen ergriffen habe, um Verdacht abzulenken, ging dann zu seinem zweiten Mord über, seinem dritten, seinem vierten und so weiter. Er hatte seine Morde immer mit einem langen Jagdmesser verübt, und mir standen alle Haare zu Berge, als er es plötzlich zückte und mir zeigte.

Aus dieser ersten Séance ging ich mit sechs seiner furchtbaren Geheimnisse beladen nach Hause und stellte fest, daß sie meinen Träumen eine große Hilfe waren, denn die hatten seit einiger Zeit sehr nachgelassen. An den schulfreien Sonnabenden suchte ich ihn immer wieder auf, und das den ganzen Sommer über – keine einzige Stunde hätte ich davon missen mögen. Seine Geschichten verloren nie an Faszination, denn er wußte in jeden folgenden Mord ein paar neue und aufregende Grauslichkeiten zu legen. Er nannte stets Namen, Daten, Orte und alles. Und dabei fiel mir bald zweierlei auf: daß er seine Opfer in sämtlichen Teilen der Welt getötet hatte und daß diese Opfer alle Lynch hießen. Die Ausrottung der Lynchs ging munter weiter, Sonnabend für Sonnabend, bis sich die ursprünglichen dreißig auf sechzig vermehrt hatten – und noch weitere zu erwarten waren. Schließlich siegte meine Neugier über meine Schüchternheit und ich fragte, wie es denn komme, daß diese zu Recht getöteten Personen alle den gleichen Namen trugen.

Mein Held sagte, dieses dunkle Geheimnis hätte er zwar noch keinem Menschen anvertraut, er habe aber das Gefühl, daß es bei mir sicher aufgehoben sei, und deshalb wolle er mir die Geschichte seines traurigen und verpfuschten Lebens rückhaltlos enthüllen. Er habe ein Mädchen geliebt, »zu schön für diese Welt«, und sie sei ihm »mit all der süßen Hingebungskraft ihrer reinen und edlen Natur« ergeben gewesen. Doch sein Rivale, ein »gemeiner Mietling« namens Archibald Lynch, habe erklärt, das Mädchen müsse die Seinige werden, sonst würde er »seine Hände in ihr bestes Herzblut tauchen«. Der Tischler, »unschuldig und glücklich im jungen Traum der Liebe«, hatte der Drohung keine Bedeutung beigemessen, sondern seinen »goldhaarigen Engel zum Altar geführt«, wo die beiden vereint wurden und wo auch, gerade als der Priester seine Hände segnend über ihre Köpfe hielt, die grausame Tat verübt wurde – und zwar mit einem Messer – und die Braut ihrem angetrauten Gatten tot zu Füßen sank. Und was tat der Bräutigam? Er zog jenes Messer heraus, und neben der Leiche seiner Auserwählten kniend, schwor er, »sein Leben der Ausrottung all des menschlichen Abschaums zu weihen, der den verhaßten Namen Lynch trägt«.

Das war's. Von jenem Tage an hatte er die Lynchs zu Tode gehetzt und abgeschlachtet – zwanzig Jahre lang. Immer hatte er dazu das geheiligte Messer benutzt, hatte mit eben diesem Messer seine lange Reihe Lynchs ermordet und auf der Stirn von jedem Opfer ein besonderes Zeichen hinterlassen: ein tief eingeschnittenes Kreuz.

Er fügte erklärend hinzu: »Das Kreuz des Geheimnisvollen Rächers ist in Europa, in Amerika, in China, in Siam, in den Tropen, in beiden Eismeeren, in den Wüsten Asiens, ja auf der ganzen Welt bekannt. Wo sich auch immer in den entferntesten Teilen des Erdballs ein Lynch hat blicken lassen, ist das Geheimnisvolle Kreuz gesehen worden, und denen, die es gesehen haben, ist ein Schauer durch die Glieder gefahren, und sie haben gesagt: ›Es ist sein Zeichen. Er ist hier gewesen!‹ Du hast doch schon vom Geheimnisvollen Rächer gehört – sieh ihn dir an, denn vor dir steht niemand Geringerer als er! Doch merk dir: laß kein Sterbenswort davon zu irgendeinem Menschen verlauten. Schweige und warte ab. Eines Morgens wird diese Stadt entsetzt zusammenströmen, um eine blutbefleckte Leiche zu betrachten, und auf deren Stirn wird man das schreckliche Zeichen sehen, und die Menschen werden zittern und flüstern: ›Er ist hier gewesen – es ist das Zeichen des Geheimnisvollen Rächers!‹ Und wenn du herkommst, werde ich verschwunden sein, und du wirst mich nie wiedersehen.«

Dieser Esel hat zweifellos den »Jibbenainosay« gelesen, und sich dadurch seinen armen versponnenen Kopf verdrehen lassen. Da ich das Buch damals aber noch nicht kannte, nahm ich sein Geflunker für bare Münze und wäre gar nicht auf die Idee gekommen, daß er ein Plagiator war.

Nun hatten wir in der Stadt einen Lynch wohnen, und je mehr ich über dessen bevorstehendes Schicksal nachdachte, desto weniger konnte ich schlafen. Ihn zu retten, schien mir reine Menschenpflicht, eine noch eindeutigere und viel wichtigere Pflicht aber, mir wieder etwas Schlaf zu verschaffen, und so wagte ich es schließlich, zu Mr. Lynch zu gehen und ihm – unter dem Siegel strengster Verschwiegenheit – zu erzählen, was ihm drohte. Ich gab ihm den Rat zu »fliehen« und erwartete selbstverständlich, daß er es tun würde. Er aber lachte mich aus, und damit nicht genug, führte er mich hinunter in die Werkstatt des Tischlers, hielt dem wegen seiner dummen Aufschneidereien eine höhnische und geharnischte Standpauke, gab ihm eine Backpfeife und ließ ihn niederknien und Abbitte leisten – und dann ging er, damit ich Gelegenheit hatte, mir die billige und erbärmliche Ruine dessen zu betrachten, was in meinen Augen vor noch so kurzem strahlender und unvergleichlicher Held war. Der Tischler brauste auf, schwenkte sein Messer und verdammte diesen Lynch in seinem üblichen Vulkanstil und mit unvermindert schicksalsschweren Worten, doch das hätte er sich sparen können; es zog nicht mehr. Für mich war er doch bloß noch ein armseliger, törichter, entlarvter Lügenbold. Ich schämte mich seinetwegen, und ich schämte mich auch vor mir selber. Ich hatte jedes Interesse an ihm verloren und ging nie wieder in seine Werkstatt. Das war ein schwerer Verlust für mich, denn er war der größte Held, den ich je gekannt hatte. Der Kerl muß nicht ohne Talent gewesen sein, denn ein paar seiner eingebildeten Morde waren so lebendig und dramatisch beschrieben, daß ich mich jetzt noch an alle Einzelheiten erinnere.

Hannibal selbst hat sich nicht weniger verändert als seine Einwohner. Es ist kein Dorf mehr, sondern eine große Stadt mit Bürgermeister und Stadtrat und Wasserwerken und wahrscheinlich auch mit Schulden. Es hat fünfzehntausend Einwohner und macht sich auch sonst. Gepflastert ist es so wie der übrige Westen und Süden – wo eine gutgepflasterte Straße und ein anständiger Bürgersteig so selten anzutreffende Dinge sind, daß man sie bezweifelt, wenn man sie doch sieht. Hannibal ist jetzt Knotenpunkt des üblichen halben Dutzends Bahnlinien; der neue Bahnhof hat hunderttausend Dollar gekostet. Zu meiner Zeit hatte der Ort nichts Besonderes und als Umschlagplatz überhaupt keinen Namen. Der tägliche Postdampfer lud gewöhnlich seine Passagiere ab und kaufte einen Katzenwels und nahm einen anderen Passagier und einen Fingerhut voll Fracht mit, doch inzwischen hat sich ein ausgedehnter Holzhandel entwickelt, der wiederum zu einem großen gemischten Handel geführt hat. Eine Menge Geld wechselt jetzt dort die Hand.

Der Bärenbach – der wahrscheinlich so heißt, weil an seinen Ufern Beeren wachsen – ist unter Inseln und Bergen von aufgestapeltem Bauholz versteckt, und es können ihn nur noch Experten finden. Ich pflegte regelmäßig jeden Sommer darin abzusaufen und von irgendeinem zufällig des Wegs kommenden Feind trockengelegt und wieder voll Luft gepumpt und in Gang gebracht zu werden. Heute aber sind die wenigen unbedeckten Stellen des Baches nicht mehr groß genug, daß jemand darin ertrinken könnte. Seinerzeit war er eine berühmte Fieberbrutstätte. Ich erinnere mich an einen Sommer, wo der ganze Ort von Schüttelfrost befallen war. Viele Schornsteine kippten um, und die Häuser wurden alle so durchgerüttelt, daß die Stadt neu gebaut werden mußte. Die klaffende Schlucht zwischen Lover's Leap und dem westlich davon liegenden Hügel soll nach Meinung der Wissenschaftler durch Gletscherbewegung entstanden sein. Das ist ein Irrtum.

Ein, zwei Meilen unterhalb Hannibals gibt es im Steilufer eine interessante Höhle. Ich hätte sie mir gern wieder einmal angesehen, doch es fehlte mir an Zeit. Als ich ein Junge war, hatte der Mann, dem sie gehörte, daraus ein Mausoleum für seine vierzehnjährige Tochter gemacht. Die Leiche des armen Kindes war in einen mit Alkohol gefüllten Kupferzylinder gesteckt und dieser in einer der düsteren Höhlenfluchten aufgehängt worden. Der Deckel von dem Zylinder war abnehmbar, und bei der niederen Sorte Touristen soll es Usus gewesen sein, das Gesicht der Toten freizulegen und zu untersuchen und dumme Bemerkungen darüber zu machen.

SECHSUNDFÜNFZIGSTES KAPITEL

Ein juristisches Problem

Das Schlachthaus an der Mündung des Bärenbaches ist verschwunden und ebenso das kleine Gefängnis (oder die »Kalabuse«), das in seiner Nähe stand. Ein Bürger fragte mich: »Wissen Sie noch, wie Jimmy Finn, der Trunkenbold der Stadt, bei lebendigem Leibe in der Kalabuse verbrannte?«

Man beachte hier, wie durch den Verlauf der Zeit und durch das schlechte Gedächtnis der Menschen Geschichte verfälscht wird. Jimmy Finn war nicht in der Kalabuse umgekommen, sondern in einer Lohgrube eines natürlichen Todes gestorben – an Delirium tremens verbunden mit Selbstverbrennung. Wenn ich sage eines natürlichen Todes, so meine ich damit, für Jimmy Finn war das ein durchaus natürlicher Tod. Bei dem Opfer der Kalabuse hatte es sich um keinen Einheimischen gehandelt, sondern um einen armen Fremden, einen harmlosen, whiskydurchtränkten Landstreicher. Ich wußte über seinen Fall mehr als sonst jemand, ja ich wußte damals viel zuviel darüber, als daß ich gern davon gesprochen hätte. Dieser Tippelbruder war eines frostigen Abends mit einer Pfeife im Mund durch die Stadt gestromert und hatte um ein Streichholz gebettelt. Er erhielt weder Feuer noch Höflichkeit, im Gegenteil, ein Trupp böser Buben lief ihm hinterher und vergnügte sich damit, ihn zu hänseln und zu belästigen. Ich machte fleißig mit, doch schließlich rührte eine flehentliche Bitte des Wanderers um Nachsicht mit ihm und seiner verlorenen und freudlosen Lage an das, was an Scham- und Feingefühl noch in mir war, und ich ging ihm ein paar Streichhölzer holen, dann trollte ich mich mit schwerbeladenem Gewissen und wenig heiterer Stimmung nach Hause und ins Bett. Ein paar Stunden später wurde der Mann vom Marschall – großer Name für einen einfachen Gendarmen, doch das war sein offizieller Titel – festgenommen und in die Kalabuse gesperrt. Um zwei Uhr früh läuteten die Kirchenglocken Feuer, und natürlich standen alle auf –

ich mit. Der Tramp hatte seine Streichhölzer unheilvoll verwendet. Er hatte seinen Strohsack angesteckt, und die Flammen waren auf die eichene Verschalung der Zelle übergesprungen. Als ich ankam, scharten sich dort zweihundert Männer, Frauen und Kinder und starrten wie versteinert auf die vergitterten Fenster des Gefängnisses. Hinter den Eisenstäben und wild daran reißend und um Hilfe schreiend stand der Landstreicher, ein schwarzer Gegenstand gegen eine Sonne, so hell und stark war das Licht in seinem Rücken. Jener Marschall war nicht aufzutreiben, und er hatte den einzigen Schlüssel. Ein Mauerbrecher wurde schnell improvisiert, und das Bummern seiner Stöße gegen die Tür klang so ermutigend, daß die Zuschauer in laute Bravorufe ausbrachen und die barmherzige Schlacht gewonnen glaubten. Das war sie aber nicht. Die Balken erwiesen sich als zu stark, sie gaben nicht nach. Später wurde erzählt, daß der Todesgriff des Mannes, nachdem er schon tot gewesen sei, immer noch an den Gitterstäben festgehalten habe und daß in dieser Haltung sich die Flammen um ihn geschlossen und ihn verzehrt hätten. Ob das stimmt, weiß ich nicht. Was gesehen worden ist, nachdem ich das durch die Stäbe flehende Gesicht erkannte, haben andere gesehen, ich nicht.

Dies Gesicht, in eben dieser Lage, sah ich hinterher lange Zeit jede Nacht, und ich hielt mich an dem Tode des Mannes für so schuldig, als ob ich ihm die Streichhölzer extra dazu gegeben hätte, sich damit in Flammen zu setzen. Ich zweifelte nicht daran, daß man mich hängen würde, falls meine Verbindung mit dieser Tragödie herauskäme. Die Ereignisse und Eindrücke jener Zeit sind in mein Gedächtnis eingebrannt, und ihr Studium unterhält mich jetzt genausosehr, wie sie mich damals quälten. Sprach jemand von dieser gräßlichen Angelegenheit, war ich sofort ganz Ohr und paßte auf jedes Wort auf, denn ich fürchtete und erwartete ständig, die Feststellung machen zu müssen, daß ich verdächtigt wurde, und das Wahrnehmungsvermögen meines schuldbeladenen Gewissens war so fein und überempfindlich, daß es oft in Bemerkungen Verdacht entdeckte, die nicht auf das Geringste hinauswollten, und in Blicken und Gesten, die keinerlei Bedeutung hatten, mich aber nichtsdestoweniger in panischer Angst schlottern ließen. Und wie elend mir wurde, wenn jemand, und war es noch so beiläufig und ohne jede Absicht, das Sprichwort fallenließ: »Mord will ans Licht!« Für einen Jungen von zehn hatte ich eine ganz schöne Last mit rumzuschleppen.

Dummerweise vergaß ich die ganze Zeit über eines: daß ich die Angewohnheit hatte, im Schlaf zu reden. Eines Nachts jedoch wachte ich auf und merkte, mein jüngerer Bruder – mit dem ich die Schlafstelle teilte – saß aufrecht im Bett und betrachtete mich im Mondlicht. Ich fragte:

»Was'n los?«

»Du redest so viel, daß ich nicht schlafen kann.«

Im Nu saß ich hoch, mit pupperndem Herzen und zu Berge stehenden Haaren.

»Was habe ich gesagt? Schnell – raus damit – was habe ich gesagt?«

»Och, nichts weiter.«

»Du schwindelst – du weißt alles!«

»Alles, worüber?«

»Das weißt du gut genug. *Darüber*.«

»*Worüber*? Ich weiß gar nicht, wovon du redest. Du scheinst krank zu sein oder verrückt oder so was. Zumindest aber bist du wach, und da will ich die Gelegenheit nutzen und ein bißchen schlafen.«

Er schlief ein, und ich lag da, in kalten Schweiß gebadet, und ließ mir diesen neuen Schrecken durch den Kopf gehen beziehungsweise durch das brummkreiselnde Chaos, das an seiner Stelle Dienst machte. Die Last meiner Gedanken war: Wieviel habe ich ausgeplaudert? Was weiß er? O diese quälende Ungewißheit! Doch dann kam mir eine Idee: Ich würde meinen Bruder wecken und ihm an Hand eines angenommenen Falls auf den Zahn fühlen. Ich rüttelte ihn hoch und sagte:

»Stell dir vor, ein Mann käme zu dir, betrunken und...«

»So 'n Blödsinn – ich bin ja nie betrunken.«

»Ich meine doch nicht dich, du Idiot, sondern den Mann. Angenommen, ein *Mann* käme betrunken zu dir und pumpt sich ein Messer oder einen Tomahawk oder eine

Pistole und du vergißt ihm zu sagen, daß das Ding geladen ist und...«

»Einen Tomahawk kann man ja gar nicht laden.«

»Doch nicht den Tomahawk, und ich habe auch nicht gesagt, den Tomahawk, sondern die Pistole. Quatsch nicht immer so dumm dazwischen, denn es handelt sich um eine ernste Sache. Es ist jemand getötet worden.«

»Was! Hier bei uns?«

»Ja.«

»Erzähl schon – ich sage kein einziges Wort mehr.«

»Also nimm an, du hättest vergessen, ihm zu sagen, daß er vorsichtig damit umgehen soll, weil sie geladen ist, und er geht weg und erschießt sich mit dieser Pistole – hat damit rumgespielt, weißt du, und wahrscheinlich bloß aus Versehen abgedrückt, denn er war ja betrunken. Wäre das Mord?«

»Nein – Selbstmord.«

»Nicht doch! – Ich meine nicht, was *er* getan hat, sondern was *du* getan hast. Wärst du ein Mörder, weil du ihm die Pistole überlassen hast?«

Nach tiefem Nachdenken kam folgende Antwort: »Hm, irgendeiner Sache wäre ich wohl schuldig – vielleicht Mord – wahrscheinlich sogar, aber so ganz weiß ich nicht.«

Mir wurde sehr unbehaglich zumute. Ein entscheidendes Urteil war es allerdings nicht. Ich würde den wirklichen Fall darlegen müssen – eine andere Möglichkeit schien nicht zu bestehen. Immerhin konnte ich vorsichtig zu Werke gehen und auf verdächtige Wirkungen aufpassen. Ich sagte:

»Das war ein angenommener Fall, doch jetzt werde ich dir erzählen, was tatsächlich passiert ist. Weißt du, wie es gekommen ist, daß der Mann in der Kalabuse verbrannte?«

»Nein.«

»Hast nicht die geringste Ahnung?«

»Nicht die allergeringste.«

»Du willst auf der Stelle tot umfallen, wenn du doch eine hast?«

»Ja, ich will mausetot umfallen.«

»Also das war so: Der Mann wollte Streichhölzer haben zum Pfeifeanzünden. Ein Junge brachte ihm welche. Und mit eben diesen Streichhölzern hat der Mann die Kalabuse in Brand gesteckt und sich umgebracht.«

»Wirklich?«

»Ja. Nun, was meinst du: Ist dieser Junge ein Mörder?«

»Laß mich mal überlegen. Der Mann war betrunken?«

»Ja.«

»War er sehr voll?«

»Ja.«

»Und der Junge wußte das?«

»Ja, das hat er gewußt.«

Lange Pause. Dann folgender schwere Schuldspruch: »Wenn der Mann betrunken war und der Junge das wußte, dann ist der Junge der Mörder von dem Mann. Einwandfrei.«

Angst, widerwärtige Angst kroch durch alle Fasern meines Körpers, und mir war zumute wie jemand, dem vom Richtertisch sein Todesurteil verlesen wird. Ich wartete, was mein Bruder als nächstes sagen würde. Ich glaubte zu wissen, was. Und richtig: »Ich kenne den Jungen.«

Ich hatte nichts dazu zu sagen, und so schwieg ich still und schauderte nur.

Dann fügte er hinzu: »Ja, noch ehe du halb zu Ende erzählt hattest, wußte ich ganz genau, wer der Junge ist: Ben Coontz!«

Von meinem Zusammenbruch kam ich wieder zu mir. Es war ein Aufstehen von den Toten. Voll Bewunderung sagte ich: »Mann, wie bist du bloß draufgekommen?«

»Du hast es mir im Schlaf erzählt.«

Ich sagte mir: ›Großartig. Eine Angewohnheit, die gepflegt werden muß.‹

Mein Bruder plapperte ahnungslos weiter: »Bei deinem Reden im Schlaf hast du immerzu was von ›Streichhölzern‹ gemurmelt, woraus ich nicht schlau geworden bin, aber als du angefangen hast, mir von dem Mann und der Kalabuse und den Streichhölzern zu erzählen, ist mir gleich eingefallen, daß du im Schlaf zwei- oder dreimal Ben Coontz erwähnt hast, und da habe ich mir dann dies und das zusammengereimt und gleich gewußt, daß es Ben Coontz gewesen ist, der den Mann verbrannt hat.«

Überschwenglich lobte ich seinen Scharfsinn. Nach einer Weile fragte er: »Willst du ihn dem Gesetz ausliefern?«

»Nein«, sagte ich. »Ich glaube, das wird ihm auch so eine Lehre sein. Natürlich werde ich ihn im Auge behalten, denn das muß man schon, aber wenn er keine weiteren Zicken dreht und sich bessert, soll keiner sagen können, ich hätte ihn verraten.«

»Wie gut du bist!«

»Ich versuche es zu sein. Mehr kann man in einer Welt wie der unsrigen nicht tun.«

Meine Ängste aber schwanden bald dahin. Die Last war ja auf andere Schultern abgewälzt.

Am Tage vor unserer Abfahrt aus Hannibal fiel mir etwas Merkwürdiges auf. Die Zeit dehnt sich dort wie Gummi. Aufmerksam darauf machte mich einer der bescheidensten Menschen, die es gibt – der farbige Kutscher eines Bekannten, der drei Meilen vor der Stadt wohnt. Er sollte mich morgens um halb acht vom Park-Hotel abholen und ausfahren. Doch er verpaßte gehörig die Zeit – kam erst um zehn. Seine Entschuldigung lautete: »Auf Land is es meistens anderthalb Stunden später als in Stadt. Sie habn also noch massig Zeit, Boss. Wir fahrn manchmal sonntags ganz früh los zur Kirche und komm doch erst an mitten in die Mitte von Predigt. Liegt an Unterschied in Zeit, da kann man sich nich drauf verlass'n.«

Ich hatte zweieinhalb Stunden verloren, dafür aber etwas gelernt, was vier wert war.

SIEBENUNDFÜNFZIGSTES KAPITEL

Ein Erzengel

Nördlich von St. Louis finden sich all die belebenden Anzeichen einer rührigen, tatkräftigen, intelligenten, vorankommenden, praktischen und ganz im neunzehnten Jahrhundert lebenden Bevölkerung. Die Leute träumen nicht, sie arbeiten. Das glückliche Ergebnis offenbart sich überall: Alles macht einen wohlhabenden Eindruck und deutet auf gesundes Leben und Behaglichkeit.

Ein bemerkenswertes Beispiel dafür ist Quincy: eine muntere, hübsche, gut verwaltete Stadt und jetzt wie ehedem an Kunst, Wissenschaft und anderen höheren Dingen interessiert.

Marion City ist eine Ausnahme. Es ist auf eine äußerst unerklärliche Weise rückwärtsgegangen. Diese Metropole ließ sich einst so gut an, daß ihre Planer sehr zuversichtlich gleich zu Anfang »City« an ihren Namen hefteten, aber das war eine schlechte Prophezeiung. Als ich Marion City vor fünfunddreißig Jahren zum erstenmal sah, bestand es aus einer Straße und sechs Häusern. Jetzt besteht es bloß noch aus einem Haus, und dieses eine, schon mehr eine Ruine, ist drauf und dran, den fünf anderen in den Fluß zu folgen.

Ohne Zweifel lag Marion City zu dicht an Quincy dran. Und es hatte noch einen Nachteil: es stand auf flachem, schlammigem, unter dem Hochwasserpegel liegenden Boden, während Quincy hoch oben auf dem Hang eines Hügels thront.

Zu Anfang hatte Quincy die Atmosphäre einer Musterstadt Neuenglands, und es hat sie noch: breite, ordentliche Straßen, schmucke, saubere Wohnhäuser mit Grünflächen, prächtige Villen, stattliche Blocks von Geschäftsgebäuden; außerdem ausgedehnte Plätze für Jahrmärkte, einen gepflegten Park mit vielen herrlichen Fahrwegen, eine Bibliothek, Lesesäle, zwei Colleges, ein paar schöne und teure Kirchen sowie ein großartiges Gerichtsgebäude, dessen Anlagen sich über einen ganzen Platz erstrecken. Die Bevölkerungszahl der Stadt beträgt dreißigtausend. Es gibt hier mehrere große Fabriken und viele Manufakturbetriebe verschiedenster Art.

La Grange und Canton sind wachsende Städte, Alexandria jedoch vermißte ich. Mir wurde gesagt, es stehe unter Wasser, würde im Sommer aber zur Blüte hochkommen.

Keokuk war leicht zu erkennen. Ich hatte 1857 da gewohnt – einem im Immobilienwesen dort ungewöhnlichen Jahr mit einem geradezu tollen Aufschwung. Jeder kaufte, jeder verkaufte – bloß die Witwen und Pfarrer nicht; die halten immer fest, und wenn dann Ebbe kommt, sind sie die Dummen. Alles, was nur irgendwie nach Baugegend aussah, und mochte es noch so schlecht liegen, ließ sich an den Mann bringen, und zu Preisen, die noch hoch gewesen wären, wenn man den Boden vorher mit Dollarnoten ausgelegt hätte.

Der Ort hat jetzt fünfzehntausend Einwohner und schreitet mit gesundem Wachstum voran. Da es Nacht war, konnten wir keine Einzelheiten erkennen, was wir bedauerten, denn Keokuk gilt als eine schöne Stadt. Es hatte sich damals angenehm dort gewohnt, und in dieser Beziehung hat der Ort inzwischen sicher noch Fortschritte gemacht.

Ein gewaltiges Werk, das sich zu meiner Zeit noch im Bau befand, ist jetzt fertiggestellt: der Kanal durch die »Rapids«, die Stromschnellen. Er ist acht Meilen lang, dreihundert Fuß breit und an keiner Stelle unter sechs Fuß tief. Sein Mauerwerk ist von der majestätischen Art, die sich sonst nur das Kriegsministerium leistet, und wird überdauern wie ein römischer Aquädukt. Der Bau hat vier oder fünf Millionen gekostet.

Nach ein paar Stunden mit alten Bekannten fuhren wir wieder weiter. Keokuk war vor langer Zeit ein gelegentlicher Rumtreibeplatz jenes exzentrischen Genies Henry Clay Dean. Ich selber habe ihn, glaube ich, nur ein einziges Mal gesehen, doch als ich dort wohnte, wurde viel von ihm gesprochen. Man erzählte sich von ihm folgendes:

Er fing sein Leben arm und ohne Bildung an. Doch er bildete sich selber – auf den Prellsteinen Keokuks. Er setzte sich mit seinem Buch auf einen Prellstein, und ohne auf das Rattern des Verkehrs und das Trampeln der vorübergehenden Menge zu achten beziehungsweise es überhaupt zu bemerken, vergrub er sich stundenlang in seine Studien, wobei er seine Stellung nie veränderte, höchstens daß er dann und wann ein Knie einzog, damit ein Karren ungehindert vorbei konnte, und wenn er das Buch aus hatte, war dessen Inhalt, so abstrus es auch sein mochte, in sein Gedächtnis eingebrannt und blieb sein ewiger Besitz. Auf

SIEBENUNDFÜNFZIGSTES KAPITEL

diese Art und Weise legte er sich in seinem Kopf ein riesiges Lager von allem möglichen Wissen an und hatte dort jeden Posten griffbereit liegen.

Seine Kleidung unterschied sich in nichts von der einer »Kairatte«, sie war höchstens noch zerlumpter, noch zusammengesuchter und unharmonischer (und damit noch ausgefallener und malerischer) und um diverse Schmutzschichten reicher. Von dieser Fassade konnte niemand auf die luxuriöse Ausstattung des Oberstübchens schließen.

Er war Redner – und zwar erstens von Natur, wozu später noch die durch Erfahrung und Praxis gewonnene Übung kam. Befand er sich auf Stimmenwerbung, war sein Name ein Magnet, der die Farmer aus einem Umkreis von fünfzig Meilen zu seiner Rednertribüne anzog. Sein Thema war stets die Politik. Notizen benutzte er nie; ein Vulkan braucht keine Notizen. Im Jahre 1862 erzählte mir ein Sohn des verstorbenen Mr. Claggett, des verdienten Keokuker Bürgers, folgende Begebenheit mit Dean:

In Keokuk herrschte gereizte Kriegsstimmung (1861), und eines Tages wurde in der neuen Bibliothek eine große Massenversammlung abgehalten, auf der ein berühmter auswärtiger Redner sprechen sollte. Das Gebäude war bereits bis zum äußersten Fassungsvermögen mit schwitzendem Volk beiderlei Geschlechts vollgepackt, doch die Bühne blieb noch immer leer: der berühmte Fremde hatte irgendwie den Anschluß verpaßt. Die Menge wurde unruhig und mit der Zeit ungehalten und rebellisch. Inzwischen entdeckte einer der verzweifelten Veranstalter Dean auf einem Prellstein, erklärte ihm das Dilemma, nahm ihm sein Buch weg, schob ihn schnell durch die Hintertür in das Gebäude und sagte ihm, er solle auf die Bühne gehen und sein Land retten.

Sogleich legte sich Schweigen über die murrende Versammlung, und aller Augen suchten einen einzigen Punkt: die weite, leere Bühne mit dem kahlen Fußboden. Dort erschien eine Gestalt, deren Anblick kaum einem Dutzend der Anwesenden vertraut war. Es war die Vogelscheuche Dean – stockfleckige, durchlöcherte Schuhe mit schiefen Absätzen, zweierlei genauso durchlöcherte Strümpfe, altersschwache, zerrissene Hosen, die viel zu kurz waren und ein paar Zoll nackter Knöchel freiließen, aufgeknöpfte Weste, ebenfalls zu kurz und zwischen sich und dem Hosenbund eine Zone schmutzigen und zerknitterten Leinens bloßlegend, offene Hemdbrust, langes schwarzes Taschentuch, wie eine Binde ein paarmal um den Hals gewunden, blauer Rock, dessen Schöße gerade bis aufs verlängerte Rückgrat runterreichten und dessen Ärmel vier Zoll Unterarm ungeschützt ließen, und oben auf einem Höcker seines – nun, auf seinem obersten Höcker überhaupt eine kleine Mütze mit steifem Rand. Diese Figur bewegte sich ernst und ruhigen und gemessenen Schrittes hinaus auf die Bühne bis ganz nach vorn, wo sie stehenblieb und verträumt die Versammlung musterte und kein Wort sagte. Das Schweigen der Überraschung hielt einen Augenblick an und wurde dann durch ein gerade hörbares Rieseln der Fröhlichkeit unterbrochen, das wie ein Wellenschlag über das Meer der Gesichter fegte. Die Figur verharrte in ihrer nachdenklich musternden Stellung. Eine neue Welle – diesmal schon Gelächter. Dann noch eine und noch eine – die letzte bereits stürmische Heiterkeit.

Und nun trat der Fremde einen Schritt zurück, nahm seine Soldatenmütze ab, warf sie in die Kulissen und begann mit Bedacht zu reden. Niemand hörte zu, alle lachten und tuschelten. Der Redner ließ sich dadurch nicht aus der Fassung bringen und sprach weiter, und es dauerte gar nicht lange, da gab er einen Schuß ab, der ins Schwarze traf, und es trat Ruhe ein und Aufmerksamkeit. In schneller Folge schickte er andere überzeugende Argumente hinterher, begeisterte sich an seiner Arbeit und ließ seine Wörter nicht mehr tröpfeln, sondern goß sie aus, kam mehr und mehr in Fahrt und begann, Donner und Blitze zu entladen – und nun brachen die Zuhörer in Applaus aus. Der Redner beachtete das nicht, sondern bummerte weiter, Schlag auf Schlag, er wickelte, unentwegt donnernd, seine schwarze Binde ab und warf sie weg, zog bald danach den Rock aus und schleuderte ihn beiseite, erhitzte sich mehr und mehr und warf zum Schluß die Weste dem Rock hinterher und stand dann eine Ewigkeit da wie ein zweiter

Vesuv und spie Rauch und Flammen, Lava und Asche und ließ Bimsstein und Schlacke niederregnen und erschütterte das moralische Dasein mit einem intellektuellen Donnerwetter und einem Ausbruch nach dem andern, während die rasende Menge sich geschlossen erhob und mit einem wirbelnden Schneesturm winkender Taschentücher und einem nicht enden wollenden Beifallssturm antwortete.

»Als Dean kam«, sagte Mr. Claggett, »hielten ihn die Leute für einen ausgerückten Tollhäusler, als er ging, für einen ausgerückten Erzengel.«

Burlington, die Heimat des geistsprühenden Burdette, ist eine weitere Hügelstadt und ebenfalls sehr schön – ein feiner und blühender Ort mit fünfundzwanzigtausend Einwohnern und einem Gürtel emsiger Fabriken von beinahe jeder nur erdenklichen Art. Momentan war es außerdem eine sehr nüchterne Stadt, denn es hing gerade ein äußerst ernüchterndes Gesetz in der Schwebe, ein Gesetz, um das Herstellen, Exportieren, Importieren, Kaufen, Verkaufen, Leihen, Verleihen, Stehlen, Trinken, Riechen sowie den erkämpften, ererbten, absichtlichen, zufälligen oder sonstigen Besitz sämtlicher der Menschheit bekannten schädlichen Getränke mit Ausnahme von Wasser im Staate Iowa zu verbieten. Alle vernünftigen Leute im Staat sagten ja zu dieser Vorlage, bloß die nicht, die darüber zu entscheiden hatten.

Burlington verfügt über alle Einrichtungen, die zur richtigen und klugen Verwaltung einer modernen, vorwärtsblickenden Großstadt gehören, darunter auch über eine festbesoldete Feuerwehr, etwas, was nicht einmal das große New Orleans hat, das immer noch an jenem Überbleibsel aus der Vorzeit festhält, dem unabhängigen System.

In Burlington, wie überhaupt in all diesen Städten am oberen Mississippi, atmet man eine energiegeladene Luft, die in den Nüstern angenehm prickelt. Vor kurzem ist dort ein Theater gebaut worden, das in starkem Kontrast zu den schäbigen Buden steht, die sonst in Städten von der Größe Burlingtons als Musentempel dienen.

In Muscatine an Land zu gehen, hatten wir keine Zeit, konnten es uns aber bei Tage vom Schiff aus ansehen. Vor vielen Jahren hatte ich dort mal gewohnt, doch der Ort kam mir jetzt ziemlich fremd vor; er muß das Muscatine, das ich kannte, vollkommen ausgewachsen haben. Ja, anders kann es gar nicht sein, denn wie ich mich erinnere, war es ein kleines Nest – und das ist es heute nicht mehr. Am besten erinnere ich mich aber an einen Irren dort, der mich eines Sonntags draußen in den Feldern beim Kragen packte, ein Schlächtermesser aus seinem Stiefel hervorholte und mich damit tranchieren wollte, wenn ich ihn nicht als den einzigen Sohn des Teufels anerkenne. Ich versuchte, mich aus der Schlinge zu ziehen, indem ich ihm bestätigte, er sei das einzige Familienmitglied, das mir bisher begegnet wäre. Das genügte ihm aber nicht, er wollte keine halben Sachen, ich müsse sagen, daß er der einzige und alleinige Sohn des Teufels sei – und dabei wetzte er das Messer am Stiefel. Einer solchen Kleinigkeit wegen erst groß Theater zu machen, schien sich nicht zu lohnen, und so gab ich ihm in allem recht und trug meine Haut heil davon. Kurz danach ging er seinen Vater besuchen, und da er nie wieder aufgekreuzt ist, wird er wohl noch bei ihm sein.

Zu meinen angenehmsten Erinnerungen an Muscatine aber gehören seine Sonnenuntergänge im Sommer. Weder diesseits noch jenseits des Ozeans sah ich welche, die ihnen gleichgekommen wären. Sie nahmen den breiten, spiegelglatten Fluß als Leinwand und malten jeden nur erdenklichen Farbtraum darauf, angefangen bei Tupfen von der Zartheit des Opals über immer leuchtender und intensiver werdende Töne bis hin zu blendend purpurnen und dunkelroten Feuersbrünsten, die das Auge verzauberten, es aber gleichzeitig anstrengten. Im ganzen Gebiet des oberen Mississippi sind diese außergewöhnlichen Sonnenuntergänge ein vertrautes Bild. Es ist wirklich das Land der Sonnenuntergänge. Ich bin überzeugt, kein anderes Land kann ein so gutes Recht auf diesen Namen geltend machen. Die Sonnenaufgänge sollen ebenfalls sehr, sehr schön sein. Ich weiß es nicht.

ACHTUNDFÜNFZIGSTES KAPITEL

Auf dem Oberlauf

In dichter und schneller Folge kommt jetzt eine große Stadt nach der anderen. Und dazwischen keine trostlose Einsamkeit, sondern ganze Reihen blühender Farmen. Stunde um Stunde pflügt sich das Schiff weiter und weiter in den großen und bevölkerten Nordwesten hinein, und mit jedem neuen Stück davon, das enthüllt wird, staunt man mehr und gewinnt eine größere Achtung. Solch ein Volk und solche Errungenschaften wie die seinen nötigen Huldigung ab. Das ist ein selbständiger Schlag Menschen, die für sich selber denken und die dazu auch befähigt sind, weil sie gebildet und aufgeklärt sind. Sie lesen, sie sind auf dem laufenden mit den besten und neuesten Gedanken, sie festigen jede schwache Stelle in ihrem Land mit einer Schule, einem College, einer Bibliothek und einer Zeitung, und sie leben unter Recht und Gesetz. Sorgen um die Zukunft eines solchen Geschlechtes sind fehl am Platze.

Dieses Gebiet ist neu, ja so neu, daß man sagen kann, es befindet sich noch im Säuglingsalter. An Hand dessen, was es schon während des Zahnens leistet, mag man sich ausmalen, was es in der Stärke seiner Mannbarkeit für Wunder vollbringen wird. Es ist so neu, daß der ausländische Tourist noch nicht davon gehört und es noch nicht besucht hat. Sechzig Jahre lang ist er zwischen St. Louis und New Orleans stromauf und stromab gedampft und dann nach Hause gegangen und hat sein Buch geschrieben, in dem Glauben, alles vom Fluß gesehen zu haben, das sich zu sehen lohnte oder wo es etwas zu sehen gab. In keinen sechs von allen diesen Büchern werden die Städte am Oberlauf erwähnt – und zwar deshalb nicht, weil die fünf oder sechs Touristen, die in diese Region eingedrungen sind, das getan haben, bevor jene Städte geplant waren. Der allerletzte Tourist von ihnen (1878) machte dieselbe alte vorgeschriebene Tour – er hatte nicht gehört, daß es nördlich von St. Louis überhaupt etwas gab.

Und doch gab es etwas: dieses erstaunlich von großen

Städten strotzende Gebiet, von Städten, die sozusagen vorgestern geplant und gestern früh gebaut wurden. Über ein Dutzend von ihnen zählt 1500 bis 5000 Einwohner. Da haben wir Muscatine mit 10 000, Winona mit 10 000, Moline mit 10 000, Rock Island mit 12 000, La Crosse mit 12 000, Burlington mit 25 000, Dubuque mit 25 000, Davenport mit 30 000, St. Paul mit 58 000 und Minneapolis mit über 60 000.

Der ausländische Tourist hat nie davon gehört, in seinen Büchern findet sich keine Notiz darüber. Die Städte sind über Nacht hochgeschossen, während er geschlafen hat. Diese Gegend ist so neu, daß ich, der ich verhältnismäßig jung bin, doch älter bin als sie. Als ich geboren wurde, hatte St. Paul eine Bevölkerung von drei Menschen. Minneapolis hatte gerade eindrittelmal soviel. Die damalige Bevölkerung von Minneapolis segnete vor zwei Jahren das Zeitliche, und als sie starb, konnte sie auf einen in vierzig Jahren erreichten Zuwachs von neunundfünfzigtausendneunhundertneunundneunzig Personen zurückblicken. Sie hatte die Fruchtbarkeit eines Frosches.

Ich möchte darauf aufmerksam machen, daß die oben angegebenen Bevölkerungszahlen von St. Paul und Minneapolis einige Monate alt sind. Beide Städte sind jetzt weit größer. Ja, ich habe soeben in einer Zeitung eine Schätzung gesehen, die der ersteren einundsiebzigtausend und der letzteren achtundsiebzigtausend Einwohner zuspricht. Dieses Buch wird die Öffentlichkeit erst in sechs bis sieben Monaten erreichen, und dann dürfte keine der Zahlen mehr ganz stimmen.

Wir konnten einen flüchtigen Blick auf Davenport werfen, einer weiteren schönen Stadt, die einen Hügel krönt – doch das läßt sich von all diesen Städten sagen, denn sie sind alle hübsch, gut gebaut, sauber, ordentlich, erfreuen Geist und Auge und liegen alle auf Hügeln. Deshalb wollen wir jener Phrase nun Ruhe gönnen. Nach indianischer Überlieferung sollen Marquette und Joliet 1673 an der Stelle kampiert haben, wo jetzt Davenport liegt. Der nächste Weiße, der dort sein Lager aufschlug, kam erst hundertsiebzig Jahre später – nämlich 1843. Seine dreißigtausend Einwohner hat sich Davenport innerhalb der letzten dreißig Jahre zusammengesammelt. Heute schickt es mehr Kinder zur Schule, als vor dreiundzwanzig Jahren seine gesamte Bevölkerung ausmachte. Es hat die am Oberlauf übliche Quote von Fabriken, Zeitungen und Bildungsinstituten, es hat Telefone, Ortsfernschreiber, eine elektrische Alarmanlage, eine vortreffliche Berufsfeuerwehr, die aus sechs Löschzügen und vier Dampffeuerspritzen besteht, und es hat dreißig Kirchen. Davenport ist der Sitz zweier Bischöfe: eines episkopalischen und eines katholischen.

Gegenüber Davenport liegt am Fuße der Upper Rapids die blühende Stadt Rock Island. Eine große Eisenbahnbrücke verbindet die beiden Orte – eine der dreizehn, die zwischen St. Louis und St. Paul den Mississippi und die Lotsen ärgern.

Die bezaubernde Insel Rock Island, drei Meilen lang und eine halbe Meile breit, gehört der Bundesregierung, und die hat daraus einen wundervollen Park gemacht, indem sie die natürlichen Reize künstlich gesteigert und den herrlichen Wald mit vielen Meilen von Fahrwegen durchfädelt hat. In der Nähe der Inselmitte erhascht man durch die Bäume einen Blick auf zehn riesige dreistöckige Backsteingebäude, deren jedes einen Morgen Land bedeckt. Das sind die Regierungswerkstätten, denn Rock Island ist eine nationale Waffenschmiede und Rüstkammer.

Wir fahren weiter den Fluß hinauf, immer durch bezaubernde Landschaften – am oberen Mississippi gibt es keine anderen –, und passieren Moline, ein Zentrum gewaltiger Manufakturbetriebe, und die großen Holzumschlagplätze Clinton und Lyons und kommen bald nach Dubuque, das in einer reichen mineralhaltigen Gegend liegt. Die Bleiminen dort sind sehr ergiebig und von großer Ausdehnung. Dubuque hat viel Industrie, unter anderem auch eine Pflugfabrik, zu deren Kundschaft die gesamte Christenheit zählt. Wenigstens wurde mir das von einem ihrer Vertreter erzählt, der sich auf dem Schiff befand. Er sagte:

»Nennen Sie mir irgendein Land unter der Sonne, wo man's Pflügen *versteht*, und wenn ich Ihnen auf dem Pflug, den sie benutzen, nicht unsere Fabrikmarke zeigen kann, will ich den Pflug fressen und mir nicht einmal Worcestersauce dazu geben lassen.«

Dieser ganze Teil des Flusses ist reich an indianischer Geschichte und Überlieferung. Black Hawk war hier einmal ein mächtiger Name, ebenso wie weiter unten der von Keokuk. Ein paar Meilen vor Dubuque liegt der Tête de Mort – der Totenkopffelsen –, auf dessen Spitze die Franzosen einst eine Schar Indianer getrieben und dort abgeriegelt hatten, dem sicheren Tode ausgeliefert und nur das Wie eine Sache der Wahl: zu verhungern oder durch Hinunterspringen sich selbst zu töten. Black Hawk hatte gegen Ende seines Lebens die Gewohnheiten der Weißen angenommen, und als er starb, wurde er in der Nähe von Des Moines nach christlicher, leicht indianisch abgeänderter Sitte bestattet, das heißt gekleidet in eine christliche Militäruniform und mit einem christlichen Spazierstock in der Hand, jedoch in sitzender Stellung. Früher wurde mit einem Häuptling immer noch ein Pferd begraben. Der Ersatz durch den Spazierstock zeigt, daß Black Hawks stolze Natur wirklich gedemütigt war und er damit rechnete, ins Jenseits laufen zu müssen.

Wir bemerkten, daß der Mississippi oberhalb von Dubuque eine olivgrüne Farbe hatte – ein kräftiges, schönes, durch die Sonne fast transparentes Olivgrün. Natürlich war das Wasser nirgends so klar oder von so zarter Tönung wie zu gewissen anderen Jahreszeiten, denn es war jetzt angeschwollen und deshalb getrübt durch den Schlamm von den abbröckelnden Ufern.

Die majestätischen Steilufer, die entlang dieser ganzen Strecke den Fluß überblicken, bezaubern durch die Anmut und Vielfalt ihrer Formen und durch die sanfte Schönheit ihres Schmuckes. Die grünen Abhänge steigen fast unmittelbar vom Rande des Wassers empor und sind hoch oben durch einen Zinnenwall zerklüfteter Felsen gekrönt, die von außerordentlich satter und weicher Farbgebung sind – in der Hauptsache dunkelbraune und mattgrüne Töne, doch mit anderen Schattierungen besprenkelt. Und dazwischen windet sich der glitzernde Fluß, hier und dort im Lauf unterbrochen durch Büschel bewaldeter Inseln, die von silbernen Kanälen durchzogen sind, und man erhascht Blicke auf Dörfer, die irgendwo am Horizont auf Landzungen schlafen, auf Flöße, die im Schatten der Waldmauern verstohlen dahingleiten, und weiße Dampfer, die hinter fernen Baken verschwinden. Und alles ist so ruhig und still wie im Traumland und hat nichts von dieser Welt an sich – nichts, worüber man sich ärgern kann.

Bis der unheilige Zug angebraust kommt – was er sehr bald tut und die geweihte Einsamkeit mit seinem teuflischen Kriegsgeschrei und dem Rattern und Rumpeln seiner hastenden Räder in Fetzen und Stücke reißt – und sofort ist man wieder auf dieser Welt und darf sich gleich mit einem ihrer Ärgernisse verlustieren, denn es fällt einem ein, daß das hier gerade die Bahn ist, deren Aktien stets fallen, nachdem man sie kauft, und die stets wieder steigen, sobald man sie abstößt. Es jagt mir heute noch einen Schauer über den Rücken, wenn ich daran denke, daß ich meine Aktien einmal beinahe überhaupt nicht losgeworden wäre. Auf einer Eisenbahn sitzenzubleiben muß schrecklich sein.

Vom Dach des Dampfschiffes aus bleibt die Lokomotive fast die ganzen achthundert Meilen von St. Louis bis St. Paul über in Sicht. Diese Eisenbahnen haben den Dampferverkehr zugrunde gerichtet. Der Zahlmeister unseres Schiffes war schon Dampfschiffzahlmeister, noch ehe diese Bahnen gebaut waren. Zu jener Zeit war der Bevölkerungszustrom so groß und der Güterverkehr so stark, daß die Schiffe mit den an ihre Tragkraft gestellten Anforderungen nicht Schritt halten konnten und die Kapitäne folglich sehr unabhängig und eingebildet waren – reichlich »hochnäsig«, wie Onkel Remus sagen würde. Der Zahlmeister legte den Gegensatz zwischen früher und heute kurz und treffend so dar:

»Schiff landet – Kapitän auf dem Oberdeck – mächtig steif und gerade – mit eisernem Ladestock im Kreuz – Glacéhandschuhe, Angströhre, Mittelscheitel bis ganz nach hinten durch – Mann an Land zieht Hut und sagt:

›Habe achtundzwanzig Tonnen Weizen, Herr Kapitän –

würden mir einen großen Gefallen tun, wenn Sie die mitnehmen.‹

Kapitän erwidert: ›Na gut, nehme zwei davon mit‹ – und läßt sich nicht mal dazu herab, ihn anzusehen.

Heute dagegen lüftet der Kapitän seinen alten Filz und lächelt bis hinter die Ohren und legt eine Verbeugung hin, an der ihn kein Ladestock hindert, und sagt: ›Freut mich, Sie zu sehen, Smith, freut mich wirklich – Sie schauen prächtig aus – hab Sie schon seit Jahren nicht mehr so gesehen – was haben Sie Schönes für uns?‹

›Nischt‹, sagt Smith und behält den Hut auf, dreht dem Kapitän einfach den Rücken zu und unterhält sich mit jemand anders weiter.

Tja, vor acht Jahren, da war der Kapitän noch ein König, jetzt aber ist Smith am Ruder. Vor acht Jahren, wenn da ein Schiff rauffuhr, war jede Kabine voll, und auf ihrem Fußboden lagen die Leute zu fünfen und sechsen übereinander, und dazu hatten wir ganz unten eine solide Deckladung voller Einwanderer und Erntearbeiter. Um eine Kabine erster Klasse zu kriegen, mußte man vierhundert Jahre Stammbaum mit wenigstens sechzehn Adligen darin nachweisen oder aber mit dem Nigger, der dem Kapitän die Stiefel putzte, persönlich bekannt sein. Hat sich jetzt aber alles verändert: oben ein Haufen Kabinen, unten keine Erntearbeiter – jetzt gibt es den Patentgarbenbinder, und Erntearbeiter haben sie nicht mehr. Die sind, wo die Hunde mit dem Schwanz bellen – sind aber nicht per Dampfschiff hingefahren, sondern mit der Bahn.«

In dieser Gegend dort oben kamen uns ganze Morgen von Holzflößen entgegen – doch nicht auf die altmodische Art gemächlich dahintreibend, bemannt mit ausgelassenen und sorglosen Mannschaften fiedelnder, Lieder singender, Whisky saufender, Breakdown tanzender Lumpenkerle, nein, die ganze Sache wurde in modernstem Stil von einem kräftigen Heckraddampfer schnell vorwärtsgeschoben, und die kleinen Mannschaften waren ruhige, ordentliche Leute, die ernst und geschäftig und gar nicht romantisch aussahen.

Irgendwo hier nahmen wir mit Hilfe des elektrischen

Lichts in einer schwarzen Nacht ein paar äußerst enge und verzwickte zwischen Inseln liegende Stromschnellen. Hinter uns kompakte Finsternis – eine lückenlose Wand, vor uns ein schmales Stück, das sich zwischen Mauern aus dichtem, unseren Bug fast streifendem Laubwerk hindurchschlängelte, und jedes einzelne Blatt und jeder einzelne Wellenkringel stach hier in seiner natürlichen Farbe hervor und war mit einem Glanz wie von gesteigertem Tageslicht überflutet.

Die Wirkung war eigenartig und schön und äußerst eindrucksvoll.

Wir passierten Prairie du Chien, einen weiteren Lagerplatz von Pater Marquette, und nach ein paar Stunden Fahrt durch eine abwechslungsreiche und schöne Landschaft erreichten wir La Crosse. Das ist eine Stadt mit zwölf- bis dreizehntausend Einwohnern, mit elektrisch beleuchteten Straßen und mit Häuserblocks und Gebäuden, die stattlich und auch architektonisch schön genug sind, daß sie sich in jeder Großstadt sehen lassen könnten. Wir nutzten die uns zur Verfügung stehende Stunde und wanderten, obwohl es mehr als nötig regnete, in dieser vortrefflichen Stadt umher.

NEUNUNDFÜNFZIGSTES KAPITEL

Landschaften und Sagen

In La Crosse nahmen wir mehrere Passagiere auf, darunter einen alten Herrn, der mit den ersten Siedlern in diese nordwestliche Ecke gekommen und mit jedem Fleck davon vertraut war. Und verzeihlicherweise stolz darauf. Er sagte:

»Zwischen hier und St. Paul werden Sie Landschaften finden, hinter denen sich selbst der Hudson verstecken kann. Da ist Queen's Bluff: siebenhundert Fuß hoch und ein so imposanter Anblick, wie er Ihnen auch anderswo nicht besser geboten werden kann, und Trempeleau Island, eine Insel, die sich meiner Meinung mit keiner anderen in Amerika vergleichen läßt, denn sie ist ein gigantischer Berg mit steil abfallenden Wänden und steckt voller indianischer Sagen und war früher voller Klapperschlangen. Wenn Sie die Sonne dort im richtigen Moment erwischen, bietet sich Ihnen ein Bild, das Sie nie vergessen werden. Und oberhalb von Winona haben Sie herrliche Prärien, und dann kommen die Tausend Inseln, doch die kann man nicht beschreiben, die sind zu schön. Grün? So grünes und so dichtes Laub haben Sie überhaupt noch nicht gesehen; es ist – bei glattem Wasser –, als ob tausend Plüschkissen auf einem Spiegel schwimmen. Dann die riesigen Steilufer zu beiden Seiten des Flusses – ausgezackt, zerklüftet, von dunkler Farbe – genau der richtige Rahmen dafür, denn Sie wissen ja, bei einem zarten Bild braucht man immer einen wuchtigen Rahmen, damit die schönsten Stellen mehr rauskommen und noch schöner wirken.«

Der alte Herr erzählte uns auch ein paar rührende indianische Sagen – berauschend aber waren sie nicht.

Nach diesem Ausflug in die Geschichte kehrte er zur Landschaft zurück und beschrieb sie Stück für Stück von den Tausend Inseln bis St. Paul, und er nannte alle Namen mit solcher Gewandtheit und trippelte so leichtfüßig und lässig an seinem Thema entlang und schmiß hier und da mit so selbstgefälliger Miene von Ist-doch-gar-nichts-dabei-das-kann-ich-jederzeit ein wuchtiges Wort hin und drückte in so berechneten Abständen auf die Schmalztube, daß ich bald zu argwöhnen begann, er...

Doch egal, was ich argwöhnte. Hören wir ihn an:

»Zehn Meilen hinter Winona kommen wir nach Fountain City. Zärtlich schmiegt es sich an den Fuß von Klippen, die ihre herrische Stirn jupitergleich gegen die blaue Himmelstiefe recken und in jungfräulichen Lüften baden, welche keine andere Berührung kennen als die von Engelsflügeln.

Dann gleiten wir durch silberne Gewässer, umgeben von lieblichen und gewaltigen Naturbildern, die in unseren Herzen ehrfürchtige Bewunderung erklingen lassen, und nach ungefähr zwölf Meilen stoßen wir auf den Mount

Vernon, sechshundert Fuß hoch, und oben, zwischen den Wolken thronend, die seinen in schwindliger Höhe liegenden Gipfel beschatten, die Ruine eines ehemals erstklassigen Hotels – einziges Überbleibsel der einstmals blühenden Stadt Mount Vernon aus der ersten Zeit, jetzt öd und leer und völlig verlassen.

Und so bewegen wir uns weiter. Wir brausen vorbei am ›Schlot‹, einem stattlichen Felsschornstein von sechshundert Fuß, und kurz bevor wir in Minnieska anlegen, fesselt uns der Anblick eines grandiosen Massivs, das sich zu über fünfhundert Fuß Höhe erhebt – die ideale Bergpyramide. Seine Kegelform mit den von üppigem Wald umgürteten Seiten und dem wie eine Spitztüte gen Himmel ragenden Gipfel lassen den Betrachter über den Formenreichtum der Natur staunen. Oben, von seinem schwindelerregenden First aus, hat man meilenweite, prachtvolle Aussichten auf die untenliegenden Wälder, Flüsse, Felsengestade, Berge und Täler. Ließe sich eine edlere Kulisse für einen Strom überhaupt denken als jene zauberhafte Landschaft, die wir beim Blick von diesen Steilufern auf die Täler dort drunten sehen? Das Urwüchsige und die wilde Einsamkeit dieser erhabenen Schöpfungen der Natur und ihres Gottes rufen, wenn wir sie rundum erschauen, Gefühle unendlicher Bewunderung in uns wach, und die Erinnerung daran bleibt dem Gedächtnis unauslöschlich eingebrannt.

Als nächstes haben wir das Löwenhaupt und das Löwinnenhaupt, geschnitzt von der Hand der Natur, den schönen Strom zu zieren und zu beherrschen, und gleich dahinter weitet sich der Fluß, und jäh enthüllt sich vor uns eine äußerst bezaubernde und unvergleichliche Aussicht auf das Tal: zerklüftete Berge, vom Fuß bis zum Gipfel in grüne Wälder gekleidet, weite Prärien und in deren Schoße das schöne Wabasha, Stadt der heilenden Wasser, starke Feindin der Brightschen Krankheit, und dann jene großartigste Konzeption der Werke der Natur, der unvergleichliche Pepinsee – das alles formt sich zu einem Bilde, auf dem das Auge des Touristen stundenlang mit ungestillter und unstillbarer Begeisterung ruhen möchte.

Doch weiter geht's: Bald kommen wir zu jenen majestätischen Domen, dem mächtigen Zuckerhut und dem erhabenen Maidenfelsen – welch letzteren romantischer Aberglaube mit einer Stimme ausstattet, und oftmals, wenn das Birkenkanu im Zwielicht vorübergleitet, wähnt der dämmrige Paddler, die sanft tönende Musik der seligen Winona zu hören, des Lieblings indianischer Lieder und Sagen.

Dann taucht Frontanec vor unserem Blick auf, zur Sommerzeit ein reizender Aufenthalt für abgespannte Touristen, dann das fortschrittliche Red Wing und das in seiner Erhabenheit überwältigend eindrucksvolle Diamond Bluff, dann Prescott und St. Croix, und sogleich sehen wir die Türme und Kuppeln St. Pauls auf uns zukommen, des riesigen jungen Häuptlings des Nordens, der – Bannerträger der jüngsten und hochstehendsten Zivilisation – mit Siebenmeilenstiefeln im Vortrab des Fortschritts marschiert und sich seinen wohltätigen Weg mit dem Tomahawk des Handels und Wandels bahnt und das Kriegsgeheul christlicher Kultur ertönen läßt und der Faulheit und dem Aberglauben den übelriechenden Skalp abzieht, um dort den Dampfpflug und das Schulhaus hinzusetzen – vor ihm überall dürre Unwissenheit, Mißachtung der Gesetze, rohe Gewalt, Hoffnungslosigkeit, in seinen Fußtapfen aber blühen stets das Gefängnis, der Galgen und die Kanzel und...«

»Sind Sie mal mit einer Panoramaschau herumgereist?«

»Ich war früher in diesem Metier tätig.«

Mein Verdacht hatte sich als richtig erwiesen.

»Und jetzt reisen Sie ohne Ihr Panorama?«

»Ja, das ist verpackt und untergestellt, bis die Herbstsaison beginnt. Momentan helfe ich, Material für ein Touristenhandbuch zusammenzutragen, das die St. Louis and St. Paul Packet Company diesen Sommer zum Wohle ihrer Reisenden herausgeben will.«

»Als Sie vom Maidenfelsen sprachen, erwähnten Sie die selige Winona, den Liebling indianischer Lieder und Sagen. Ist das die Maid zu dem Felsen? Und sind die beiden durch eine Sage verbunden?«

»Ja, und zwar durch eine sehr tragische und schmerzvolle. Vielleicht die bekannteste wie auch rührendste aller Mississippisagen.«

Wir baten ihn, sie zu erzählen. Mühelos wechselte er vom Unterhaltungston wieder zu seinem Vortragsstil über und haspelte wie folgt weiter:

»Ein kleines Stück oberhalb von Lake City gibt es einen berühmten Punkt, bekannt als der Maidenfelsen, welcher nicht nur ein malerischer Flecken, sondern auf Grund der Begebenheit, der er seinen Namen verdankt, auch von Romantik umwittert ist. Vor nicht langen Jahren war diese Gegend ein bevorzugter Aufenthalt der Sioux-Indianer, weil es sich in ihr gut jagen und fischen ließ, und es waren stets ihrer viele dort zu finden. Unter den Sippen, die hier oft herzukommen pflegten, befand sich eine aus dem Wabasha-Stamme. We-no-na (die Erstgeborene) war der Name einer Maid, die ihrem Liebhaber aus derselben Schar ewige Treue geschworen hatte. Ihre Hand war jedoch einem anderen versprochen, einem ruhmreichen Krieger, und ihre Eltern bestanden darauf, daß sie die Seine werde, und beraumten den Tag der Hochzeit an – zum Kummer ihrer Tochter. Diese nun tat so, als sei sie es zufrieden, und begleitete sie zum Felsen, um Blumen für das Fest zu pflücken. Dort angekommen, rannte We-no-na auf den Gipfel, stellte sich auf dessen Rand und hielt ihren untenstehenden Eltern ihre Grausamkeit vor, und dann stürzte sie sich unter Absingen einer Klageweise in die Tiefe und zerschmetterte sie auf dem Felsen drunten.«

»Wen – ihre Eltern?«

»Ja.«

»Nun, das war gewißlich tragisch, wie Sie schon sagten. Und darüber hinaus von einer dramatisch überraschenden Wendung, mit der man gar nicht rechnet. In der abgedroschenen Form der indianischen Sage ist das ein deutlicher Fortschritt. Es gibt am Mississippi fünfzig Mägdesprünge, von deren Gipfeln enttäuschte indianische Mädchen runtergehopst sind, aber einzig und allein hier wurde so gesprungen, daß es den richtigen und befriedigenden Ausgang nahm. Was aber war mit Winona?«

»Sie war nicht schlecht durchgerüttelt und angeschlagen,

doch sie klaubte sich wieder zusammen und machte sich aus dem Staube, bevor der Leichenbeschauer an dem verhängnisvollen Ort eintraf. Wie es heißt, soll sie sich zu ihrer wahren Liebe begeben und sie geheiratet haben und mit ihr nach einem entfernten Himmelsstrich gewandert sein, wo sie fortan glücklich lebte, ihr edles Temperament gemäßigt und gezügelt durch die romantische Begebenheit, die sie so früh der süßen Führung durch die Liebe einer Mutter und den schützenden Arm eines Vaters beraubt und sie so ganz und gar freudlos der kalten Nächstenliebe einer krittelnden Welt ausgeliefert hatte.«

Ich war froh, die Landschaft von dem Panorama-Mann beschrieben zu bekommen, denn dadurch konnte ich das, was ich davon sah, besser würdigen und mir das, was uns durch den Einbruch der Nacht verlorenging, wenigstens vorstellen.

Wie der alte Herr bemerkte, ist diese ganze Gegend von indianischen Sagen und Legenden durchwoben. Doch ich erinnerte ihn daran, daß die Leute diese Tatsache gewöhnlich bloß erwähnen – aber so, daß einem der Mund wäßrig wird – und es klugerweise dabei belassen. Warum? Weil man den Eindruck gewonnen hat, diese Sagen seien voller Geschehen und Phantasie – ein angenehmer Eindruck, der sich sofort verflüchtigen würde, wenn man die Geschichten erzählt bekäme. Ich zeigte ihm, was ich von dieser Art Literatur bisher schon gesammelt hatte, und er bestätigte, es sei klägliches Zeug, außerordentlich dürftiger Abfall, und ich wagte hinzuzufügen, daß es mit den Sagen, die er selber erzählt hatte, auch nicht weit her sei, abgesehen von der vortrefflichen Winona-Geschichte. Er gab das zu, sagte aber, wenn ich das vor fast fünfzig Jahren erschienene und jetzt sicher vergriffene Buch von Mr. Schoolcraft auftriebe, würde ich einige indianische Legenden darin finden, die alles andere als leer und phantasielos seien; die im »Hiawatha« zum Beispiel stammten aus Schoolcrafts Buch, und es seien in demselben Buch noch andere, aus denen Mr. Longfellow wirkungsvolle Verse hätte machen können. Beispielsweise die Sage vom »Unsterblichen Haupt«. Erzählen könne er sie nicht, dazu seien ihm zu viele Einzelheiten verblaßt, aber er würde mir empfehlen, das Buch zu suchen, damit ich mehr Achtung vor der indianischen Phantasie gewinne. Diese Sage, wie die meisten in diesem Buch, sei damals, als er das erstemal herkam, bei den Indianern hier am oberen Mississippi noch herumgegangen, und die Mitarbeiter von Schoolcrafts Buch hätten sie direkt von indianischen Lippen erhalten und sie mit peinlicher Genauigkeit und ohne eigene Ausschmükkung niedergeschrieben.

Ich habe das Buch gefunden. Der alte Herr hatte recht. Es sind einige Sagen darin, die das bestätigen, was er sagte. Ich möchte zwei davon bringen: »Das unsterbliche Haupt« und »Peboan und Seegwun, eine Allegorie der Jahreszeiten«. Letztere ist im »Hiawatha« verarbeitet, doch es lohnt, sie in der ursprünglichen Form zu lesen, und sei es nur, damit man sieht, wie wirkungsvoll ein echtes Gedicht auch ohne metrische Hilfestellung sein kann:

Peboan und Seegwun

Ein alter Mann saß allein in seiner Hütte am Ufer eines eisbedeckten Stromes. Es war Ende Winter, und sein Feuer war fast aus. Er sah sehr alt aus und sehr verlassen. Seine Locken waren schlohweiß, und er zitterte an allen Gliedern. Tag für Tag verging in Einsamkeit, und er hörte nichts als die Stimme des Sturmes, der den neugefallenen Schnee vor sich herfegte.

Eines Tages, als sein Feuer gerade am Erlöschen war, trat ein schöner Jüngling zu ihm in die Hütte. Auf seinen Wangen lag das Rot vom Blute der Jugend, seine Augen funkelten vor Leben, und um seine Lippen spielte ein Lächeln. Sein Schritt war leicht und schnell. Um seine Schläfen wand sich an Stelle des Stirnbandes eines Kriegers ein Kranz von süßen Gräsern, und in der Hand trug er einen Strauß Blumen.

»Ah, mein Sohn!« sagte der alte Mann. »Wie schön, daß du mich besuchst. Komm herein! Komm und vermelde mir, was du erlebt und was für fremde Länder du gesehen hast.

Laß uns die Nacht gemeinsam hinbringen. Ich will dir von meinen Heldentaten und von meinen Kräften erzählen. Du sollst ein Gleiches tun, und so wollen wir uns vergnügen.«

Dann zog er aus seinem Sack eine wunderlich gearbeitete alte Pfeife, füllte sie mit einem Tabak, der durch eine Mixtur aus bestimmten Kräutern mild gemacht war, und reichte sie seinem Gaste. Als diese Zeremonie beendet war, huben sie an zu reden.

»Ich stoße meinen Atem aus«, sprach der alte Mann, »und der Strom bleibt stehen. Das Wasser wird starr und fest wie klarer Stein.«

»Ich atme aus«, sagte der Jüngling, »und auf der Ebene brechen Blumen hervor.«

»Ich schüttle die Locken«, erwiderte der alte Mann, »und Schnee bedeckt das Land. Auf mein Geheiß fallen die Blätter von den Bäumen, und mein Atem weht sie davon. Die Vögel steigen vom Wasser auf und fliegen in ein fernes Land. Die Tiere verstecken sich vor meinem Odem, und der Boden wird hart wie Feuerstein.«

»Ich schüttle die Locken«, entgegnete der Jüngling, »und es fallen warme Schauer milden Regens. Die Pflanzen stecken die Köpfe aus der Erde glänzend vor Entzücken, wie Kinderaugen. Meine Stimme ruft die Vögel zurück. Die Wärme meines Atems bricht die Flüsse auf. Wo ich gehe, erfüllt Musik die Haine und jubiliert alle Natur.«

Endlich ging die Sonne auf. Eine linde Wärme breitete sich aus. Des alten Mannes Zunge erlahmte. Auf dem Dach der Hütte fingen Rotdrossel und Blauvogel an zu singen. Vor der Tür begann der Strom zu murmeln, und mit dem Frühlingswind wehte sanft der Duft wachsender Blumen und Kräuter herüber.

Das Tageslicht enthüllte dem Jüngling, bei wem er eingekehrt war. Als er seinen Wirt betrachtete, sah er, daß er das eisige Antlitz von Peboan* hatte. Aus seinen Augen flossen Ströme. Mit zunehmender Sonne wurde er immer weniger, und bald war er ganz dahingeschmolzen. Von der Stätte seines Hüttenfeuers blieb nichts als die Miskodeed**,

---

* Winter.
** Epigaca repens.

eine kleine weiße Blume mit rosa Rand, eine der frühesten
Arten nördlicher Pflanzen.

»Das unsterbliche Haupt« ist eine ziemlich lange Geschichte, doch was ihr an Kürze fehlt, wiegt sie durch unheimliche Ideen, Märchenwunder, Vielfalt des Geschehens und zügige Bewegtheit auf.*

SECHZIGSTES KAPITEL

Perspektiven

Wir erreichten St. Paul, wo der Mississippi schiffbar wird, und dort endete unsere Zweitausendmeilenreise von New Orleans. Per Dampfer ist es eine Fahrt von rund zehn Tagen. Mit der Bahn geht es wahrscheinlich schneller. Ich nehme das an, denn ich weiß, daß man per Bahn die – mindestens hundertzwanzig Meilen lange – Strecke St. Louis–Hannibal in sieben Stunden schaffen kann. Das ist besser als Laufen, es sei denn, man hat es eilig.

Infolge der weit vorgeschrittenen Jahreszeit waren in New Orleans Rosen- und Magnolienblätter gefallen, doch hier in St. Paul fiel Schnee. In New Orleans hatten wir ein Lüftchen erwischt, das anscheinend über einem Krater zu Hause war und alles ein bißchen ausdorrte; hier in St. Paul gerieten wir in eins hinein, das offensichtlich von einem Gletscher kam und Erstarrung mitbrachte.

Ich will mit diesen Angaben niemand in Erstaunen versetzen. Nein, daß zwischen Himmelsstrichen, die auf ein- bis zweitausend Meilen voneinander entfernten Breitengraden liegen, ein scharfer Unterschied bestehen muß, ist nur natürlich. Das ist mein Standpunkt, und den behaupte und halte ich auch, trotz aller Zeitungen. Die Zeitung sieht das nämlich als unnatürlich an, und alljährlich im Februar bemerkt sie mit unverhohlenem Ausrufungszeichen, daß,

---

* Siehe Anhang D.

während wir hier oben gegen Schnee und Eis ankämpfen, die unten im Süden frische Erdbeeren und Erbsen haben und daß Kallas im Freien blühen und die Leute über das warme Wetter klagen. Die Zeitung kommt da nie aus dem Staunen heraus. Es erwischt sie regelmäßig jeden Februar. Das muß einen Grund haben, und der muß in einem Personalwechsel am Redaktionstisch liegen. Man kann keinen Menschen mehr als zweimal mit demselben Wunder verblüffen – nicht einmal mit dem Februarwunder des südlichen Klimas –, doch wenn man alle paar Jahre die Redakteure wechselt und vergißt, sie gegen das jährliche Klimastaunen zu impfen, wird es immer wieder dieselbe alte Leier geben. In jedem Jahr steckt sich ein Neuer an und ist damit gegen ein Wiederbefallen gefeit. Die Zeitung selber aber wird dadurch nicht immun. Die bleibt so schlecht dran wie eh und je; sie wird immer mal einen neuen Redakteur haben, und folglich wird, solange sie besteht, jeden Februar bei ihr die Erdbeerwunderei ausbrechen. Der Neue ist zu heilen, die Zeitung selber ist unheilbar. Ein Gesetz des Kongresses – nein, der Kongreß könnte das Staunen über die Erdbeeren nicht verbieten, ohne seine Befugnis auf zweifelhafte Art und Weise zu erweitern. Ein Zusatzartikel zur Verfassung täte hier not; damit wird der Sache wahrscheinlich am besten und schnellsten beizukommen sein. Kraft eines solchen Zusatzartikels könnte der Kongreß dann ein Gesetz erlassen, das bei der ersten Übertretung lebenslänglich Zuchthaus und im Wiederholungsfalle irgendeinen langwierigen Tod verhängt, und das würde uns zweifellos sofort Ruhe verschaffen. Gleichzeitig ließen sich der Zusatzartikel und das sich daraus ergebende Gesetz samt den Strafen leicht auf einige ähnliche Mißbräuche ausdehnen, wie auf den jährlichen Veteranen-der-von-Washington-an-jeden-Präsidenten-mitgewählt-hat-und-gestern-mit-so-leuchtendem-Auge-und-so-festem-Schritt-wie-je-zur-Wahlurne-ging und zehn oder elf andere einschläfernde Jahreswunder von der Sorte Ältester-Freimaurer und Ältester-Drucker und Ältester-Baptistenprediger und Ältester-College-Absolvent und Gesunde-Drillinge und so weiter und so fort. Und dann

SECHZIGSTES KAPITEL

würde England das übernehmen und ein Gesetz erlassen, das die weitere Benutzung von Sydney Smiths Witzen untersagt, und einen Bevollmächtigten ernennen, ein paar neue auszutüfteln. Dann wäre das Leben ein süßer Traum von Ruhe und Frieden, und die Menschheit würde sich nicht mehr nach dem Himmel sehnen.

Doch ich schweife vom Thema ab. St. Paul ist eine wundervolle Stadt. Es fügt sich aus festen Blocks ehrlicher Ziegel und Steine zusammen und macht einen resoluten Eindruck. Sein Postamt wurde vor sechsunddreißig Jahren eingerichtet, und wenn mal ein Brief einging, trug der Postmeister ihn zu Pferde nach Washington, um sich zu erkundigen, was damit angestellt werden solle. So geht die Sage. Zwei Holzhäuser wurden in jenem Jahr gebaut und einige Personen der Bevölkerung hinzugefügt. Die führende Zeitung von St. Paul, die »Pioneer Press«, brachte vor kurzem ein paar Statistiken, die einen lebhaften Gegensatz zu jener alten Lage herstellen. Zum Beispiel: Bevölkerung im Herbst dieses Jahres (1882): 71 000; in der ersten Jahreshälfte beförderte Briefe: 1 209 387; Anzahl der in einem dreiviertel Jahr gebauten Häuser: 989, deren Kosten: 3 186 000 Dollar. Die Zunahme an Briefen gegenüber den entsprechenden sechs Monaten des Vorjahres betrug fünfzig Prozent. Die im letzten Jahr der Stadt hinzugefügten neuen Gebäude kosten 4 500 000 Dollar. St. Pauls Stärke liegt in seinem Handel. Es ist natürlich eine Industriestadt – das sind alle Städte in jener Gegend –, doch im Handel ist es besonders stark. Im vergangenen Jahr belief sich der Umsatz im Großhandel auf über 52 000 000 Dollar.

St. Paul hat ein Zollhaus und baut ein teures Capitol als Ersatz für das, welches vor kurzem verbrannte – denn es ist die Hauptstadt des Staates. Es hat Kirchen ohne Zahl, und nicht von der billigen, dürftigen Sorte, sondern von der, die die reichen Protestanten hinsetzen, der Sorte, die zu errichten dem armen irischen Dienstmädchen Entzücken bereitet. Welche Leidenschaft in das Bauen von majestätischen Kirchen das irische Dienstmädchen hat! Für unsere Architekten ist das eine feine Sache, doch allzuoft erfreuen wir uns an den stattlichen Tempeln des Dienstmädchens, ohne seiner dankend zu gedenken. Statt uns vor Augen zu führen, »jeder Ziegel und jeder Stein in diesem schönen Gebäude stellt Schmerz oder Leid und eine Handvoll Schweiß und Stunden schwerer Arbeit dar, beigesteuert von Rücken, Stirn und Händen der Armut«, vergessen wir diese Tatsachen gewöhnlich völlig und verherrlichen bloß den mächtigen Tempel und schenken seiner bescheidenen Erbauerin, deren reiches Herz und eingeschrumpfte Börse er symbolisiert, nicht mal einen Gedanken des Lobes.

Das ist ein Land der Bibliotheken und Schulen. St. Paul besitzt drei öffentliche Büchereien, die insgesamt zirka vierzigtausend Bücher enthalten. Es hat einhundertsechzehn Schulhäuser und zahlt jährlich über siebzigtausend Dollar an Lehrergehältern.

Es gibt einen außergewöhnlich prächtigen Bahnhof. Er ist so gewaltig, daß er anfangs diverse Nummern zu groß schien, doch nach ein paar Monaten stellte sich heraus, daß es genau umgekehrt ist. Dieser Konstruktionsfehler muß behoben werden.

Die Stadt liegt auf hohem Gelände, ungefähr siebenhundert Fuß über dem Meeresspiegel. Sie ist so hoch, daß sich von ihren Straßen ein weiter Blick über den Fluß und das Tiefland bietet.

Es ist eine ganz wundervolle Stadt und dabei noch nicht einmal fertig. Alle Straßen sind mit Baumaterial verstellt, und das wird so schnell wie möglich zu Häusern verarbeitet, um Platz für mehr zu schaffen – denn andere Leute warten nur darauf, daß die Straßen frei werden, damit sie ihre Mauersteine aufstapeln und selber losbauen können.

Wie erhebend und schön ist der Gedanke, daß der erste Pionier der Zivilisation, der erste im Vortrab der Zivilisation nie das Dampfschiff ist und nie die Eisenbahn und nie die Zeitung und nie die Sonntagsschule und nie der Missionar – sondern stets der Whisky! Jawohl. Man braucht nur die Geschichte durchzugehen. Der Missionar kommt nach dem Whisky – ich meine, er kommt an, nachdem der Whisky angekommen ist –, dann kommt der arme Einwanderer mit Axt und Hacke und Büchse, dann der Händler, dann der vermischte Ansturm, dann der Spieler, der

Desperado, der Straßenräuber samt allen Verwandten beiderlei Geschlechts und dann der smarte Bursche, der eine alte sich auf alles Land dort erstreckende Schenkung aufgekauft hat; das bringt den Troß der Anwälte, und die Selbstschutzverbände bringen den Leichenbestatter. All diese Mächte bringen die Zeitung, diese ruft Politik und eine Eisenbahn ins Leben, alle fassen mit an und bauen eine Kirche und ein Gefängnis – und siehe da! Zivilisation hat für ewig im Lande Fuß gefaßt. Der erste Vorkämpfer bei diesem wohltätigen Werk aber war nun einmal der Whisky. Er ist es immer. Von dieser großen Wahrheit nichts zu wissen und in die Astronomie abzuwandern, um sich ein Symbol zu leihen, sah einem Ausländer ähnlich – und ist bei einem Ausländer auch verzeihlich. Wäre er mit den Tatsachen vertraut gewesen, hätte er gesagt:

»Westwärts nimmt die *Buddel* des Empires ihren Lauf.«

Im Juni 1837 erreichte dieser große Vortrabführer das Gelände, auf dem heute St. Paul liegt. Ja, in jenem Jahr baute Pierre Parrant, ein Kanadier, die erste Hütte, entkorkte seine Kruke und fing an, den Indianern Whisky zu verkaufen. Das Ergebnis liegt vor uns.

Alles, was ich über die Neuheit, das Tempo, den schnellen Fortschritt, den Reichtum, die Intelligenz, die feine und solide Architektur und den allgemeinen Elan und Schwung St. Pauls gesagt habe, trifft auch für seine nahe gelegene Nachbarin Minneapolis zu – wobei hinzukommt, daß letztere noch größer ist.

Vor ein paar Monaten lagen diese außergewöhnlichen Städte zehn Meilen auseinander, sie wachsen aber so schnell, daß sie jetzt vielleicht schon vereinigt sind und unter einem einzigen Bürgermeister weitermachen. Auf jeden Fall aber wird sich in fünf Jahren zumindest ein so festes Band von Gebäuden zwischen ihnen hinziehen und sie vereinen, daß ein Fremder nicht sagen kann, wo der eine Siamesische Zwilling aufhört und der andere anfängt. Vereinigt werden sie, wenn sie weiter so anwachsen, zweihundertfünfzigtausend Einwohner zählen. Dann wird dieses Bevölkerungszentrum am Kopf der Mississippischifffahrt in den Zahlenwettstreit treten mit dem Bevölkerungszentrum am Fuß des Mississippi, mit New Orleans.

Minneapolis liegt am St.-Anthony-Fall, der sich fünfzehnhundert Fuß quer über den Fluß erstreckt und ein Gefälle von zweiundachtzig Fuß aufweist – eine Wasserkraft, die künstlich zu einem geschäftlich unschätzbaren Wertobjekt verwandelt worden ist, obwohl der Fall als Bild oder als Hintergrund, vor dem man sich photographieren lassen kann, dabei etwas Schaden genommen hat.

Dreißig Großmühlen liefern in jedem Jahr zwei Millionen Tonnen Mehl erstklassiger Qualität aus; zwanzig Sägewerke produzieren jährlich zweihundert Millionen Fuß Holz; außerdem gibt es Woll- und Baumwollspinnereien, Öl- und Papiermühlen und nahezu unzählige Fabriken für Fensterrahmen, Nägel, Möbel, Fässer und andere Dinge. Die Großmühlen hier in St. Paul arbeiten nach dem sogenannten »neuen Verfahren« und zermahlen den Weizen nicht mehr zwischen Steinen, sondern zwischen Walzen.

In Minneapolis laufen sechzehn Bahnlinien zusammen, und es werden täglich fünfundsechzig Personenzüge abgefertigt.

Genau wie in St. Paul blüht hier der Journalismus. Es erscheinen drei große Tageszeitungen, zehn Wochenblätter und drei Monatsschriften.

Es gibt eine Universität, die vierhundert Studenten zählt und – was noch besser ist – sich nicht nur um die Erleuchtung des einen Geschlechts bemüht. Es sind sechzehn Volksschulen vorhanden, deren Gebäude fünfhunderttausend Dollar gekostet haben. Die Zahl der Schüler beträgt sechstausend, die der Lehrer hundertachtundzwanzig. Außerdem existieren siebzig Kirchen, und viele weitere sind geplant. Die Banken vereinigen ein Kapital von drei Millionen Dollar, und im Großhandel der Stadt wird ein Jahresumsatz von fünfzig Millionen Dollar erzielt.

In der Umgebung von St. Paul und Minneapolis gibt es einige Sehenswürdigkeiten, darunter die auf einem hundert Fuß hohen Uferfelsen thronende Festung Fort Snelling, den Minnehaha-Fall und den Eisbärensee. Der schöne Minnehaha-Fall ist berühmt genug – der hat meine Hilfe nicht nötig. Der Eisbärensee ist weniger bekannt. Er ist ein wundervolles Gewässer und dient der reichen und eleganten Welt des Staates als Sommerfrische. Er hat sein Klubhaus und sein Hotel mit allem modernen Drum und Dran und hübsche Sommerhäuschen und viele Fischgründe und Jagden und angenehme Zufahrtsstraßen. Es gibt ein Dutzend kleinerer Sommerfrischen um St. Paul und Minneapolis, der Eisbärensee aber ist *die* Sommerfrische. Mit ihm ist eine äußerst schwachsinnige Sage verbunden. Ich würde der Versuchung, sie hier mitdrucken zu lassen, ja widerstehen, wenn ich könnte, doch das geht über meine Kräfte. Der Reiseführer nennt den Chronisten der Sage und lobt dessen »leichte Feder«. Lassen wir also besagte leichte Feder unverzüglich und ohne weiteren Kommentar auf den Leser los:

Eine Sage vom Eisbärensee

Seit vielleicht hundert Jahren, oder gar solange es das Volk der roten Männer gibt, kommt alljährlich im Frühling eine Schar Indianer auf eine Insel in der Mitte vom Eisbärensee, um Ahornzucker zu bereiten.

Wie die Sage vermeldet, soll sich auf dieser Insel vor vielen Sommern ein junger Krieger in die Tochter seines Häuptlings verliebt und um sie gefreit haben und bei der Jungfrau auf Gegenliebe gestoßen sein. Ihre Hand jedoch wurde ihm von ihren Eltern immer wieder verweigert, denn der alte Häuptling wandte ein, er wäre nicht tapfer genug und seine liebe Gemahlin würde ihn ein Weib nennen!

Wieder einmal war hinter dem Hain der Ahornbäume, dem »Zuckerbusch«, die Sonne versunken und der helle Mond zog hoch oben am leuchtendblauen Firmament auf, als der junge Krieger wieder einmal seine Flöte nahm und allein hinausging, die Geschichte seiner Liebe zu singen. Die milde Brise ließ die beiden bunten Federn in seinem Kopfschmuck sanft hin und her schwingen, und als er auf den Stamm eines schrägstehenden Baumes stieg, fiel der feuchte Schnee schwer von seinen Füßen. Er setzte die Flöte an die Lippen, doch dabei rutschte ihm seine Decke von den wohlgeformten Schultern, so daß ein Stück von ihr auf dem Schnee lag. Er stimmte sein wild-schauriges Liebeslied an, merkte aber bald, daß ihn fror, und als er nach hinten nach seiner Decke fassen wollte, wurde ihm diese von einer ungesehenen Hand sanft um die Schultern gelegt. Es war die Hand seiner Liebsten, seines Schutzengels. Sie setzte sich neben ihm nieder, und im Moment waren sie glücklich, denn der Indianer hat ein Herz zum Lieben, und er ist in diesem Stolz so edel wie in seiner Freiheit, welche ihn zum Kinde des Waldes macht. Nach der Sage nun kam ein großer Eisbär, der vielleicht wähnte, Polarschnee und trüber Winter würden bis überallhin reichen, gen Süden gezogen. Schließlich erreichte er den Nordrand jenes Sees, der jetzt seinen Namen trägt, ging ans Ufer hinunter und bahnte sich lautlos durch den tiefen, dichten Schnee seinen Weg auf die Insel zu. Das war in eben jenem Frühjahr, in dem sich die Liebenden trafen. Die beiden hatten ihren ersten Zufluchtsort verlassen und saßen nun zwischen den Ästen einer großen Ulme, die weit über den See hinaushing. (Derselbe Baum steht noch heute und erweckt allgemeine Neugier und Interesse.) Alldieweil sie fürchteten, entdeckt zu werden, unterhielten sie sich fast nur flüsternd, und jetzt erhoben sie sich gerade, um zur rechten Zeit ins Lager zurückzukommen und keinen Verdacht zu erregen, da stieß die Jungfrau einen Schrei aus, der bis zu den Wigwams gehört wurde, und gegen den jungen Krieger prallend, bekam sie seine Decke zu fassen, trat jedoch fehl und fiel, die Decke mit sich reißend, dem grausamen Untier direkt in die großen Pranken. Sofort waren alle Männer, Frauen und Kinder der Schar am Ufer, doch keiner hatte Waffen mit. Schreie und Wehklagen kamen aus aller Munde. Was sollten sie nur tun? Währenddessen hielt diese weiße und wilde Bestie die atemlose Maid mit ihren riesigen Tatzen umklammert und hätschelte ihre kostbare Beute, als sei sie an derartige Szenen gewöhnt. Da stieß der liebende Krieger einen gellenden Schrei aus, der die Klagen von Hunderten seines Stammes übertönte, rannte in seinen Wigwam, ergriff sein getreues Messer, kehrte mit fast einem einzigen Satz zu der Stätte von Angst und Schrecken zurück, sprang hinaus auf den überhängenden Baum zu der Stelle, wohin seine Liebste fiel, und mit der Wut eines rasenden Panthers stürzte er sich auf seine Beute. Das Tier drehte sich herum und brachte mit einem einzigen Schlag seiner gewaltigen Tatze die Liebenden Herz an Herz, doch im nächsten Augenblick tauchte der Krieger seine Messerklinge ein und öffnete die blutroten Schleusen des Todes, und der sterbende Bär lockerte seinen Griff.

In jener Nacht gab es für den Trupp oder für die Liebenden keinen Schlaf mehr, und während jung und alt den Kadaver des toten Untiers umtanzte, wurde der tapfere Krieger mit einer weiteren Feder beschenkt, und noch ehe ein neuer Mond aufging, war sein Herz um einen lebenden Schatz bereichert. Viele Jahre spielten beider Kinder auf dem Fell des Eisbären – von dem der See seinen Namen ableitet –, und die Maid und der Krieger gedachten noch lange der fürchterlichen Szene und Rettung, die sie vereint hatte, denn die schreckliche Begegnung mit dem riesigen Untier, durch die sie beinahe in die ewigen Jagdgründe eingegangen wären, konnten Kis-se-me-pa und Ka-go-ka nie wieder vergessen.

Eine verwirrende Angelegenheit. Erst fiel sie runter vom Baum – sie und die Decke –, und der Bär fing sie auf und tätschelte sie – sie und die Decke –, dann fiel sie wieder hoch in den Baum – und ließ die Decke zurück –, unterdessen rennt ihr Liebhaber unter Kriegsgeheul nach Hause und kommt waffenklirrend zurück, erklettert den Baum, springt runter auf den Bären, das Mädchen hopst ihm nach – denn sie war ja oben –, nimmt wieder ihren Platz in den Armen des Bären neben der Decke ein, und der Liebhaber jagt dem Untier sein Messer in den Leib und rettet – wen? Die Decke? Nein – mitnichten. Man ist dieser Decke wegen wer weiß wie gespannt und aufgeregt, und gerade dann, wenn es zu einem glücklichen Höhepunkt zu kommen scheint, sitzt man plötzlich auf: nichts weiter gerettet als das Mädchen! Dabei interessiert das Mädchen gar nicht; sie steht nicht im Mittelpunkt der Sage. Trotzdem wird man dort abgesetzt und muß dort bleiben, denn selbst wenn man tausend Jahre alt wird, erfährt man nie, wer eigentlich die Decke gekriegt hat. Ein Toter könnte eine bessere Sage zustande bringen als die hier. Womit ich gar nicht einmal einen frischen Toten meine, sondern einen, der schon wochenlang tot ist.

Wir machten uns nun auf die Heimreise, und in wenigen Stunden waren wir in jenem erstaunlichen Chicago – einer Stadt, in der sie immerzu an der Wunderlampe reiben und die Geister antreiben und sich neue Unmöglichkeiten ausdenken und vollbringen. Wer bloß ab und zu einmal hinkommt, für den ist es ein hoffnungsloses Bemühen, mit Chicago mitkommen zu wollen – es erfüllt seine Prophezeiungen schneller, als er sie machen kann. Es ist immer eine ganz neue Stadt und nie mehr das Chicago, das man gesehen hat, als man letztes Mal hier gewesen ist. Die Pennsylvania-Bahn brachte uns, ohne unterwegs auch nur zehn Minuten Verspätung aufzunehmen, eiligst nach New York, und dort endete eine der genußreichsten Fünftausend-Meilen-Reisen, die zu machen ich je das Glück hatte.

ANHANG DES AUTORS

A

Aus dem »New Orleans Times-Democrat«
vom 29. März 1882

*Fahrt des vom »Times-Democrat« entsandten Rettungsschiffes
durch die überschwemmten Gebiete*

Am Dienstagmorgen um neun verließ die »Susie« den Mississippi und bog in den Old River beziehungsweise in die jetzt so genannte Mündung des Red River ein. Links vor uns ergoß sich eine Flut zwischen und über die Dämme der Chandler-Plantage, des nördlichsten Punktes vom Kreis Point Coupée. Obwohl die Dämme erst vor kurzem eingestürzt waren, bedeckte das Wasser die ganze Pflanzung. Das Vieh hatte man in einem großen Prahm gesammelt, und im Vorbeifahren sahen wir die Tiere darin zusammengedrängt und ohne Futter stehen und auf ein Schiff zum Abschleppen warten. Auf der rechten Flußseite liegt Turnbull's Island und darauf eine große Plantage, die früher als eine der fruchtbarsten des Staates galt. Das Wasser hatte sie bei den üblichen Überschwemmungen bisher stets unbehelligt gelassen, doch jetzt gaben nur weite Wasserflächen an, wo die Felder waren. Hier und dort konnte man von dem Schutz-Damm das oberste Stück sehen, doch meist war es völlig überflutet.

Seitdem das Wasser einströmt, haben die Bäume grüneres Laub angelegt und sehen die Wälder leuchtend und frisch aus, doch dieser angenehme Anblick wird durch die grenzenlose Wasserwüste neutralisiert. Wir passieren eine Meile nach der anderen, und es gibt nichts weiter als bis zu den Ästen im Wasser stehende Bäume. Hin und wieder erhebt sich ein Schlangenvogel und fliegt die lange Allee des Schweigens voraus. Manchmal schießt eine Piroge unter den Büschen hervor und kreuzt auf dem Weg hinaus zum Mississippi den Red River, doch die Paddler mit den traurigen Gesichtern wenden sich nie nach unserem Schiff um.

Das Schnaufen des Dampfers ist in dieser eigenartig ergreifenden Düsterheit Musik. Es ist nicht die Düsterheit tiefer Wälder oder dunkler Höhlen, sondern eine besondere Art feierlicher Stille und eindrucksvoller Ehrfurcht, die sich mit Gewalt Anerkennung erzwingt. Wir kamen an jenem Morgen an zwei Negerfamilien auf Flößen vorbei, die zwischen den Weiden festgebunden waren. Sie gehörten offensichtlich der wohlhabenden Klasse an, denn sie führten einen Vorrat an Mehl sowie drei oder vier Schweine mit. Ihre Flöße waren ungefähr zwanzig Fuß im Quadrat groß, und vor einer improvisierten Hütte war etwas Erde aufgeschüttet, auf der sie ihr Feuer bauten.

Die den Atchafalaya hinunterfließende Strömung war sehr reißend, denn für diese Richtung zeigt der Mississippi eine Vorliebe, die man nur zu sehen braucht, um vor den verzweifelten Bemühungen dieses Flusses um einen kurzen Weg zum Golf Achtung zu gewinnen. Kleine Boote, Kähne, Pirogen und so weiter sind sehr gesucht, und es werden viele von räuberischen Negern gestohlen, die sie dort hinschaffen, wo sie den höchsten Preis erzielen. Nach dem, was mir Mr. C. P. Ferguson erzählte, dessen in der Gegend von Red River Landing liegende Pflanzung gerade untergegangen war, herrscht im Hinterland dieser Plantage große Not. Die Neger hatten überhaupt nicht mehr mit einem Durchbruch dort gerechnet, da der Ober-Damm bisher ausgehalten hatte, und als es sich doch ereignete, waren sie ihm auf Gedeih und Verderb ausgeliefert. Am Donnerstag sind viele von Bäumen und Hüttendächern heruntergeholt und eingebracht worden, eine große Anzahl aber befindet sich noch dort.

Man weiß den Anblick von Erde nicht zu schätzen, bis man einmal durch eine Überschwemmung gereist ist. Auf See erwartet und sucht man keine, doch hier, mit den flatternden Blättern, den schattigen Waldgängen, den gerade noch zu sehenden Hausdächern, erwartet man Land. Selbst einen Friedhof würde man schätzen, wenn seine Hügel über Wasser ständen. Den Fluß erkennt man hier nur, weil sich zwischen den Bäumen eine Öffnung befindet, das ist alles. Seine Breite beträgt von Fort Adams auf dem linken

Mississippiufer bis zum Ufer von Rapides Parish rund sechzig Meilen. Ein großer Teil davon waren bebaute Felder, besonders am Mississippi und im Hinterland vom Red River. Als wir auf den eigentlichen Red River kamen, stießen wir auf eine starke Querströmung, die dieselbe Richtung verfolgt wie der Mississippi.

Nach ein paar Stunden Fahrt erreichten wir den Black River. Und sogleich sahen wir Zeichen der Not. Von allen Weiden längs der Ufer waren die Blätter abgerissen. Ein Mann, mit dem Ihr Berichterstatter sprach, sagte, er habe hundertfünfzig Rinder und hundert Schweine besessen. Beim ersten Erscheinen des Wassers habe er sich darangemacht, sie ins fünfunddreißig Meilen entfernte Hochland von Avoyelles zu treiben, dabei jedoch fünfzig Stück Hornvieh und sechzig Schweine verloren. Der Black River ist selbst mit unter Wasser stehenden Ufern nicht unmalerisch. Ein dichter Wuchs von Eschen, Eichen und Gummi- und Hickorybäumen macht diese schier undurchdringlich, und wo man dazwischen einen Blick eine Baumallee hinunter erhaschen kann, sind in dem Dunkel bloß die unklaren Umrisse entfernter Stämme zu erkennen.

Ein paar Meilen flußauf stand das Wasser acht Fuß hoch über den Ufern, und ringsum konnte man die Dächer der Hütten sehen, die sich noch gegen die starke Strömung hielten. Hier und dort war eine umgestürzt und gab mit dem sie umgebenden Treibholz vielleicht den Kern für eine künftige Insel ab.

Um Kohle zu sparen, denn dieser Treibstoff würde während der ganzen Expedition unmöglich irgendwo zu haben sein, wurde ständig nach einem Holzstapel Ausschau gehalten. Als wir um eine Bake herumfuhren, schoß eine Piroge hervor, geschickt geführt von einem Jungen und in ihrem Bug ein fünfzehnjähriges Mädchen mit hübschem Gesicht, schönen schwarzen Augen und artigen Manieren. Der Junge bat um eine Zeitung, die ihm zugeworfen wurde, und dann stießen die beiden ihr winziges Fahrzeug hinaus in die Dünung des Schiffes.

Nicht lange danach kam ein kleines Mädchen, sicher nicht älter als zwölf Jahre, in dem allerkleinsten Kanu angepaddelt und lenkte es mit all der Geschicklichkeit eines alten Seefahrers. Die Kleine sah mehr nach einem indianischen als nach einem weißen Kind aus, und als sie gefragt wurde, ob sie keine Angst habe, lachte sie. Sie sei in einer Piroge großgeworden und könne überall hin. Jetzt fahre sie Weidenblätter für das Vieh pflücken, und sie zeigte auf ein Haus in der Nähe, in dem das Wasser drei Zoll über den Fußboden reichte. An der Hintertür war ein ungefähr dreißig Quadratfuß großes Floß vertäut, auf dem in einer Art Gatter zirka sechzehn Kühe und zwanzig Schweine standen. Die Familie klagte nicht, außer darüber, daß sie ihr Vieh verlor, und brachte uns sofort in einem Prahm Holz.

Auf den fünfzehn Meilen von hier bis zum Mississippi ist kein einziges Fleckchen Erde über dem Wasser, und in Richtung Westen gibt es dreißig Meilen lang nichts als die Fluten des Flusses. Der Black River war am Donnerstag, dem 23., eindreiviertel Zoll gestiegen und stieg nachts immer noch. Je weiter wir stromaufwärts kamen, um so bewohnter wird der Fluß, doch die Häuser liegen noch meilenweit auseinander. Fast alle sind sie verlassen, und die Nebengebäude hat die Flut mitgerissen. Die trübselige Atmosphäre wird noch dadurch verstärkt, daß fast alles Lebende erstorben zu sein scheint und weder das Pfeifen eines Vogels noch das Keckern eines Eichhörnchens in dieser Einsamkeit zu hören ist. Manchmal wirft ein griesgrämiger Hornhecht den Schwanz hoch und verschwindet im Fluß, doch sonst herrscht Stille – die Stille der Trostlosigkeit. Ab und zu treibt ein weißgetünchter Hühnerstall den Fluß hinunter oder ein Bündel sauber gespaltener Zaunlatten oder eine Tür oder ein aufgedunsener Kadaver mit feierlichem Geleit von ein paar auf ihm Mahl haltenden Geiern – die einzigen Vögel, die zu sehen sind. Ein Bilderrahmen mit einer billigen Lithographie eines Soldaten zu Pferde erzählte im Vorbeitreiben von einem vom Wasser überfallenen und dieses Schmuckes beraubten Herd.

Da im Dunkeln zu fahren töricht gewesen wäre, wurde am Abend eine Stelle längs der Wälder ausfindig gemacht und das Schiff für die Nacht an einem Gummibaum vertäut.

Ein hübscher Viertelmond warf ein angenehmes Licht über Wald und Fluß und schuf ein Bild, das, könnte ein Künstler es nur auf seiner Leinwand festhalten, eine reizende Landschaftsstudie ergeben würde. Die Bewegung der Maschinen hatte aufgehört, der Dampf puffte nicht mehr durch die Ventile, und Schweigen hüllte uns ein. Und was für ein Schweigen! Sonst kann man nachts im Walde immer noch das Quaken der Frösche, das Summen der Insekten oder das Fallen von Zweigen hören, hier aber war die Natur stumm. Aus den dunklen Gängen dieser Kathedrale drang kein Laut, und sogar das Murmeln der Strömung erstarb.

Am Freitag war die Mannschaft früh auf den Beinen, und wir brachen auf, den Black River hinauf. Es war ein prachtvoller Morgen, und der Fluß, der bemerkenswert gerade ist, hatte sein schönstes Gewand angelegt. Die Blüten der Mehlbeere parfümierten die Luft mit einem köstlichen Duft, und an den Ufern trällerten ein paar Vögel. Die Bäume waren größer, und der Wald schien älter zu sein als weiter unten. Wir kamen an mehr Feldern vorbei als in der Nähe der Mündung, doch auch hier zeigte sich das gleiche Bild: Räucherkammern, die draußen auf den Wiesen trieben, Negerhütten, die sich in irgendeiner Eiche verwickelt und verankert hatten, und bescheidene Wohnhäuser, deren Dachrinnen gerade noch über dem Wasser standen. In karminroter Pracht kam die Sonne hervor, und die Bäume erstrahlten in den verschiedensten Schattierungen von Grün. Nirgendwo ist ein Fuß Land zu sehen, und allem Anschein nach wird das Wasser immer höher, denn es reicht schon hinauf bis an die Äste der größten Bäume. Entlang der ganzen Strecke sind die Uferweiden ihrer Blätter beraubt, ein Beweis dafür, wie lange die Leute schon dieses Grünfutter für ihre Tiere sammeln. Wir fragten einen alten Mann in einer Piroge, wie die Weidenblätter seinem Vieh bekämen. Er hielt in seiner Arbeit inne, und mit wenig verheißungsvollem Kopfschütteln erwiderte er: »Na ja, sie reichen gerade, um ihre Körperwärme zu halten, und mehr erwarten wir auch nicht, doch schlecht sind die Schweine dran, besonders die kleinen. Die krepieren nur so weg. Doch was sollen wir machen? Wir haben nichts andres.«

Dreißig Meilen oberhalb der Mündung des Black River reicht das Wasser von Natchez am Mississippi bis hinüber zu den Kiefernhügeln von Louisiana: Das sind dreiundsiebzig Meilen, und es gibt dort kaum einen Fleck, der nicht zehn Fuß Wasser über sich hat. Weiter oben auf dem Black River zeigt die Strömung eine Tendenz nach Westen, und zwar eine so starke, daß die Wasser des Red aus dem Calcasieu-Land runtergetrieben werden und sich die des Black rund fünfzehn Meilen oberhalb seiner Mündung mit denen des Red vermischen, etwas, was selbst von den ältesten Dampfschiffern noch nie erlebt worden ist. Das Wasser, das wir jetzt sehen, stammt alles aus dem Mississippi.

Bis hoch nach Trinity oder vielmehr nach Troy, das kurz davor liegt, sind fast alle Leute evakuiert. Die Versorgung der Zurückgebliebenen ist im Augenblick noch gesichert. Ihr Vieh jedoch leidet und stirbt ziemlich schnell weg, denn die Beschränkung auf Flöße und das schlechte Futter rufen Krankheiten hervor.

Nach kurzem Aufenthalt fuhren wir weiter und kamen in eine Gegend mit vielen freien Feldern und einer Anzahl von Farmhäuschen. Hier gab es weitere Bilder der Not und des Elends. Innen in den Häusern hatten die Bewohner aus Kisten Gerüste errichtet, auf die sie die Möbel stellten. Die Bettpfosten waren oben abgesägt, da die Deckenhöhe von dem improvisierten Fußboden aus nicht mehr als vier Fuß betrug. Die Gebäude sahen sehr unsicher aus und drohten jeden Moment abzutreiben. In der Nähe der Häuser stand Vieh, bis zur Brust im Wasser und völlig apathisch. Es bewegte sich nicht von der Stelle, sondern stand geduldig da und wartete auf Hilfe. Der Anblick war qualvoll, und die armen Kreaturen werden sicher zugrunde gehen, wenn sie nicht schnellstens gerettet werden. Ein Pferd, wenn es merkt, daß keine Hilfe kommt, schwimmt los und sucht sich selber Futter, ein Rind dagegen bleibt auf ein und demselben Fleck stehen, bis es vor Erschöpfung ins Wasser fällt und ersäuft.

Um halb eins erhielten wir einen Anruf von einem Prahm, der sich innerhalb der Uferlinie befand. Wir drehten bei und holten längs, und General York stieg an Bord. Er war gerade mit dem Bergen von Vieh beschäftigt. Er hieß das Schiff des »Times-Democrat« herzlich willkommen und sagte, es werde dringend gebraucht. Die Not, so versicherte er, sei nicht zum mindesten übertrieben. Die Leute befänden sich in einer Lage, die man sich nur schwer vorstellen könne. Das Wasser stände so hoch, daß ihre Häuser jeden Moment weggespült werden können. Es sei bereits bis fast an die Dachrinnen gestiegen, und wenn es diesen Punkt erreicht, drohe immer Gefahr, daß die Häuser mitgerissen werden, und dann würde es viele Todesopfer geben. Der General sprach von dem tapferen Bemühen vieler Leute, ihr Vieh zu retten; wie er glaube, seien jedoch gute fünfundzwanzig Prozent davon umgekommen. Es hätten bereits zweitausendfünfhundert Menschen Rationen aus Troy am Black River erhalten, und er habe sehr viel Vieh abgeschleppt, doch eine sehr große Menge befände sich noch draußen und leide schreckliche Not. Das Wasser sei jetzt achtzehn Zoll höher als im Jahre 1874, und zwischen Vidalia und den Hügeln von Catahoula gebe es kein Land mehr.

Gegen zwei Uhr erreichte die »Susie« Troy, fünfundsechzig Meilen oberhalb der Mündung des Black River. Zur Linken kommt hier der Little River herein und gleich dahinter der Quachita und auf der rechten Seite der Tensas. Diese drei Flüsse bilden den Black River. Troy, beziehungsweise ein Teil davon, liegt auf beziehungsweise zwischen drei großen indianischen Erdhügeln von kreisrunder Form, die beim jetzigen Flutstand ungefähr zwölf Fuß aus dem Wasser ragen. Ihr Durchmesser beträgt an die hundertfünfzig Fuß, und sie liegen zirka zweihundert Yard auseinander. Die Häuser sind alle zwischen diese Hügel gesetzt, und in allen steht das Wasser achtzehn Zoll über dem Fußboden.

Diese Erhöhungen, von den Eingeborenen vor Hunderten von Jahren gebaut, sind in meilenweiter Runde der einzige Zufluchtsort. Bei unserer Ankunft fanden wir sie dicht besetzt mit knochendürrem Vieh, das sich kaum noch auf den Beinen halten konnte: Schafe, Schweine, Pferde, Maultiere und Rinder, alles durcheinander. Einer der Hügel dient seit vielen Jahren als Friedhof, und an den marmornen Grabsteinen sehen wir heute abgemagerte Kühe liegen und nach einem von General York verschafften Mahl zufrieden wiederkäuen. Genau wie schon weiter unten fiel uns auf, mit welch erstaunlicher Geschicklichkeit die Frauen und Mädchen hier die kleineren Pirogen zu führen wissen. Kinder paddelten in diesen äußerst kippligen Fahrzeugen mit all der Nonchalance der darin Erfahrenen herum.

Was das Hilfswerk betrifft, so arbeitet General York nach einem ausgezeichneten System. Wo Unterstützung verlangt wird, überzeugt er sich an Ort und Stelle, was getan werden muß, und schickt dann sofort eins von seinen zwei gecharterten Schiffen hin und läßt das Vieh in Prähme laden und nach den Kiefernhügeln und dem Oberland von Catahoula abschleppen. Troy hat er zu seinem Hauptquartier gemacht, und Boote kommen dorthin und holen sich Viehfutter. Gegenüber dem links vom Black River abzweigenden Little River und noch vor dem Quachita liegt Trinity, das jede Stunde der Vernichtung anheimfallen kann. Es liegt viel niedriger als Troy, und in seinen Häusern steht das Wasser acht bis neun Fuß hoch. Eine starke Strömung fließt mitten hindurch, und es ist erstaunlich, daß die Häuser nicht schon längst alle mitgerissen worden sind. Für die Einwohner Troys wie Trinitys ist gesorgt, ihr Vieh aber hat nicht genug Futter.

Sobald die »Susie« Troy erreichte, wurde sie zwecks schnellerer Durchführung des Hilfswerkes General York übergeben. Um sie leichter zu machen, luden wir auf einem der Erdhügel fast unsere gesamten Vorräte ab. Dann wurde sie stromabwärts gelenkt, um denen unten Unterstützung zu bringen. Auf Tom Hoopers Farm, ein paar Meilen von Troy ab, nahmen wir einen großen Prahm mit ungefähr fünfzig Stück Vieh in Schlepp. Die Tiere wurden gefüttert und kamen bald wieder etwas zu Kräften. Heute wollen wir auf den Little River, wo die Not am größten ist.

Den Black River hinunter

Sonnabend, den 25. März, abends

In aller Frühe fuhren wir unter Leitung General Yorks los, den Black River hinunter, um alles erreichbare Vieh herauszuholen. Unterwegs ließen wir an einer zentral gelegenen Stelle einen im Schlepp mitgeführten Prahm zurück, und von dort aus stakten ihn Männer bis weit hinter die Plantagen, wo sie die Tiere dann von überall auflasen. Oben auf dem Boden einer Baumwollscheune wurden siebzehn Stück gefunden, die mit Hilfe einer schnell zusammengezimmerten Laufplanke ohne Schwierigkeit hinunter in den Prahm geführt werden konnten. Ihr Korrespondent stieg mit dem General in einen Kahn und wurde zu einem aus zwei Räumen bestehenden Häuschen gerudert, in dem das Wasser zwei Fuß hoch stand. In einer der großen Stuben drängten sich die Pferde und Kühe zusammen, während in der anderen die Witwe Taylor und ihr Sohn auf einem über dem Boden errichteten Gerüst saßen. Ein oder zwei kleine Kanus trieben, jederzeit fahrbereit, in der Stube herum. Nachdem der Prahm herangebracht worden war, wurde die Seitenwand des Hauses zersägt, weil man die Tiere sonst nicht herausbekommen hätte, und das Vieh auf das Boot getrieben. Wie überall fragte General York auch hier, ob die Familie evakuiert werden wolle, und setzte sie davon in Kenntnis, daß Major Burke vom »Times-Democrat« zu diesem Zweck die »Susie« hinaufgeschickt habe. Mrs. Taylor erwiderte, sie danke Major Burke, doch sie würde lieber aushalten. Mit welcher Zähigkeit die Leute hier an ihren Heimen hängen, geht über alle Vorstellungskraft. Ein kleines Stück weiter – wir waren jetzt sechzehn Meilen von Troy weg – wurde uns gemeldet, das Haus von Mr. Tom Ellis sei in Gefahr und es befinde sich eine ganze Familie darin. Wir dampften unverzüglich hin. Es war ein trauriges Bild, das sich uns dort bot. Aus der Fensterhälfte, die noch über Wasser war, blickte die kranke Mrs. Ellis heraus, während an der Tür ihre sieben Kinder standen, deren ältestes noch keine vierzehn Jahre zählt. Eine Seite des Hauses war den Arbeitstieren – zirka zwölf

Stück – sowie den Schweinen überlassen. In dem nächsten Raum hauste die Familie. Das Wasser reichte bis auf zwei Zoll an die Bodenbretter der Betten hinauf. Der Herd war überschwemmt, und gekocht wurde auf einem obendrauf errichteten Feuer. Das Haus drohte jeden Augenblick nachzugeben, die eine Seite sank bereits, ja das Gebäude sah wie ein bloßes Gerüst aus. Als das Schiff beidrehte, kam Mr. Ellis in einem Kanu heraus, und General York sagte ihm, er sei gekommen, ihm zu helfen, das Schiff des »Times-Democrat« stehe zu seinen Diensten und würde seine Familie sofort nach den Hügeln bringen, und für das Vieh könne ein Prahm hergeschickt werden, jedoch erst Montag, denn bis dahin seien sie besetzt. Ungeachtet der beklagenswerten Lage, in der er und seine Familie sich befanden, wollte Mr. Ellis nicht gehen. Er erklärte, er möchte bis Montag warten, selbst auf das Risiko hin, daß das Haus einfalle. Die Kinder an der Tür sahen vollkommen zufrieden aus und schienen sich wenig um die Gefahr zu kümmern, in der sie sich befanden. Das sind nur zwei Beispiele von vielen. Nach Wochen der Not und der Entbehrung klammern sich die Leute immer noch an ihre Häuser und verlassen sie nur, wenn zwischen dem Wasser und der Decke nicht mehr genug Platz ist, um ein Gerüst zu bauen, auf dem man stehen kann. Es scheint unvorstellbar, doch sie lieben ihr altes Heim mehr als die eigene Sicherheit.

Die nächste Plantage, an der wir nach dem Besuch bei der Familie Ellis anlegten, war die der Oswalds. Hier wurde der Prahm mit der Breitseite an die Baumwollscheune herangebracht, in der fünfzehn Tiere im Wasser standen, und zwar auf Gerüsten und infolgedessen mit dem Kopf über dem oberen Rand vom Eingang. Sie herauszuholen, ohne die Vorderwand teilweise einzureißen, erwies sich als unmöglich, und so mußten Äxte in Aktion treten und eine Öffnung schlagen. Nach viel Arbeit waren die Pferde und Maultiere dann sicher auf dem Prahm untergebracht.

Wo wir auch halten, immer kommen drei, vier Kanus und berichten von anderen Orten, wo sich Vieh in Not befindet. Obgleich sehr viele Leute einen Teil ihrer Tiere schon vor einiger Zeit ins Hochland getrieben haben, ist doch noch eine große Anzahl da, und General York, der mit unbezwinglicher Energie arbeitet, will sehen, daß er sie bis Dienstag nach den Kiefernhügeln schaffen kann.

Überall auf dem Black River ist die »Susie« von Dutzenden von Pflanzern besucht worden, und was sie erzählten, waren Wiederholungen dessen, was wir über Not und Verlust bereits gehört hatten. Ein alter Pflanzer, der seit 1844 am Fluß lebt, sagte, noch nie habe es ein solches Hochwasser gegeben und er sei überzeugt, daß über ein Viertel des Viehs draufgehe. Zum Glück kümmerten sich alle zuerst um ihr Arbeitsvieh und brachten Pferde und Maultiere an einem sicheren Platz unter, sofern sie einen solchen finden konnten. Das Hochwasser, das noch immer anhält und gestern nacht um weitere zwei Zoll gestiegen ist, zwingt sie jedoch, die Tiere auf die Hügel hinaufzuschaffen, und eben deshalb ist die Arbeit General Yorks von so großem Wert. Vom frühen Morgen bis in die späte Nacht hinein ist er unterwegs, fährt hierhin und dorthin, heitert durch freundliche Worte auf und trifft mit Ruhe seine Anordnungen.

Am ganzen Fluß hört man eine unangenehme Geschichte über einen bestimmten Kaufmann in New Orleans. Die Pflanzer scheinen mit diesem Mann seit Jahren in Geschäften gestanden zu haben, und viele hatten bei ihm etwas gut. Als die Überschwemmung kam, bestellten sie Kaffee und Mehl und andere Kleinigkeiten, die sie dringend brauchten. Auf ihre Briefe kam keine Antwort, und sie schrieben neue, und doch wurden diesen alten Kunden, die ihre Plantagen unter Wasser stehen haben, selbst die lebensnotwendigsten Dinge abgeschlagen. Es erübrigt sich zu sagen, daß er am Black River jetzt nicht beliebt ist.

Die Hügel, von denen ich als Zufluchtsort für Menschen und Vieh vom Black River sprach, befinden sich im Kreis Catahoula, vierundzwanzig Meilen vom Black River entfernt.

Nachdem wir den Prahm mit Vieh vollgeladen hatten, nahmen wir die siebenköpfige Familie T. S. Hoopers an

Bord, die in ihrem Haus nicht länger bleiben konnte und die wir jetzt den Little River hinauf nach den Hügeln bringen.

Das Hochwasser steigt weiter

Troy, den 27. März 1882, mittags

Das Wasser hier steigt alle vierundzwanzig Stunden um dreieinhalb Zoll, und dazu hat Regen eingesetzt, der das noch steigern wird. General York meint, wir sollten uns jetzt in erster Linie bemühen, Menschenleben zu retten, da die immer größer werdenden Wassermassen viele Häuser gefährden. In ein paar Minuten wollen wir den Tensas hinauf, und dann wieder zurück und den Black River hinunter, um Familien herauszuholen. Für den vorhandenen Notstand gibt es hier viel zuwenig motorisierte Transportmittel. Der General verfügt zwar über drei Schiffe mit Prähmen zum Abschleppen von Vieh, doch sie werden öfter angefordert, als sie kommen können. Alle drei sind Tag und Nacht unterwegs, und die »Susie« hält kaum irgendwo länger als eine Stunde. Trinity wird von dem steigenden Wasser immer mehr bedroht, und man rechnet jeden Augenblick damit, daß einige von den Häusern abtreiben. Troy liegt ein bißchen höher, doch auch dort stehen alle Gebäude unter Wasser. Nach soeben eingegangenen Berichten sind ein Stück weiter unten eine Frau und ein Kind von der Flut mitgerissen und zwei Häuschen weggespült worden. Bei den letzteren handelt es sich um die, deren Bewohner sich vorgestern weigerten, sie zu verlassen. Man macht sich keinen Begriff von der völligen Passivität der Leute.

Bis jetzt ist noch keine Nachricht vom Dampfer »Delia« gekommen, und man nimmt an, daß er es war, der beim gestrigen Sturm auf dem Lake Catahoula gesunken ist. Er müßte sonst schon eingetroffen sein. Selbst die Post ist hier äußerst unsicher, und diesen Bericht schicke ich per Ruderboot nach Natchez, damit Sie ihn rechtzeitig erhalten. Genaue Angaben über die letzte Ernte und dergleichen zu kriegen ist unmöglich, da die, die viel darüber wissen, weg sind und die Hiergebliebenen nur wenig Einblick in diese Dinge haben.

Auf General Yorks Wunsch gebe ich bekannt, daß doppelt soviel Lebensmittel wie bisher geschickt werden sollen, und zwar sofort. Irgendeine Schätzung läßt sich nicht machen, denn alles flüchtet ins Hügelland, so schnell steigt die Flut. Die Bevölkerung hier befindet sich in einem Zustand der Aufregung, der nur von Augenzeugen ermessen werden kann, und es hat völlige Demoralisierung eingesetzt.

Lebensmittel für bestimmte Empfänger hier können nicht mit Sicherheit zugestellt werden, deshalb soll alles nach Troy als der zentralen Stelle geschickt werden; der General sorgt für ordnungsgemäße Weiterleitung. Er hat hundert Zelte angefordert, doch wenn alle, die jetzt unterwegs sind, nach den Hügeln gehen, dürften zweihundert gebraucht werden.

B

Der Zustand, in dem sich das reiche untere Mississippital seit dem Ende des Krieges befindet, ist von dessen schrecklichen Folgen eine der beklagenswertesten. Es ist ja nicht nur angemaßter Besitz an Sklaven zu Recht vernichtet, sondern auch sehr viel von dem Werk, das auf Sklavenarbeit beruhte, zerstört beziehungsweise stark beschädigt worden, davon insbesondere das Dammsystem.

Wer die Angelegenheit nicht untersucht hat, gibt sich vielleicht der Meinung hin, so wichtige Meliorationen wie die Einrichtung und Erhaltung der Dämme seien von den verschiedenen Bundesstaaten sofort in Angriff genommen worden. Doch was kann der Staat tun, wo die Leute Zinsfüßen unterworfen sind, die sich auf achtzehn bis dreißig Prozent belaufen, und wo sie sich vor die Notwendigkeit gestellt sehen, zu eben diesen Zinsfüßen ihre Ernten sogar schon vor der Aussaat für das Vorrecht zu verpfänden, ihren gesamten Bedarf bei einer Gewinnspanne von hundert Prozent zu kaufen?

Auch ohne besondere Vertiefung in die Materie leuchtet

es ohne weiteres ein, daß die Regulierung des Mississippi, wenn überhaupt, nur von der Regierung des ganzen Landes und nicht von einzelnen Bundesstaaten unternommen werden kann. Der Fluß muß als Einheit behandelt werden; unter einem getrennten Administrationssystem läßt sich seine Regulierung und Kontrolle nicht durchführen.

Genauso wenig ist es Sache der in erster Linie interessierten Staaten, sich für die notwendigen Maßnahmen untereinander zusammenzuschließen. Das Werk muß hoch oben angefangen werden, wenigstens so weit oben wie Cairo, wenn nicht noch höher, und es hat entlang des ganzen Flußufers nach einem einheitlichen, allgemeingültigen Plan zu erfolgen.

Um die Grundelemente der Angelegenheit zu begreifen, bedarf es, wenn man dem Gegenstand ein wenig Zeit und Aufmerksamkeit widmet, keiner technischen oder wissenschaftlichen Kenntnisse; und sollte man sich zudem nicht, soweit das bei einer vorgefaßten Strombau- oder Regulierungstheorie möglich ist, auf das diesbezügliche Urteil einer Mississippikommission wie der bestehenden verlassen können, die sich aus tüchtigen und fähigen Leuten verschiedener Berufe konstituiert?

Es sei daran erinnert, daß diesem Ausschuß die Generäle Gilmore, Comstock und Suter vom Ingenieurkorps, Professor Henry Mitchell (die größte Autorität auf dem Gebiet der Hydrographie) vom Bundesamt für Küstenvermessung, der Oberbaudirektor des Staates Louisiana, B. B. Harrod, sowie J. B. Eads, dessen Erfolg mit den Schutzdämmen bei New Orleans Gewähr für seine Kompetenz ist, und Richter Taylor aus Indiana angehören.

Von seiten eines einzelnen wäre es Anmaßung, das Urteil eines solchen Gremiums anzufechten.

Die von der Kommission vorgeschlagene Methode der Regulierung steht in Einklang sowohl mit den von der Ingenieurkunst gesammelten Erfahrungen wie mit Beobachtungen der Natur, wo sie uns Menschen entgegenkommt. Wie in der Natur der Wuchs von Bäumen und, sofern diese unterhöhlt sind, deren Neigung, über die Böschung zu fallen und das Ufer zu stützen, an manchen Stellen eine leidliche Tiefe der Flußrinne und einen gewissen Grad von Ständigkeit sichern, so sind auch im Projekt des Ingenieurs Verwendung von Holz- und Strauchwerk sowie Förderung einer Waldbildung das Wesentliche. Es ist vorgesehen, das Flußbett, wo dieses übermäßig breit ist, mittels Faschinenbuhnen zu verengen, die erst niedrig gehalten, mit der unter diesem Schutz erfolgenden Ablagerung des Flußschlammes aber immer höher gesetzt und schließlich wieder so weit abgeschrägt werden sollen, daß auf der so entstandenen Böschung ungehindert Weiden wachsen können. Es kommt dabei auch auf die Form dieser Verlandungsbuhnen, ihre Anordnung zu Ablagerungsbecken usw. an; eine detaillierte Beschreibung würde jedoch nur die Vorstellung erschweren. Der größte Teil des Flußbettes erfordert keine Einengung, doch alle Ufer auf der konkaven Seite der Krümmungen müssen gegen die Abtragung durch die Strömung gehalten und viele der gegenüberliegenden Ufer an kritischen Stellen verteidigt werden. Die auf Erhaltung der Flußbänke hinzielenden Arbeiten kann man allgemein als Verkleidung bezeichnen; auch sie werden in der Hauptsache aus zusammenhängenden Gestrüppteppichen oder zwischen Drahtgeflecht verwobenem Reisig bestehen. Dieses Verkleidungsverfahren hat am Missouri zu Erfolgen geführt, und in einigen Fällen haben sich die neuen Böschungen derart mit Sinkstoffen bedeckt und sind bereits so von Weiden überwuchert, daß sie als von Dauer angesehen werden können. Die Sicherung dieser Matten hat durch Geröll in kleinen Mengen zu erfolgen, und teilweise wird die Schräge zwischen Hoch- und Niedrigwasser mehr oder weniger mit Steinen gepflastert werden müssen.

Jeder, der einmal am Rhein war, wird dort Arbeiten bemerkt haben, die nicht ungleich den eben erwähnten sind, wie überhaupt die meisten der europäischen Flüsse mit Schwemmufern im Interesse der Schiffahrt und Landwirtschaft eine ähnliche Behandlung erfordern.

Der Damm ist das krönende Werk der Uferverkleidung, obwohl er mit dieser nicht immer in unmittelbarer Verbindung stehen muß. Er kann ein kurzes Stück dahinter gesetzt werden, ist und bleibt jedoch die unbedingt dazugehörige Brustwehr. Ohne eine absolute Kontrolle über alle Flutstadien lassen sich der Fluß mit Hochwasser und der Fluß mit Niedrigwasser nicht ausgleichen und dazu zwingen, sich gemeinsam eine einzige Stromrinne zu graben; ja selbst gegen abnorm großes Hochwasser muß vorgesorgt sein, weil ein solches, wenn es erst einmal hinter der Verkleidung Gewalt gewonnen hat, diese einreißen und auch den Damm gefährden würde.

Aus dem allgemeinen Prinzip, daß die jeweilige Uferschräge eines Flusses die Folge des Widerstandes seines Bettes ist, geht hervor, daß ein schmaler und tiefer Strom eine weniger schräge Böschung haben muß, weil er im Verhältnis zum Inhalt weniger Reibungsfläche hat, das heißt weniger Umfang im Verhältnis zur Fläche des Querprofils. Die letztliche Wirkung von Damm und Uferverkleidungen zur Einengung des Flusses und Ausgleichung all seiner Flutphasen besteht darin, die Stromrinne zu vertiefen und die Böschung abfallen zu lassen. Zuerst bewirken die Dämme eine Erhöhung des Wasserspiegels, doch eine solche führt, indem sie die Geschwindigkeit der Strömung ansteigen läßt, unausweichlich zu einer Vergrößerung des Querschnitts, und wenn nun verhindert wird, daß diese Vergrößerung auf Kosten der Ufer vor sich geht, muß der Boden nachgeben und die Form der Stromrinne sich so verbessern, daß sie dieses Mehr an Wasser aufnehmen kann, ohne zu steigen. Die tatsächlichen Erfahrungen, die man – ohne Versuch, die Ufer zu halten – mit Dämmen auf dem Mississippi gemacht hat, sind günstig, und auf Grund der in den Kommissionsberichten erbrachten Beweise läßt sich nicht daran zweifeln, daß wir, wenn die ersten Dämme gleich damals durch Uferverkleidungen vervollkommnet worden wären, heute einen bei niedrigem Wasserstand schiffbaren Fluß und an seinen Ufern ein Land hätten, das vor Überschwemmung sicher wäre.

Zu folgern, der eingeengte Fluß könne seine Hochwasserböschung jemals so abfallen lassen, daß die Dämme überflüssig werden, wäre natürlich unlogisch, doch es wird geglaubt, daß sich der Fluß als Kanal durch seitlichen Druck so in der Form verbessern läßt, daß selbst jene seltenen

Überflutungen, die sich aus zeitlich zusammenfallendem Ansteigen vieler Nebenflüsse ergeben, Abfluß finden können, ohne Dämme von gewöhnlicher Höhe zu zerstören. Daß die tatsächliche Kapazität einer Stromrinne durch Schwemmboden von dem abhängt, was diese bei Hochflut zu fassen vermag, hat sich oft gezeigt, aber das bezieht sich nur auf die regelmäßigen, nicht jedoch auf ungewöhnliche Hochwasser.

Sich mit den Projekten zur Entlastung des Mississippihochwassers durch Schaffung neuer Abflüsse auseinanderzusetzen, lohnt sich kaum, da diese sensationellen Vorschläge nur bei gedankenlosen Gemütern auf Fürsprache stoßen und unter Fachleuten keine Unterstützung finden. Wäre das Flußbett aus Eisen, würden Öffnungen für überschüssiges Wasser vielleicht sogar nötig sein; da der Boden aber nachgibt und die beste Form eines Abflusses eine einzige tiefe Stromrinne ist, weil sie das niedrigste Verhältnis von Umfang zur Fläche des Querprofils gewährt, kann es eine weniger durchdachte Behandlungsmethode als die Vervielfachung von Abzugswegen schlecht geben.

Das oben Gesagte wollte versuchen, die allgemeinen Grundzüge des Problems und die wesentlichsten Punkte der vorgeschlagenen und von der Mississippi-Flußkommission aufgenommenen Methode der Stromregulierung auf so begrenztem Raum darzustellen, wie es die Wichtigkeit des Gegenstandes zuließ.

Der Verfasser kann sich zwar des Gefühls nicht erwehren, daß es von seiner Seite etwas vermessen ist, wenn er hier den Versuch unternimmt, ein Unternehmen darzulegen, das höchstes wissenschaftliches Können verlangt, aber schließlich handelt es sich um eine Angelegenheit, die jeden einzelnen Bürger der Vereinigten Staaten angeht und ist eine der Methoden des Wiederaufbaus, die gebilligt werden sollte. Es ist eine aus dem Kriege datierende Forderung, die keinen privaten Gewinn einschließt und keinen Ersatz, außer für das, was im Kriege vernichtet wurde und was gut und gern vom Volk des ganzen Landes repariert werden kann.

Boston, 14. April 1882 *Edward Atkinson*

C

*Aufnahme von Captain Basil Halls Buch
in den Vereinigten Staaten*

Nun fast am Ende unserer Reisen angelangt, möchte ich vor dem Abschluß noch einmal erwähnen, was ich für den auffälligsten Zug im Nationalcharakter der Amerikaner halte, nämlich ihre ausgesprochene Empfindlichkeit hinsichtlich allem, was über sie gesagt oder geschrieben wird. Das vielleicht bemerkenswerteste Beispiel, das ich dazu geben kann, ist die Wirkung, die das Erscheinen von Captain Basil Halls »Reisen in Nordamerika« bei nahezu allen Leserschichten hervorgerufen hat. Es war geradezu ein moralisches Erdbeben, und die Vibration, in die es die Gemüter der Republik von einem Ende der Union zum anderen versetzte, war noch lange nicht abgeebbt, als ich im Juli 1831, also ein paar Jahre nach dem Schock, das Land verließ.

Ich befand mich in Cincinnati, als die Bände erschienen, doch erst im Juli 1830 konnte ich mir eine Ausgabe verschaffen. Ein Buchhändler, an den ich mich wandte, sagte mir, er habe ein paar Exemplare gehabt, allerdings noch nichts über den Charakter des Werkes gewußt, doch nachdem er sich damit vertraut gemacht habe, könnte ihn nichts dazu bewegen, es weiter zu führen. Andere seines Berufes müssen aber weniger Skrupel gehabt haben, denn das Buch wurde in Groß- und Kleinstadt, in Dorf und Dörfchen, auf Dampfschiff und Postkutsche gelesen und ein solches Kriegsgeheul erhoben, wie ich es sonst noch nie und nimmer erlebt habe.

Ein inbrünstiges Verlangen nach Anerkennung und eine feine Empfindlichkeit gegen Tadel gelten, glaube ich, stets als liebenswerte Charakterzüge, doch die Verfassung, in die Captain Halls Werk die Republik versetzt hat, zeigt deutlich, daß diese Gefühle, wenn sie auf die Spitze getrieben werden, zu einer Wesensschwäche führen, die an Geistesschwäche grenzt.

Wie sich Leute, die sonst ein leidliches Urteil hatten,

über dieses Buch äußerten, war äußerst befremdlich. Mir ist noch kein Fall zu Ohren gekommen, wo der in der nationalen Kritik allgemein anzutreffende gesunde Menschenverstand derart von Leidenschaft verdrängt wurde. Ich spreche nicht von dem Mangel an Gerechtigkeit und unparteiischer und freier Auslegung – diese waren vielleicht kaum zu erwarten. Man hat andere Völker dünnhäutig genannt, doch die Bürger der Union haben anscheinend überhaupt keine Haut; sie zucken schon zusammen, wenn sie ein Lüftchen anweht, das nicht durch Schmeicheleien gemildert ist. Daß die pointierten und scharfsinnigen Beobachtungen eines Reisenden, von dem sie wußten, daß er angehört würde, verdrießlich aufgenommen wurden, war also nicht sonderlich überraschend. Das Außergewöhnliche dabei aber waren erstens die übertriebene Wut, in die sie sich steigerten, und zweitens das Kindische der Ammenmärchen, mit denen sie ihre, wie sie sich einbildeten, so unglimpfliche Behandlung zu erklären versuchten.

Nicht zufrieden mit der Behauptung, die Bände enthielten von vorn bis hinten kein einziges wahres Wort (eine Versicherung, die ich beinahe genauso oft hörte, wie das Buch erwähnt wurde), machte sich das ganze Land an die Arbeit, die Gründe zu entdecken, weshalb Captain Hall die USA besucht und sein Buch veröffentlicht habe.

Ich habe sagen hören, und zwar mit soviel Präzision und Gewicht, als wäre diese Erklärung amtlich verlautbart, Captain Hall sei von der britischen Regierung eigens entsandt worden, die wachsende Bewunderung Englands für die Vereinigten Staaten abzubremsen – er sei im Auftrage des Schatzamtes gekommen und habe nur aus Gehorsam gegenüber seinen Befehlen etwas zum Krittelen gefunden.

Ich gebe das nicht als das Gerede eines Klüngels wieder, sondern ich bin überzeugt, daß es die Meinung eines sehr beträchtlichen Teiles des Landes ist. Dieses einmalige Volk ist so von sich überzeugt, daß sie nicht gesehen werden können, ohne bewundert zu werden, daß sie nicht die Möglichkeit zugeben, jemand könne ehrlich und aufrichtig etwas an ihnen oder ihrem Lande finden, mit dem er nicht einverstanden ist.

Die amerikanischen Zeitschriften sind, glaube ich, zum großen Teil in England gut bekannt, ich brauche sie also hier nicht zu zitieren, doch ich habe mich manchmal gewundert, daß noch keine einzige darauf gekommen ist, Obadjas Fluch in klassisches Amerikanisch zu übersetzen. Hätten sie das getan und dabei für Obadja Basil Hall gesetzt, wäre ihnen der ganze Kummer erspart geblieben.

Ich kann kaum die Neugier beschreiben, mit der ich mich schließlich hinsetzte, um diese dicken Wälzer durchzulesen. Noch viel weniger aber kann ich meinem Erstaunen über ihren Inhalt gerecht werden. Wenn ich sage, ich habe in dem ganzen Werk nicht eine übertriebene Erklärung gefunden, ist damit längst nicht genug gesagt. Für jeden, der das Land kennt, ist es unmöglich, nicht zu sehen, daß Captain Hall ernsthaft nach Umständen zum Bewundern und Preisen gesucht hat. Wenn er lobt, geschieht es mit augenscheinlicher Freude, und wenn er etwas tadelt, mit augenscheinlichem Widerstreben und augenscheinlicher Zurückhaltung, ausgenommen da, wo rein patriotische Beweggründe ihn nötigen, offen auszusprechen, was zum Wohle seines Landes gesagt werden muß.

Ja, Captain Hall sah das Land so günstig wie nur möglich. Selbstverständlich mit Empfehlungsschreiben an die vornehmsten Persönlichkeiten versehen und mit der noch einflußreicheren Empfehlung seines eigenen Rufes, wurde er von einem Ende der Union zum anderen in großem Salonstil empfangen. Er sah das Land in Gala und hatte wenig oder gar keine Gelegenheit, es in ungeputztem, ungeschminktem und ungesalbtem Zustand, mit all seinen auffallenden Unvollkommenheiten, zu beurteilen, wie meine Familie und ich eine solche nur zu oft fanden.

Captain Hall verfügte sicher über vorzügliche Gelegenheiten, sich mit der Regierungsform und dem Rechtswesen vertraut zu machen und außerdem in Gesprächen mit den hochgestellten Bürgern noch die besten Kommentare darüber vorgesetzt zu bekommen. Von diesen Möglichkeiten machte er auch ausgezeichneten Gebrauch: nichts Wichtiges, auf das sein Auge fiel, dem er nicht jene analytische Beachtung widmete, die allein ein erfahrener und philosophischer Reisender geben kann. Das macht seine Bände zwar höchst interessant und wertvoll, doch ich bin zutiefst überzeugt, wenn ein Mann von gleichem Scharfsinn die Vereinigten Staaten mit der Absicht besuchen würde, den Nationalcharakter einzig und allein aus dem Alltag kennenzulernen, würde er einen unendlich geringeren Begriff von der geistigen Atmosphäre des Landes bekommen als Captain Hall, und ich bin außerdem überzeugt, daß Captain Hall ohne die strenge Zurückhaltung, die er sich auferlegt hatte, einer weit tieferen Entrüstung hätte Ausdruck verleihen müssen als der, die er gegenüber vielem im amerikanischen Wesen äußerte, welches er, wie er in anderen Zusammenhängen zeigt, gut kannte. Er scheint es sich zur Regel gemacht zu haben, gerade soviel von der Wahrheit zu sagen, wie bei seinen Lesern einen richtigen Eindruck hinterlassen würde, und zwar am wenigsten auf Kosten des Leides der empfindlichen Leute, über die er schrieb. Er legt seine ureigensten Ansichten und Empfindungen dar und überläßt es zu folgern, daß er guten Grund hatte, zu diesen zu kommen, doch er erspart den Amerikanern die Bitterkeit, die eine Detaillierung der Umstände hervorgerufen hätte.

Falls es jemand gefällt zu behaupten, meine Auffassung sei der Ausfluß einer boshaften Antipathie gegenüber zwölf Millionen Fremden, muß ich mich damit abfinden, und ich würde über die Beschimpfung, mit der ich deswegen zu rechnen habe, gewiß kein Wort verlieren, wenn es bei dem Problem bloß um eine müßige Spekulation ginge. Darum geht es aber nicht.

Die Offenheit, die Captain Hall bezeigt und augenscheinlich auch empfindet, verwechseln sie mit Ironie oder völligem Mißtrauen, seine geringe Neigung, Menschen Kummer zu machen, von denen er Freundlichkeit erfahren hat, weisen sie höhnisch als Heuchelei zurück, und obgleich sie im tiefsten Innern recht gut wissen müssen, wie unendlich mehr sie ihm preisgegeben waren, als er hat zeigen wollen, tun sie sogar vor sich selber so, als habe er die schlechten Züge ihres Charakters und ihrer Einrichtungen übertrieben, während er sie in Wirklichkeit mit so viel Zartheit davonkommen ließ, wie es seine Art sein mag, sie es aber wenig verdienen, und gleichzeitig war er, wo er nur irgend etwas Günstiges finden konnte, emsig bestrebt, ihre Vorzüge zu rühmen.

D

Das unsterbliche Haupt

In einer entlegenen Gegend oben im Norden lebten ein Mann und seine Schwester, die nie einen Menschen gesehen hatten. Der Mann mußte, wenn überhaupt, nur selten von zu Hause weg, denn wenn ihn nach Nahrung verlangte, brauchte er bloß ein kleines Stück zu gehen und an einer besonderen Stelle seine Pfeile mit den Widerhaken in den Erdboden zu stecken. Er sagte seiner Schwester, wo er sie hingetan hatte, und sie ging jeden Morgen auf die Suche, und stets fand sie einen jeden davon im Herzen eines Hirschen stecken. Sie brauchte das Wildbret dann nur noch in die Hütte zu schleifen und die Mahlzeiten zu bereiten. So lebten sie dahin, bis sie zur Frau herangereift und ihr Bruder, der mit Namen Iamo hieß, eines Tages zu ihr sprach: »Schwester, es steht die Zeit bevor, da du krank werden wirst. Höre auf meinen Rat. Befolgst du ihn nicht, werde ich wohl sterben müssen. Nimm die Geräte, mit denen wir unsere Feuer anzünden. Geh ein Stück von unserer Hütte weg und baue dir ein eigenes Feuer. Wenn du Nahrung brauchst, sage ich dir, wo du welche findest. Wir müssen ein jeder für uns allein kochen. Wenn du krank bist, so versuche nicht, in die Nähe meiner Hütte zu kommen oder etwas von den Gerätschaften, die du benutzt, herzubringen. Habe auch ja immer alles nötige Gerät am Gürtel befestigt, denn du weißt nicht, wann es soweit sein wird. Ich aber muß mir so zu helfen suchen.« Seine Schwester versprach, alles zu befolgen, was er gesagt hatte.

Bald darauf mußte der Bruder einmal weggehen. Sie war allein in der Hütte und kämmte sich das Haar. Gerade hatte sie den Gürtel abgelegt, an dem die Geräte befestigt waren, da trat plötzlich das ein, was ihr Bruder angedeutet hatte. Sie rannte aus der Hütte, doch in ihrer Eile vergaß sie den Gürtel. Aus Furcht getraute sie sich nicht zurück und stand eine Weile unschlüssig da. Schließlich entschied sie sich, in die Hütte zu gehen und ihn zu holen. ›Denn‹, so dachte sie bei sich, ›mein Bruder ist nicht zu Hause, und es ist ja nur für einen Augenblick, um den Gürtel zu ergreifen.‹ Sie lief zurück, stürzte hinein, riß den Gürtel an sich und wollte gerade wieder hinaus, als sie ihren Bruder kommen sah. Er wußte sogleich, was geschehen war. »O weh«, sprach er, »habe ich dir nicht gesagt, du sollst dich vorsehen? Nun hast du mich getötet.« Sie wollte wieder weggehen, ihr Bruder aber sagte zu ihr: »Was willst du jetzt noch dort? Das Unglück ist ja schon geschehen. Geh hinein und bleibe, wo du immer gewesen bist. Doch was soll aus dir werden? Du hast mich getötet.«

Dann legte er sein Jagdgewand und seine Waffen ab, und bald darauf begannen seine Füße schwarz zu werden, so daß er nicht mehr laufen konnte. Trotzdem unterwies er seine Schwester noch, wo die Pfeile aufzustellen seien, damit sie stets Nahrung habe. Die Entzündung breitete sich weiter aus, und als sie seine erste Rippe erreicht hatte, sprach er: »Schwester, mein Ende ist nahe. Tue, wie ich dich heiße. Du siehst dort meinen Medizinbeutel und daran gebunden meine Streitkeule. Er enthält all meine Medizin und meinen Federschmuck und meine Farben. Sobald die Entzündung meine Brust erreicht, nimmst du meine Keule. Sie hat eine scharfe Kante, und damit schneidest du mir das Haupt ab. Ist es vom Körper getrennt, so nimm es und tue es mit dem Hals in den Beutel, den du an einem Ende aufmachen mußt. Hänge ihn dann an seinen früheren Platz. Vergiß nicht meinen Bogen und meine Pfeile. Vom letzteren nimm einen, damit du dich mit Nahrung versorgen kannst. Die übrigen binde in meinen Beutel und hänge ihn dann so auf, daß ich auf die Türe sehe. Hin und wieder will ich zu dir sprechen, aber nicht oft.« Und wieder gelobte seine Schwester zu folgen.

Nach kurzer Zeit wurde seine Brust betroffen. »Nimm nun die Keule«, sprach er, »und schlage mir das Haupt ab.« Sie fürchtete sich, doch er sagte ihr, sie solle sich ein Herz fassen. »*Schlag zu!*« Und auf seinem Gesicht lag ein Lächeln. Allen Mut zusammennehmend, holte sie zum Schlage aus und trennte ihm das Haupt ab. »Und nun«, sprach das Haupt, »tue mich hin, wo ich dir geheißen habe.« Ängstlich befolgte sie all seine Anweisungen. Nachdem er sich wieder belebt hatte, sah er sich so wie sonst in der Hütte um und unterwies seine Schwester, wo sie hinzugehen habe, um mit Fleisch von verschiedenen Tieren versorgt zu werden. Eines Tages sprach das Haupt: »Die Zeit ist nicht mehr fern, wo ich aus dieser meiner Lage befreit werde und viel Böses durchmachen muß. So hat der höchste Manito beschlossen.« Hier müssen wir das Haupt verlassen.

In einem anderen Teil des Landes gab es ein Dorf, das von einem großen und kriegerischen Stamme Indianer bewohnt wurde. In diesem Dorf lebte eine Sippe von zehn jungen Männern, die Brüder waren. Es war im Frühling jenes Jahres, daß sich der jüngste von ihnen das Gesicht schwärzte und fastete. Seine Träume waren günstig. Als er sein Fasten beendet hatte, holte er heimlich in der Nacht seine Brüder herbei, damit niemand im Dorf sie belauschen oder herausfinden konnte, wo sie hingehen wollten. Ihre Trommel wurde zwar gehört, doch das war nichts Ungewöhnliches. Nach Beendigung der üblichen Formalitäten erzählte er ihnen, wie günstig seine Träume gewesen seien und daß er sie zusammengerufen habe, um zu erfahren, ob sie ihn auf einem Kriegszug begleiten würden. Alle antworteten, sie wären bereit. Der drittälteste Bruder, bekannt durch sein wunderliches Wesen, ergriff, nachdem sein Bruder ausgeredet hatte, seine Streitkeule und sprang auf. »Ja«, sagte er, »ich will mit, und hier, so gehe ich mit denen um, mit denen ich kämpfe«, und er hieb auf den Pfosten in der Mitte der Hütte ein und stieß ein Kriegsgeschrei aus. Die andern sprachen zu ihm: »Ruhig Blut, Mudjikewis, wenn du in eines anderen Wigwam bist.« Da setzte er sich wieder. Dann nahmen sie abwechselnd die Trommel und sangen ihre Lieder und hielten als Abschluß ein Mahl. Der jüngste ermahnte sie, ihr Vorhaben nicht ihren Frauen auszuplaudern, jedoch insgeheim ihren

Zug vorzubereiten. Alle versprachen, das zu befolgen, und Mudjikewis war dabei der erste.

Die Zeit für ihren Aufbruch kam heran. Sie beschlossen, sich in einer bestimmten Nacht zu versammeln, in der sie sogleich losziehen wollten. Mudjikewis verlangte lärmend seine Mokassins. Mehrere Male fragte ihn seine Frau, warum. »Die du anhast«, sagte sie, »sind doch gut.« – »Mach schnell!« erwiderte er. »Wenn du es wissen willst: wir machen einen Kriegszug. Beeile dich also.« So enthüllte er das Geheimnis. In jener Nacht kamen sie zusammen und machten sich auf den Weg. Die Erde war schneebedeckt, und sie wanderten die ganze Nacht, damit ihnen niemand folgte. Als es Tag wurde, nahm ihr Führer Schnee und formte daraus einen Ball, warf ihn hoch und sprach: »So habe ich in einem Traum Schnee fallen sehen, daß meiner Spur niemand nachgehen konnte.« Und er sagte ihnen, sie sollten sich dicht aneinanderhalten, um sich nicht zu verlieren, denn die fallenden Schneeflocken wurden immer größer. Obwohl sie dicht hintereinander liefen, konnten sie sich nur mit Mühe sehen. Der Schnee fiel weiter den ganzen Tag und auch die folgende Nacht, und so war es unmöglich, ihrer Spur zu folgen.

Sie waren nun schon mehrere Tage unterwegs und Mudjikewis hielt sich immer hinten. Eines Tages stürmte er plötzlich vor, ließ das Saw-saw-quan* ertönen und schlug mit seiner Keule auf einen Baum, daß er wie vom Blitz getroffen zersplitterte. »Brüder«, sagte er, »hier, so will ich mit denen umgehen, gegen die wir in den Kampf ziehen!« Der Führer antwortete: »Ruhig Blut, Mudjikewis! Der, zu dem ich euch führe, ist nicht geringzuschätzen.« Mudjikewis fiel wieder zurück und dachte bei sich: ›Soso! Wer kann das nur sein, zu dem er uns führt?‹ Er bekam Angst und schwieg. Sie zogen weiter, Tag für Tag, bis sie zu einer ausgedehnten Ebene kamen, an deren Rande die Gebeine von Menschen in der Sonne bleichten. Der Führer sprach: »Das sind die Gebeine derer, die vor uns hier waren. Keiner ist noch zurückgekehrt, die traurige Ge-

---

* Kriegsgeheul.

schichte ihres Schicksals zu berichten.« Wieder wurde Mudjikewis ungeduldig und stürzte vor und stieß seinen gewohnten Schrei aus. Er rannte auf einen großen Felsen zu, der sich über dem Boden erhob, und schlug darauf, daß er zersplitterte. »Seht, Brüder«, sagte er, »so will ich die behandeln, mit denen wir kämpfen.« – »Ruhig Blut!« sagte von neuem der Führer. »Der, zu dem ich euch führe, läßt sich nicht mit dem Felsen vergleichen.«

Mudjikewis fiel nachdenklich zurück und sagte bei sich: ›Ich möchte wissen, wer das sein kann, den er angreifen will‹, und er fürchtete sich. Noch immer sahen sie Gebeine von Kriegern, die dort gewesen waren, wo sie jetzt hingingen, und von denen manche bis zu jener Stelle hatten fliehen können, wo sie die Gebeine zuerst gesehen hatten. Weiter aber war keiner entkommen. Schließlich erreichten sie eine Anhöhe, von wo aus sie deutlich einen riesigen Bären erkannten, der auf einem entfernten Berge schlief.

Die Entfernung bis zu ihm hin war gewaltig, doch das Tier war infolge seiner Größe deutlich zu erkennen. »Da!« sagte der Führer. »Das ist er, zu dem ich euch führe. Hier beginnt das Schwere, das vor uns liegt, denn er ist ein Mishemokwa und ein Manito. Er ist es, der das hat, was wir so hochschätzen (das heißt ein Wampum), und das zu erlangen die Krieger, deren Gebeine wir gesehen haben, ihr Leben opferten. Ihr dürft keine Angst haben; seid tapfer. Wir werden ihn schlafend vorfinden.« Dann ging der Führer voraus und berührte den Gürtel, der um den Hals des Tieres lag. »Diesen«, sagte er, »müssen wir haben. Er enthält das Wampum.« Sie baten den Ältesten, dem Bären den Gürtel über den Kopf zu ziehen. Das Tier schien fest zu schlafen, denn ihr Versuch, ihm den Gürtel wegzunehmen, störte es nicht im geringsten. All ihre Anstrengungen waren vergeblich, bis die Reihe an den Zweitjüngsten kam. Er probierte es, und er zog den Gürtel auch bis fast über den Kopf des Untieres, weiter jedoch nicht. Dann versuchte es der Jüngste, ihr Führer, und dem gelang es. Er hängte ihn dem Ältesten über den Rücken und sagte: »Jetzt heißt es laufen«, und sie rannten los. Ermüdete einer durch das

Gewicht des Gürtels, nahm ein anderer ihm diesen ab. So liefen sie, bis sie an den Gebeinen aller Krieger vorüber waren, und als sie diese schon ein Stück hinter sich gelassen hatten, schauten sie zurück und sahen, daß sich das Untier langsam erhob. Es stand einige Zeit da, bis es sein Wampum vermißte. Bald darauf vernahmen sie wie entfernten Donner sein ungeheures Gebrüll, das langsam den ganzen Himmel füllte, und dann konnten sie den Bären sprechen und sagen hören: »Wer wagte es, mein Wampum zu stehlen? So groß ist die Erde nicht, daß ich die nicht finde.« Und er stieg den Hügel hinab und nahm die Verfolgung auf. Wie erschüttert bebte die Erde bei jedem Satz, den er machte. Sehr bald hatte er die Gruppe fast eingeholt. Sie aber behielten den Gürtel, wechselten sich beim Tragen ab und sprachen sich gegenseitig Mut zu, doch das Untier kam immer näher. »Brüder«, fragte der Führer, »hat keinem von euch, wenn ihr gefastet habt, von einem guten Geiste geträumt, der euch als Beschützer beistand?« Es trat Totenstille ein. »Als ich fastete«, sagte er, »träumte mir, ich war in unmittelbarer Todesgefahr. Da sah ich eine kleine Hütte, aus der sich oben Rauch kräuselte. In ihr lebte ein alter Mann, und ich träumte, daß er mir half. Möge sich das bald bewahrheiten.« Und nachdem er so gesprochen hatte, stürzte er vor und stieß den eigentümlichen Schrei mit den heulenden, wie tief aus dem Magen kommenden Tönen aus, der Checaudum heißt. Als sie auf eine kleine Anhöhe kamen, siehe!, da erblicken sie eine Hütte, aus deren Dach sich Rauch kräuselte. Das verlieh allen neue Kraft, und sie rannten hin und traten ein. Der Führer sprach zu dem alten Mann, der in der Hütte saß: »Nemesho, hilf uns. Wir fordern deinen Schutz, denn der große Bär will uns töten.« – »Setzt euch und eßt, meine Enkel«, sagte der alte Mann. »Wer ist ein großer Manito?« fragte er. »Es gibt nur einen, und der bin ich. Doch laßt mich nachsehen«, und er öffnete die Tür der Hütte und sah in nicht weiter Entfernung das wilde Tier mit langsamen, aber gewaltigen Sätzen herankommen! Er schloß die Tür. »Ja«, sagte er, »das ist in der Tat ein großer Manito. Ich werde euretwegen mein Leben verlieren, meine Enkel. Ihr habt mich um Schutz gebeten, und ich habe ihn euch zugesagt, und so mag nun kommen, was will, ich beschütze euch. Wenn der Bär die Tür erreicht, müßt ihr zur anderen Tür der Hütte hinaus.« Dann faßte er mit der Hand an die Wand, an der er saß, und holte eine Tasche hervor und öffnete sie. Er nahm zwei kleine schwarze Hunde heraus und stellte sie vor sich hin. »Mit diesen pflege ich zu kämpfen«, erklärte er und begann den einen mit beiden Händen über die Seiten zu streichen, und der schwoll daraufhin an, so daß er bald die ganze Hütte ausfüllte, und er hatte starke und kräftige Zähne. Als er seine volle Größe erreicht hatte, knurrte er und sprang sogleich wie vom Instinkt getrieben zur Tür hinaus und trat dem Bären entgegen, der mit dem nächsten Satz die Hütte erreicht hätte. Es entspann sich ein furchtbarer Kampf. Der Himmel hallte wider vom Geheul der wilden Riesentiere. Bald rückte auch der andere Hund an. Beim Beginn des Kampfes hatten die Brüder den Rat des alten Mannes befolgt und waren durch die Tür auf der entgegengesetzten Seite der Hütte geflohen. Sie waren noch nicht weit gekommen, da vernahmen sie auch schon den Todesschrei des einen Hundes, und nicht lange danach den des anderen. »Der alte Mann wird ihr Schicksal teilen«, sagte ihr Führer, »darum lauft, der Bär wird bald hinter uns her sein.« Mit frischer Kraft rannten sie weiter, denn sie hatten von dem alten Mann zu essen bekommen, doch es währte nicht lange, da erblickten sie den von neuem anrückenden Bären, der näher und näher kam. Wieder fragte der Führer die Brüder, ob sie nichts zu ihrer Rettung wüßten. Alle schwiegen. Der Führer stürmte vor und tat wie zuvor. »Ich träumte«, rief er, »daß mir, als ich in großer Not war, ein alter Mann half, der ein Manito war. Bald werden wir seine Hütte sehen.« Mut fassend, rannten sie weiter. Nach einem kurzen Stück erblickten sie die Hütte des alten Manito. Sie traten sogleich ein und baten ihn um Schutz und erzählten ihm, ein Manito sei hinter ihnen her. Der alte Mann setzte ihnen Fleisch vor und sagte: »Eßt! Wer ist ein Manito? Es gibt nur einen Manito, und der bin ich. Keinen gibt es, den ich fürchte«, und die Erde bebte, als sich das Untier näherte.

Der alte Mann öffnete die Tür und sah es näher kommen. »Ja, meine Enkel, ihr bringt Leid über mich.« Er holte seinen Medizinbeutel hervor und entnahm ihm zwei kleine Streitkeulen aus schwarzem Stein und riet den jungen Männern, durch die andere Tür der Hütte zu fliehen. Als er die Keulen in die Hand nahm, wurden sie sehr groß, und der alte Mann trat hinaus, gerade als der Bär die Tür erreichte. Sogleich versetzte er ihm mit einer der Keulen einen Schlag, und sie zersplitterte. Der Bär stolperte. Als der alte Mann mit der anderen von neuem angriff, zerbrach auch diese, doch der Bär fiel betäubt um. Jeder Hieb, den der alte Mann austeilte, dröhnte wie ein Donnerschlag, und das Geheul des Bären wurde immer mächtiger, bis es den Himmel erfüllte.

Die jungen Männer waren inzwischen ein ganzes Stück weit gerannt. Als sie zurückschauten, konnten sie beobachten, wie sich der Bär von den Schlägen erholte. Er bewegte erst die Pfoten, und bald sahen sie, daß er sich erhob. Der alte Mann teilte das Schicksal des ersten, denn nun hörten sie seine Schreie, als er in Stücke zerrissen wurde. Und wieder nahm das Untier die Verfolgung auf und rückte ihnen immer näher. Auch jetzt verloren die jungen Männer nicht den Mut und rannten weiter, doch der Bär war ihnen schon so dicht auf den Fersen, daß sich der Führer noch einmal an seine Brüder wandte, doch sie wußten sich keinen Rat. »Meine Träume sind bald erschöpft«, sagte er. »Nach diesem habe ich nur noch einen.« Er stürmte vor und rief seinen Schutzgeist um Hilfe an. »Einmal«, so sprach er, »träumte mir, daß ich, hart bedrängt, an einen großen See kam, an dessen Ufer ein Kanu bereitlag, halb im Wasser und mit zehn Paddeln. Fürchtet euch nicht«, rief er, »bald sind wir da.« Und es kam, wie er gesagt. Als sie den See erreichten, fanden sie das Kanu mit den zehn Paddeln vor, das sie sofort bestiegen. Kaum waren sie auf der Mitte des Sees, da sahen sie den Bären am Ufer auftauchen. Er erhob sich auf die Hinterbeine und blickte sich in der Runde um. Dann watete er ins Wasser, verlor jedoch den Boden unter den Füßen und kehrte um und machte sich daran, um den See herumzugehen. Die Gruppe hielt sich währenddessen in der Mitte, um ihn zu beobachten. Er lief ganz herum, bis er schließlich an die Stelle kam, wo sie abgestoßen waren. Dann machte er sich daran, das Wasser auszutrinken, und sie merkten, wie sich die Strömung schnell gegen sein offenes Maul richtete. Der Führer feuerte sie an, mit aller Kraft ans gegenüberliegende Ufer zu paddeln. Als sie bloß noch ein kleines Stück vor sich hatten, war der Sog bereits so stark, daß sie von ihm zurückgezogen wurden, und sosehr sie sich auch anstrengten, sie konnten nicht an Land kommen.

Wieder sprach der Führer und ermahnte sie, ihrem Schicksal mannhaft entgegenzutreten. »Jetzt ist die Zeit gekommen, Mudjikewis«, sagte er, »wo du deinen Mut beweisen kannst. Sei beherzt und setz dich vorn in den Bug, und wenn wir sein Maul erreichen, lasse seinen Kopf die Wirkung deiner Keule spüren.« Mudjikewis gehorchte und hielt sich bereit, den Schlag zu geben, während der Führer das Kanu auf das offene Maul des Untiers hinlenkte.

Es ging schnell vorwärts, und als sie drauf und dran waren, in sein Maul hineinzutreiben, versetzte ihm Mudjikewis einen gewaltigen Schlag über den Kopf und stieß das Saw-saw-quan aus. Betäubt von dem Schlag, brach der Bär zusammen. Doch ehe Mudjikewis von neuem ausholen konnte, spie das Untier alles getrunkene Wasser mit solcher Gewalt aus, daß das Kanu mit großer Geschwindigkeit ans andere Ufer geschleudert wurde. Sie stiegen sofort aus und flohen weiter, bis sie völlig erschöpft waren. Wieder erbebte die Erde, und bald sahen sie das Untier dicht hinter sich. Da sank ihnen der Mut. Der Führer bemühte sich mit Worten und Taten, sie aufzumuntern, und wiederum fragte er sie, ob sie nichts zu ihrer Rettung wüßten, und wie zuvor schwiegen alle. »Denn«, so sagte er, »dieses ist das letztemal, daß ich mich an meinen Schutzgeist wenden kann. Gelingt es uns diesmal nicht, ist unser Schicksal besiegelt.« Er stürmte vor und ließ mit großem Eifer den Ruf an seinen Schutzgeist hören. »Bald werden wir den Ort erreichen, wo mein letzter Schutzgeist wohnt«, erklärte er seinen Brüdern. »Von ihm erhoffe ich sehr viel. Zeigt nur keine Furcht, sonst werden unsere Glieder vor

Angst gelähmt. Bald sind wir an seiner Hütte. Lauft, was ihr laufen könnt!« rief er.

Wir kehren nun wieder zu Iamo zurück, der die ganze Zeit über in derselben Lage verbracht hatte, in der wir ihn verlassen haben. Das Haupt unterwies seine Schwester, wo die Zauberpfeile hinzusetzen waren, um für Nahrung zu sorgen, und in langen Zwischenräumen unterhielt es sich mit ihr. Eines Tages sah die Schwester die Augen des Hauptes wie vor Freude aufleuchten. Schließlich hub es an zu sprechen: »Ach, Schwester«, sagte es, »in was für ein klägliche Lage hast du mich bringen müssen: Bald, sehr bald sogar, wird eine Gruppe junger Männer hier ankommen und meine Hilfe erbitten, aber ach!, wie kann ich geben, was ich mit so viel Vergnügen gegeben hätte? Desungeachtet nimm zwei Pfeile und setze sie dorthin, wo du sonst die anderen hintust, und bereite und koche Fleisch, bevor die Jünglinge eintreffen. Wenn du sie kommen und meinen Namen rufen hörst, gehe hinaus und sage: ›O weh! Schon seit langem hat ihn ein Unglück betroffen. Ich bin es, die Schuld daran trägt.‹ Wenn sie trotzdem näher kommen, bitte sie herein und setze ihnen Fleisch vor. Und nun mußt du meine Anweisungen genau befolgen. Wenn der Bär heran ist, gehe hinaus und tritt ihm entgegen. Du nimmst meinen Medizinbeutel, meine Pfeile und meinen Bogen sowie mein Haupt mit. Du mußt den Beutel dann aufbinden und meine Farben und meinen Kriegsschmuck aus Adlerfedern, meine Büschel getrockneter Haare und was er sonst noch enthält vor dir ausbreiten. Kommt der Bär heran, nimmst du diese Sachen eine nach der anderen in die Hand und sagst zu ihm: ›Das ist meines toten Bruders Farbe‹, und so tust du mit allen Sachen und wirfst eine jede so weit du kannst. Die in ihnen enthaltene Kraft wird ihn schwanken machen, und um seine Vernichtung zu vollenden, nimmst du dann mein Haupt und wirfst auch dieses so weit weg, wie du kannst, und rufst dabei laut: ›Siehe, das ist meines toten Bruders Haupt!‹ Dann wird er betäubt umfallen. Inzwischen haben die jungen Männer gegessen, und du rufst sie zu deiner Hilfe herbei. Ihr müßt dann den Kadaver in Stücke schneiden – in ganz kleine Stücke – und sie in die vier Winde zerstreuen, denn wenn ihr das nicht tut, erwacht er wieder zum Leben.« Sie versprach, alles auszuführen, wie er gesagt hatte. Sie konnte gerade noch das Fleisch bereiten, da wurde schon die Stimme des Führers vernommen, der Iamo um Hilfe anrief. Die Frau ging hinaus und tat, wie ihr der Bruder geheißen. Die Kriegerschar aber, hart verfolgt, kam heran bis zur Hütte. Sie bat sie herein und setzte ihnen das Fleisch vor. Während sie aßen, hörten sie den Bären herankommen. Die Frau band den Medizinbeutel auf und nahm das Haupt und hatte somit alles für die Ankunft des Bären bereit. Als er herankam, tat sie, wie ihr geheißen, und noch ehe sie die Farben und Federn verbraucht hatte, geriet der Bär ins Stolpern, kam aber trotzdem immer näher auf die Frau zu. Da sagte sie, was ihr befohlen war, und nahm das Haupt und warf es so weit von sich weg, wie sie konnte. Als es am Boden dahinrollte, strömte durch die Erregung während dieser schrecklichen Szene das Blut aus Mund und Nase. Der Bär schwankte und fiel bald darauf mit gewaltigem Krach zu Boden. Dann rief sie um Hilfe, und die jungen Männer, die ihre Kraft und ihren Mut zum Teil wiedererlangt hatten, kamen herausgestürmt.

Mudjikewis trat hervor und stieß ein Geheul aus und versetzte ihm einen Schlag auf den Kopf. Er hieb so lange darauf ein, bis dieser nur noch eine breiige Masse war, während die anderen den Körper des Bären, so schnell sie konnten, in ganz kleine Stücke zerschnitten, welche sie in alle Winde streuten. Während sie so beschäftigt waren, blickten sie zufällig dorthin, wo sie das Fleisch hingeworfen hatten, und da sahen sie, welch wundervoller Anblick!, wie sich lauter kleine schwarze Bären, wie man sie heute sieht, erhoben und nach allen Richtungen davonliefen. Die schwarzen Tiere zerstreuten sich bald über das ganze Land, und von jenem Untier stammt die heutige Rasse ab.

Nachdem sie so ihren Verfolger überwältigt hatten, kehrten sie in die Hütte zurück. Inzwischen sammelte die Frau die Gegenstände und das Haupt ein und tat sie wieder in den Beutel. Doch das Haupt sprach nicht mehr; die Überwältigung des Untiers hatte es wohl zu sehr angestrengt.

Da ihre Flucht sie soviel Zeit gekostet hatte und sie dabei ein so großes Land durchwandert hatten, gaben die jungen Männer den Gedanken an Rückkehr in ihr eigenes Land auf, und da Wild reichlich vorhanden war, beschlossen sie zu bleiben, wo sie waren. Eines Tages nun gingen sie ein Stück von der Hütte weg, um zu jagen. Das Wampum ließen sie bei der Frau zurück. Sie hatten gutes Jagdglück, und sie vergnügten sich, wie es alle jungen Männer tun, wenn sie unter sich sind, mit Späßen und Scherzen. Einer ergriff das Wort und sagte: »Wir haben all diesen Spaß bloß für uns, wollen wir da nicht hingehen und unsere Schwester fragen, ob sie uns nicht das Haupt herbringen läßt, denn es lebt ja noch. Vielleicht gefällt es ihm, unsere Unterhaltungen mit anzuhören und in unserer Gesellschaft zu sein. Doch bringt unterdes unserer Schwester etwas zum Essen.« Sie gingen und baten um das Haupt. Die Frau sagte ihnen, sie könnten es nehmen, und da nahmen sie es mit in ihre Jagdgründe und versuchten, es zu unterhalten, doch nur manchmal sahen sie seine Augen vor Vergnügen strahlen. Eines Tages, während sie in ihrem Lager beschäftigt waren, wurden sie unerwartet von fremden Indianern angegriffen. Der Kampf währte lange und war blutig, denn obwohl sie viele ihrer Feinde erschlugen, hatten sie doch noch gegen eine dreißigfache Übermacht zu kämpfen. Die jungen Männer setzten sich verzweifelt zur Wehr, bis sie alle gefallen waren. Dann zogen sich die Angreifer auf eine Anhöhe zurück, um sich zu sammeln und die Toten und Gefallenen zu zählen. Einer von ihnen war zurückgeblieben, und als er sie einholen wollte, kam er an den Platz, wo das Haupt aufgehängt war. Er erblickte dieses einzige noch übrige Zeichen von Leben und betrachtete es eine Weile voller Furcht und Verwunderung. Dann aber nahm er es herab, öffnete den Beutel, und als er die schönen Federn sah, freute er sich sehr und steckte sich eine davon an den Kopf.

Sie wippte anmutig über ihm, als er weiterging, bis er seine Schar erreichte, wo er das Haupt und den Beutel abwarf und seinen Kameraden erzählte, wie er dazu gekommen und daß der Beutel voller Farben und Federn sei. Da schauten sich alle das Haupt an und verspotteten es. Zahlreiche junge Männer nahmen die Farben und bemalten sich damit, und einer ergriff das Haupt bei den Haaren und sagte: »Schau her, du häßliches Ding, und sieh dir deine Farben auf den Gesichtern von Kriegern an.«

Doch die Federn waren so schön, daß sich sehr viele welche an den Kopf steckten. Dann beschimpften und schmähten sie das Haupt von neuem, was ihnen mit dem Tod derer heimgezahlt wurde, die die Federn benutzt hatten. Da gebot ihnen der Häuptling, bis auf das Haupt alles wegzuwerfen. »Wenn wir nach Hause kommen«, sagte er, »wollen wir sehen, was sich mit ihm anfangen läßt. Wir wollen versuchen, ob wir es dazu bringen können, die Augen zu schließen.«

Nachdem sie ihre Wigwams erreicht hatten, brachten sie es zur Ratshütte und hingen es vor dem Feuer auf. Sie befestigten es mit Schnüren aus eingeweichtem Rohleder, die sich durch die Wirkung des Feuers straffen und zusammenziehen sollten. »Wir wollen doch mal sehen«, sagten sie, »ob wir es nicht zwingen können, die Augen zu schließen.«

Unterdes wartete die Schwester seit mehreren Tagen, daß die jungen Männer das Haupt zurückbrächten. Schließlich wurde sie unruhig und machte sich auf die Suche. Sie fand die jungen Männer unweit voneinander liegen, tot und wundenbedeckt. Ringsum war der Boden mit anderen Leichnamen bestreut. Sie suchte nach dem Haupt und dem Beutel, doch sie waren nirgends zu finden. Da weinte sie laut und schwärzte sich das Gesicht. Dann suchte sie überall weiter, bis sie dorthin kam, wo das Haupt abgenommen worden war. Sie fand die Zauberpfeile und den Bogen, welche die jungen Männer, die von deren Eigenschaften nichts wußten, dort liegengelassen hatten. Sie dachte bei sich, daß sie auch noch das Haupt ihres Bruders finden würde, und kam an einen erhöhten Platz, und dort sah sie einige seiner Farben und Federn. Diese las sie sorgfältig auf und hing sie bis zu ihrer Rückkehr auf den Ast eines Baumes.

In der Dämmerung erreichte sie die erste Hütte eines sehr großen Dorfes. Hier wandte sie einen Zauber an, der unter Indianern üblich ist, wenn sie freundlich empfangen werden wollen. Als sie zu dem alten Mann und der alten Frau trat, denen die Hütte gehörte, wurde sie gastlich aufgenommen. Sie erzählte, was sie suchte. Der alte Mann versprach ihr zu helfen und sagte ihr, das Haupt sei vor dem Ratsfeuer aufgehängt und die Häuptlinge des Dorfes hielten mit ihren jungen Männern ständig Wache. Die ersteren seien Manitos. Sie sagte, sie wolle das Haupt bloß sehen und sie wäre schon zufrieden, wenn sie zu der Tür von der Hütte könne. Sie wußte, daß sie nicht genügend Macht besaß, es sich mit Gewalt zu nehmen. »Komm mit mir«, sagte der Indianer, »ich bringe dich hin.« Sie gingen dorthin und nahmen in der Nähe der Tür Platz. Die Ratshütte war voller Krieger, die sich mit Spielen vergnügten und ein ständiges Feuer unterhielten, um das Haupt zu räuchern und, wie sie sagten, Dörrfleisch aus ihm zu machen. Sie sahen, daß sich das Haupt bewegte, und da sie nicht wußten, was sie davon halten sollten, sprach einer: »Haha! Es beginnt schon, den Rauch zu spüren.« Die Schwester sah durch die Tür hinauf, und ihre Augen begegneten denen ihres Bruders. Da rannen dem Haupt die Tränen über die Wangen. »Na also«, sprach da der Häuptling, »ich wußte doch, daß wir dich schließlich noch zu etwas bringen. Seht! Seht es euch an: Es vergießt Tränen!« sagte er zu denen, die um ihn herumsaßen, und alle lachten und verspotteten das Haupt. Der Häuptling blickte sich um, und als er nach einer Weile die Frau bemerkte, sagte er zu dem Mann, der mit ihr gekommen war: »Wen hast du da mitgebracht? Diese Frau habe ich nie zuvor in unserem Dorf gesehen.« – »Doch, du hast sie schon gesehen«, erwiderte der Mann, »sie ist eine Verwandte von mir und verläßt selten meine Hütte. Sie wohnt bei mir und hat mich gebeten, mit hergenommen zu werden.« In der Mitte der Ratshütte saß einer jener Jünglinge mit großem Mundwerk, die sich gern vor anderen brüsten und aufspielen. »Jaja«, sagte er, »die habe ich oft gesehen, und in eben diese Hütte gehe ich fast jede Nacht, um mit ihr zu buhlen.« Da lachten alle und wandten sich wieder ihren Spielen zu. Der Jüngling ahnte nicht, daß er durch seine Lüge die Frau rettete.

Sie kehrte in die Hütte des Mannes zurück und machte sich sofort auf den Weg in ihre Heimat. Als sie an die Stelle kam, wo die Körper ihrer angenommenen Brüder lagen, rückte sie sie zusammen, mit den Füßen nach Osten. Dann nahm sie die Axt, die sie mitführte, warf sie hoch und rief: »Brüder, steht darunter auf, sonst fällt sie auf euch!« Das tat sie dreimal, und beim drittenmal erhoben sich die Brüder alle.

Mudjikewis begann sich die Augen zu reiben und sich zu recken. »Also habe ich verschlafen«, sagte er. »Aber nein«, erwiderte einer der anderen, »weißt du denn nicht, daß wir alle umgebracht worden sind und daß das unsere Schwester ist, die uns zum Leben erweckt hat?« Die jungen Männer nahmen die Leichen ihrer Feinde und verbrannten sie. Bald danach machte sich ihre Schwester auf, ihnen aus einem fernen Lande Frauen zuzuführen. Sie wußten nicht, wo dieses Land lag, die Schwester aber kehrte mit zehn jungen Frauen zurück, die sie den zehn Jünglingen gab, wobei sie beim ältesten anfing. Mudjikewis ging ungeduldig auf und ab, denn er fürchtete, nicht die zu bekommen, die ihm gefiel. Er wurde aber nicht enttäuscht, denn sie war ihm bestimmt. Und sie paßten gut zueinander, denn sie war eine Zauberin. Dann zogen sie miteinander in eine sehr große Hütte, und ihre Schwester sagte ihnen, daß die Frauen jetzt abwechselnd jede Nacht zum Haupt ihres Bruders gehen und versuchen müßten, es loszubinden. Alle erklärten, sie würden das gern tun. Die Älteste versuchte es als erste, und mit sausendem Lärm flog sie durch die Luft.

Gegen Tagesanbruch kam sie zurück. Sie hatte keinen Erfolg gehabt, denn es war ihr nur gelungen, einen einzigen Knoten zu lösen. Sie versuchten es der Reihe nach alle, und jeder gelang es nur, einen Knoten zu lösen. Die Jüngste aber begann gleich damit, sobald sie die Hütte erreicht hatte. Obwohl dort immer jemand war, konnten die Indianer nie eine von ihnen sehen. Seit zehn Tagen stieg der Rauch nun nicht mehr hoch, sondern füllte die Hütte und vertrieb die Krieger. In der letzten Nacht konnte es keiner mehr darin aushalten, und die junge Frau trug das Haupt hinweg.

Die jungen Leute und die Schwester hörten die junge Frau durch die Luft herankommen und sagten: »Bereitet den Leib unseres Bruders.« Sobald sie das vernahmen, gingen sie in eine kleine Hütte, in der der schwarze Körper von Iamo lag. Seine Schwester schnitt das Stück an, wo der Hals abgetrennt worden war. Sie schnitt tief ein, damit es blutete, und die anderen trieben die Schwärze aus, indem sie den Körper rieben und Medizinen anwendeten. Inzwischen schnitt die, die das Haupt brachte, dieses am Hals ein und brachte es zum Bluten.

Sobald sie angekommen war, legten sie es dicht an den Körper, und mit Hilfe von Medizin und verschiedenen anderen Mitteln gelang es ihnen, Iamo zu all seiner früheren Schönheit und Mannesstärke wiederzuerwecken. Alle jauchzten über den glücklichen Ausgang ihrer Leiden, und nachdem sie einige Zeit vergnüglich zugebracht hatten, sprach Iamo: »Nun will ich das Wampum verteilen.« Und er holte den Gürtel, der es enthielt, und teilte es, beim Ältesten anfangend, zu gleichen Teilen aus. Der Jüngste aber bekam das Großartigste und Schönste, denn der Boden des Gürtels enthielt das, was am prächtigsten und seltensten war.

Es wurde ihnen gesagt, sie seien nun, da sie alle einmal gestorben und wieder zum Leben erweckt worden waren, nicht mehr sterblich, sondern Geister, und sie erhielten verschiedene Stellungen in der unsichtbaren Welt zugewiesen. Genannt jedoch wurde nur die von Mudjikewis. Er hatte für immer den Westwind zu leiten, der seitdem Kebeyun heißt. Es wurde ihnen aufgetragen, nach ihren Kräften den Bewohnern der Erde Gutes zu tun. Ihre Leiden bei der Erlangung des Wampums aber sollten sie vergessen und stets eine freigebige Hand haben. Und außerdem wurde ihnen befohlen, alle Körner und Hülsen von heller Farbe als Friedenssymbol heiligzuhalten, die dunklen aber als Zeichen von Krieg und Unglück zu betrachten.

Dann machten sich die Geister unter Liedern und Rufen auf ihren Flug, ein jeglicher nach seinem Revier. Iamo und seine Schwester aber stiegen hinab in die Tiefe.

ANMERKUNGEN

Leben auf dem Mississippi (Life on the Mississippi), Mark Twains halb-fiktives, halb-autobiographisches Erinnerungsbuch an den Strom und die Zeit seiner Jugend, erschien zuerst 1883. Die Kapitel 4 bis 20 waren bereits 1875 unter dem Titel ›Old Times on the Mississippi‹ im »Atlantic Monthly« abgedruckt worden; der zweite Teil des Buches beruht auf den Eindrücken von einer Reise, die Mark Twain eigens für ›Leben auf dem Mississippi‹ unternahm.

S. 6 Captain Marryat: Frederick Marryat (1792–1848), britischer Marineoffizier und Seeschriftsteller, dessen kritisches ›Diary in America‹ (1839) in den USA stark angegriffen wurde.

S. 7 einen Sklaven von Missouri nach Illinois abschieben und zum freien Menschen machen: Missouri war ein sogenannter »slave state«, während die Sklavenhaltung in Illinois verboten war; diese Tatsache ist ein zentrales Handlungsmotiv in Mark Twains ›Huckleberry Finn‹. – *La Salle:* René Robert Cavelier La Salle (1643–87), der französische Entdecker, der u. a. 1682, von Kanada kommend, den Mississippi bis zur Mündung hinunterfuhr und das ganze Gebiet unter dem Namen ›Louisiana‹ für Frankreich in Besitz nahm. Er wurde zum Vizekönig von Nordamerika ernannt, fiel aber schon bald einer Meuterei zum Opfer.

S. 8 De Soto: Hernando De Soto (ca. 1500–42), spanischer Eroberer, der 1539 als Gouverneur von Kuba nach Florida übersetzte, nach Norden vordrang und 1542 als erster Weißer den Mississippi sah, in den dann auch seine Leiche versenkt wurde. Sein Schicksal ist Stoff historischer Romane, so z. B. in ›Vasconselos‹ des Amerikaners William Gilmore Simms (1806–70; der Roman von 1853).

S. 12 der Kaufmann Joliet und der Priester Marquette: Louis Joliet oder Jolliet (1645–1700) und Jacques Marquette (1637–75) fuhren 1673 den Mississippi bis zur Einmündung des Arkansas River hinab. Sie bewiesen damit, noch vor La Salle, die Existenz einer durchgehenden Wasserverbindung vom St.-Lorenz-Strom über die Großen Seen und den Mississippi zum

Golf von Mexiko. – *Mr. Parkman:* Francis Parkman (1823 bis 1893), amerikanischer Historiker, aus dessen ›La Salle and the Discovery of the Great West‹ (1869) hier zitiert wird.

S. 14 *Tontine:* eine besondere Form der Leibrente; Henry de Tonti oder Tonty (1650–1704) war mit dabei, als La Salle 1682 die Mississippi-Mündung entdeckte.

S. 16 *ausgerechnet Napoleon:* im sogenannten »Lousiana Purchase« vom 31. Oktober 1803 erwarb James Monroe im Auftrag des Präsidenten Thomas Jefferson von Frankreich die gesamten französischen Besitzungen westlich des Mississippi (»Louisiana«) für die Vereinigten Staaten. Deren Fläche vergrößerte sich dadurch um 140 % und im Laufe der Zeit entstanden dort 13 neue Bundesstaaten.

S. 19 *Hannibal:* Kleinstadt am Mississippi im Bundesstaat Missouri, in die die Familie Clemens 1839 zog. Der kleine Samuel Langhorne Clemens (= Mark Twain), der am 30. November 1835 in Florida, Missouri, geboren worden war, verbrachte hier (bis 1850) seine Jugend. Hannibal ist das »St. Petersburg« von »Tom Sawyer« und »Huckleberry Finn«. – *ein Kapitel aus einem Buch:* ›Huckleberry Finns Abenteuer‹ (detebe 21 370) wurde 1876 begonnen und 1884, also ein Jahr nach ›Leben auf dem Mississippi‹ (detebe 21 878), veröffentlicht. Die hier wiedergegebene Episode erscheint nicht in dem Roman.

S. 35 *Neger-Minstrels:* eine um die Mitte des 19. Jahrhunderts in den Vereinigten Staaten sehr beliebte, revueartige Unterhaltungsveranstaltung, in der meist Weiße Musik, Humor und Folklore der amerikanischen Neger darboten.

S. 36 *die beiden ›Points‹:* »point« ist ein Landvorsprung im Mississippi, den Lotsen als Orientierungspunkt willkommen.

S. 55 *mit jedem alten ›Snag‹:* »snag« ist ein im Fluß festliegender Baumstamm – eine ständige Gefahr für die Schiffahrt.

S. 57 *Maaarke twain!:* (engl. mark twain) dies ist nur *eine* Erklärung des Pseudonyms des Dichters; vgl. die Anmerkung zu S. 334.

S. 106 *Kansaszeit:* gemeint ist der große Zustrom von Siedlern, Politikern und Juristen, der 1854 seinen Höhepunkt erreichte, als die »Kansas-Nebraska Bill« in Kraft trat. In ihr wurde die Entscheidung darüber, ob in Kansas die Sklaverei erlaubt sein sollte oder nicht, den in Kansas (und Nebraska)

Ansässigen überlassen. Beide Seiten wollten die Entscheidung zu ihren Gunsten beeinflussen, indem sie einen wahren Menschenstrom nach Kansas förderten. Die »Emigrant Aid Company« sandte allein 2000 Siedler, um die Einführung der Sklaverei zu verhindern.

S.122 der Krieg: der amerikanische Bürgerkrieg (1861–5), in dem die Nord- und die Südstaaten u. a. für bzw. gegen die Abschaffung der Sklaverei kämpften. Mark Twains Heimatstaat Missouri stand dabei, obwohl sklavenhaltend, auf der Seite des Nordens.

S.126 Heil Columbia: patriotisches Lied (1798) von Joseph Hopkinson (1770–1842).

S.157 Silbergräber in Nevada usw.: die Erlebnisse, die Mark Twain hier andeutet, schildert er ausführlich in seinen Reisebüchern ›Durch Dick und Dünn‹ (1892, detebe 21877), ›Die Arglosen im Ausland‹ (1869, detebe 21879) und ›Bummel durch Europa‹ (1880, detebe 21880). – *Inventarstück unter den anderen Felsen von Neuengland:* gemeint ist der literarische Kreis von Boston, der sich um das dort erscheinende »Atlantic Monthly« gruppierte, dessen Chefredakteur von 1871–81 William Dean Howells, Twains Freund, war. Twain zog 1870 nach Hartford, Connecticut – ein Umstand (verbunden mit seiner Heirat), dem oft eine frustrierende Wirkung auf Twains Wesen und Werk nachgesagt worden ist: dem freien Leben im Mittelwesten und den bewegten Weltabenteuern folgte die Ruhe der wohlanständigen, konservativen feinen Gesellschaft des Ostens. Hierauf spielt Twain mit obigem Bild an, allerdings mehr ironisch als polemisch oder gar rebellisch.

S.163 Charles Augustus Murray: englischer Schriftsteller (1806–95), aus dessen ›Travels in North America During the Years 1834, 1835 and 1836‹ Twain hier zitiert.

S.181 Mr. Dickens' Beschreibung: Charles Dickens (1812–70) war erstmals 1842 in den Vereinigten Staaten und beschrieb in einem Reisebuch des gleichen Jahres, ›American Notes for General Circulation‹, seine Eindrücke. Dickens' Kritik an einigen amerikanischen Institutionen, besonders der Sklaverei, trug ihm viel Feindschaft ein. Im Winter 1867–8 machte Dickens eine zweite (Vortrags-)Reise durch den Osten der USA. ›Martin Chuzzlewit‹ (1843–4) enthält ebenfalls viel Material, das

Dickens in Amerika sammelte. – *Grant:* Ulysses Simpson Grant (1822–85) war ab Juli 1863 Oberbefehlshaber der Truppen der Union im amerikanischen Bürgerkrieg; von 1869 bis 1877 war er der 18. Präsident der Vereinigten Staaten. Seine Memoiren erschienen 1885–6 in einem Verlag, dessen Teilhaber Twain war.

S.182 Schlacht von Belmont: am 7. November 1861 siegten hier die (konföderierten) Südstaaten über Unionstruppen (Norden). – *Konföderierte:* die »Confederate States of America« waren die 11 Südstaaten, die sich in dieser »Confederacy« nach der Sezession von der Union politisch und militärisch zusammenschlossen.

S.184 General Polk: General der Südstaaten, der die Schlacht von Belmont gewann.

S.190 Krieg von 1812: Krieg zwischen den Vereinigten Staaten und Großbritannien, der von 1812 bis 1815 dauerte. Er ging um die amerikanische Unabhängigkeit als Seemacht (zur Zeit der Napoleonischen Kriege) und um die Eroberung Floridas und Kanadas; die Amerikaner blieben weitgehend erfolglos und willigten in den Frieden von Gent (24. Dezember 1814) ein, für den der spektakuläre Sieg Andrew Jacksons bei New Orleans (8. Januar 1815) zu spät kam.

S.191 Captain Basil Hall: britischer Marineoffizier und Reiseschriftsteller (1788–1844), dessen ›Travels in Noth America‹ (1829) wegen ihrer konservativen Einstellung zur amerikanischen Demokratie in den USA Proteste hervorrief. – *Mrs. Trollope:* Frances Trollope (1780–1863) lebte von 1827 bis 1830 in den Vereinigten Staaten und schrieb daran anschließend über die ›Domestic Manners of the Americans‹ (1832) – das wohl berühmteste und meist umstrittene Amerika-Buch seiner Zeit. Besonders ihre Ansichten über die Sklaverei riefen großen Widerspruch hervor.

S.193 Rechtsanwalt Alexander Mackay: englischer Jurist und Schriftsteller (1796–1844). – *Middle Temple:* Domizil der Juristen in London.

S.199 Wie heißt es bei Prediger Salomo VII, 13?: Es heißt: »Siehe an die Werke Gottes, denn wer kann das schlicht machen, was er krümmt?«

S.204 Fort Pillow: das Massaker fand im April 1864 statt, als

ANMERKUNGEN 455

konföderierte Truppen das von Unionstruppen besetzte Fort eroberten: *Massaker von Boston:* am 5. März 1770 schossen englische Soldaten in eine demonstrierende Volksmenge und töteten vier Personen. Dieses Ereignis ist wichtig in der Vorgeschichte des Unabhängigkeitskampfes der amerikanischen Kolonien gegen das Mutterland.

S. 205 Murrellbande: nach John A. Murrell, einem berüchtigten Bandenführer, der um 1830 besonders in Alabama und Mississippi sein Unwesen trieb und vor allem gestohlene Sklaven durch seine weitverzweigte Organisation verkaufen und dann meist töten ließ. In amerikanischer Folklore und historischer Belletristik wurde er einen beliebte Gestalt, besonders auch durch die Umstände seiner Gefangennahme (1834): Virgil A. Stewart, ein Polizeiagent, schloß sich der Band an, um sie überführen und zerstören zu können. Stewarts eigener Bericht (1835) und der Roman ›Richad Hurdis‹ (1838) von William Gilmore Simms haben die Murrell-Bande in die amerikanische Literatur eingeführt. – *Jesse James:* gleichfalls ein notorischer Bandenführer (1847–82), allerdings im Mittelwesten und erst in den 1870er Jahren. Seine abenteuerlichen Bank- und Eisenbahnüberfälle machten ihn zum Volkshelden und zur Titelfigur von Volksballaden und Groschenromanen; er wurde von einem Komplizen ermordet.

S. 212 Ernst von Hesse-Wartegg: deutscher Reiseschriftsteller (1851–1918), dessen ›Mississippifahrten‹ 1881 erschienen.

S. 218 »Oh, ein Yank!«: Kurzform für »Yankee«, der, oft abfälligen, Bezeichnung für Neuengländer.

S. 243 »der Mann ohne Vaterland«: Anspielung auf eine zuerst 1863 im »Atlantic Monthly« erschienene, patriotische und sehr erfolgreiche Kurzgeschichte von Edward Everett Hale (1822–1909), »The Man Without a Country«. In ihr wird ein Verschwörer, der die USA verdammt hat, dazu verurteilt, sein Leben auf amerikanischen Kriegsschiffen zu verbringen, auf denen er nichts mehr von seinem Vaterland zu sehen und zu hören bekommt.

S. 244 ein Enkel des Staatsmannes: gemeint ist John Caldwell Calhoun (1782–1850), nacheinander Verteidigungsminister, Vizepräsident, Außenminister und Senator der Vereinigten Staaten. Er war ein energischer Verfechter der Rechte der Einzelstaaten, zumal der Südstaaten (er stammte aus South Carolina).

S. 250 *Vicksburgs schreckliche Kriegserlebnisse:* die strategisch günstig am Mississippi gelegene Stadt wurde im Bürgerkrieg zuerst 1862 von Grant allein, dann, 1863, 48 Tage lang zusammen mit General Sherman belagert. Die Übergabe am 4. Juli 1863 hatte zur Folge, daß die Unionstruppen praktisch den ganzen Mississippi unter Kontrolle hatten.

S. 267 *verschiedene Bücher:* die Aufzählung, mit der Twain das vornehme Heim des Mittelwestens und Südens um die Jahrhundertmitte typisiert, spricht für sich selbst. Von besonderer Bedeutung ist lediglich die Erwähnung von Scotts ›Ivanhoe‹ (vgl. die Anmerkung zu S. 279); »Godeys Buch für die Dame« (Godey's Lady's Book) war ein wichtiges geschmackbildendes, halb literarisches, halb modisches Magazin, das von 1830 bis 1898 erschien. ›Alonzo und Melissa‹ (1811) ist ein Schauerroman von Isaac Mitchell (ca. 1759–1812), und Martin Farquhar Tupper (1810–89), ein englischer populärphilosophischer Schriftsteller, verfaßte eine ›Proverbial Philosophy‹ (1838–42), die, in lyrischer Form, auch in Amerika große Beliebtheit erlangte. ›The Shepherd of Salisbury Plain‹ schließlich ist ein moralisierendes Traktat der englischen Schriftstellerin Hannah More (1745–1833). Das Ganze ist eine Satire Twains auf den vorherrschenden Zeitgeschmack.

S. 268 *Washington überquert den Delaware:* der deutsche Historienmaler Emanuel Leutze (1816–68) hat diese berühmte Szene aus dem amerikanischen Unabhängigkeitskrieg (Weihnachten 1776) gemalt. Das Gemälde, dessen Original im Metropolitan Museum of Art in New York hängt, ist in unzähligen Drucken in den USA verbreitet.

S. 269 *Trumbulls »Schlacht am Bunker Hill«:* ebenfalls eine berühmte Szene aus dem Unabhängigkeitskrieg (am 17. Juni 1775 errangen die Amerikaner ihren ersten moralischen Sieg gegen die Engländer bei Bunker Hill nahe Boston), die der amerikanische Maler John Trumbull (1756–1843) – nicht zu verwechseln mit dem Schriftsteller John Trumbull (1750–1831) – malte.

S. 278 *Farraguts Flotte:* David Glasgow Farragut (1801–70), Admiral der Nordstaaten, dem es u. a. gelang, New Orleans

ANMERKUNGEN 457

einzunehmen (28. April 1862). – *Capitol:* Baton Rouge ist die Hauptstadt des Bundesstaats Louisiana und verfügt daher auch, wie jede andere Hauptstadt eines amerikanischen Bundesstaats, über ein »Capitol«.

S. 279 *Sir Walter Scott (1771–1832):* der Begründer des historischen Romans. Der Angriff, den Twain hier gegen Scott und seine »mittelalterlichen Romane«, die den Südstaatlern »den Kopf verdreht« und somit letzten Endes den Bürgerkrieg verschuldet hätten (vgl. hierzu besonders S. 313–6), vorbringt, ist, obwohl er in dieser Form kaum ernstgenommen werden kann, Gegenstand einer Reihe von Auseinandersetzungen in der amerikanischen Literaturwissenschaft geworden. (Vgl. u. a. Grace Warren Landrum, ›Sir Walter Scott and His Literary Rivals in the Old South‹, American Literature, II, 1930; und G. Harrison Orians, ›Walter Scott, Mark Twain, and the Civil War‹, South Atlantic Quarterly, XL, 1941; ebenfalls James M. Cox, ›Walt Whitman, Mark Twain, and the Civil War‹, Sewanee Review, LXIX, 1961.)

S. 292 *Die Kunst der Leichenbestattung:* die hier von Twain geschilderten Praktiken wurden in jüngster Zeit (1963) von Jessica Mitford in ›The American Way of Death‹ einer eingehenden Analyse und Kritik unterworfen.

S. 297 *Verfasser der »Grandissimes«:* George Washington Cable (1844–1925), einer der führenden amerikanischen Schriftsteller der »Heimatkunst« (local color), schrieb 1880 ›The Grandissimes‹, einen Roman aus dem Louisiana des 19. Jahrhunderts.

S. 300 *Stonewall Jacksons letzte Unterredung mit General Lee:* Robert E. Lee (1807–70), General und im letzten Kriegsjahr Oberbefehlshaber der Südstaaten, und Stonewall Jackson (eigentlich Thomas Jonathan; 1824–63) – nicht zu verwechseln mit dem Präsidenten Andrew Jackson (1767–1845) – waren die populärsten Heerführer des Südens im Bürgerkrieg. Jackson erhielt den Beinamen »Stonewall«, als seine Truppe in der Schlacht von Bull Run (1861) »wie ein Fels« ausharrte. Lee mußte zwar am 9. April 1865 in Appomattox (Virginia) vor Grant kapitulieren, gilt jedoch trotzdem als hervorragendster Feldherr des Bürgerkriegs.

S. 309 *König Artus:* der legendäre keltische König mit der berühmten Tafelrunde, der die in Britannien eindringenden Angelsachsen bekämpft haben soll und den Stoff für die mittelalterlichen Artus-Sagen lieferte. Vgl. Mark Twain ›Ein Yankee aus Connecticut an König Artus' Hof‹ (1889, detebe 21 881).

S. 313 Dann kommt Sir Walter Scott usw.: vgl. Anmerkung zu Seite 279.

S. 315 die großen deutschen Verlage für englischsprachige Ausgaben: gemeint ist u. a. der Tauchnitz-Verlag in Leipzig, dessen Gründer Christian Bernhard von Tauchnitz (1816–95) 1841 mit dem Nachdruck englischer und amerikanischer Autoren in billigen Ausgaben begann, die, da es zu der Zeit noch kein internationales Copyright-Abkommen gab, auf dem ganzen europäischen Kontinent verkauft wurden. – *Onkel Remus:* Joel Chandler Harris (1848–1908) schrieb ab 1879 die Onkel-Remus-Geschichten, die in vielen Bänden gesammelt wurden und sogar zur Gründung einer eigens für sie konzipierten Zeitschrift führten. Es handelt sich bei ihnen um Erzählungen im Neger-Dialekt, die einen reichen Einblick in die Folklore und in das Leben auf der Pflanzung aus der Sicht des Negers vermitteln.

S. 317 Mr. Warner: Mit dem Schriftsteller Charles Dudley Warner (1829–1900) zusammen schrieb Mark Twain den Roman ›The Gilded Age‹, der 1873 erschien – eine Satire auf den hohlen Materialismus der Zeit. Der Teil des Romans, der von Twain stammt und dessen – in sich selbständige – Handlung den Obersten Beriah (»Eschol«) Sellers zum Mittelpunkt hat, ist 1965 separat unter dem Titel ›The Adventures of Colonel Sellers‹ erschienen. Die Verwicklungen um den Vornamen des Obersten, die Twain hier und auf S. 318 schildert, haben sich tatsächlich zugetragen.

S. 319 Schlacht von New Orleans: vgl. Anmerkung zu S. 190. – *Jacksons Präsidentschaft:* Andrew Jackson (1767 bis 1845) war von 1829 bis 1837 der 7. Präsident der Vereinigten Staaten. Seine Regierungszeit (»Jacksonian Democracy«) zeichnete sich durch eine volksnahe, dem hinterwäldlerischen Individualismus gefallene Hemdsärmeligkeit aus, die so weit ging, die Nationalbank der USA aufzulösen, weil ihr das einfache Volk mißtrauisch gegenüberstand.

S. 326 Homespun: einfache, derbe Kleidung (»zu Hause gesponnen«), im übertragenen Sinn ›hemdsärmelig‹, ›vom Lande‹.

S. 332 *General Lafayette:* Marie Joseph Paul de Lafayette (1757 – 1834), französischer General, der im Unabhängigkeitskrieg auf seiten der Amerikaner kämpfte. Sein Besuch in den Vereinigten Staaten (1824 – 5), von dem hier die Rede ist, wurde ein wahrer Triumphzug.

S. 334 *»Mark Twain«:* Twain gibt hier eine zweite Version über die Entstehung seines Pseudonyms (vgl. Anmerkung zu S. 57), die im wesentlichen den Tatsachen entspricht. Der Lotse Isaiah Sellers (ca. 1802 – 64) schrieb für die »New Orleans Picayune«, Twain antwortete mit scharfer Parodie im »True Delta«, einer anderen Tageszeitung von New Orleans, und Sellers stellte darauf seine Veröffentlichungen ein. Beide Versionen schließen sich jedoch natürlich nicht aus.

S. 340 *Zweikampf aus »Richard III.«:* diese Szene elaborierte Twain in ›Huckleberry Finn‹ (Kapitel 21 – 23).

S. 351 *der verstorbene Dr. J. G. Holland:* Josiah Gilbert Holland (1819 – 81), populärer, sentimental-didaktischer amerikanischer Schriftsteller.

S. 374 *»Jibbenainosay«:* Anspielung auf einen Abenteuerroman von Robert Montgomery Bird (1806 – 54), ›Nick of the Woods; or, The Jibbenainosay‹ (1837), die Geschichte eines Quäkers, der in Kentucky an den Indianern blutige Rache nimmt, weil diese seine Familie getötet haben.

S. 377 *Marschall:* (englisch U. S. Marshall) ein Polizeibeamter, der dem nächsten Bundesgericht untersteht (im Gegensatz zum kommunalen Sheriff und zur überregionalen Polizei des jeweiligen Bundesstaates). Die Parallele dieser Reminiszenz mit dem 11. Kapitel von ›Tom Sawyer‹ ist übrigens sehr deutlich; Muff Potter wird hier zum Tippelbruder und in der Erinnerung sogar zu Jimmy Finn – alle drei zusammen ergeben dann den Prototyp von Huck Finns Vater, der ja zum Beginn von ›Huckleberry Finn‹ (der Roman erschien 1884, also ein Jahr nach dem ›Leben auf dem Mississippi‹) eine so wichtige Rolle spielt.

S. 387 *Burdette:* Robert Jones Burdette (1844 – 1914), amerikanischer Journalist und Humorist.

S. 391 *episkopalischen:* die von der anglikanischen Hochkirche Englands herkommende »Protestant Episcopal Church« steht von den protestantischen Kirchen Amerikas der katholischen am nächsten und gilt als die gesellschaftlich und prestigemäßig höchststehende.

S. 397 *Brightsche Krankheit:* ein chronisches Nierenleiden.

S. 400 *Mr. Schoolcraft:* Henry Roe Schoolcraft (1793–1864) war Ethnologe und von der Bundesregierung Beauftragter für Indianerfragen; in dieser Eigenschaft sammelte er umfangreiches Material über die nordamerikanischen Indianer (sechs Bände, 1851–7), das u. a. Cooper und Longfellow verwendeten. – *Hiawatha:* ein indianisches Epos (1855) von Henry Wadsworth Longfellow (1807–82).

S. 405 *weitere Benutzung von Sydney Smiths Witzen:* der englische Kritiker Sydney Smith (1771–1845) machte sich in den Vereinigten Staaten vor allem mit der Frage unbeliebt: »In the four quarters of the globe, who reads an American book?...« (1820 in der »Edinburgh Review«).

S. 432 *Obadjas Fluch:* Anspielung auf die Weissagung des biblischen Propheten Obadja von der Strafe der schadenfrohen Edomiter und der Erlösung Israels.

INHALTSVERZEICHNIS

1. Kapitel: *Der Fluß und seine Geschichte* 5
2. Kapitel: *Der Fluß und seine Entdecker* 11
3. Kapitel: *Bilder aus alter Zeit* 17
4. Kapitel: *Der Traum aller Jungen* 35
5. Kapitel: *Ich möchte gern Lotse lernen* 39
6. Kapitel: *Was man als Lehrling erlebt* 44
7. Kapitel: *Eine gewagte Sache* 52
8. Kapitel: *Alles sehr unverständlich* 59
9. Kapitel: *Geradezu verwirrend* 66
10. Kapitel: *Meine Ausbildung geht weiter* 73
11. Kapitel: *Der Fluß steigt* 80
12. Kapitel: *Loten* 87
13. Kapitel: *Was von einem Lotsen verlangt wird* 94
14. Kapitel: *Rang und Würde des Lotsen* 103
15. Kapitel: *Die Monopolstellung der Lotsen* 110
16. Kapitel: *Die großen Wettrennen* 123
17. Kapitel: *Flut und ewige Ebbe* 132
18. Kapitel: *Ich kriege Nachhilfestunden* 140
19. Kapitel: *Brown und ich tauschen Höflichkeiten aus* .. 146
20. Kapitel: *Ein großes Unglück* 150
21. Kapitel: *Ein Einschnitt in meiner Biographie* 157
22. Kapitel: *Ich komme auf besagten Hammel zurück* ... 157
23. Kapitel: *Inkognito unterwegs* 166
24. Kapitel: *Mein Inkognito platzt* 169
25. Kapitel: *Von Cairo bis Hickman* 176
26. Kapitel: *Unter Beschuß* 182
27. Kapitel: *Importware* 190
28. Kapitel: *Onkel Mumford packt aus* 195
29. Kapitel: *Ein paar besondere Kaliber* 204
30. Kapitel: *Unterwegs gesehen* 214
31. Kapitel: *Ein Fingerabdruck und seine Folgen* 222
32. Kapitel: *Uns geht eine Goldgrube flöten* 238
33. Kapitel: *Ethik und Schnäpschen* 243
34. Kapitel: *Seemannsgarn* 248
35. Kapitel: *Vicksburg in der schweren Zeit* 250
36. Kapitel: *Das Garn des Professors* 258

INHALTSVERZEICHNIS

37. Kapitel: *Das Ende der »Gold Dust«* 265
38. Kapitel: *Das feinste Haus am Ort* 266
39. Kapitel: *Waren und Warenimitationen* 272
40. Kapitel: *Protzgotik und Pardauzkultur* 278
41. Kapitel: *Die Metropole des Südens* 283
42. Kapitel: *Pietät und Hygiene* 287
43. Kapitel: *Die Kunst der Leichenbestattung* 292
44. Kapitel: *Stadtbilder* 298
45. Kapitel: *Sport im Süden* 303
46. Kapitel: *Bunter Zauber und fauler Zauber* 311
47. Kapitel: *»Onkel Remus« und Mr. Cable* 316
48. Kapitel: *Zucker und Porto* 318
49. Kapitel: *Episoden aus dem Lotsendasein* 325
50. Kapitel: *Der wahre Jakob* 331
51. Kapitel: *Erinnerungen* 336
52. Kapitel: *Eine markige Marke* 344
53. Kapitel: *Mein Heimatort* 356
54. Kapitel: *Einst und jetzt* 362
55. Kapitel: *Eine Blutrache und andres* 370
56. Kapitel: *Ein juristisches Problem* 377
57. Kapitel: *Ein Erzengel* 382
58. Kapitel: *Auf dem Oberlauf* 388
59. Kapitel: *Landschaften und Sagen* 395
60. Kapitel: *Perspektiven* 403

Anhang des Autors:

A: *Aus dem »New Orleans Times-Democrat« vom 29. März 1882* 413

B: 425

C: *Aufnahme von Captain Basil Halls Buch in den Vereinigten Staaten* 430

D: *Das unsterbliche Haupt* 434

Anmerkungen 451

Mark Twain
im Diogenes Verlag

»Mark Twain ist der bei weitem bedeutendste amerikanische Schriftsteller. Amerika hat zwei literarische Aktiva – Edgar Allan Poe und Mark Twain. Poe vergessen die Amerikaner manchmal, aber Mark Twain gibt ihnen kaum Gelegenheit, ihn zu übersehen. Sicherlich ist er in fast derselben Lage wie ich: er muß die Dinge so darstellen, daß die Leute, die ihn andernfalls hängen würden, glauben, er mache Spaß.«
George Bernard Shaw

»Mark Twain war der erste echt amerikanische Schriftsteller, und wir alle sind seine Erben, von ihm stammen wir ab.« *William Faulkner*

Tom Sawyers Abenteuer
Roman. Aus dem Amerikanischen von Lore Krüger. Mit einem Nachwort von Jack D. Zipes

Huckleberry Finns Abenteuer
Roman. Deutsch von Lore Krüger. Mit einem Essay von T.S. Eliot

Der gestohlene weiße Elefant
und andere Erzählungen. Deutsch von Günther Klotz

Kannibalismus auf der Eisenbahn
und andere Erzählungen. Deutsch von Günther Klotz

Die Eine-Million-Pfund-Note
und andere Erzählungen. Deutsch von Ana Maria Brock und Otto Wilck

Leben auf dem Mississippi
Deutsch von Otto Wilck

Durch Dick und Dünn
Deutsch von Otto Wilck

Die Arglosen im Ausland
Deutsch von Ana Maria Brock

Bummel durch Europa
Deutsch von Ana Maria Brock

Ein Yankee aus Connecticut an König Artus' Hof
Roman. Deutsch von Lore Krüger

Adams Tagebuch
und Die romantische Geschichte der Eskimomaid. Eine klassische und eine moderne Liebesgeschichte. Bearbeitet von Marie Louise Bischof und Ruth Binde

Meistererzählungen
Mit einem Vorwort von N.O. Scarpi. Auswahl und Bearbeitung von Marie-Louise Bischof und Ruth Binde

William Faulkner
im Diogenes Verlag

Brandstifter
Erzählungen

Eine Rose für Emily
Erzählungen

Rotes Laub
Erzählungen

Sieg im Gebirge
Erzählungen

Schwarze Musik
Erzählungen

Die Freistatt
Roman

Die Unbesiegten
Roman

Als ich im Sterben lag
Roman

Schall und Wahn
Roman

Go down, Moses
Chronik einer Familie

Der große Wald
Vier Jagdgeschichten

Griff in den Staub
Roman

Der Springer greift an
Kriminalgeschichten

Soldatenlohn
Roman

Moskitos
Roman

Wendemarke
Roman

*Wilde Palmen und
Der Strom*
Doppelroman

Requiem für eine Nonne
Roman in Szenen

Die Spitzbuben
Roman

Eine Legende
Roman

Das Dorf
Roman

Die Stadt
Roman

Das Haus
Roman

New Orleans
Skizzen und Erzählungen

Frankie und Johnny
Uncollected Stories

Meistererzählungen

Briefe
Nach der von Joseph Blotner edierten
amerikanischen Erstausgabe von 1977

Über William Faulkner
Aufsätze und Rezensionen von
Malcolm Cowley bis Siegfried Lenz.
Essays und Zeichnungen von sowie
ein Interview mit William Faulkner.
Chronik und Bibliographie

Stephen B. Oates
William Faulkner
Sein Leben. Sein Werk. Mit vielen
Fotos, Werkverzeichnis, Chronologie
und Register